Die Zukunft gehört den Mutigen.

DIE ÖKO-KATASTROPHE

Den Planeten zu retten, heißt die herrschenden Eliten zu stürzen

Herausgegeben von Jens Wernicke und Dirk Pohlmann

RUBIKON

Sollten Sie Tipp- oder Satzfehler in diesem Buch finden, freuen wir uns über einen Hinweis an korrekturen@rubikon.news.

Die Deutsche Nationalbibliothek verzeichnet diese Publikation in der Deutschen Nationalbibliografie; detaillierte bibliografische Daten sind im Internet über http://dnb.d-nb.de abrufbar.

ISBN 978-3-96789-000-6
1. Auflage 2019

Lektorat: Dr. Katharina Theml
Konzept und Gestaltung: Buchgut, Berlin und Andreas Töpfer
Druck und Bindung: Friedrich Pustet GmbH & Co. KG, Regensburg
Printed in Germany

Die teils umfangreichen Quellen- und Fußnotenapparate sowie weiterführenden Hyperlinks der in diesem Buch veröffentlichten Beiträge entnehmen Sie bitte den unter jeweils gleichem Titel veröffentlichten Online-Versionen im Rubikon:
www.rubikon.news

HOFFNUNG
Kapitel 6

ANHANG

EINLEITUNG

Jens Wernicke
Die Planeten-Zerstörer

Die Erde zu retten heißt,
die herrschenden Eliten zu stürzen.

Bei den Themen Umweltzerstörung und globale Erwärmung herrscht mediales Totalversagen in unserem Land: Die Mainstream-Medien plappern zuhauf das niveaulose Geschwätz der tonangebenden Politiker nach, übersehen den Ernst der Lage sowie des Pudels Kern. Gelegentlich schwärmen sie sogar von Geo-Engineering oder einer Kohlendioxidsteuer – Maßnahmen also, die niemandem helfen, sondern die Misere nur weiter vertiefen werden. Nicht viel anders sieht es bei den alternativen Medien aus. Bis auf wenige Ausnahmen fallen sie immer häufiger auf die lähmende, spaltende und demagogische Propaganda weiter Teile der herrschenden Eliten herein und schließen sich der Einschätzung an, nicht die Zerstörung unser aller Lebensraumes, sondern die Umweltbewegung sei das zu bekämpfende Problem. Wieder einmal bestätigt sich, was Noam Chomsky, einer der bedeutendsten Intellektuellen unserer Zeit, auf den Punkt gebracht hat: *»Die Massenmedien im eigentlichen Sinn haben im Wesentlichen die Funktion, die Leute von Wichtigerem fernzuhalten. Sollen die Leute sich mit etwas anderem beschäftigen, Hauptsache, sie stören uns nicht.«* Doch darauf wollen wir vom Rubikon es nicht beruhen lassen. Dafür ist die Lage zu ernst.

Unser Slogan lautet: Wir berichten über das, was in den Massenmedien nicht zu finden ist. Wir widmen daher dem Thema »Die Öko-Katastrophe« ein eigenes Buch, das die die klügsten und kritischsten Stimmen zur Sache in sich vereint. Denn es ist höchste Zeit, der allgemeinen Desinformation und Lethargie ein Ende zu setzen. Zeit, Tacheles zu reden. Zeit für Wahrheit, Klarheit und einen Journalismus, der diesen Namen verdient. Warum dies so ist, erklärt im Folgenden Rubikon-Herausgeber Jens Wernicke.

Liebe Leserinnen und Leser, sind auch Sie inzwischen »ganz verunsichert«, was von den aktuellen Jugendbewegungen für mehr Umweltschutz zu halten ist? Ja, vielleicht sogar, ob es die globale Erwärmung überhaupt gibt?

Sollte dem so sein, habe ich eine gute und eine schlechte Nachricht für Sie. Die gute ist: Sie sind mit Ihren Gefühlen und Ihrem Erleben alles andere als allein. Vielen geht es inzwischen so. Die schlechte Nachricht… lautet ebenso.

Denn mittels gezielter Propaganda wurde nicht nur die Tatsache der globalen Erwärmung inzwischen als »unsicher« deklariert, sondern vor allem die dringend notwendige Debatte über die monströse Zerstörung des Lebensraumes aller »Bewohner« dieses Planeten gezielt manipuliert. Den Propagandisten ist es gelungen, dass in den sozialen Medien statt über Umwelt vor allem darüber diskutiert wird, ob man Greta Thunberg nun lieben oder hassen soll.

Durch die gezielte Ansprache unserer Gefühle, allen voran unserer Angst, ist es den reaktionären Teilen der weltweiten Machteliten gelungen, viele Menschen in politische Paralyse zu versetzen oder sogar gegeneinander auszuspielen. Denn die Fragen, über die wir streiten, sind schlicht und ergreifend die falschen, weil irrelevant. Sie schützen die »großen Tiere« und verschärfen das eigentliche Problem:

Unser Planet, die Erde, wird die Menschheit mit Sicherheit »überleben« – nur wir, die Menschheit, ganz sicher nicht weitere Jahre und Jahrzehnte gravierender Umweltverschmutzung und -zerstörung.

Die emotionalen »Spins«, die uns entschluss- und handlungsunfähig machen sollen, sind eigentlich banal – in ihrer Wirkung jedoch besorgniserregend. Sie verwandeln sonst kluge, klare und aufgeklärte Menschen vielfach in verwirrte Seelen, die gar nicht mehr merken, dass ausgerechnet ihr gesunder Impuls, gegen Bevormundung und Unterdrückung aufzubegehren, sie längst zu willfährigen Werkzeugen der mörderischen Agenda der schlimmsten Bevormunder und Unterdrücker gemacht hat.

Alle reden über »die böse Greta« oder »das Geld hinter ihr«, kaum jemand aber spricht von den viel mächtigeren Kräften, die alles tun, um weiter ungestört morden und brandschatzen, den Planeten in Schutt und Asche legen zu können, jedwede Umweltstandards zu verhindern und die Umweltbewegung zu vernichten. Um den eigenen Profit zu mehren, haben sie seit Jahrzehnten immense Gelder in Kampagnen zur Gehirnwäsche der Bevölkerung investiert, damit diese auf gar keinen Fall mitbekommt, wie bedroht ihr Leben und Überleben inzwischen de facto ist – und am Ende womöglich die richtigen Fragen stellt und die Schuldigen zu entlarven beginnt.

So wird etwa argumentiert, da hinter Greta Thunberg und der *Fridays for Future*-Bewegung »auch das große Geld« stecke, müsse nicht nur Schlimmes befürchtet werden, sondern man müsse auch »gegen« diese Bewegung sein.

Das ist ein typischer Fall für *rationale Demagogie*, wie Pierre Bourdieu sie nannte. Ein typischer Fall dafür, dass Dinge vermischt werden, die nicht vermischt werden sollten, denn: Ja, selbstverständlich ist den herrschenden Eliten zu misstrauen! Doch ebenso selbstverständlich ist nicht alles, was deren Unterstützung erfährt, allein deswegen falsch.

Denn, so muss man fragen: Ist Frieden jetzt *falsch*, wenn *auch* Reiche ihn wollen? Ist Greta nun kein eigener, freier Mensch, kein selbst entscheidendes Individuum mehr, nur weil sie mächtige Unterstützer hat? Ja, hatte nicht vielmehr Altkanzler Gerhard Schröder ein einziges Mal in seiner politischen Laufbahn recht, als er auf den manipulativen Vorwurf, auch Nazis seien ja gegen den Kriegseintritt, pointiert konterte:

»Was kann ich dafür, wenn ich das Richtige tue und die Falschen klatschen?«

Machen Sie die Gegenprobe und testen sich selbst auf propagandistische Doppelstandards und Denkabkürzungen. Fragen Sie sich: Ist Rubikon jetzt eine »Elitenverschwörung«, weil er über Spenden finanziert wird, Unterstützer hat sowie von Zuspruch und Geld abhängig ist, um zu überleben? Bin ich aufgrund dieser Tatsache eine »Marionette fremder Mächte«, nicht mehr Herr meiner selbst? Und wäre Rubikon tatsächlich »das Böse in Person«, wenn unter seinen spendenden Unterstützern möglicherweise auch böse Menschen zu finden sind?

Nein, liebe Leserinnen und Leser – denn das eine hat mit dem jeweils anderen nicht das Geringste zu tun. Wenn wir derlei denken, nehmen wir eine »Gefühlsabkürzung«, auf die andere uns eingeladen haben. Flüchten in ein Schwarz-Weiß-Weltbild, um uns der Komplexität der Realität sowie unserer eigenen ambivalenten Gefühle nicht stellen zu müssen. Flüchten in »Einfach-Denk«.

Das ist das Ziel jeder Propaganda: Uns das Richtige als falsch und das Falsche als richtig fühlen zu lassen. Es geht darum, uns zu verwirren und auf die schiefe Ebene »einfacher Gedanken« zu zwingen, in der Böses nicht zugleich auch gut und Gutes nicht zugleich auch böse zu sein vermag. Uns soll alles nur noch als hell *oder* dunkel, richtig *oder* falsch erscheinen. Graubereiche, Ambivalenzen und Komplexität ... gibt es nicht mehr.

Wie kontert Rubikon-Beiratsmitglied Daniele Ganser stets so treffend alle Versuche, diese menschliche Manipulationsanfälligkeit gegen ihn zu verwenden, weil er den Frieden zu wirklich *jedem* bringt, mit *jedem* spricht? Er zerschlägt den emotional manipulativen Verwirr-Knoten, indem er die Ebenen wieder entwirrt, aus Schwarz-Weiß wieder »bunt« macht und sagt: *»Die Wahrheit wird nicht dadurch falsch, dass man sie den falschen Leuten erzählt.«*

Ähnlich absurd, weil »einfach gedacht« ist es, den wissenschaftlichen Konsens zur globalen Erwärmung als »Instrument der Unterdrückung« zu verkennen, wie ich dies aktuell auch in meinem Freundeskreis erlebe. Denn *natürlich* beinhaltet gesellschaftlicher Konsens stets ein Herrschaftsmoment – und ist doch, auch hier, allein *deswegen* nicht falsch.

Machen Sie die Gegenprobe: Es gibt einen gesellschaftlichen Konsens darüber, dass Menschen sich nicht gegenseitig ermorden dürfen und Faschismus ein mörderisches Verbrechen ist. Das ist sozial vereinbart und ein geltender gesellschaftlicher Wert.

Bedeutet allein die Tatsache, dass dem so ist, nun aber, dass wir in Auflehnung gegen diesen Konsens gegen wichtige zivilisatorische Errungenschaften und also für Mord und Totschlag und Faschismus auf die Straße müssen?

Oder gibt es nicht vielmehr einen Unterschied zwischen der Unterdrückung durch fremde Mächte und der Einsicht in die Notwendigkeit, dem Handeln gemäß der eigenen Vernunft? Ja, ist nicht jenseits von Propaganda und Projektionen vor allem dies eine Realität und wahr?

Was uns unterdrückt, ist nicht der Konsens, sondern es sind die Herrschenden! Was uns unterdrückt, ist nicht die Tatsache, dass Mord und Totschlag verboten sind und Faschismus geächtet ist. Was uns unterdrückt, ist die Tatsache, dass die Reichen und Mächtigen im Zweifelsfall noch mit jedem Mord und Massenmord davonkommen, während man arbeitende Arme und Hartz-IV-Empfänger unter noch so geringen Vorwänden juristisch verfolgt und in immer noch größeres Elend zwingt.

Lassen Sie es mich überspitzt sagen: Alles, was im Rahmen unserer kapitalistischen Gesellschaftsordnung »groß« wird, wurde irgendwann einmal von Reichen und Mächtigen unterstützt. Selbst das Werk von Karl Marx verdanken wir vor allem dem Bedürfnis seines Freundes Friedrich Engels, seine Arbeit finanziell zu unterstützen, um die Welt hierdurch vielleicht ein klein wenig besser zu machen. Das muss einem nicht gefallen, ist gleichwohl jedoch Fakt.

Doch auch die herrschenden Eliten sind keine »homogene Masse«, auch bei ihnen existieren Unterschiede, Differenzen. Da gibt es die reaktionären Teile, die unser aller Untergang bereits eingepreist haben, und alles tun, damit nichts Neues und Sinnvolles entsteht. Und da gibt es jene Teile, die der Einsicht in die Notwendigkeit folgen, das Richtige zu tun, dann aber an diesem Richtigen Geld verdienen und weiteres Kapital akkumulieren wollen.

Folgen wir in der aktuellen Situation der uns eingeimpften »Angst vor Greta«, die wohl vor allem unserer Angst vor wirklicher Veränderung entspricht, überlassen wir den reaktionärsten Teilen der Machteliten das Feld, lassen alle Hoffnung fahren und geben uns wie unseren Planeten de facto auf. Folgen wir hingegen der Vernunft, zwingt uns diese, um unserer selbst willen unseren Lebensraum zu schützen, die Bewahrer des Status quo mit allen Mitteln mutig zu attackieren sowie auf wirkliche Veränderung abzuzielen; auch auf die Gefahr hin, alsbald erkennen zu müssen, dass man unser richtiges Anliegen nun doch vor den falschen Karren zu spannen versucht.

Denn nur *dann*, liebe Leserinnen und Leser, nur, wenn wir unsere Komfortzone um den Preis möglichen Scheiterns verlassen, um das Notwendige zu tun, vermögen wir im nächsten Schritt, auch die hinreichende Bedingung für unseren Erfolg zu erkennen. Dann sehen wir den eigentlichen Konflikt hinter unserer Angst und Abwehr, hinter Projektionen und Paralyse, hinter der gesellschaftlichen Spaltung und dem beständig weiter eskalierenden Kampf »arm gegen arm«.

Dann erschließt sich uns, dass wir statt gegen Umweltbewegung oder -schutz anzugehen, *dagegen* angehen müssen, dass Umweltschutz von Reichen für Reiche sowie deren Profite organisiert wird. Ja, dass diesen zwingend das Zepter aus der Hand genommen werden muss, da, wie der Pulitzer-Preisträger Chris Hedges es formulierte, an einer Wahrheit kein Weg vorbeiführen wird: *»Den Planeten zu retten heißt, die herrschenden Eliten zu stürzen.«*

Hören wir also auf, so zu tun, als müsse man *gegen* Umweltschutz sein, um *für* Demokratie sein zu können; so zu tun, als wäre der gebotene Schutz unserer Lebensgrundlagen die Diktatur *selbst*.

Das ist nicht nur Humbug, sondern gefährliche Demagogie, die die für das Überleben der Menschheit entscheidenden Kämpfe von Beginn an in die Sackgasse und damit zum Scheitern zwingt. Die Wahrheit lautet vielmehr: Was wir dringender denn je brauchen, ist der plurale, basisdemokratische, außerparlamentarische, egalitäre Kampf vieler für Umwelt und wirkliche Demokratie – gegen Umweltzerstörung und Elitenherrschaft!

Um diesen Kampf unterstützend zu flankieren, teilen wir vom Rubikon mit diesem Buch *»Waffen zur intellektuellen Selbstverteidigung«* an Sie, liebe Leserinnen und Leser, aus. In der Hoffnung, Ihren Mut und Ihre innere Klarheit zu stärken und zu unterstützen.

Das gesamte Rubikon-Team wünscht Ihnen viel Freude beim Lesen und anschließend viel Tatendrang. Haben wir gemeinsam Mut zur Wahrheit, Mut zu Hoffnung und Utopie, Mut, das Richtige zu tun, und vor allem eines: Mut zur Veränderung.

Wie formulierte schon Václav Havel so treffend? *»Hoffnung ist nicht die Überzeugung, dass etwas gut ausgeht, sondern die Gewissheit, dass etwas Sinn hat, egal wie es ausgeht.«*

Mit herzlichen Grüßen
Ihr

Gegen die industrielle Umweltzerstörung aufbegehrende Kinder und Jugendliche werden als rechts diffamiert – so etwa am 21. Oktober 2019 auf den Webportalen Web.de und GMX unter dem Titel *»Was Greta und Pegida gemeinsam haben«*.

»Anti-Atomkraft-Bewegung, Frauenbewegung, Pegida, Fridays for Future – das sind nur ein paar Beispiele für soziale Bewegungen. Sie sind meist eine Zeit lang populär, verschwinden dann aber oft wieder in der Versenkung. Vor fünf Jahren fand die erste Pegida-Demonstration in Deutschland statt - schnell wuchs diese von ein paar Dutzend auf Tausende Teilnehmer an - nur um heute (fast) wieder ganz zu verschwinden. Woran liegt das? (...) Am 20. Oktober 2014 – also vor fünf Jahren – fand die erste Pegida-Demonstration in Deutschland statt. Eine Bewegung gegen die vermeintliche Islamisierung Deutschlands und Europas, ein Protest gegen die Einwanderungs- und Asylpolitik. Die Teilnehmerzahl wuchs von etwa 350 bei der ersten Demonstration rasch auf ein Vielfaches an. (...) Entweder eine soziale Bewegung löst sich dann mit der Zeit langsam wieder auf oder sie wird inkorporiert. Andere Kräfte wie Parteien oder Organisationen bedienen sich also ihrer Inhalte und machen diese zum Bestandteil des eigenen Handelns. (...) Soziologe Jürgen Mittag attestiert aber auch ›Fridays for Future‹ kein dauerhaftes Bestehen. ›Wie alle anderen sozialen Bewegungen durchläuft auch diese bestimmte Transformationen. Entweder werden auch hier Anliegen aufgegriffen oder die Bewegung erlahmt.‹ (...) Es ist also nur eine Frage der Zeit, bis sich auch hier etwas verändert oder eine neue soziale Bewegung aus dem Wunsch nach Wandel entsteht.«

DIE REALITÄT

Greta Thunberg, der aktuell viele vorwerfen, sie wolle nur eine Kohlendioxid-Steuer im Sinne der herrschenden Eliten durchsetzen, hat übrigens mehr als einmal bewiesen, dass sie für genau die entgegengesetzte Agenda steht und zudem deutlich elitenkritischer als ihre Kritiker ist, die – vermeintlich »gegen die Eliten« gerichtet – ausschließlich sie statt diese angreifen.

Am 13. Dezember 2018 hielt die damals Fünfzehnjährige vor dem Plenum der UN-Klimakonferenz in Polen folgenden Impulsvortrag.

»Mein Name ist Greta Thunberg. Ich bin 15 Jahre alt und komme aus Schweden. Ich spreche für die Organisation Climate Justice Now! Viele Leute sagen, dass Schweden nur ein kleines Land ist und es keine Rolle spielt, was wir tun. Aber ich habe gelernt, dass man nie zu klein ist, um einen Unterschied zu machen. Und wenn ein paar Kinder weltweit Schlagzeilen damit machen können, nur indem sie nicht zur Schule gehen, dann kann man sich vorstellen, was wir alle zusammen erreichen könnten, wenn wir nur wollten. Aber um das zu tun, müssen wir klare Worte sprechen, egal wie unbequem das sein mag. Ihr hier sprecht nur von ewigem grünem Wirtschaftswachstum, weil ihr zu viel Angst davor habt, unbeliebt zu sein. Ihr sprecht nur darüber, mit denselben schlechten Ideen weiter zu machen, die uns in dieses Chaos gebracht haben, selbst wenn es das einzig Vernünftige ist, die Notbremse zu ziehen. Ihr seid nicht reif genug, um zu sagen, was wirklich ist. Auch noch diese Last bürdet ihr uns Kindern auf. Aber mir ist es egal, ob ich beliebt bin. Ich sorge mich um Klimagerechtigkeit und den lebendigen Planeten. Unsere Zivilisation wird dafür geopfert, dass eine sehr kleine Anzahl von Menschen weiterhin enorme Mengen von Geld machen kann. Unsere Biosphäre wird geopfert, damit reiche Menschen in Ländern wie meinem in Luxus leben können. Es sind die Leiden der vielen, die für den Luxus der wenigen bezahlen. Im Jahr 2078 werde ich meinen 75. Geburtstag feiern. Falls ich Kinder haben sollte, werden sie vielleicht diesen Tag mit mir verbringen. Vielleicht werden sie mich nach euch fragen. Vielleicht werden sie fragen, warum ihr nichts getan habt, als noch Zeit zum Handeln war. Ihr sagt, ihr liebt eure Kinder über alles, und doch stehlt ihr ihnen die Zukunft vor ihren Augen. Solange ihr euch nicht darauf konzentriert, was notwendig ist, sondern nur darauf, was politisch möglich ist, gibt es keine Hoffnung. Wir können eine Krise nicht lösen, ohne sie als Krise zu behandeln. Wir müssen die fossilen Brennstoffe im Boden lassen und wir müssen uns auf Gerechtigkeit konzentrieren. Und wenn Lösungen innerhalb des Systems unmöglich zu finden sind, dann müssen wir vielleicht das System selbst verändern. Wir sind nicht hergekommen, um die führenden Politiker der Welt anzubetteln, dass sie sich kümmern sollen. Ihr habt uns in der Vergangenheit ignoriert und ihr werdet uns wieder ignorieren. Euch gehen die Ausreden aus, und uns läuft die Zeit davon. Wir sind hergekommen, um euch zu sagen, dass der Wandel kommen wird, ob es euch gefällt oder nicht. Die wirkliche Macht gehört den Menschen. Danke.«

VERWIRRUNGEN

Kapitel 1

Rainer Mausfeld
Die neue Arche

Im Interview klärt Elitenkritiker Rainer Mausfeld über aktuelle Massenmanipulationen rund um die Themen globale Erwärmung und Umweltzerstörung auf.

Die herrschenden Eliten haben es geschafft: Im ganzen Land wird nur noch über Kohlendioxid und Greta Thunberg diskutiert, die wesentlichen Tatsachen und Fragen werden unterdrückt, die Bevölkerung ist gespalten und in Ablenkungsdebatten verstrickt. Tatsache ist, dass die Menschheit den einzigen Planeten, den sie hat, durch ihre profitorientierte Produktionsweise zerstört und dieser in naher Zukunft unbewohnbar sein wird. Tatsache ist, dass unter den Machteliten, Geheimdiensten und Militärs weltweit keinerlei Zweifel hieran besteht und diese sich bereits darauf vorbereiten, ihr Überleben gegen das der 99 Prozent zu verteidigen. Tatsache ist, dass der Kampf um die wenigen Tickets auf der neuen Arche längst begonnen hat und daher gilt, was Pulitzer-Preisträger Chris Hedges auf den Punkt brachte, als er schrieb: »Den Planeten zu retten heißt, die herrschenden Eliten zu stürzen.« Da die anderen Medien bei der Analyse und Aufklärung zum Thema versagen, leistet der Rubikon sie. Sein Herausgeber Jens Wernicke sprach mit dem Kognitionsforscher und Elitenkritiker Rainer Mausfeld zur Lage und zum Klima im Land.

Herr Mausfeld, keine soziale Bewegung der vergangenen Jahre hat so viel öffentliche Aufmerksamkeit erhalten und eine solche Breitenwirkung entfaltet wie die* Fridays for Future*-Bewegung. Sehen Sie darin etwas, das uns Hoffnung auf wirkliche Veränderungen geben kann?

Die *Fridays for Future*-Bewegung und andere Klimabewegungen sind notwendig, erfreulich und begrüßenswert! Es erscheint mir wichtig, das zunächst festzuhalten, weil sich das, was sich im Moment in einigen sozialen Medien gegen diese Bewegung entlädt, nur als Diskursverrohung bezeichnen lässt.

In der gegenwärtigen gesellschaftlichen Situation, die durch eine große ideologische Homogenisierung, eine Entleerung des politischen Raumes und einen massiven Abbau mühsam errungener demokratischer Substanz gekennzeichnet ist, ist *jede* Form außerparlamentarischer emanzipatorischer Bewegungen zu begrüßen.

Bei dem lange verdrängten Thema einer drohenden Klimakatastrophe haben die *Fridays for Future*- und die *Extinction Rebellion*-Bewegung überhaupt erst wieder für die erforderliche mediale Aufmerksamkeit gesorgt. Zugleich haben sie in der jüngeren Generation eine erfreuliche Repolitisierung bewirkt.

Bereits das gibt Anlass zur Hoffnung. Denn immer größere Teile der Bevölkerung haben das Gefühl, dass ihre gesellschaftlichen Veränderungsbedürfnisse keine Adressaten mehr in der Politik haben. Dass nun gerade die jüngere Generation mit ihrer Revolte Wege zu einer demokratischen Selbstermächtigung sucht, sollte eigentlich nicht überraschen.

Nie zuvor war einer Generation die Entscheidung darüber aufgebürdet, ob die menschliche Zivilisation, wie wir sie kennen, weiter bestehen kann oder nicht.

Natürlich wird diese Art der Revolte – wie bei allen sozialen Bewegungen – aus sehr unterschiedlichen Quellen gespeist. Sie ist im Moment nur ein erster Impuls und muss sich erst noch politisch stabilisieren und in ihren Zielen konturieren. Daher sind die Klima-Bewegungen teilweise noch diffus und fragil.

Erst wenn es ihnen gelingt, sich durch Einbettung in eine emanzipatorische Rahmengeschichte ein gedankliches Fundament zu geben, haben sie eine Chance auf Stabilität und politische Wirksamkeit. Das braucht Geduld. Wir dürfen daher an die Klimabewegungen im Moment keine überzogenen Ansprüche an ihre gedankliche Kohärenz stellen.

In den Debatten in sozialen Medien zum Thema stehen sich zwei Positionen zunehmend unvereinbar gegenüber. Die einen sind begeistert von Greta Thunberg und wünschen, dass nun endlich etwas für die Umwelt getan wird. Auf der anderen Seite steht eine sehr diffuse und viele politische Milieus umspannende Bewegung, die in Summe wohl vor allem das Folgende argumentiert: 1. Greta Thunberg sei eine Marionette der Machteliten, die sie und ihre Bewegung nur nutzen, um mit Angsterzeugung Geschäfte zu machen; eine anthropogene globale Erwärmung gäbe es gar nicht. 2. Wer heute emanzipatorisch wirken und wirklich etwas gegen Unterdrückung und Diktatur tun wolle, der müsse sich gegen die deswegen drohende »Öko-Diktatur« und also die aktuellen Jugendbewegungen zur Wehr setzen. Was halten Sie von dieser Gemengelage?

Bei dem, was Sie beschreiben, handelt es sich ja gar nicht um Aspekte einer ernsthaften Debatte, also um einen halbwegs rationalen Austausch von Argumenten. In diesem Sinne ist es auch wenig sinnvoll, davon zu sprechen, dass sich hier zwei Positionen gegenüberstehen, zwischen denen man in rationaler Weise vermitteln könnte. Man würde ja auch nicht davon sprechen wollen, dass sich mit Vernunft und Unvernunft zwei vermittelbare Positionen gegenüberstehen.

Bei der Sache, um die es hier geht, nämlich unser gegenwärtiges wissenschaftliches Verständnis geophysikalischer Prozesse, die einer Klimadynamik zugrunde liegen, gibt es nur einen geringen Beurteilungsspielraum – zumindest, was die großen Linien betrifft.

Die Befundlage ist eindeutig. Und auch die wissenschaftliche Interpretationslage ist für einen so extrem komplexen Bereich geophysikalischer Phänomene außergewöhnlich einhellig. Zweifellos gibt es, wie stets in der Grundlagenforschung zu hochkomplexen Systemen, beliebig viele Unsicherheiten, sowohl im theoretischen Verständnis der beteiligten Prozesse als auch in spezifischen Details. Und damit selbstverständlich auch in den genauen Prognosen. Doch was die Einschätzung der *qualitativen* Situation zivilisationsrelevanter Parameter und Prozesse betrifft, gibt es keinen vernünftigen Grund, am Konsens der relevanten Forschergruppen zu zweifeln.

Das, was Sie als Gemengelage bezeichnen, betrifft also in erster Linie etwas ganz anderes als eine innerwissenschaftliche Diskussion über mögliche Interpretationen relevanter Befunde. Hier geht es wohl vor allem um die Bewältigung von starken Affekten, die durch eine krisenhafte gesellschaftliche Situation ausgelöst werden.

Das wird schon daran erkennbar, dass die Affekte des Hasses, die sich im Moment gegen die Klimabewegungen entladen, ihren rohesten Ausdruck in Teilen der US-amerikanischen Rechten finden. Leider haben sie sich in einer Art Affektansteckung auch in alternativen Medien des sich progressiv fühlenden Milieus verbreitet.

Noam Chomsky, Chris Hedges, Jonathan Cook, Nafeez Ahmed, Caitlin Johnstone und andere renommierte Intellektuelle und Journalisten aus dem emanzipatorischen Spektrum haben mittlerweile diese Verirrungen und Affekteintrübungen des politischen Denkens thematisiert und analysiert ...

... und kontextuell, das Gesamtbild, nicht nur die Debatte analysierend, haben insbesondere Murtaza Hussain, Douglas Rushkoff, George Monbiot, Lynn Margulis, Roger Hallam sowie der große Kulturphilosoph Charles Eisenstein längst schon wichtige Arbeiten vorgelegt. Zeigt die Tatsache, dass es dennoch zu einer derartigen Situation kommen konnte, nicht ebenso und vor allem, wie groß auch im sich progressiv fühlenden Teil des politischen Spektrums die gedankliche Entwurzelung von historischen emanzipatorischen Traditionen de facto ist? Die Eliten halten ein Stöckchen hin – in diesem Falle »Greta ist eine euch alle unterdrückende Autorität!« – und selbst sogenannte Aufgeklärte und Humanisten vergessen ihre Werte, Moral und Utopie, verkennen die faktische Lage und springen über das Stöcken, über das die Propaganda der Machteliten sie springen lassen will, und auf dem das Logo klebt »Kämpft gegen die Umweltbewegung, nicht gegen uns! Diskutiert über Unwichtiges, verkennt die Lage und die wahren Verantwortlichen! Zerstreitet und bekämpft euch gegenseitig!«

So kann man das zusammenfassen, ja. Durch die historische Entwurzelung fehlt vielen ein stabiler innerer politischer Kompass. Das ist natürlich von den Zentren der Macht intendiert, und sie verfügen über ausgefeilte Mittel, diese Verluste politischer Orientierung zu erzeugen und zu fördern.

Auch neoliberale Mechanismen einer sozialen Fragmentierung und Atomisierung haben sicherlich dazu beigetragen, da sie unsere gesamte Kultur und unseren Lebensalltag tief durchdringen. Doch scheint mir die rasche mediale Verbreitung dieser Hass-Affekte auch ein journalistisches Problem alternativer Medien zu sein. Denn diese Affekte konnten ihre spaltende und zersetzende Wirkung erst durch eine mediale Verstärkung entfalten.

Was die hiesigen Debatten betrifft, hat erfreulicherweise Dirk Pohlmann in journalistisch vorbildlicher Arbeit die Fäden entwirrt und die Hintergründe politischer Bemühungen von Machtgruppierungen beleuchtet, die zur Verfolgung ihrer ökonomischen Interessen aus individuellen Ressentiments des Hasses eine politische Gegenbewegung zu formen suchen.

Eigentlich sollten auch derartige Herrschaftstechniken, die sich ein systematisches Erzeugen von affektiver und kognitiver Verwirrung zunutze machen, aus der Geschichte hinlänglich bekannt sein.

Nur wenn wir uns nicht durch pseudo-geophysikalistische und personalisierte Ablenkthemen verwirren lassen, können wir auf die gesellschaftspolitischen Fragen fokussieren, um die es bei diesem Thema tatsächlich geht.

Die Diskussion um die Rolle von Greta Thunberg ist für Sie ein Ablenkthema?
Ja, diese personalisierte Diskussion ist völlig irregeleitet. Durch sie wird ein im Grunde berechtigtes Misstrauen gegen politische Handlungsmotive der Zentren der Macht gegen ein psychologisches Ablenkziel umgelenkt. Tatsächlich zeigt diese Personalisierungsdiskussion noch einmal, wie erfolgreich die Zentren der Macht bewährte Spaltungstechniken einsetzen, mit denen sich Erfolg versprechende, das heißt für sie möglicherweise bedrohliche emanzipatorische Bewegungen zersetzen und neutralisieren lassen.

Bei der Klimadebatte können wir zwei bewährte Spaltungstechniken erkennen: Eine besteht darin, ein grundsätzliches gesellschaftliches Problem auf so hochgradig technische Teilaspekte zu verengen, dass ein erheblicher Teil der öffentlichen Veränderungsenergie in Pseudodiskussionen dieser technischen Aspekte absorbiert und somit neutralisiert wird. Die zweite Technik macht sich unsere natürliche Vorliebe für Personalisierungen zunutze.

Diese Vorliebe ist gleichsam eine »Schwachstelle« unseres Geistes, die sich für alle möglichen Manipulationen wirkungsvoll nutzen lässt; auch die Regenbogenpresse lebt von ihr. Um sie für Spaltungszwecke zu nutzen, muss man zunächst darauf zielen, dass eine soziale Bewegung mit einzelnen öffentlich besonders sichtbaren Vertretern identifiziert wird.

Man muss also gezielt einzelnen Personen große mediale Resonanz und Prominenz verleihen. Wenn dann die Bewegung aus Sicht der Herrschenden zu erfolgreich wird, lässt sich die gesamte Bewegung leicht spalten, indem man ihre prominenten Vertreter durch einen geeigneten Rufmord diskreditiert. Und genau dies ist gegenwärtig, gerade auch in einigen alternativen Medien, massiv der Fall. Beispiele hatten Sie ja schon genannt, etwa wenn Greta Thunberg als »Marionette des Kapitals« oder als »Ikone« einer Elitenverschwörung bezeichnet wird, die nur dazu diene, die arbeitende Bevölkerung auf die Ziele der Eliten einzuschwören.

Die Konfusion beginnt hier schon bei der unterstellten Rolle von Greta Thunberg: Denn die Klimabewegung hat zwar in der momentanen medialen Breitenwirkung etwas mit Greta Thunberg zu tun. In ihren objektiven Ursprüngen, im Klimaproblem, ist sie jedoch von Greta Thunberg völlig unabhängig. In der Sache, um die es geht, ist also Greta Thunberg, wenn man es überpointiert formuliert, irrelevant. Und zwar in gleicher Weise, wie etwa Martin Luther King als Person nicht mit dem objektiven Problem der Rassentrennung identifiziert werden darf.

Daher in aller Klarheit: Personalisierungen sind ein bewährtes Spaltungsinstrument. Das hat auch jüngst noch einmal der Rufmord an Julian Assange gezeigt. Doch leider ist der kollektive Gedächtnisverlust auch im sich progressiv fühlenden Milieu mittlerweile so groß, dass das Wissen darüber verlorengegangen ist.

Das gilt übrigens allgemein. Ein Trump-Hass und eine Obama-Begeisterung sind lediglich zwei Seiten derselben Verblendungsmedaille. Beide Personalisierungsaffekte machen blind für die Art und für das Funktionieren tatsächlicher Machtstrukturen. Für eine Analyse politischer Machtverhältnisse ist es ebenso wenig relevant, ob ihre Repräsentanten in kultivierter oder in vulgärer Maske auftreten, wie es für die Opfer eines Verbrechers relevant ist, ob der Täter bei seiner Tat bürgerlich-kultivierte

Manieren gezeigt hat oder nicht. Personalisierungen erzeugen stets eine Art Affektverschiebung auf Ablenkziele und sind genau aus diesem Grund ein bewährtes Mittel zur Spaltung und Zersetzung von emanzipatorischen Bewegungen.

Wenn es nach Ihrer Meinung eine natürliche, also spontane menschliche Neigung zu Personalisierungen gibt, was spricht dann dafür, dass es sich hier vor allem um eine gezielte Spaltungsstrategie der Herrschenden handelt?
Nun, allgemein sprechen historische Erfahrungen dafür, dass die jeweils Herrschenden grundsätzlich versuchen, alle an die Wurzeln ihrer Machtverhältnisse gehenden Lösungen zu verhindern und damit insbesondere alle demokratischen. Daher zielen sie seit jeher darauf ab, soziale Bewegungen, die sich möglicherweise einmal zu einer kritischen Masse formen und somit politisch wirksam werden könnten, gleichsam präventiv zu spalten und zu neutralisieren.

Die Techniken dazu wurden in vielen Jahrzehnten verfeinert und perfektioniert. Das ist ja alles ausführlich analysiert und dokumentiert.

Bei der Klimabewegung ist die berechtigte Sorge der Machteliten, dass diese Bewegung sich irgendwann nicht mehr auf einen spezifischen Aspekt der Folgen unserer Gesellschaftsordnung beschränkt, sondern zunehmend den Blick über die Symptome hinaus auch auf die eigentlichen Ursachen richten könnte. Dies deutet sich ja tatsächlich schon in dem Slogan »*System Change, not Climate Change!*« an.

Daher betreiben die ökonomischen Machtzentren schon jetzt einen erheblichen Aufwand, um zu verhindern, dass der Klimadiskurs »aus dem Ruder läuft« und die wirklichen Ursachen in den Blick geraten könnten. Wie stets werden sie dabei von den großen Medien und willfährigen Intellektuellen massiv unterstützt.

Das Muster dieser Methoden, mit denen sich die Nutznießer des Status quo vor einer Fundamentalkritik zu schützen suchen, ist immer dasselbe: Jede Kritik müsse »verantwortungsvoll« und »vernünftig« bleiben und müsse sich vor »Utopismus« und »ideologischer Radikalität« hüten. Kritik darf also auf keinen Fall an die eigentlichen Wurzeln der Probleme gehen, also unsere zerstörerische Wirtschaftsordnung thematisieren.

So überschlagen sich auch jetzt wieder in vorauseilendem Opportunismus intellektuelle Höflinge der Mächtigen und linke Salonintellektuelle darin, die Anhänger der Klimabewegung beispielsweise als »denkfaule Demokratieverächter« zu diffamieren, die nicht verstünden, dass eine

»Gesellschaft, die schon da ist«, »nur mit ihren eigenen Mitteln reagieren kann« – eine ungeschminkte Apologie der herrschenden Machtverhältnisse.

Könnte man einer Verschiebung der Veränderungsenergie auf Ablenkziele und den damit verbundenen Spaltungen vorbeugen, wenn man das berechtigte Misstrauen der Menschen ernst nimmt, ihnen aber aufzeigt, dass es sich hier gegen das falsche Ziel richtet? Dass sich ihr Misstrauen vielmehr gegen diejenigen richten muss, die ursächlich die Hauptverantwortung für die gegenwärtige Situation tragen?

Selbstverständlich muss es genau darum gehen. Dazu ist es nötig, die tatsächliche Situation und Interessenlage für die allgemeine Öffentlichkeit einsichtig und transparent zu machen.

Manchmal ist das recht einfach. Etwa, wenn sich Barack Obama als Fan von Greta Thunberg bezeichnet und bei einem Treffen mit ihr bekundet: »Du und ich, wir sind ein Team.« Hier sollte eigentlich offenkundig sein, dass ein solches Treffen allein nicht als Begründung verwendet werden kann, um Greta Thunberg oder gar die Klimabewegung zu diskreditieren.

Ebenso wenig wie, um nur ein historisches Beispiel zu nennen, das Anliegen und die Person von Martin Luther King dadurch diskreditiert werden kann, dass sich Obama zu dessen Fan erklärt.

Beide Fälle belegen lediglich, dass hier durch eine politische Vereinnahmung eine für die Zentren der Macht potentiell bedrohliche Bewegung von radikalen Elementen bereinigt werden soll.

Im Fall von Martin Luther King ist mittlerweile gut dokumentiert, wie sein gesellschaftliches Anliegen und sein Erbe im öffentlichen Bewusstsein der USA von allen radikalen Elementen bereinigt wurde, um ihn auf diese Weise ikonenfähig und damit »unschädlich« zu machen. Tatsächlich jedoch sah Martin Luther King kapitalistische Gewalt als wesentliche Wurzel rassistischer Gewalt an. Er kritisierte den Kapitalismus scharf und sprach sich für einen demokratischen Sozialismus und eine radikale Transformation der Gesellschaft aus.

Die Vereinnahmung von King durch Obama lässt sich also keineswegs gegen King verwerten. Vielmehr zeigt sie nur ein weiteres Mal den Macht-Opportunismus und die moralische Leere von Obama, wie sie im Detail in der Obama-Biographie des renommierten Harvard-Historikers David J. Garrow aufgezeigt wurden.

Berechtigt und daher ernst zu nehmen ist hingegen ein Misstrauen, das sich gegen »von oben« verordnete Denk- und Handlungsweisen richtet. Und sehr ernst zu nehmen ist auch die Sorge vor autoritär durchgesetzten Lösungen.

Es gibt mittlerweile Beispiele genug, die zeigen, dass von oben verordnete Kämpfe – sei es gegen Populismus, gegen *fake news*, gegen rechts, gegen den Terror – in Wirklichkeit nicht der Bekämpfung dessen dienen, was sie zu bekämpfen vorgeben, sondern vielmehr zur Stabilisierung von Machtverhältnissen.

Wenn nun von oben ein Kampf gegen den Klimawandel ausgerufen wird, so kann man annehmen, dass die ökonomisch und politisch Mächtigen weniger das Gemeinwohl als ihr eigenes im Auge haben. Jede soziale Bewegung, die sich für Lösungen des Klimaproblems einsetzt, tut daher gut daran, stets genau zu schauen, wer aus den Zentren ökonomischer und politischer Macht sich in einer vorgeblichen Partnerschaft zu ihr ins Boot setzt und welche Ziele derartige »Mitstreiter« dabei verfolgen.

Etwa wenn Hunderte von Großkapitalgebern und Finanzkonzernen, die gemeinsam ein Vermögen von 34.000 Milliarden US-Dollar verwalten, in einem gemeinsamen Aufruf die Politik auffordern, Pariser Klimaziele zügig und konsequent umzusetzen. In solchen Fällen ist es erforderlich, sehr genau hinzuschauen und die genauen Beweggründe für derartige Allianzen zu identifizieren.

Bei einer angemessenen Analyse lässt sich aus solchen vergifteten Partnerschaftsangeboten viel lernen, weil sie uns genau zu den politischen Problemen führen, um die es tatsächlich geht.

Die Finanzinvestoren wie auch die ökonomischen Zentren der Macht allgemein sind nämlich darauf angewiesen, dass sie die für ihre ökonomischen Interessen relevante Realität in hinreichender ideologischer Nüchternheit wahrnehmen. Daher ziehen sie auch aus den vorliegenden geophysikalischen Befunden zum Klimawandel den korrekten Schluss, dass in absehbarer Zeit mit gewaltigen klimabedingten gesellschaftlichen und wirtschaftlichen Krisen zu rechnen ist.

Zugleich sind sie mit der Realität politischer Entscheidungsmechanismen so gut vertraut, dass sie die Wahrscheinlichkeit für äußerst gering einstufen, in den uns verbleibenden, geophysikalisch diktierten Zeitspannen die erforderlichen Änderungen zu bewirken. Auf der Basis einer in Think-Tanks und Universitäten gekauften Vorhersagerationalität rechnen sie also in absehbaren Zeiträumen mit einer Destabilisierung der Weltwirtschaft, die ihre eigenen Geschäftsmodelle gefährdet und unkalkulierbar macht.

Die Frage, wie sich eine Klimakatastrophe abwenden lässt, ist also für sie eher nachgeordnet, weil sie die Chancen hierfür eher gering einschätzen. Was sie jedoch hier und heute interessiert, sind die wahrlich paradiesischen Möglichkeiten, aus den wachsenden gesellschaftlichen Ängsten vor einer Katastrophe Gewinne nie gekannten Ausmaßes zu erwirtschaften.

Der Kapitalismus versteht sich darauf, aus wirklich allem Gewinn zu schlagen. Und Krisen, gerne auch gezielt herbeigeführte, sind seit jeher eine Kraftnahrung für ihn. So wird ihm auch die zu erwartende Panik, die letztlich das unvermeidbare Resultat des gegenwärtigen reformistischen Klima-Gewurstels der Politik sein wird, eine willkommene Gelegenheit hierzu sein.

Und eine weitere Frage beschäftigt schon jetzt die Machteliten: Sie wollen schon jetzt so gut es geht sicherstellen, dass sie dann, wenn es schließlich zu einer Klimakatastrophe kommt, immer noch sehr viel besser dastehen als der Rest der Bevölkerung. Es geht also um Probleme einer relativen Nutzenoptimierung unter extremen Krisenbedingungen. Diese Probleme werden in Think-Tanks intensiv diskutiert.

Es gibt ein breites Spektrum von Mechanismen, wie sich auch unter solchen Bedingungen relative Nutzenvorteile erreichen lassen. Der bei weitem wichtigste Mechanismus ist natürlich der weitere radikale Abbau verbliebener demokratischer Substanz. Denn den ökonomischen Zentren der Macht ist natürlich nur allzu bewusst, dass sich bei der ohnehin schon gegebenen gigantischen sozialen Ungleichheit auf demokratischem Wege keine Maßnahmen durchsetzen lassen, die die Kosten einer drohenden Klimakatastrophe überwiegend den nicht-besitzenden Schichten auferlegen.

Den ökonomischen Zentren der Macht geht es daher darum, heute schon die gesellschaftlichen Plätze für die durch eine Klimakatastrophe hervorgerufenen schweren sozialen Verwerfungen zu ihren Gunsten festzuzurren und entsprechend Platzkärtchen für Gewinner und Verlierer zuzuweisen. Diejenigen, die heute schon zu den Verlierern gehören, sollen auch dann – und zwar in verschärfter – Weise wieder zu den Verlierern gehören.

Douglas Rushkoff, einer der einflussreichsten Intellektuellen der Welt, berichtet hierzu in seinem bemerkenswerten Essay »Überleben der Reichsten« aus eigenem Erleben über den Diskussionsstand unter den herrschenden Eliten: »Ihnen war klar, dass sie bewaffnete Wachleute brauchen würden, die ihre Anwesen vor dem wütenden Mob schützten. Aber wie sollten sie diese Wachen bezahlen, wenn Geld wertlos war? Was würde die Wachleute davon abhalten, ihre eigene Anführerin zu wählen? Die Milliardäre überlegten, die Nahrungsvorräte mit speziellen Schlössern zu sichern, deren Zahlenkombination nur sie kannten. Oder die Wachen als Gegenleistung für ihr Überleben mit irgendeiner Art von disziplinierendem Halsband auszustatten. Oder vielleicht Roboter zu bauen, die als Wächterinnen und Arbeiterinnen dienen – falls sich diese Technologie rechtzeitig entwickeln ließe.« Der übliche »Klassenkrieg« also, wie Warren Buffet es nannte, nur eben auf einer neuen Stufe der Eskalation, da die Mischung aus Umweltkatastrophe und nicht adäquatem Handeln den Kampf um Lebenschancen weiter verschärft ... Es entbrennt also gerade ein ganz realer Kampf um die letzten Plätze auf der neuen Arche, der bereits heute geplant und vorbereitet wird; die immensen und beständig wachsenden totalitären Tendenzen sind ja nicht mehr zu leugnen. Wie kann da eine Umweltbewegung aussehen, die nicht zum Vehikel des Klassenkampfes von oben wird und für den die normalen Leute nicht von Wert und Bedeutung sind? Unter welchen Voraussetzungen bestünde Hoffnung, dass sowohl die Bewegung als auch die aktuelle Debatte im Sinne der Menschheit und hier vor allem der Armen in eine zielführende Richtung verläuft?

Nun, ich denke, wir müssen zuerst einmal klarstellen, dass es keineswegs die Umweltbewegungen sind, durch die autoritäre Entwicklungen drohen. Sie drohen vielmehr als unmittelbare Folge gegenwärtiger Formen des Kapitalismus selbst, insbesondere durch die Zerstörung unserer ökologischen Lebensgrundlagen, die eine Folge der Funktionslogik des Kapitalismus ist.

Dann müssen wir die wirklichen Hauptursachen der zu erwartenden Klimakatastrophe identifizieren und bekämpfen. Wenn man dabei den Blick weg von Oberflächenphänomenen auf die grundlegenden Probleme richtet, wird man auf ein sehr komplexes Gewebe von Problemen stoßen, die von der Eigentumsordnung und den gegenwärtigen Arten ihrer globalen Verrechtlichung über die fatale Externalisierungslogik des Kapitalismus bis hin zu den Mechanismen der Schaffung gewaltiger transnationaler Machtstrukturen reichen, die grundsätzlich jeder demokratischen

Legitimation und Kontrolle entzogen sind. Kurz: Wir müssen an die Wurzeln der gegenwärtigen Machtverhältnisse gehen.

Hoffnung auf eine wirkliche Lösung des Klimaproblems kann es de facto nur geben, wenn wir die Probleme wieder dort lokalisieren und behandeln, wo sie liegen: auf der politischen Ebene, insbesondere der Ebene unserer Wirtschaftsordnung und ihrer zerstörerischen Auswirkungen.

Nur auf dieser Ebene haben wir eine Chance, uns wieder selbst dazu zu ermächtigen, über die Zukunft unserer Gesellschaft und unserer Lebensgrundlagen zu entscheiden. Wie groß die Bereitschaft dazu ist, kann ich nicht beurteilen. In jedem Fall sollten wir aber nicht vergessen, dass der Kapitalismus einen großen Magen hat und sich wirklich alles einverleiben kann, selbst den Widerstand gegen ihn. Auch Hoffnung und Optimismus sind ja längst etwas, das sich für machtpolitische Zwecke gezielt manipulieren lässt – Barack Obama verstand sich ja in besonderer Virtuosität darauf, Hoffnung in eine Stabilisierung von Macht zu verwandeln.

Es bedarf einer großen Kreativität, Formen eines Widerstandes zu entwickeln, der weniger anfällig für diese Formen einer kapitalistischen Einverleibung sind.

Auch müssen wir uns klarmachen, dass wir emanzipatorische Kämpfe für spezifische Einzelziele, seien es Klima, Frieden oder Menschenrechte oder sei es gegen ökologische Zerstörungen, gegen Hunger, gegen Rassismus oder gegen Neokolonialismus, nicht voneinander isoliert betrachten dürfen. In dem Maße, in dem die genannten Probleme mit der Funktionslogik des Kapitalismus verbunden sind, müssen sie auch als verbunden behandelt sowie bekämpft werden, sonst bleibt der Kampf letztlich wirkungslos.

Der gegenwärtige globalisierte Finanz- und Konzernkapitalismus verschont in seinen neokolonialen Aneignungs- und Ausbeutungsbedürfnissen keinen Winkel der Erde mehr. Dieser kapitalismusgetriebene Raubbau an unseren ökologischen Lebensgrundlagen – Wasser, Luft, Land und das gesamte Ökosystem – ist ein Raubbau an unserer Zukunft.

Hier haben wir wirtschaftliche Stellschrauben, also Entscheidungsspielräume, die wir radikal nutzen müssen. Es wäre fatal, diese Bereiche, die durch menschliche Entscheidungen zu gestalten sind, für tabu zu erklären und stattdessen in den geophysikalischen Systemen, die sich weitgehend unserer Kontrolle entziehen, nach technologischen Reparaturmöglichkeiten Ausschau zu halten.

Die Externalisierungslogik, die den Kern kapitalistischer Produktionsformen bildet, ist heute an ihre natürliche und eigentlich längst absehbare Grenze gekommen. Aus dieser Externalisierungslogik entsprang seit je die zutiefst destruktive und letztlich selbstzerstörerische Dynamik des Kapitalismus. Der Klimaaspekt ist davon nur ein kleiner, wenn auch besonders folgenschwerer Teil.

Die Externalisierungslogik ist nicht mehr zu erhalten und muss dringend beseitigt werden. Das geht natürlich an den Kern des Kapitalismus. Hier helfen keine reformistischen Therapien, hier geht es um die völlig absehbaren Folgen einer zerstörerischen Wirtschaftsform. Raubbau an den ökologischen Lebensgrundlagen ist Raubbau an der Zukunft künftiger Generationen sowie der menschlichen Zivilisation insgesamt. Daran muss tagtäglich erinnert werden, um die Öffentlichkeit für die notwendigen Transformationen zu gewinnen.

Ich möchte gerne noch aus etwas anderer Perspektive einen Blick auf die Bewegung der »Klimaskeptiker« werfen. Zwei Dinge sind sicherlich klar: 1. in der Sache gibt es keinerlei wissenschaftlichen Spielraum für eine solche Gegenbewegung, und 2. eine solche Gegenbewegung ist im Wesentlichen eine Astroturf-Bewegung, das heißt, sie gibt vor, von unten zu kommen, ist tatsächlich jedoch als Bewegung von oben erst konzipiert und schließlich produziert und orchestriert worden. Damit bleibt für mich die psychologische Frage, warum sie dann überhaupt – jedenfalls nach Klickzahlen und Kommentaren in sozialen Medien zu urteilen – eine solche Resonanz gefunden hat …

Die Heftigkeit und auch die momentane Breitenwirkung dieser Gegenbewegung lassen sich sicherlich nur unter Beachtung zusätzlicher psychologischer Faktoren verstehen. Zwei Aspekte scheinen mir besonders interessant, weil sie von allgemeinerer Bedeutung sind. Zum einen der hohe Grad an subjektiver Überzeugtheit, mit dem Teilzeit-Hobby-Geophysiker ihre Intuitionen gegen wissenschaftliche Einsichten geltend zu machen suchen. Der zweite psychologische Aspekt betrifft das schon genannte Misstrauen gegen die Machteliten, das grundsätzlich in der Sache berechtigt ist, in der Klimadebatte jedoch in einer Affektverschiebung systematisch auf Ablenkziele gerichtet wird.

Der psychologische Punkt des hohen Grades subjektiver Überzeugtheit ist letztlich ein kognitionswissenschaftlicher und nicht ganz einfach zu erklären. Vielleicht hilft es, wenn wir uns zunächst klarmachen, dass es unter allen Herausforderungen der Natur, mit denen der Mensch in der Zivilisationsentwicklung konfrontiert war, keine gegeben hat, für deren Bewältigung wir in unseren evolutionär geformten Möglichkeiten so schlecht mental ausgestattet sind wie für die Bewältigung einer anthropogenen Klimakatastrophe.

Nie zuvor in der Zivilisationsgeschichte des Menschen ergab sich eine Notwendigkeit, unsere ökologischen Lebensbedingungen in der dynamischen Ganzheit ihres Zusammenspiels theoretisch zu erfassen und zu verstehen – um als menschliche Zivilisation oder gar als Spezies überleben zu können.

Erst recht gab es keinen Grund, sie global gezielt beeinflussen zu müssen. Erst der durch unsere Wirtschaftsordnung herbeigeführte Raubbau an unseren Lebensgrundlagen führte zur gegenwärtigen Bedrohungssituation.

Unser psychischer Apparat ist für die Bewältigung von zeitlich und räumlich lokalen Systemen vergleichsweise geringer Komplexität gemacht und verfügt daher weder über brauchbare Intuitionen noch über geeignete Handlungsheuristiken, wenn es um unsere globalen Lebensgrundlagen geht.

Das bedeutet konkret, dass wir unsere entsprechenden natürlichen geistigen Beschränkungen nur durch kollektive intellektuelle Anstrengungen, also mit den Mitteln der Wissenschaft überwinden können. So, wie wir auch bei unseren Versuchen, den Makrokosmos oder Mikrokosmos zu verstehen, die natürlichen Beschränkungen unserer Sinnesorgane nur mit den Methoden und einem geeigneten konzeptuellen Apparat der Wissenschaften überwinden können, so sind wir auch bei einem theoretischen Verständnis unserer globalen Lebensgrundlagen auf den mühsamen kollektiven Weg der Naturwissenschaft angewiesen.

Für diesen Weg, zu dem es keine bequemen Abkürzungen gibt, gibt es etablierte Standards und Methoden. Und die lassen sich nun einmal nicht durch etwas Google-Aktivität und ein paar eigene Lesefrüchte erwerben.

Hier liegt also eine grundlegende Quelle für Probleme, mit denen die Klimadebatte behaftet ist. In den Naturwissenschaften haben sich Standards der Hypothesenbildung und der Evidenzbewertung – und damit auch normative Standards für Diskurse und Diskussionen – etabliert, die aus einer Alltagsperspektive oft nicht oder nur schwer verständlich sind.

Nun sind Probleme dieser Art nichts Außergewöhnliches, und wir haben in der Zivilisationsgeschichte gelernt, mit ihnen umzugehen. Denn sie ergeben sich in unvermeidbarer Weise bei allen Themen, bei denen es zu Konflikten zwischen wissenschaftlichen Einsichten und Alltagsintuitionen kommen kann. Historische Beispiele sind die Bewegung der Erde oder die Evolutionstheorie. Auch die naturwissenschaftlichen Studien von Kopernikus und Galilei wurden ja von Einwürfen kirchlicher Hobbyphysiker begleitet, die meinten, scharfsinnige Experimente und Beweise entwickelt zu haben, die bezeugen würden, dass die Erde sich unmöglich bewegen könne.

So wird nun auch in der Gegenwart die Klimadebatte von zahlreichen Stimmen begleitet, die überzeugt sind, mit ihren eigenen geophysikalischen Intuitionen und ihrem »gesunden Menschenverstand« in Konkurrenz zum etablierten naturwissenschaftlichen Diskurs treten zu können. Auch das ist eine verständliche und vertraute Situation, und die Naturwissenschaften haben gelernt, durch entsprechende Vermittlungsbemühungen mit ihr umzugehen.

Bei den psychologischen Aspekten scheint mir auf beiden Seiten der Klimadebatte Angst ein wichtiger psychologischer Faktor zu sein. Die einen haben Angst vor einer Zerstörung der Lebensgrundlagen. Die anderen haben Angst vor einer »Ökodikatur«. Ich teile im Kern beide Befürchtungen und bin daher auch der Meinung, dass beide Seiten, auf je spezifische Art, zum Teil recht haben, dabei jedoch zugleich das Wesentliche, des Pudels Kern also, übersehen …

Ja, Angst ist in jedem Fall ein Faktor von besonderer Bedeutung, auch bei den Zentren der Macht selbst. Die durch das Thema einer drohenden Klimakatastrophe ausgelösten Ängste und Ohnmachtsgefühle sind existentielle Ängste und Ohnmachtserfahrungen, da sie sich auf die Stabilität unserer eigenen Lebensgrundlagen und der unserer Kinder und Enkel beziehen.

Solche Ängste können dann auf vielfache Weise politisch wirksam werden. Sie können im besten Fall emanzipatorische Handlungsenergien freisetzen. Oder sie können eine demokratische Partizipation lähmen und eine Gegenwehr gegen autoritäre Lösungen blockieren. Auch eignet sich das Klimathema in besonderer Weise für Herrschaftstechniken einer systematischen Angsterzeugung.

Die ökonomischen Zentren der Macht werden bei einer kommenden Klimakrise in jedem Fall ein breites Spektrum von Techniken eines Angstmanagements nutzen, um ihre Interessen zu verteidigen.

Ein wichtiges Schutzmittel für uns dagegen liegt darin, diese Ängste nicht zu verleugnen, sondern sie sich bewusst zu machen. Dies ist auch deswegen wichtig, damit sich diese Ängste nicht als verschobene intensivierte Affekte für Spaltungen nutzen lassen. In jedem Fall ist gerade beim Klimathema Angst ein ganz zentraler psychologischer Faktor, mit dem wir uns intensiv befassen müssen.

Was sind die Worst Case-*Szenarien der weiteren Entwicklung aus Ihrer Sicht?*
Dazu kann ich natürlich keine Prognosen wagen, schon deswegen nicht, weil die Skala von *Worst Case*-Szenarien leider nach oben offen ist.

Zwei Entwicklungen sind jedoch bereits jetzt erkennbar und werden sich verschärfen. Die eine ist der schon genannte weitere massive Abbau an historisch mühsam gewonnener demokratischer Substanz. Der Grund hierfür liegt schlicht darin, dass sich alle von den ökonomischen Eliten gewünschten Maßnahmen um so weniger demokratisch legitimieren lassen, je mehr sich eine Krise verschärft. Denn eine demokratische Legitimation bedeutet ja gerade, dass Lösungen nicht durchsetzbar sind, die zu Lasten der Mehrheit der Bevölkerung gehen.

Die zweite damit eng verbundene Prognose bezieht sich auf die schon mehrfach angesprochenen autoritären Entwicklungen, also darauf, dass auf allen Ebenen gesellschaftlicher Organisation, insbesondere auf allen Ebenen der exekutivischen Apparate, zunehmend autoritäre Strukturen eingeführt und verrechtlicht werden.

Dieser Prozess wird bereits seit Längerem intensiv, wenn auch für die Bevölkerung kaum wahrnehmbar, vorangetrieben – von Polizeigesetzen über alle möglichen Arten exekutivischer Ausführungsgesetze bis hin zu einem autoritären Konstitutionalismus. Er ist eine zwangsläufige Folge davon, dass Kapitalismus und Demokratie trotz ihrer zeitweiligen Symbiose letztlich miteinander unverträglich sind und dass die neoliberalen Spätformen des Kapitalismus nur in Verbindung mit einem autoritären Sicherheits- und Überwachungsstaat lebensfähig sind. Die Frage, wie dieser genau ausgestaltet werden könnte, lässt viel Spielraum für dystopische Fantasien.

Noch ein letztes Wort?
Gerne noch einen grundsächlicheren Punkt. Wir benötigen in mehrfacher Hinsicht eine breitere Perspektive, da der Klimawandel lediglich ein Symptom ist und wir daher auch bei den Mitteln zu seiner Bewältigung sehr viel grundsätzlicher vorgehen müssen.

Was die Auswüchse und die ökologischen und sozialen Folgen des real existierenden Kapitalismus betrifft, so müssen wir uns klarmachen, dass die vergangenen Jahrzehnte unzweifelhaft gezeigt haben, dass zwei Gesellschaftskonzeptionen, die mit großen emanzipatorischen Versprechen angetreten waren, als gescheitert betrachtet werden müssen.

Die eine Gesellschaftskonzeption war der real existierende Sozialismus. Die zweite Gesellschaftskonzeption betrifft die Idee einer reformistischen Zivilisierung des Kapitalismus, also die Vorstellung eines »Kapitalismus mit menschlichem Antlitz«. Die Erfolgsaussichten einer solchen Konzeption wurden aus grundsätzlichen Gründen schon früh bezweifelt, prominentes Beispiel ist Rosa Luxemburg.

Der Siegeszug der neoliberalen Ideologie, die der Sozialhistoriker Perry Anderson als die erfolgreichste Ideologie der Weltgeschichte bezeichnet, zeigt heute endgültig, dass angesichts der vom Neoliberalismus hervorgebrachten gigantischen Asymmetrie von Machtverhältnissen die Hoffnung auf eine reformistische Transformation des Kapitalismus als illusionär betrachtet werden muss.

Der große Sozialphilosoph und Theoretiker einer politischen Ökologie André Gorz hatte 1968 noch einmal darauf hingewiesen, dass ein sozialer Kampf, der »nur gegen die Wirkungen der kapitalistischen Entwicklungen« kämpft und der »innerhalb der kapitalistischen Logik« bleibt, letztlich nur »selbst zur Verstärkung des kapitalistischen Systems« beiträgt.

Gerade beim Klimaproblem wird in absehbarer Zeit sehr konkret offenkundig werden, dass der übliche politische Reformismus einer wilden Mixtur von Oberflächenmaßnahmen zwangsläufig in einem Desaster enden muss. Denn diese Maßnahmen resultieren gerade als politische Kompromisse aus dem, was innerhalb der durch unterschiedliche Elitengruppierungen und ökonomische Lobbygruppen bestimmten Machtkoordinaten möglich ist.

Wie tief die notwendigen Änderungen an die Grundfesten einer kapitalistischen Wirtschaftsordnung gehen müssen, ist bereits daran zu erkennen, dass die Politik ihre Versprechen grundlegender Änderungen allein schon deswegen gar nicht einlösen kann, weil die erforderlichen Änderungen Eigentumsverhältnisse berühren, die mittlerweile durch nationales und internationales Recht nahezu unantastbar sind.

Die kapitalistische Wirtschaftsordnung beruht auf einer »Sakralisierung des Eigentums«, wie Thomas Piketty es nannte. Diese Sakralisierung des Eigentums hat ihre Wurzeln bereits in der römischen Antike, ist also weit älter als der Kapitalismus. Sie bildet geradezu das Fundament unseres gesamten Rechtssystems. Der globalisierte Kapitalismus hat ihre Verrechtlichung zu einem Extrempunkt getrieben und sie ein für allemal einer demokratischen Kontrolle entzogen. Damit hat er sich selbst gleichsam auf Ewigkeit verrechtlicht, sich also eine Art Ewigkeitsgarantie verschafft.

Dies zeigt noch einmal, dass wir das Klimaproblem dringend aus einer Verengung auf geophysikalische Aspekte befreien müssen und in den Kontext derjenigen politischen Faktoren stellen müssen, die es hervorgebracht haben:

Das Klimaproblem ist untrennbar mit der Frage verbunden, in welcher Art von Gesellschaft und in welcher Wirtschaftsordnung wir nicht nur überleben, sondern auch menschenwürdig leben können. Dabei geht es buchstäblich um alles, nämlich die menschliche Zivilisation.

Ich bedanke mich für das Gespräch.

Sven Böttcher
Wir Klimalügner

Die Krone der Schöpfung macht sich abdankend zum Affen und debattiert erbittert Banalitäten, während sie dem eigenen Untergang entgegenrast.

Meinungen haben? Geht immer. Senden auch. Das jedenfalls können wir hervorragend: Streiten und debattieren, ob die Erderwärmung nun »menschgemacht« ist oder nicht. Streiten darüber, ob CO_2 gut ist oder schlecht. Streiten über CO_2-Steuern. Streiten darüber, ob Greta eine Heilige ist oder ferngesteuert. Streiten über Dämmungsmaterialien und Pelletöfen. Oder darüber, ob e-Mobilität eine Alternative zur Benzinmobilität ist. Zielführend ist davon nichts. Und es ist nicht nur ein bisschen armselig, es ist hochgradig infantil. Kinder sind hier ausdrücklich entschuldigt. Man könnte sich genauso gut in einem abstürzenden Flugzeug darüber streiten, ob man vor dem nächsten Start die Maschine hellblau oder dunkelblau umlackiert. Ein letzter Aufruf zu gedanklichem Mut und mehr Aufrichtigkeit.

Die aktuelle Situation ist doch viel ernster. Zwar ist die Erde schon fünfmal weitgehend ausgestorben, hat also zwischen 50 und 80 Prozent ihrer Bewohner verloren – und beileibe nicht immer wegen kosmischer Kiesel, vulgo Asteroiden. Erderwärmung und CO_2 waren zuletzt vor 250 Millionen Jahren Ursache für einen 5-Grad-Temperaturanstieg und das weitgehende Ende der Planetenbesiedlung. Doch im Unterschied zu heute wussten unsere Vorfahren nicht, was sie gegen dieses drohende Ende versuchsweise hätten unternehmen können. Wir wissen es. Aber wir machen es nicht. Deshalb ist unser zeitnahes Aussterben nicht nur ein bisschen tragisch, sondern regelrecht peinlich.

Wer auf den Untergang vor 250 Millionen Jahren wegen steigender Temperaturen hinweist – bedingt auch, aber nicht nur, durch die Erhöhung der Treibhausgaskonzentrationen in der Atmosphäre –, gießt natürlich Wasser auf die Mühlen der »Klimaskeptiker«: Sie folgern daraus mit einem lauten »Ha!«, Erderwärmung sei eben nicht menschgemacht, sondern komme vor, das sei ganz natürlich, folge Zyklen.

Hierauf entspinnen sich dann allerorten wilde und wütende Diskussionen von Stammtischbewohnern wie Fachleuten, ob die derzeitige Erwärmung nun unsere (Mit)-Schuld sei oder eben nicht. Vor lauter Begeisterung über das eigene »Wissen« fällt den diametral anderswissenden Diskutanten dabei aber das Wesentliche sofort unter den Tisch, denn: Wenn die Klimaveränderung menschengemacht ist, müssen wir dringend etwas ändern. Wenn sie nicht menschengemacht ist, müssen wir erst recht dringend etwas ändern. Die »Man-made«-Diskussion ist somit überflüssig. Wir müssen so oder so handeln.

Die Frage ist nicht ob, sondern wie: Müssen wir uns jetzt alle *nur* vegetarisch ernähren und aufs Fahrrad umsteigen, oder müssen wir zusätzlich die Hälfte unserer Hauptstädte zehn Kilometer ins Landesinnere versetzen, Schwefel in die Stratosphäre jagen, Deiche bauen und uns schwer bewaffnen?

Aber bis zu diesen Fragen kommen wir gar nicht im Gespräch. Wir zanken lieber, bis wir erschöpft sind, unsere CO2-Meinungen gehen vorher wie nachher als Freunde oder Feinde auseinander, erreicht haben wir mit der Diskussion nichts, nicht mal einen Erkenntnisgewinn. So sind wir halt, die Großen, die Schlaumeier, die Erwachsenen: Wir hören uns gern labern. Das eigentliche Problem sowie alle Lösungsansätze bleiben dabei unter dem Teppich, und wir gefallen uns im eitlen Streit über Nichtigkeiten.

Sofern wir das nicht ändern, gehen wir unter – und zwar deutlich vor dem Tag, an dem der Klimawandel die Erde für uns unbewohnbar macht. Vermutlich schaffen wir es weit vor diesem Tag X, uns infolge wegen des in unser aller Köpfe fest verdrahteten Wachstumsdiktats nuklear auszulöschen – denn Wachstum benötigt Ressourcen, Ressourcen sind endlich, und das Endspiel um die verbleibenden Bodenschätze sowie die dazugehörigen Transportwege hat längst begonnen, unter der *false flag* »Freiheit für Irak/Iran/Syrien/Platz für weitere Landesnamen«.

Nun wäre unsere atomare Auslöschung zwar unterm Strich nur halb so wild – denn unser Planet kommt gut ohne uns klar, und sollte es nur zu einem abermaligen Verlust von 80 Prozent seiner Bewohner kommen, wäre sicher auch die Reduzierung der Menschenlast auf etwa eine Milliarde Köpfe für den Planeten leicht zu verschmerzen. Aber nicht für Sie persönlich, denn Sie können sicher sein, dass Sie nicht zu den überlebenden 20 Prozent gehören werden. Und, nein, auch dann nicht, wenn sie 18 Dosen Ravioli, zwei Kisten regionales Mineralwasser in Glasflaschen und eine Armbrust im Keller stehen haben und somit angeblich bestens vorbereitet sind.

Selbst im günstigen und unwahrscheinlichen anhaltenden Friedensfall ist in spätestens 5 bis 20 Jahren Schluss, endgültig Schluss mit »lösbar«, und dabei ist fast nebensächlich, welches der im Angebot befindlichen Agenda-2050-Horrorszenarien man wählt, von FSK 6 bis FSK 18. Ob 2 Grad, 3, 4 oder gar 8 Grad Erwärmung (bis 2100) und unabhängig davon, ob wir unsere Beteiligung am Temperaturanstieg der vergangenen Jahre anerkennen oder nicht, sind wir in allen Szenarien existenziell gefährdet.

Ganz gleich, ob man das nun »catchy« aufs CO_2 reduziert (als Platzhalter, weil die Komplexität von Klima eben nicht taugt für Demos): Wir sind aufgefordert, unverzüglich zu handeln: heute noch. Das sind wir allerdings schon seit spätestens 1992, oder sogar seit 1972, seit der Club of Rome seine Erkenntnisse veröffentlichte. Seither ist unser Handeln also nicht mehr nur fahrlässig, sondern vorsätzlich art- und lebensgefährdend.

Die Komplexität des Problems überfordert uns, selbstredend. Schon die Rolle des CO_2 überfordert uns. Erst recht die Rolle der Wolken, die für 75 Prozent der Erderwärmung zuständig sind. Kosmische Strahlung, Sonnenmagnetfeld, Dansgaard-Oeschger, Milankovic-Zyklen? Viel zu komplex.

Wieso blinken schwarze Löcher eigentlich, und »macht« das was? Hier? Und macht es was, in Sachen Klima, dass im Pazifik ein frankreichgroßes Müllmuseum schwimmt? Hat das vielleicht sogar Einfluss auf Ninos, Ninas und irrationale pazifische Kaltzungen? Und wieso wird die Eisschicht an gewissen Stellen gerade sogar dicker, obwohl Grönland wieder Grünland wird? Und was genau ist eigentlich vor nur 10.000 Jahren passiert, als die Welt wälderweise im Wasser versank? Weiß das jemand? (Spoiler: Nein.)

Aber nicht nur weist das Problem über unseren Erkenntnishorizont weit hinaus, es weist auch über unseren Zeithorizont hinaus, und das deutlich – weit über unsere Lebensspanne und Lebenserfahrung. Aus unserer persönlichen Erfahrung kennen wir ohnehin nur Wetter, nicht Klima. Und wir erfassen nicht annährend die Zusammenhänge, weder die der Klimaentstehung an sich, noch die Zusammenhänge mit unseren paar anderen kleineren Problemen. Diese Zusammenhänge sind allerdings überlebenswichtig.

Im Schweins- oder Rindsgalopp, exemplarisch an nur wenigen Beispielen angedeutet:

Das Absaufen unserer küstennahen Infrastrukturen wegen »Schmelzeis« – bis zu 2 Meter bis 2100 – sofern wir das Paris-Ziel einhalten werden, was wir nicht tun – ist der älteste Klimahut, infantil prima vermittelbar mittels Knut-Stofftier oder Platzhalter »CO2 ppm«.

Nimmt man die Prognosen zumindest zentimeterweise ernst, drohen der Untergang nicht nur unserer Billig-T-Shirt-Anlage Bangladesch, sondern auch der von beispielsweise 2,4 Millionen amerikanischer Eigenheime im Wert von einer Trillion Dollar, grob geschätzt. Es könnten auch 14 Trillionen sein, man rechnet noch, aber es spielt gar keine so große Rolle – die Reparaturarbeiten sind so oder so gut für's BIP, siehe unten.

Was nicht so gut ist, sind die Klimaflüchtlinge. Hier reichen die Schätzungen für den Zeitraum von 2035 bis 2050 von 300 Millionen bis zu 1 Milliarde. Die kommen aber nicht nur wegen etwaiger nasser Füße, sondern erst recht wegen trockener.

Zunehmende Hitzewellen bedeuten neben ein paar toten Russen, 2010 waren es 55.000, unzählige tote Afrikaner und andere fremde Leichen. In Pakistan wurden 2018 die höchsten Temperaturen aller Zeiten gemessen.

Man kann dieses Problems auch nicht Herr werden, indem man die betroffenen Regionen flächendeckend mit Klimaanlagen ausstattet, denn nicht nur verbraucht »Air Condition« schon heute 10 Prozent der weltweit verfügbaren Energie, der Bedarf wird sich wohl bis 2030 verdreifachen, aber obendrein wird es durch den Betrieb der Anlagen *außerhalb* der komfortabel ausgerüsteten Gebäude nicht kühler, sondern deutlich wärmer.

Was sich in den eh schon zu heißen Metropolen zu einem echten »Catch 22« entwickelt. Eben jenen Städten, in die es viele Menschen immer mehr zieht. Obwohl man schon heute dort kaum mehr atmen kann, denn wer das zum Beispiel in Delhi mit seinen 26 Millionen Einwohnern tut, spart sich nicht nur die Ausgaben für täglich zwei Schachteln

Zigaretten, sondern hat auch gute Chancen, zu den weltweit täglich 10.000 Feinstaubtoten zu zählen. Dass man dabei in den meisten Metropolen nicht friert, ist vermutlich ein schwacher Trost.

Auf dem Land folgen auf Hitzewellen Dürrewellen. Aus Dürre folgt Hunger, denn pro Grad durchschnittlicher Erwärmung rechnet man mit einem Ertragminus von 10 Prozent. Folge der Dürren sind mithin Ernteausfälle, Folge der Ernteausfälle steigende Preise, Folge der steigenden Preise mehr Verhungernde, die sich das teurer werdende Grundnahrungsmittel Getreide schlicht nicht mehr leisten können.

Nur am Rande sei daran erinnert, dass wir Menschen trotz der paar beklagenswerten Hitzetoten übrigens nicht weniger werden, sondern mehr. Die letzten vorsichtigen Schätzungen für 2050 bewegen sich zwischen 10 und 18 Milliarden.

Glaubt irgendjemand, eine Milliarde Klimaflüchtlinge seien ein friedlich lösbares Problem? Einen im Sinn: Frankreich und England waren bei der letzten »Flüchtlingskrise« mit Müh und Not dazu zu bewegen, ein paar tausend Menschen aufzunehmen, aber den Rest der Milliarde können wir ja notfalls im Münchner Umland unterbringen.

Mahlzeit! Hinterm Tellerrand geht's weiter.

An unserem derzeitig alle Bestsellerlisten beherrschenden Lieblingsthema »gesunde Ernährung« lassen sich nun jenseits der erbittert umstrittenen Frage »vegan oder paleo?« zumindest begreifbare Teile der Gesamtproblematik erfassbar aufzeigen, denn »Essen« versteht ja im Prinzip jeder: Bolsonaros frische Amazonas- Entwaldungskampagne wird zwischen 2021 und 2030 zusätzliche CO_2-Äquivalente von etwa 13 Gigatonnen in die Atmosphäre bringen. Der Ausstoß der USA liegt jährlich bei etwa 5 Gigatonnen, der von China bei 9.

Brasilien ergänzt also uns zuliebe einmalig ein zweites China und eine zweite USA – in Sachen CO_2 –, um mehr Fleisch zu produzieren. Mehr Fleisch erfordert mehr Viehfutter, und das besteht vor allem aus Getreide und Sojabohnen. 57 Prozent unserer Getreideernte dienen inzwischen diesem Zweck, vom Soja konsumieren wir nur zu 2 bis 6 Prozent direkt, den Rest auf Umwegen als Fleisch. Die Anbaumenge hat sich seit den 1950er Jahren verzehnfacht, auf heute jährlich geerntete 270 Millionen Tonnen.

Für die Futterproduktion nutzen wir fast ein Drittel der gesamten eisfreien Erdoberfläche unseres Planeten – notwendigerweise, schließlich wiegen allein unsere Hausrinder schon heute fast dreimal so viel wie wir rund siebeneinhalb Milliarden Menschen. Unser Hunger nach immer mehr Fleisch – sprich: nach immer mehr Soja und Getreide – hat nun selbstredend zur Folge, dass wir, um die notwendigen Ackerflächen überhaupt noch bereitstellen zu können, immer mehr Wälder roden müssen, die eigentlich als CO_2-Fänger dienen sollten und müssen.

In einer Welt, in der bereits 30 Prozent der Treibhausgasemissionen aufs Konto der Nahrungsmittelproduktion gehen, ist das keine besonders smarte Idee – oder deutlicher: ist es eine doppelt und mehrfach blöde Idee. Denn das Roden der Wälder trägt entscheidend zur Erderwärmung bei, sprich: wir fackeln CO_2-Fänger ab, um mit gewaltigem Frischwasserverbrauch Methanproduzenten zu mästen – und dann aufzuessen.

Da gleichzeitig für die Versorgung der Bewohner dieser Gegenden nichts übrig bleibt, lässt sich wohl abkürzend sagen: Wir essen keine Rinder, wir essen Menschen.

Und das ungebremst. Die globale Fleischproduktion hat sich seit den 1960er Jahren gut vervierfacht, von 78 auf 310 Millionen Tonnen pro Jahr, der durchschnittliche weltweite Fleischkonsum pro Kopf betrug 2012 inzwischen 42,8 Kilogramm, der Schnitt in den Industrieländern liegt bei 76,2 Kilo, in Deutschland bei 88, in den USA bei 120. Bis 2050 wird eine Steigerung der Gesamtmenge von 310 auf 455 Millionen Tonnen erwartet.

Die zur Erzeugung dieser Menge erforderlichen Nutztiere werden also 2050 so viel Nahrung verzehren wie vier Milliarden Menschen, nicht zuletzt, weil die Umwandlungsrate von pflanzlichen Kalorien in tierische beim Rind 7:1 beträgt, beim Schwein 3:1, bei Gefügel 2:1.

Die Bilanz fällt bei fairer Betrachtung noch deutlich verheerender aus, denn mit dem »Erzeugen« und Schlachten ist es nicht getan, schließlich muss das Fleisch nach der »Gewinnung« aufwendig verarbeitet und vor allem aufwendig transportiert werden, weshalb man den zusätzlichen Kalorienumwandlungsfaktor »x 5« einbauen sollte.

»Nur ein Fünftel der für unsere Ernährung aufgewandten Energiemenge wird auf der Farm verbraucht; der Rest geht beim Verarbeiten und Umhertransportieren der Nahrungsmittel drauf.« (Michael Pollan)

So gefährden wir also durch die vollendet unökonomische Umwandlung von Pflanzen und Wasser in Fleisch das Überleben unseres weltweiten Gesamt-»Stammes« – aber da der verhungernde Rest unseres Stammes außer Sichtweite wohnt, ist uns das tatsächlich weitgehend wurscht.

In Sachen CO_2 kann man dieses allumfassende idiotische Drama allerdings getrost links neben dem Teller liegen lassen (sorry, Greta), denn der »Treibhaus-Effekt« unseres oben beschriebenen Treibens beschränkt sich ja nicht nur auf die CO_2-Produktion. Wo karge Rinderlandschaften entstehen, ist kein Platz für Bäume.

Bäume fangen CO_2, Rinder atmen CO_2 aus. Und furzen en passant ausdauernd Methan, ein weitaus wirksameres Treibhausgas als CO_2. Und verbrauchen neben Pflanzen auch unheimlich viel Wasser: 18.000 Liter pro Kilo Rindfleisch »auf dem Teller«. Womit wir via Hitze, Dürre, Wälderabfackeln, Leuteverhungernlassen und Gemüse in Steaks oder Tankfüllungen verwandeln am Tellerrand angekommen wären, also beim Wasserglas. »Gefühlt« eher nebensächlich, da wir hierzulande mehr als genug Wasser haben und mittels unserer dämlichen Spartasten mehr Umweltschaden als -nutzen bewirken.

Global betrachtet aber ist Wasser missionskritisch. Nicht nur wegen der 18.000-Liter-Steaks. Auf die wir natürlich verzichten müssten und sollten. Aber ebenso natürlich können wir nicht von unseren chinesischen Brüdern und Schwestern verlangen, dass die ebenfalls verzichten. Nach 50 Jahren täglich Wurst mit Gesicht unsererseits wäre das schlicht grotesk. Ebenso wie unsere unausgesprochen in allen Diskussionen mitschwingende Idee, Chinesen und Inder brauchten ja wohl keinen eigenen sparsamen Erstwagen, nachdem wir seit 1945 bereits pro Kopf eine ganze Fahrzeugflotte an Kleinwagen und SUVs gegen Schrottprämien ums Eck gefahren haben.

Und, doch, tatsächlich erfordert auch die Produktion von Autos Wasser. Sowie Stahl. Am Rande bemerkt, es lässt sich auf diesem Planeten schlicht nicht mehr genug Stahl herstellen für die gewünschten paar Milliarden weiterer Autos. Aber die Inder könnten natürlich umsteigen auf … Plastik. Und E-Motoren. Also Batterien. Der Abbau einer lächerlichen Tonne Lithium erfordert etwa 2 Millionen Liter Wasser.

Von Peter Gleick stammt der schön unschöne Satz: »Wenn der Klimawandel ein Hai ist, sind die Wasserresourcen seine Zähne.« Ein Prozent des weltweit verfügbaren Wassers ist »blaues Gold« – also trinkbar und zugänglich. Wir geben uns größte Mühe, unsere Vorräte zu reduzieren. Die UN gehen davon aus, dass 2050 eine Milliarde Menschen nur eingeschränkten Zugang zu Frischwasser haben werden. Zunehmende Dürren sind hierbei nicht »eingepreist«, ebenso wenig die nicht unwahrscheinliche Zunahme der Weltbevölkerung auf mehr als 10 Milliarden.

Vor diesem Hintergrund wird das Drama fast nebensächlich, dass auch die 99 Prozent nicht trinkbaren Wassers auf unserem blauen Planeten ein Problem darstellen, weil die sich erwärmenden Meere als CO_2-Senken allmählich unbrauchbar werden. Und dass inzwischen jeder einzelne Meeresbewohner zumindest teilweise aus Nanoplastik besteht, können wir ebenfalls vernachlässigen. Bis 2050 wird eine Verdreifachung der weltweit produzierten Plastikmenge erwartet: Zu dem Zeitpunkt wird das Gesamtgewicht des Plastiks in den Meeren höher sein als das seiner Bewohner.

Was, sagten Sie, ist unser Problem? CO_2?

Keine Lösungen?

Nichts von dem, was wir in Sachen Klima und CO_2 so aufgeregt besprechen, bei Steak oder Sojaburger und Designersprudel, berührt auch nur die Nähe unseres Problems. Wie könnte es auch, wenn man strikt über das Falsche spricht – also um den inzwischen schon ziemlich heißen Brei herumredet.

Unsere gesammelten Einfälle sind feige, weltfremd und idiotisch – weil sie die Ursache des Problems verkennen, die Probleme mit unseren Lösungsansätzen verkennen und das Wesen des Menschen verkennen. Schlechtere Voraussetzungen für einen Problemlösungsansatz sind schwerlich denkbar.

Das Ganze lässt sich mit dem sattsam bekannten Bonmot auf den Punkt bringen: »Insanity is repeating the same mistakes and expecting different results.« Unsere Ideen und Maßnahmen sind entsprechend sinnfrei und vergrößern das Problem, statt es zu verkleinern. Denn tatsächlich gilt noch immer Bill Clintons »It's the economy, stupid!«, allerdings anders als damals in Bush seniors Richtung:

Unsere Idee vom Wirtschaften an sich, unsere Vorstellung von Wachstum, ist grundfalsch.

Aber diese Idee ist förmlich fest verdrahtet in unseren Gehirnen und Herzen, in unserer DNA, nachdem wir lebenslang nichts anderes kannten und nie denken konnten: »There is no alternative«(Maggie), »Ohne Wachstum ist alles nichts« (Angie), »Is wohl so« (Alle).

So beherrscht das BIP-Denken sogar unsere am besten gemeinten Konzepte. Ja, wir wollen Energie einsparen – also tun wir das, wachsend, mit immer höherem Energieverbrauch. Wir machen alles neu. Wir bauen neue Dämmungen für alte Häuser.

Wir bauen neue Häuser. Energiesparend. Einen im Sinn: Wäre die Zementindustrie ein Land, wäre sie der drittgrößte CO2-Verursacher der Welt. Wir bauen neue Glühbirnen. Wir bauen neue e-Autos und e-Fahrräder. Wir bauen eine neue Währung, das ist doch bestimmt auch irgendwie öko, dann muss man ja nicht mal mehr mit dem Fahrrad zur Bank. Die Produktion von *Bitcoins* benötigt inzwischen jährlich so viel Energie wie ganz Dänemark. Oder eine Million Transatlantikflüge. Wir bauen Batterien. Das sind die »Game Changer«, so Wirtschaftsminister Peter Altmaier, das ist der Schlüssel für die Bewältigung der Klimakrise: Lithium, siehe oben, 2 Millionen Liter Wasser pro Tonne.

Unser Energieverbrauch steigt bei all dem. Stetig. Global wie national.

Antrieb *jeder* unserer Ideen und Bewegungen ist Wachstumsdenken, überstrahlt vom BIP als heiliger Kennziffer. In einer Welt mit endlichen Ressourcen kann man aber schlechterdings nichts doppelt ausgeben, und hier ist nicht die Rede von erfundenem Geld.

Es gibt auf diesem Planeten nicht nur nicht genug Stahl für 7 Milliarden Autos, geschweige denn Zweitwagen. Es gibt nicht genug Flächen und nicht genug Kali-Dünger für die Ernährung aller Menschen mit Steaks und Hühnerkeulen. Es gibt nicht genügend Wasser, nicht genügend seltene Erden. Es gibt nicht genügend Rohstoffe für die Stromversorgung der ganzen Welt aus Windturbinen und Desertec-Wüstensolarfeldern so groß wie Deutschland.

Und bei all dem, bei all unseren Versuchen, endlich, mit höchstem Energieaufwand, unsere Energieversorgung »sauber« zu machen, CO_2-frei und nachhaltig, wird obendrein das Allerwichtigste nie ausgesprochen: Denn wir haben nicht nur ein Energiegewinnungsproblem, nicht nur ein CO_2-Problem, nicht nur ein Erwärmungsproblem.

Man stelle sich doch nur vor, es gelänge uns tatsächlich, morgen oder in zehn Jahren, qua unerhört genialer Perpetuum-Flettner-Rotor-Solar-Druckluft-Speichertechnologie, den ganzen Planeten erneuerbar zu elektrifizieren. Was wäre denn dadurch gewonnen? Nichts, wie die kurzsichtige Naivität der e-Mobil-Fahrer exemplarisch belegt: »Ich fahre klimaneutral, Zeit für ein Zweitmobil und häufigere Ausflüge.« Gälte also für Energie das erneuerbar-paradiesische Motto »kost' ja nix«, hätte das vor allem eine Folge, und zwar so vorhersagbar wie das Amen in der Kirche: der unsere Existenzgrundlage vernichtende Raubbau an Ressourcen und Natur ginge nur *noch* wesentlich schneller und gründlicher vonstatten als jetzt schon.

Wir kommen da einfach nicht hin. Wir wollen nicht »grün«, wir wollen »grünes Wachstum«. Wir wollen was ändern, aber wachsend. Wir sind BIP-kontaminiert von Geburt an. Wir atmen Wachstum. Wir können einfach nicht ohne.

Es heißt nicht umsonst »Lösung«.

»Davon zu träumen, wie alles anders sein könnte, ist ein Zeichen von gedanklicher Feigheit. Es funktioniert als Fetisch, der uns davon abhält, unsere missliche Lage in ihrer ganzen Ausweglosigkeit zu erkennen.« (Slavoj Zizek)

Sicher: Wir *möchten* ja durchaus, dass sich etwas ändert, mehr oder weniger. Wache Menschen etwas mehr, Schlafende etwas weniger. Aber für uns alle gilt noch: Wir wollen Veränderung nur, solange wir selbst nicht so viel ändern müssen. Die kleinen weißen Sklaven in unseren Wänden, die Steckdosen, bleiben jedenfalls im Dauerbetrieb, sogar mein neuer Fenstersauger ist grün und spart Energie, meine ich jedenfalls.

Wir wollen und werden oft oder wenigstens manchmal Fahrrad fahren, ja, ist neu, mit E-Antrieb, und nächstes Jahr kommt das nächste Modell. Aber die 20 Sorten Wurst mit Gesicht oder die 23 Tofu-Variationen sollen schon bleiben, Wurst- und Tofuwählbarkeit gehört ja zu unserer Freiheit.

Das Weltklima retten, ja, gern, aber nicht Fernflugreisen per se verbieten, ob zum All-Inclusive in der DomRep oder zum Yoga-Schweigen in Sri Lanka, denn Bewegung gehört ja zu unserer Freiheit. Grünen-Wähler unternehmen mehr Flugreisen als die Wähler aller anderen Parteien.

Vielleicht sind wir bereit, unseren jährlichen Pro-Kopf-Fleischverbrauch von durchschnittlich 77 Kilo auf 71 Kilo zu reduzieren. Vielleicht verzichten wir sogar auf unser Zweit-E-Mobil oder den Cityroller, aber nur, wenn die anderen auch mitmachen, die ganzen Inder und Chinesen. Also, die sollten dann auch nicht mal auf ihrem Erstbrathähnchen bestehen. Oder einem ersten Auto.

Das ist ganz ungeheuer verlogen. Der öffentliche Streit über CO_2 und die potentiellen Folgen einer einschränkenden Politik für den Wirtschaftsstandort Deutschland ebenso wie der auf Demos skandierte, so ungeheuer unkonkrete Wunsch, das Klima zu retten, ebenso wie die Debatte über Außengrenzen, Kontingente und im Mittelmeer ertrinkende Flüchtlinge.

Natürlich *könnten* wir das Thema wenigstens ernst nehmen und vorangehen. Spielen wir das einmal gedanklich durch. Es ist nicht kompliziert. Aber es ist nicht getan mit Korrekturen mit der Nagelschere, es bedarf schon etwas größerer Geräte. Beziehungsweise einer neuen Erzählung. Dann mal los: Wir beerdigen mit sofortiger Wirkung den real existierenden Kapitalismus, das BIP- und das Wachstumsdenken. Wir schaffen sämtliche Bullshit-Jobs ab, danach haben 60 Prozent von uns keine Arbeit und kein Einkommen mehr.

Die Straßen sind dann morgens schön leer. Wir recyceln alles und gehen generell zur Verschenkkultur über. Wir bauen kaum mehr etwas neu, wir reparieren. Unsere klimaschädliche Industrie ist damit erledigt, unsere Industriejobs auch, auf den Exportüberschuss verzichten wir.

60 Prozent unseres Stromverbrauchs fallen damit weg, denn so viel benötigte eben noch die Industrie. Die für die privaten Haushalte erforderlichen 40 Prozent erzeugen wir schon heute regenerativ, mit dem Ende unserer Industrie werden wir schlagartig zum wirklich grünen und emissionsfreien Land. Und statt eines aus BIP-Denken geborenen Bedingungslosen Grundeinkommens gönnen wir uns eine echte Gratiskultur, jedenfalls im Wesentlichen.

Strom, Wasser, Wohnen, Essen, Daseinsfürsorge und etwas Kultur sind – selbstredend – für jeden hier lebenden Menschen frei. Und wir haben auch noch Platz für 20 oder 30 Millionen neue Mitbewohner. Natürlich geht das. Wir sind doch hier nicht in Burkina Faso. Wir *haben alles*. Wir haben längst genug Straßen, Wohnungen, Wasserwerke, Krankenhäuser für 80 bis 100 Millionen Menschen, und 98 Prozent der für diese Menschen erforderlichen Lebensmittel erzeugen wir schon heute hier, auf unserem eigenen Boden.

Wir müssten dann nur zwei Mal im Jahr alle auf die Felder, solange unsere Maschinen den Spargel noch nicht selbst unfallfrei ausbuddeln können. Und wir wären raus aus der großen Wachstumsfamilie. Bananen und Papayas fielen weg. Flugreisen fielen weg, neue iPhones fielen weg, neue Autos fielen weg, Wurst mit Gesicht sowieso. Stattdessen teilen wir. Untereinander und mit dem Rest der Welt. Wo es übrigens noch sehr viel zu tun gibt für uns. Zu helfen. Zu bauen. Zu heilen. Zu verschenken.

Wir könnten in keiner Hinsicht mehr mithalten und mitmachen im globalen Wettrennen, der technologische Fortschritt fände fortan weitgehend ohne uns statt. Aber es wäre richtig. Und unsere Klügsten würden natürlich trotzdem bleiben und trotz ihrer Rückenschmerzen vom Erdbeerpflücken den Mondfähren der Amerikaner und Inder hinterherschauen und denken »Gut für die Erde, dass wir da nicht mehr mitmachen!«.

Lachen vom Band. Keine Sorge, niemand will das. Noch nicht. Bisher will das nicht mal jemand durchdenken oder zu Ende. Außer vielleicht 2 oder 3 Prozent von uns, aber wir sind ja auch vollkommen verrückt. Zu dieser besonderen Form der Verrücktheit gehört dann aber eben auch, sich nichts vorzumachen. Wir, als Kollektiv, werden nichts ändern. Weil wir es nicht wollen.

Die Konsequenzen, die sich daraus ergeben, sind klar, und es liegt nun bei jeder/jedem selbst, sich dazu zu stellen und entsprechend zu handeln. Wir, als Kollektiv, werden auf nichts verzichten. Wir werden nichts grundsätzlich ändern. Wir werden einstweilen so weitermachen wie bisher. Unter großzügiger Verwendung von nach Gusto zu wählenden knalligen Sätzen aus unserer beliebten Mottokiste, von »Es ist noch immer gut gegangen« bis »Nach mir die Sintflut«.

Es wäre indes als Zwischenschritt erfrischend, wenn wir wenigstens das offen kommunizieren würden, denn ehrliche Schurken sind doch so viel sympathischer als verlogene Feiglinge. Und überdies ergäbe unser Eingeständnis plötzlich sehr viel Sinn, es wäre vieles so be(un)ruhigend logisch. Womit wir, bei allem Bemühen, aufzuklären, bei allem hilfreichen Nichtfliegen und Fahrradfahren, wieder am obigen Punkt dieses Beitrags sind.

Deiche können wir 2 Prozent nicht selbst bauen. Die Welt im Alleingang retten auch nicht. Und da der Besitz von Waffen glücklicherweise untersagt ist, bleiben sechs Kisten regionales Mineralwasser, immer ein paar Dosen Ravioli unterm Kiel sowie ein Notstromaggregat in der Garage. Wer's hat, darf wenigstens hoffen, auch demnächst, mit Blick auf die Arche, weiterhin seinen Mitmenschen anbieten zu können: »Jetzt lasst uns doch endlich mal was Schlaues machen.«

So viel Zeit muss und wird hoffentlich noch sein, bei allem »Vor uns die Sintflut«. Denn über eines sollten wir uns doch klar sein, bei allem scheinbar aus diesen Zeilen sprechenden Pessimismus: Es ist im Grunde sehr einfach.

Wir haben uns einen Bären aufbinden lassen. Einen kapitalen Ego-Bären. Tatsächlich aber sind wir nicht nur im Grunde, sondern tatsächlich Altruisten und Teamworker. Wir sind verrückt nach Kooperation – eben weil nur sie uns hierher gebracht hat, als Gruppe, mitten durch Hyänenrudel und Schneestürme, bis zur Mikrowelle und zum iPhone. Wir sind groß nicht nur in der Erkenntnis unserer eigenen Nichtigkeit. Wir sind groß im Zusammenspiel, im Zusammenhalt.

Bedauerlicherweise werden wir derzeit von Phantasielosen und Psychopathen angeführt. Aber es sollte uns doch Hoffnung geben, dass es sich bei diesem ernstlich gestörten Grüppchen nur um höchstens 10 Prozent von uns handelt.

Nur diese 10 Prozent stehen zwischen uns und der Zukunft, und das Einzige, was wir benötigen, um sie zu vertreiben, ist eine neue Erzählung. Der Rest ergibt sich dann von selbst.

Einen Vorschlag für die Erzählung liefere ich gern zeitnah nach, sofern nicht jemand schneller ist. Ich bin aber sicher, dass die Story längst da ist. Es muss sie nur noch jemand mitreißend erzählen.

Florian Kirner
Der Wahnsinn und die Realität

Extinction Rebellion wächst, gedeiht und leistet Großartiges – trotz massiver Diffamierungen.

Hat sich die Debatte im Internet inzwischen von der Realität entkoppelt? Dient das Internet noch der Entgiftung, als kollektives Aufwachzimmer? Oder ist es längst ein toxischer Ort geworden, Springquell von Fake News, dominiert von sinnlosen Pseudodebatten, Hochburg der Mobbingkultur? Diese Fragen stellen sich im digitalen Tumult um die Klimagerechtigkeitsbewegung mit erneuerter Schärfe. Doch ist die Welt wirklich so krank, wie das Internet vermuten lässt? Unser Autor verbrachte Anfang Oktober 2019 eine Woche bei den Aktionstagen von *Extinction Rebellion* in Berlin – zumeist offline, in Aktion, auf Straßen und Plätzen, und im Klima-Camp im Gespräch mit anderen Aktivisten. Er erlebte eine Bewegung von großer Kraft und Schönheit. Jede Rückkehr ins Netz verfestigte dabei die Erkenntnis, dass es deutlich gesünder ist, die Welt offline zu erleben.

Anfahrt auf Berlin. Die klassische Musik im Radio wird unterbrochen. Es folgen die Nachrichten. Es ist 2:00 Uhr. Morgens. Erste Meldung: Die Bundesregierung will das »Klima-Paket« abschwächen. Offenbar auf Druck aus der CSU. Jener CSU, deren Chef, der bayerische Ministerpräsident Markus Söder, sich seit einigen Monaten als Vorzeige-Ökologe zu inszenieren sucht.

Ich fahre in den Regierungsbezirk der deutschen Hauptstadt ein. Um 2:23 Uhr finde ich einen Parkplatz. Direkt am Klimacamp. Allerdings im Halteverbot. Aber bei dem, was ich in der kommenden Woche vorhabe, kommt es auf einen Regelbruch mehr oder weniger nicht an. Sieben Minuten später finde ich mich an einem konspirativ vereinbarten

Treffpunkt ein. Handy und Computer habe ich im Auto zurückgelassen. Sieben, acht Leute kommen. Einer weiß Bescheid, wohin es geht. Wir laufen los.

Unterwegs treffen wir andere, ebenfalls kleine Grüppchen. Auf einem kleinen Platz hinter viel Gebüsch sammeln wir uns. Ich werde abkommandiert, am Straßeneck den nachkommenden Grüppchen und Einzelpersonen die Richtung zum Sammelpunkt zu weisen. Das kommt mir entgegen. Eine klare, kleine Aufgabe. Ich bin diesmal Basisaktivist, in keinerlei Strukturen eingebunden.

Ich treffe einen Freund aus dem Hambi. Wir sind jetzt vielleicht 40 Leute. Schweigend und sehr leise setzt sich unser Zug in Bewegung. Runter von der Straße. Ab in einen Park. Irgendwann halten wir. Weiter vorne auf dem Weg kreuzt ein Fahrrad mit einer sehr starken Lampe auf und ab. Ein Zug von vielleicht 20 Aktivisten kommt uns entgegen. Wir machen eine Gasse frei. Schweigend grüßen wir uns.

Die erste Straßenblockade

Dann kommt das Fahrrad mit dem starken Licht heran. »Die Schilder, die Schilder ...«, flüstert es durch unsere Reihen. Eine Tüte mit Schildern kommt zum Vorschein. Transparente werden aus Rucksäcken geholt. Wir setzen uns wieder in Bewegung und sammeln uns dann hinter der Böschung einer großen Straße. In der Gegend sind schon einige andere Gruppen aktiv. Wir sind etwas unentschlossen. »Polizei!«, flüstert es. Oben auf der Kreuzung sehen wir einen Polizeiwagen. Er bleibt stehen. Wir ziehen uns langsam zurück, unter die Büsche. Dann aber setzen wir uns schnell in Bewegung, laufen auf die Straße, dort sind schon andere, es kommen noch mehr Aktivisten dazu. Wir bilden eine Kette über die ganze, mehrspurige Straße.

Es ist die Straße des 17. Juni. Wir sind jetzt 100 oder 120 Leute. Ein Mannschaftswagen der Polizei kommt und sichert die Kreuzung. Verkehr ist kaum, es ist 3:25 Uhr. Aber ein einzelner Lkw-Fahrer kann sein Pech nicht fassen. Wütend, schimpfend, rangiert er auf der Kreuzung hin und her. Die Polizei beruhigt ihn und schickt ihn weiter.

In der Blockade stimmt eine einen Gesang an. Einige kennen den Text schon, andere lernen ihn sogleich. »We are rising up! Time has come to stirr things up! Join the Rebellion! Join the Rebellion« geht das, zur

Melodie von »Hejo, spann den Wagen an«. Wir kriegen die Information, der Große Stern, der riesige Kreisverkehr um die Siegessäule, sei besetzt worden. Damit sei unsere Aufgabe erfüllt, die darin bestanden habe, diese Besetzung zu decken.

Wir laufen alle zusammen auf der Fahrbahn hinunter zum Großen Stern. Dort sind mehrere Hundert Leute. Es werden schnell mehr. Die Stimmung ist wunderbar. Gitarren, Trommeln und eine Geige sind am Start. Einige Leute vom »Awareness-Team« verteilen Kekse, Wasser oder haben Tee dabei. Die Polizei ist auch da. Alles ist cool – und kühl: saukalt.

Oliver Ditfurth und Jutta Janich

Zurück am Auto. Zurück am Handy. Eine Bekannte aus der Linkspartei fragt mich im Facebook-Chat, was ich von dem Posting von Jutta Ditfurth halte. Habe ich noch nicht gesehen, sage ich. Sie schickt einen Link. Ich kann ihn nicht öffnen. Klar, die Ditfurth hat mich vor Jahren schon blockiert. »Ist auch egal, was die schreibt ...«, antworte ich der Linkspartei-Chatterin.

Innerhalb der nächsten Stunden kriege ich vier, fünf weitere Nachrichten, ob ich denn schon gehört hätte, was die Ditfurth ... Einer schickt mir einen Screenshot. Ich lese Ditfurths »Warnhinweis *Extinction Rebellion*« und erlebe ein Déjà-vu. Ist das nicht derselbe Text, den sie 2014 verfasst hat, über die Mahnwachen für den Frieden? Stichworte »Rechts-Esoterik«, »Irrationalismus« und irgendwie antisemitisch?

Die Nähe zum Antisemitismus zu konstruieren, fällt der Ditfurth diesmal recht schwer. Sie tut es über den bekannten Antisemiten ... Gandhi. Der hatte 1938 auf die Frage, was er den Juden in Deutschland raten würde und ob seine Methode der Gewaltfreiheit auch im Deutschland der Nazis funktionieren könne, eine Antwort gegeben, die vor Ratlosigkeit strotzt und sicher nicht zu seinen hellsten Momenten zählt. Vielleicht könnte man kollektiven Selbstmord begehen, sagte Gandhi am Ende.

Und weil nun also XR sich in Sachen Gewaltlosigkeit auf Gandhi beruft und derselbe Gandhi 1938 in einem Interview zweieinhalb Sätze ratlosen Blödsinn geredet hat, ist, natürlich, XR im Jahre 2019 irgendwie antisemitisch.

Nun ist die Ditfurth ja bloß die Ditfurth. Aber es stellt sich heraus, dass ihre Kritik an XR auch diesmal wieder von einigen anderen linken

Personen und Publikationen übernommen wird – und quer durch die bürgerliche Presse aufgegriffen.

Aber XR hat es offenbar geschafft, nicht nur irgendwie antisemitisch zu sein, sondern gleichzeitig Teil der guten, alten jüdischen Weltverschwörung. Das jedenfalls legt Oliver Janich nahe, der für ziemlich viel von jenem Wirbel verantwortlich ist, den die aggressive Ökoignoranz im deutschsprachigen Internet derzeit macht. Janich hat »herausgefunden«, was passiert, wenn man die zwei Dreiecke, die das XR-Symbol ergeben und eine Sanduhr darstellen, ineinanderschiebt. Man erhält dann nämlich einen Davidstern.

Nun könnte man es auch so sehen, dass so ziemlich jede simple, geometrische Figur eine andere simple, geometrische Figur ergibt, wenn man sie ein bisschen umbaut. Wenn man zum Beispiel bei einem Hakenkreuz die Haken weglässt, ergibt sich ein Plus-Zeichen. Lässt man bei der XR-Sanduhr eine Diagonallinie weg, steht da ein »Z«. Lässt man beide vertikalen Linien weg ist es ein X. Legt man das Symbol hin und dreht ein Dreieck nach außen, ergibt sich »DD« – das Autokennzeichen für Dresden. Und so weiter.

Die Fans von Oliver Janich ficht das nicht an. Irgendwie ist es jetzt bewiesen, dass diese Sanduhr gar keine Sanduhr ist. Die Sanduhr ist in Wahrheit ein Judenstern. Jubel durchtobt die betreffende Internetblase. Eine Sensation! Ein investigativer Meisterschuss!

Im Blockadewohnzimmer

Ich fliehe heim in die Offline-Welt. Hin zu jener Bewegung namens *Extinction Rebellion*, deren Teil ich seit gestern bin – und weg von jenem Zerrbild *Extinction Rebellion*, das sich offenbar in Teilen der Bloggosphäre entfaltet.

Die Blockade am Großen Stern hat die Nacht überstanden. Sie baut sich aus und auf. Es gibt inzwischen unterhalb der Siegessäule eine »Arche« aus Holz, die 50 Personen als Versammlungsraum dienen kann. Es gibt eine Essensversorgung. Es gibt Komposttoiletten. Jede Abfahrtsstraße des großen Kreisverkehrs ist besetzt. Es wird gesungen, gemalt, geredet, Karten gespielt oder in der Sonne gedöst.

Zusätzlich steht jetzt eine neue Blockade am Potsdamer Platz. Ich erfahre das, digitale Kommunikation ist ja nicht prinzipiell etwas Schlechtes, über den Verteiler von XR auf Telegram – jenem halbwegs geschützten Messenger, über den auch Oliver Janich seine digitale SA dirigiert.

Durch den Tiergarten laufe ich rüber und sehe das Architekturverbrechen namens Potsdamer Platz so schön wie nie. Die Kreuzung ist besetzt von vielleicht tausend Leuten, die nach einer angemeldeten Kundgebung dort geblieben sind. Auch hier werden Strukturen aufgebaut. Sofas und Stühle stehen mitten in der Blockade, riesige Zimmerpflanzen, es gibt ein Regal mit Büchern und eine Leseecke, Spielecken für die Kinder, zwei mobile Bühnen – und jede Menge Polizei.

Die scheint etwas ratlos. Die Aufforderungen, den Platz zu räumen, werden natürlich nicht befolgt. Aber immer sind irgendwelche XR-Aktivisten mit einzelnen Uniformierten im Gespräch. Dabei wird auch gelacht oder sich beigepflichtet. Die Stimmung auf dem Platz bleibt gelassen bis ausgelassen. Das »Kommunikationsteam« der Polizei mit seinen gelben Westen ist völlig perplex und noch überflüssiger als sonst.

Diese Freundlichkeit im Umgang mit den Beamten wird XR natürlich von den besonders linken Linken digital vorgeworfen. Mir dagegen scheint es höchste Zeit für diese Neuerung der Demokultur. Die bisherigen Rituale – Sprechchöre Marke »Haut ab! Haut ab!« oder »Deutsche Polizisten, Mörder und Faschisten!« – blicken ja nicht unbedingt auf eine Erfolgsgeschichte zurück.

Gleichzeitig reichen die Illusionen, wie weit man mit dieser aktiven Deeskalation kommt, bei den meisten Aktivisten in der Blockade nicht sehr weit. Gerade übrigens, während ich das hier schreibe, Tage später und im Zug sitzend, sehe ich nebenher Bilder von der brutalen Räumung des Flughafens in Barcelona durch die spanische Polizei. Dabei waren die dortigen Besetzer auch friedlich. Wie freundlich sie zur Polizei waren, weiß ich nicht.

Räumungsparty

Auch auf dem Potsdamer Platz wird jetzt mit der Räumung begonnen. Das geht aber weit weniger brutal zu als in Barcelona – oder als in Madrid, wo die Blockaden von XR umstandslos von der Straße geprügelt wurden.

Am Potsdamer Platz wird als Erstes eine der großen Zimmerpflanzen aus der Blockade getragen. »Eins, zwei drei: Lasst die Pflanze frei!«, rufen die Aktivisten. Jetzt werden die ersten menschlichen Lebewesen vom Boden aufgehoben. Aber die Beamten gehen sehr uninspiriert zu Werke, dieses Räumen dauert ewig, und während die Aktivisten dabei sogar Spaß zu haben scheinen, schwitzen und ächzen die Polizisten. Menschen tragen ist anstrengend.

Ich komme wieder mit einigen Leuten ins Gespräch. Das geht umstandslos im XR-Kontext. Zwar wurde aufgerufen, Bezugsgruppen zu bilden und in solchen Kleingruppen organisiert zu agieren. Das verhindert nicht, dass die Leute sehr gerne neue Leute kennenlernen.

Ich schaue ins Handy, das ich diesmal mitgenommen habe. Ein Facebook-Freund mokiert sich, dass *Extinction Rebellion* keine konkreten Forderungen aufstelle. Ich muss persönlich sagen, dass ich das nicht sonderlich vermisse. Denn wie viele »Bewegungen« bewegen sich nie, weil sie noch Forderung 116 Absatz 12 b Zeile 3 ausdiskutieren müssen. Bei XR gilt: Taten statt Worte. Endlich.

Worte gibt es freilich auch bei XR. Im Klimacamp auf der Wiese vor dem Bundeskanzleramt gibt es sieben, acht Versammlungszelte, in denen nahezu durchgehend Veranstaltungen laufen. Das reicht von wissenschaftlichen Vorträgen und Strategiedebatten bis hin zu Aktionsvorbesprechungen. Dazu gibt es das Medienzelt, das Infozelt, aber auch ein Zelt, in dem Menschen geholfen wird, denen es gerade schlecht geht.

Hier, auf der Blockade am Potsdamer Platz, wird wenig »diskutiert«. Man unterhält sich lieber miteinander. Und was gibt es schon groß an »Forderungen« zu diskutieren? Ist nicht ziemlich offensichtlich, was alles sofort nötig und sinnvoll wäre? Von Kohleausstieg über Glyphosatverbot, von flächendeckender Wiederbewilderung und Aufforstung bis hin zu einer Bauindustrie, die auf Holz, Lehm und andere Materialien setzt, die nicht der Sondermüll der Zukunft sind?

XR verfolgt einen völlig anderen Ansatz. Hier geht es nicht um die Detailschlachten irgendwelcher Debattenkönige. Hier geht es unter anderem um: Entgiftung! Wir leben in einem toxischen System, ist eine Grundaussage von XR. Eine gesunde Umwelt ist nicht zu trennen von unserer eigenen Entgiftung!

Eine wunderbare Entgiftungstechnik entdecke ich dort, wo die Blockade geräumt wird. Aktivisten haben ein Spalier gebildet, durch das die Geräumten von den Beamten hindurchgetragen werden müssen. Ein Soundsystem ist da und spielt fröhliche Elektro-Mucke. Und so schwebt jeder und jede Geräumte auf den Händen der Polizisten durch ein jubelndes Spalier tanzender Menschen! Fast alle Geräumten übrigens kehren schnurstracks wieder zur Blockade zurück und setzen sich erneut hin. Also: so wird das nichts!

Ich gehe rüber in die nahe Philharmonie, dort spielt Konstantin Wecker ein Konzert. Als ich nachts um eins wieder herauskomme aus diesem Konzerttempel, gehe ich zurück zur Blockade. Aha. 50, 60 Leute schlafen auf der Kreuzung des Potsdamer Platzes. In einem Zelt gibt es Tee und Essen. Die Räumung hat wohl nicht so ganz geklappt. War klar.

Ground Zero der digitalen Klimaschlacht

Am nächsten Morgen, es ist Tag drei der Aktionswoche, teilt XR mit, dass mit der Räumung der beiden großen Blockaden jetzt ernst gemacht wird. Bald müssen die Blockaden aufgegeben werden. Es wird ausgeschwärmt in Kleingruppen. Und es regnet wie die Sau.

Das trifft sich insofern gut, als ich unter ziemlichem Textdruck stehe. Ich habe drei Artikel binnen drei Tagen abzuliefern. Unter anderem steht eine »Tagesdosis« an, also der tägliche Podcast auf KenFM.

KenFM ist in der deutschen digitalen Klimaschlacht Ground Zero. Speziell im Format »Tagesdosis«, das von verschiedenen Autoren bewirtschaftet wird, geht es wild und mitunter geradezu wütend hin und her. Der digitale Relotius-Skandal um die glatten Falschmeldungen über den verdienten Klimawissenschaftler Michael Mann nahm in einer solchen Tagesdosis seinen Anfang.

Man muss KenFM aber auch zugutehalten, dass zwei im Rubikon erschienene Artikel, die die Fakten geraderückten und dabei mit Kritik an KenFM nicht sparten, von KenFM wiederum als Podcast übernommen wurden. Welcher andere Sender hätte das wohl fertiggebracht? Texte, in denen man selbst heftig kritisiert wird, dem eigenen Publikum zu servieren?

Während sich die deutschen digitalen Medien in der Klimadebatte insgesamt nicht mit Ruhm bekleckern, liegt immerhin dieser Vorgang auf der Linie dessen, was wir im Onlinejournalismus besser und ganz anders machen wollten als der verknöcherte Mainstream. Allerdings haben wir dem Mainstream auch anhand 9/11 vorgeworfen, die Gesetze der Physik zu ignorieren. Wenn man sich anschaut, auf welchem Niveau einige Klimakrisen-Leugner argumentieren, fragt man sich, ob es für den digitalen Journalismus ebenfalls eine eigene Physik gilt.

So wird zum Beispiel auf Nuoviso stolz ein Professor Kirstein präsentiert. Der behauptete an anderer Stelle, es gäbe keinerlei Anstieg des Meeresspiegels. Vielmehr würden die Bewohner der Inseln, deren Land tatsächlich absäuft, nicht verstehen, dass nicht der Meeresspiegel steigt, sondern ihr Land absinkt – wegen Plattentektonik und so …

Es ist solch hanebüchener Blödsinn, der es zu einer Aufgabe für fortgeschrittene Buddhisten macht, in dieser digitalen »Debatte« höflich zu bleiben.

Diese Art von Buddhismus ist den Truppen von Oliver Janich von vorneherein fremd. Auch unter meiner Tagesdosis namens »Mit Jutta Ditfurth gegen *Extinction Rebellion*« auf KenFM schlägt schon bald der übliche Kommentar-Tsunami dieses Netzwerks ein. Ich werde beschimpft und lächerlich gemacht. Nach anfänglichem Zögern gehen diese Leute schamlos dazu über, sich mit der anderweitig verhassten Jutta Ditfurth zu verschwistern, soweit es um das Bashing von XR geht. Auch die XR-Sanduhr, die in Wirklichkeit ein Davidstern ist, bleibt natürlich nicht aus.

Aber es gibt auch Erfreuliches im Netz. Zum Beispiel in meinem geliebten Rubikon. Dort hat eine 14 Tage währende Sonderausgabe zu »Natur und Umwelt« begonnen. In der YouTube-Sendung »Das Dritte Jahrtausend« geht es ebenfalls um »Die Sache mit dem Klimawandel«. Die journalistischen Urgesteine Dirk Pohlmann und Mathias Bröckers gehen gemeinsam mit dem mutigen Robert Fleischer in die inhaltliche Offensive in Sachen CO2, decken die Netzwerke der Klimaleugnung auf, solidarisieren sich mit Greta Thunberg und mit *Extinction Rebellion*.

Kurz darauf geht auch dieser Link über Janichs Telegram-Gruppe. 2.000 Dislikes und eine vierstellige Zahl vitriolischer Kommentare schlagen binnen Stunden unter dem Video ein. Das Übliche, einmal mehr. Aber wie lange wollen sich das die Sender des digitalen Journalismus eigentlich noch bieten lassen? Wollten wir nicht, anders als der klassische Mainstream, eine ganz andere Debattenkultur etablieren? Inwieweit ist es da hilfreich, einen organisierten Online-Mob schalten, walten, bedrohen und die eigenen Autoren beschimpfen zu lassen?

Na ja, muss jeder selber wissen. Ich persönlich verlängere die Liste der blockierten Profile regelmäßig, und es verschafft mir immer wieder Linderung.

Verhaltenslehre der Wärme

Nicht nur Jutta Ditfurth, sondern eine ganze Reihe dezidiert linker Menschen werfen *Extinction Rebellion* eine »Hyperemotionalisierung« vor, die sie sogleich für »anti-aufklärerisch« halten. Dass bei XR zusammen geweint und meditiert wird, ist dann Beweis einer »Sektenhaftigkeit«. Diese bei der klassischen Linken mit ihrem materialistischen Wissenschaftsmythos häufig anzutreffende Haltung entspricht jener *»Verhaltenslehre der Kälte«*, wie sie Hermann Lethen in seinem gleichnamigen Buch beschrieben hat. Sie folgt den Regeln eines »Kults der Sachlichkeit«:

»... das Verbot des Rituals der Klage, die Disziplinierung der Affekte, die Kunstgriffe der Manipulation, die List der Anpassung, die Panzerung des Ich.«

Bei *Extinction Rebellion* erlebe ich eine Verhaltenslehre der Wärme, als ich mich aus den Schlingen des Netzes befreit habe und wieder zu den Aktionen stoße. Vor der Vattenfall-Zentrale an der U-Bahnstation Naturkundemuseum gibt es eine Straßenblockade von vielleicht 150 Leuten. Aus dem Soundsystem läuft, einmal mehr, fröhliche Elektro-Mucke – der Zusammenhang von elektronischer Musik und neuer Protestkultur wäre einen eigenen Artikel wert.

Plötzlich hört die Musik auf. Es kommt ein »Mike-Check«. Dieser Mikrophon-Check ersetzt bei XR das Megaphon und demokratisiert es gleichzeitig. Jemand ruft »Mike-Check«, und die Menge wiederholt »Mike-Check«, bis alle hinhören. Dann wiederholt die Menge das Gesagte des Mike-Checkenden.

Diesmal: »In Halle kam es zu einem schrecklichen Anschlag vor einer Synagoge.« (Die Menge wiederholt: »In Halle kam es zu einem schrecklichen ...«) Weiter in der Durchsage: »Ich schlage vor, dass wir eine gemeinsame Schweigeminute machen.« Alle stimmen zu, und urplötzlich steht die gleiche Menge, die soeben noch getanzt hat, schweigend da. Eine große Traurigkeit senkt sich über den Ort der Blockade. Ein kraftvoller Moment voller Würde. Die Menschen stehen da und sind wirklich in Gedanken bei den Opfern und bei dem grauenvollen Ereignis in Halle. Es ist völlig still von uns aus. Die Geräusche der Stadt sind umso deutlicher vernehmbar.

Dann hebt langsam, erst vorsichtig, ein Gesang an. Dann nehmen sich nach und nach alle bei den Händen und bilden einen Kreis. In der Mitte der Straße entsteht eine große Leere. Der Gesang geht über in Sprechchöre. Die Stimmung wird wieder kämpferisch und offensiv.

Das alles ist natürlich fürchterlich unsachlich, sektenhaft, peinlich. Oder, Jutta?

Die Emotionalität der Menge

Ich halte diese Fähigkeit, auf nahezu jede Situation eine adäquate, emotionale Antwort zu entwickeln, für eine der größten Stärken von *Extinction Rebellion*. Denn mitten in der Berliner Protestwoche mit dem Anschlag in Halle konfrontiert zu sein, war schwierig. Wie reagieren? Einfach weitermachen? Die Proteste einen Tag aussetzen?

Nach einiger Beratung im Camp kam XR mit einer, wie ich finde, sehr angemessenen Antwort heraus. So wurden die Die-Ins, jene massenhaften Straßentheaterinszenierungen von Toten, für diesen Tag abgesagt. Das Thema des Sterbens sollte an diesem Tag nicht von XR besetzt werden.

Auch allzu ausgelassene Partys bei den Blockaden sollten vermieden werden, aber natürlich ist das schwierig durchzuhalten, bei einer fröhlichen Meute, wie die Aktivistis von XR es sind. Die Lösung mit der Schweigeminute mitten aus dem gemeinsamen Tanzen heraus war dann von einer beeindruckenden Souveränität, wie ich fand.

Ebenso war es das Verhalten einer großen XR-Demo von einigen Tausend, zwei Tage später. Bevor der Zug am Holocaust-Mahnmal vorbeikam, wurde angehalten, und es gab einen »Mike-Check«. Dieser rief dazu auf, möglichst still am Mahnmal vorbeizuziehen. So wurde es gemacht. Das war würdevoll, kraftvoll, angemessen und von einer großen politischen Schönheit. Die warme Verbundenheit mit den Ermordeten wurde in diesem Schweigen zu einer greifbaren, emotionalen Tatsache, während das offizielle Gedenken oftmals gefährdet ist, zu einem leeren, letztlich kalten Ritual zu verkommen.

Nun gibt es freilich auch in der bisherigen Protestkultur Rituale der Emotionalität. Aber diese handeln typischerweise von den Emotionen »Wut« oder »Empörung«. Dagegen ist gar nichts einzuwenden. XR jedoch hat sich zum Ziel gesetzt, in einem toxischen System eine wirksame Praxis der Entgiftung zu entwickeln. Dafür ist die Fähigkeit notwendig, alle Emotionen gemeinsam zuzulassen. Eine Menge, die gemeinsam traurig oder auch ratlos sein kann, die dem adäquaten Ausdruck zu geben in der Lage ist, ist eine Menge, die gemeinsam ihre Wunden zu heilen lernt.

In XR lebt der Anspruch, als Menge jene Fähigkeiten zu entwickeln, die subjektiv notwendig sind, um das objektiv Notwendige durchzusetzen. Die gemeinsame Stille und Traurigkeit ist eine jener notwendigen Fähigkeiten. Aber es gibt auch andere.

Etwa die Fähigkeit, als Menge mit militärischer Präzision zu agieren.

Militärisch friedvolle Profis

Die Großdemo hatte sich kurz am Potsdamer Platz hingesetzt und läuft jetzt weiter. Plötzlich stellt sich eine Aktivistin mitten in den Zug und fordert uns gestenreich auf, nach links auszubrechen. Das tun wir. In der Schlucht zwischen zwei jener unsagbar misslungenen Neubauten rund um den Potsdamer Platz laufen wir auf totalversiegeltem Boden durch zur nächsten Parallelstraße. Dort zeigt einer auf ein weißes Gebäude: »Das ist das Bundesumweltministerium!«, sagt er bloß.

Mit vielleicht 20 Leuten gehe ich auf das BMU zu. Hinter uns läuft der Rest der umgelenkten Demo auf anderen Wegen weiter. Die Situation chaotisiert sich, und das ist erkennbar die Absicht des ganzen Vorgangs.

Eine lose »Kette« von vielleicht zehn Polizisten versperrt uns den Weg zum BMU. Ich gehe auf den linken Bürgersteig. Davor steht ein weißer Lkw herum, ich will zwischen dem Wagen und der Hauswand an den Bullen vorbeihuschen. Aber ein Beamter bemerkt es gerade noch und schiebt sich vor mich. Bis hierhin und nicht weiter.

»Krass!«, rede ich den Bullen an: »Ihr seid ja perfekt ausgebildet. Das war ja Raumdeckung wie aus dem Bilderbuch. Falscher Sechser vor der eigenen Abwehr ...« Der Beamte grinst siegessicher: »Tja ...« sagt er: »Wir sind halt Profis!«

Zwanzig Sekunden später kommen aus der Passage direkt links von uns XR-Aktivisten angelaufen. Von weiter unten kommen einige Hundert aufs BMU zugelaufen. Von hinten kommen auch eine ganze Menge Leute. Hinter dem Lkw, der zwei Meter hinter mir und dem Profi-Bullen herumsteht, tauchen plötzlich fünf Gestalten auf. Sie fassen sich fünf Seile, ziehen mit einem gleichzeitigen Ruck an – und vorne, auf der dem BMU zugewandten Lkw-Seite, schnalzt die Lkw-Plane nach oben.

Die Ladefläche des Lkws ist vergittert. Hinter dem Gitter steht die Band »Robespierres« und legt sofort mit einem Hammersound los. Auch die Stromversorgung ist auf der Ladefläche hinter den Gittern sicher – dass wir da nicht früher draufgekommen sind! Wie oft schon hat uns die Staatsmacht ganz einfach den Saft abgedreht ...

Binnen Minuten hat sich der ganze, rund um die Zielzone kunstvoll chaotisierte Demonstrationszug vor dem BMU wieder eingefunden. Die Polizei ist hilflos. Der Platz wird besetzt. Die Robespierres spielen auf. Die Menge tanzt. Diese Blockade wird für die nächsten zwei Tage gehalten werden.

Was für ein reifes, gut durchdachtes, exzellent vorbereitetes, wunderschönes, militärisches Manöver, denke ich ergriffen. Und das alles, um eine vollständig friedvolle Straßenblockade durchzusetzen, die eher ein großes Fest werden wird. Allerdings ohne Alkohol und Gras. Das steht so im »Rebellionskonsens« von XR. Na ja.

Gekaufte Satanisten

Im Netz läuft währenddessen Oliver Janich zu Hochform auf. Er unterstellt der Klimabewegung »Satanistische Rituale«. Am dramatischsten sieht er das bei den »Roten Rebellen«, der »Red Rebel Brigade«.

Diese sind ganz in tiefes Rot gekleidet – schon diese Farbe lässt bei gewissen Kreisen den gleichfarbigen Alarm losgehen. Die wehenden Gewänder der roten Rebellen erinnern zudem an die Tracht mittelalterlicher Mönche oder Nonnen. Mittelalter = Satanismus, klar, oder?

Dann wäre da zum Beispiel ist auch noch das »F«. Es ist der sechste Buchstabe im Alphabet. Deswegen bedeutet »FfF« auch gar nicht *»Fridays for Future«*, sondern 666 – the number of the beast.

Heilige Zeit der Dummheiten!

Das sind immer diese Momente, an denen ich zuerst denke: Das ist jetzt so dermaßen bescheuert, das muss doch wirklich dem Letzten auffallen! Aber dann fällt mir jedes Mal dieses Zitat ein: *»Jede Propaganda hat (...) ihr geistiges Niveau einzustellen auf die Aufnahmefähigkeit des Beschränktesten unter denen, an die sie sich zu richten gedenkt.«*

Dieses Zitat ist von Adolf Hitler. Es ist eine Gebrauchsanweisung für vieles, was im Netz derzeit als »alternative Information« daherkommt: Je dümmer, desto Klicks!

Weiter geht es auf der Seite »Science Files«. Dass bei XR in Großbritannien auch einige bezahlte Hauptamtliche tätig sind und es die Möglichkeit für finanziell Bedürftige gibt, sich bei der Anreise zu Protesten unterstützen zu lassen, wird dort zur Behauptung ausgeweitet, die Mehrheit der Berliner Protestierenden sei bezahlt. 450 Euro kriege man dort, pro Tag.

Ich rechne: Sieben Tage werde ich bei den Protesten sein. Das wären 3.150 Euro. Die könnte ich gut gebrauchen. Wo finde ich das Formular? Wird das überwiesen, oder bekommt man das cash?

Natürlich macht auch diese wilde These ihre Karriere. Heiko Schrang greift sie im Titel eines ausgiebigen Videos auf, das er dem Bashing von *Extinction Rebellion* widmet. Die Woche zuvor hat Bernard Loyen auf KenFM skandalisiert, dass XR 500.000 Dollar an Spenden aus Kalifornien bekommen hat, aus einem »Climate Emergency Fund« ziemlich wohlhabender Menschen.

Gut, einige dieser Menschen mussten kürzlich erleben, dass ihre Häuser nach monatelanger Dürre von den schlimmsten Feuersbrünsten verschlungen wurden. Das hat auch diese Leute für das Klimathema, sagen wir: sensibilisiert. An sich ein nachvollziehbarer Vorgang.

Zumal die Klimaleugnungsindustrie bei 500 Millionen Dollar liegt, die sie aus der fossilen Industrie an Zuwendungen überlassen bekommen hat. Aber diese Information kommt von Dirk Pohlmann, und der ist seit seinem klaren Bekenntnis zur Klimagerechtigkeitsbewegung nicht nur »endgültig diskreditiert« in den Kreisen der Janich-Fans, sondern auch, wer hätte es gedacht? Satanist.

Aber schnell raus aus dem Netz und zurück zu den Aktionen. Mein täglich Demogeld gib mir heute …

Die Roten Rebellen

Die Roten Rebellen habe heute kein mobiles Soundsystem am Start. Als ich gerade mit einem Geiger auf einer Parkbank im Klimacamp am Jammen bin, fragen sie uns, ob wir sie begleiten wollen. Ja. Machen wir.

Langsam setzen sich die mystischen roten Gestalten in Bewegung. Die Geige, meine Thüringer Waldzither und eine Trommel begleiten den Zug mit sparsamen Tönen. Wie immer erregen die Roten Rebellen jede Menge Aufmerksamkeit.

Wir ziehen zum Haus der Kulturen der Welt. Dort gibt es einen stilisierten Wal in einem großen Wasserbassin. Dahinter führt eine gigantische Treppe nach oben, zum Eingang des Kulturtempels, der gerade eine Ausstellung anbietet über »Liebe und Ethnologie«.

Als wir hinkommen, ist der Vorplatz und die ganze Treppe übersät von Leichen. Tote liegen kreuz und quer herum. Der eine hat noch die Wasserflasche in der Hand und ist am Rand des Bassins verendet. Einer fehlt ein Schuh. Eine andere liegt zusammengekrümmt, leblos auf den Treppenstufen.

Mir stockt der Atem, Verzweiflung steigt in mir auf. Rein verstandesmäßig begreife ich natürlich, dass wir hier ein Die-In vor uns haben, eine Art »Lebendes Bild der Toten«, Aktivisten von *Extinction Rebellion*. Aber der Verstand ist hier nicht entscheidend. Mein sonstiger Wahrnehmungsapparat signalisiert, dass ich in einem Feld voller Leichen umherwandle. Mit rot gewandeten Figuren aus einer anderen Zeit. Trauer steigt auf in mir. Ich fühle einigen der Toten den Puls.

Ich steige die Treppe nach oben, über Tote hinweg, zwischen Toten hindurch. Mein Blick geht am mächtigen, eisernen Geländer der Treppe nach oben, und ich erstarre augenblicklich: Da ganz oben steht, mit je einem Fuß auf einem der Geländer, der Tod. Eine schwarze Figur mit Maske, mit ausgebreiteten Schmetterlingsflügeln in Schwarz und dunklem Lila, thront über dieser ganzen schaurigen Szenerie.

Emotionale Agitation

Wir ziehen weiter mit den Roten Rebellen. Am Haus der Kulturen wird das Die-In beendet, die Toten erwachen. Als unser Zug hinter dem Bundeskanzleramt verschwindet, beginne ich zu singen: »This is an emergency. This is an emergency.« Das ist ein Notfall.

Hinter dem Kanzleramt verläuft ein Spreekanal. Als wir mit unserem eigenartigen Zug dort ankommen, liegt eine Touristenbarkasse vollbesetzt am Kai. Das Deck ist mit vielleicht 100 Touristen gefüllt. Wie immer ziehen die Roten Rebellen sofort alle Augen auf sich. »This is an emergency!«, singe ich und trete mit dem Geiger an den Kai, während die Barkasse langsam ablegt.

»And we gonna die – if we don't rise up!«, ergänze ich meinen Notfalltext. Die ganze Barkasse scheint schockgefrostet. Nur ein Inder schaut mir fest in die Augen und nickt mir entschlossen zu. Kinder sind auf dem Boot und ihre Eltern. Ich nehme eine Mutter ins Visier und singe: »This is an emergency – and your kids gonna die – if we don't rise up.« Eine schaurige Szene, wie das Boot langsam vom Ufer driftet, alle Augen weiterhin auf mir, auf den Roten Rebellen, Erstarrung, Schock. Man müsste das alles in Schwarz-Weiß drehen.

Später denke ich über diese Aktion nach. Das war die radikalste Aktion meines Lebens, überlege ich. Denn natürlich ist es brutal, kompromisslos, schonungslos, gnadenlos, einer Mutter zu sagen, dass ihre Kinder sterben werden, wenn wir nicht rebellieren. But this is the truth. Die Wahrheit muss ausgesprochen werden.

Hätten wir nicht lieber »Forderungen« verlesen sollen? Flugblätter verteilen? Rund um die Roten Rebellen werden auch Zettel an die Passanten verteilt. Aber sind wir ehrlich: Mit dem Werkzeug der Sprache scheitern wir seit Jahrzehnten daran, die Verdrängungspanzer der Konsummenschen zu durchbrechen.

Die emotionale Agitation der Roten Rebellen dagegen, diese höchst wirksamen Mittel aus der Schule des Theaters der Grausamkeit, gehen durch diese Panzerung hindurch, sie wirken sofort und nachhaltig auf das Unterbewusste der Passanten. Denn diese Bilder, die Gewänder, die Gesänge aktivieren kollektive Erinnerungen, die tief sitzen in unserer Zivilisation. Das gemahnt an die Pesttänze, an die Flagellanten, an Schäffler.

XR, die Liebe und die neurotische Abwehr

Selten war ich so überzeugt, mit einer politischen Aktion wirklich etwas ausgelöst zu haben, wie nach diesem Zug mit den Roten Rebellen. Übrigens auch bei mir selbst. Die Bilder der Leichen beschäftigen mich stark an diesem Abend. Die Blockadeparty am Bundesumweltministerium ist mir zu laut. Ich ziehe mich zurück.

Eine ganze Stunde sitze ich des Nachts auf der Wiese vor dem Reichstag, gelehnt an eine Kiefer. Dieses Regierungsviertel, was für ein feindseliger Ort. Der Triumph des rechten Winkels. Gefängnisarchitektur, Gitter über Gitter, vergitterte Fenster, vergitterte Treppenhäuser, Vorbauten aus Gittern. Eine Macht macht sich unangreifbar in ihrer neurotischen Angst vor dem Volk. Und diese Reichstagskuppel? Aus Glas? Das Symbol der Volksnähe der Volksvertreter? Die ist aus Panzerglas, undurchdringlich.

Entgiftung in einem toxischen System, das hat sich XR auf die Fahnen geschrieben. Wer das jedoch versucht, kann sicher sein, eine ganze Breitseite neurotischer Reaktionen abzubekommen. XR erlebt das. Von links bis rechts setzt es wütende Kritik. Oft ist der geradezu körperliche Widerwille der Kritiker zu spüren, die innere Aufstöberung zuzulassen, die die Aktionen von XR auszulösen drohen. Also draufhauen. Ätzend werden. Scharf ablehnen.

In völligem Kontrast dazu steht die Liebe, die ich tagelang unter den Aktivistis erlebe. Ich bin schon lange Teil der Bewegung. Und wenn es aufging, wenn wir in den Kampf zogen, wenn klar war, worum es ging, haben eigentlich fast immer alle gut zusammengehalten. Sogar die, die sich sonst immer gestritten haben wie Katz und Maus.

Diese Wärme jedoch, dieses kollektive Grundvertrauen, das bei XR einfach da ist – so etwas habe ich außerhalb von psychedelischen Festivals zur besten Zeit der Elektrokultur noch nicht erlebt. Und im politischen Kontext noch nie.

Ja, ich werde bald zurückkommen aus dieser Welt der entgiftenden Rebellion für das Leben. Ein internetverseuchter Nachbar wird mich mit den Worten begrüßen, Dirk Pohlmann erzähle ja nur noch Lügen. Am gleichen Tag wird mich ein Profil in einem XR-Messenger angreifen, weil ich doch mit Rubikon zu tun hätte, diesem verschwörungstheoretischen Querfrontmagazin. Alles beim Alten. Alles so krank und neurotisch, wie gehabt.

Aber etwas hat sich geändert. XR hat einen Blumenanker geworfen ins Herz der Rebellion. Und ich weiß jetzt sicher, dass dieser elende, würdelose Mobbingkult im deutschsprachigen Internet nicht die Realität abbildet. Ich spüre, dass ich aus meinem eigenen toxischen System ausbrechen werde, zusammen mit den Roten Rebellen, mit den Youngsters von *Fridays for Future Gifhorn*, mit Sawar aus Israel, Sancho aus dem Hambi und mit dem Inder, der mir zugenickt hat.

Die Rebellion hat begonnen. Am 29. November gibt es den nächsten globalen Klimastreik. Der Kult der Niedertracht und des Todes wird unterliegen.

Jonathan Cook
Der Trost des Zweifels

Jahrzehntelang hat die Linke von einem globalen Aufstand geträumt – jetzt, wo er da ist, projiziert sie ihre Angst und Wut auf dessen Galionsfigur.

Unsere Spezies steht kurz vor dem Aussterben, und große Teile des Establishments geben die Parole aus: »Keine Panik auf der Titanic«. Greta Thunberg lebt die hierauf einzig angemessene und gesunde Reaktion vor. Umso merkwürdiger, dass sich ausgerechnet ein Teil der progressiven Linken in der Rolle gefällt, ihr als Akteurin des Wandels Knüppel zwischen die Beine zu werfen. Ein wichtiger Grund hierfür wird psychologischer Natur sein: Um nicht in einem Meer von Angst und Panik zu versinken, klammern sich manche an die vermeintlich rettende Planke des Zweifels – Zweifel daran, ob unsere Situation als Menschheit tatsächlich »so schlimm« wie wissenschaftlich erwiesen ist. Darüber hinaus konfrontiert Thunbergs Mobilisierungsfähigkeit viele Linke sowohl mit dem eigenen Scheitern als auch der eigenen politischen Bedeutungslosigkeit, sodass sie, um diese Kränkung abzuwehren, lieber Thunberg hassen, als sich selbst infrage zu stellen.

Je mehr Greta Thunberg die angstmachenden Emotionen zur Sprache bringt, dass wir als Spezies kurz vor dem Aussterben stehen – wie sie es, erfüllt von zitternder Wut, auf dem UN-»Aktionsgipfel« zur Klimakrise im September 2019 tat –, desto mehr strengt sich ein Teil der progressiven Linken an, ihrer Rolle als Akteurin des Wandels zu widerstehen.

Ich spreche hier nicht von der Linken, die weiterhin an ihrer »Vogel-Strauß-Politik« festhält und den Klimawandel leugnet. Oder von der »Alles, was wir brauchen, ist, dass die Menschen die Produktionsmittel beschlagnahmen und dann den Planeten im Namen der Arbeiter und nicht der Chefs plündern«-Linken. Beide sind ärgerlicherweise vorhanden.

Ich meine die progressive Linke, die versteht, dass wir auf eine Klimakatastrophe zusteuern, die durch die Hybris einer winzigen Machtelite und unserer eigenen gedankenlosen, mitschuldigen Gier verursacht wird. Jene Linke, die weiß, dass wir unsere Gesellschaften und Prioritäten radikal verändern und uns schnell von fossilen Brennstoffen verabschieden müssen, um das Leben auf dem Planeten zu retten.

Dennoch wird ein Teil dieser Linken jedes Mal wütend, wenn Thunberg im Fernsehen auftaucht, um methodisch und bewegend darzulegen, warum sich unsere Gesellschaften im Griff eines kollektiven, selbstzerstörerischen Wahnsinns befinden.

Konfrontiert mit Thunbergs Aktivismus, kollabiert ihre natürliche Gegnerschaft zu den Reichen und Mächtigen und versinkt in einem Sumpf aus Zynismus gegenüber Thunberg selbst.

Ihre Argumente lassen sich in drei Hauptkategorien einteilen. Lassen Sie uns jede hinsichtlich ihrer Berechtigung beurteilen.

1. Es ist Kindesmissbrauch!

Es ist merkwürdig mitzuerleben, wie sich einige der Linken plötzlich in viktorianisch prüde Menschen verwandeln, sobald die 16-jährige Schwedin genau das sagt, was sie selber denken, dies allerdings mit viel größerer Wirkung. Kinder, so scheint es, sollen wieder nur gesehen, nicht aber gehört werden.

> *»Wenn Greta meine Tochter wäre, wäre ich ihretwegen sehr besorgt. Kein junges Mädchen sollte die Last der Welt auf solch bedrückende Weise auf ihren Schultern tragen, nicht einmal als Tochter von Aktivisten, wie gerechtfertigt der Grund auch sein mag.« (@Joanna Blythman)*

Thunberg und ihre Generation leben auf einem sterbenden Planeten, einem Planeten, den die ältere Generation – durch ihre Gier, ihre

Entfremdung von der Natur und ihre spirituelle Leere – geplündert und verwüstet hat, ohne an diejenigen zu denken, die nach ihr kommen.

Die Menschen, die die Plünderung organisiert haben, sind unsere Führer, eine Elite, die die Wirtschaft beherrscht und unsere Politik und die Medien kontrolliert. Aber wir alle haben unseren Teil zur Zerstörung des Planeten beigetragen.

Wir haben die unnötigen Waren gekauft, die sie produziert und vermarktet haben. Wir glaubten an ihr Märchen von endlosem Wachstum auf einem endlichen Planeten. Wir ließen uns von gedankenloser Unterhaltung ablenken, während der Planet heißer wurde und an unserer Umweltverschmutzung erstickte.

Unsere Generation verfolgte eine Brandrodungspolitik auf der gesamten Oberfläche des Planeten und hinterlässt unseren Kindern keinen Zufluchtsort, derweil die Erde Jahrhunderte brauchen wird, um sich zu erholen.

Die am meisten bewunderten unter den Erwachsenen, unsere Firmenchefs, fragen sich, ob wir jetzt in den Weltraum reisen können, um von vorne zu beginnen. Und manche nennen Thunberg kindisch!

Die Vorstellung, dass irgendein Erwachsener das Recht hat, Thunberg und den anderen Millionen Kindern, die wir verraten haben, zu sagen, dass sie einfach die Klappe halten, die Streiks beenden und zur Schule zurückkehren sollten, um ihre Ausbildung zu beenden, ist lächerlich – und beleidigend.

Was denn beibringen? Sollen wir ihnen die gleiche Dummheit, die gleiche Selbstsucht beibringen, die man uns in diesen erzieherischen Produktionsbetrieben beigebracht hat, und die uns in konforme, konsumfreudige Schmarotzer verwandelt hat?

Brauchen diese Kinder wirklich noch mehr von der neoliberalen Gehirnwäsche, die die meisten Erwachsenen davon abhält, ebenfalls zu streiken, um den Planeten zu retten?

Natürlich ist es nicht richtig, dass Thunberg ihre Kindheit damit verbringen muss zu protestieren, damit sie das Erwachsenenalter erleben kann. Aber ihre Entscheidung, ihre Teenagerjahre zu opfern, ist nicht der Missbrauch; es ist unser Verhalten, das ihr eine Zukunft verweigert, das sie zwingt, ihre Jugend mit Millionen anderer Kinder auf der Straße zu verbringen, im Versuch, uns zur Besinnung zu bringen.

2. Sie wird von den Massenmedien ausgenutzt!

Der Beweis, dass man Thunberg nicht trauen kann, scheint der zu sein, dass sie jetzt so viel Aufmerksamkeit erhält. Die Massenmedien gehören Großkonzernen, und wenn sie bereit sind, Thunbergs Beschwerden zu verbreiten, muss das darauf zurückzuführen sein, dass sie ihren, also den Konzern-Absichten dient.

Thunberg sei ein Werkzeug der Reichen und Mächtigen, wird uns gesagt, ob sie es selbst nun versteht oder nicht. Was immer sie uns auch mitteilt, wie scharf sie diejenigen, die uns regieren, auch kritisiert, die Wahrheit sei nun einmal, dass ihren Argumenten nicht zu trauen sei, weil sie diese auf Konzernplattformen zum Ausdruck bringt.

> *»Offensichtlich haben es die Milliardärsmedien darauf abgesehen, sie jedes Mal, wenn sie Ihnen gnadenlos ein Kindermaskottchen um die Ohren hauen, zu manipulieren. Das bedeutet aber nicht, dass das Kind selbst dubios oder der Klimawandel nicht real ist, sondern nur, dass sie darauf hinwirken, Sie in eine bestimmte Richtung zu lenken.« (@caitoz)*

Wenn ich diese Argumentation höre, frage ich mich, wie wir in den 1950er und 60er Jahren auf Martin Luther King reagiert hätten. Hätte es damals bereits die alles durchdringenden sozialen Medien gegeben, wären wir dann auch so sicher gewesen, dass Martin Luther King niemand anderer als das schwarze Maskottchen des weißen Establishments war? Weil er ja schließlich auch in den Medien viel Beachtung fand.

Hätten wir auf den Selma-Marsch (die Selma-nach-Montgomery-Märsche im Jahr 1965, Anmerkung des Übersetzers) genauso zynisch reagiert wie heute auf die Klimastreiks? Hätten wir Martin Luther King gesagt, er müsse wieder vor seiner Kirchengemeinde predigen, genauso wie wir Thunberg sagen, sie solle wieder in die Schule gehen?

Diese Kritik an Thunberg behandelt die Massenmedien, als wären sie reine Propagandamaschinen. Es gibt keinen schärferen Kritiker der Massenmedien als mich. Ich habe Jahre damit verbracht, meinen Blog dafür zu nutzen, aufzuzeigen, dass selbst die liberalsten Massenmedien, wie etwa *The Guardian*, für den ich viele Jahre gearbeitet habe, eine Täuschung sind und für uns ein größtenteils falsches Bild der Welt entwerfen, das den Interessen der Reichen und Mächtigen dient. Dabei ist mir auch bewusst, dass die Konzernmedien mit realen Personen, mit Journalisten besetzt sind. Sie sind überwiegend weiß, mittelständisch, privilegiert, selbstgefällig und karriereorientiert. Sie interessieren sich nur wenig für die Wahrheit außerhalb der engen Parameter, die ihnen die Unternehmenskultur vorgibt, innerhalb derer sie sich bewegen.

Aber auch diese Konzern-Journalisten, die für die Massenmedien arbeiten, haben Träume, Ängste und Kinder. Trotz der wirtschaftlichen Prioritäten der Medien leben ihre Mitarbeiter in der realen Welt, in der andere Spezies in noch nie dagewesenem Ausmaß aussterben, die Meere ansteigen und sich mit giftigem Plastik füllen, sich furchterregende Stürme zusammenbrauen und das Chaos Einzug hält.

Ich versichere Ihnen, dass viele dieser Journalisten nicht verstehen, wie schlimm die Dinge bereits sind und inwieweit sie sich weiter verschlimmern werden. Wie auch die Klimaforscher wurden sie durch ihre Ausbildung und Auswahl abgerichtet, sich konservativ und gehorsam zu verhalten.

Trotzdem wissen sie, dass sich die Dinge ändern müssen. Sie verstehen immer mehr, dass die bevorstehende Klimakrise eine Tatsache ist, die sie nicht ignorieren dürfen, da sie sich bald auf ihr eigenes Leben und das ihrer Kinder auswirken wird.

Die Journalisten selbst stehen an einem Wendepunkt. Manche von ihnen, insbesondere die Umweltkorrespondenten, wollten uns vor Jahrzehnten bereits etwas über die düstere Zukunft berichten, die uns bevorsteht. Ich habe mit einigen von ihnen gearbeitet.

Sie wurden jedoch von einer Unternehmenskultur ausgebremst, die ihren »Pessimismus« nicht dulden wollte. Sie waren zu isoliert, zu ängstlich, ihren Job zu verlieren, um es zu wagen, Lärm zu schlagen. Jetzt fühlen sie sich befreit, weil sie entdecken, dass es genug Kollegen gibt, die genauso denken wie sie.

Thunberg erhält Aufmerksamkeit von Konzernjournalisten, weil sie der langjährigen journalistischen Frustration Luft macht. Sie artikuliert die eigenen, berechtigten Ängste der Journalisten und tut dies auf eine Art und Weise, dass die Journalisten dies mit ihrer trivialen Mann-beißt-Hund-Art, die ihnen als Professionalität beigebracht wurde, auch akzeptieren können.

Wie ein wohlwollender Rattenfänger bringt dieses schwedische Kind mit Asperger-Syndrom Millionen anderer Kinder auf die Barrikaden. Diese kleine, schüchterne Figur ist mutig genug, um auszudrücken, was wir Erwachsenen schon lange einer Elite sagen wollten, die uns einfach ignoriert. Sie ist eine gebrauchsfertige Davina (eine amerikanische Comic-Superheldin, Anmerkung des Übersetzers), die sich einem Konzern-Goliath entgegenstellt.

Die Selbstmordelite in Davos und bei den Vereinten Nationen klatscht begeistert über ihre Kritik, weil keiner von ihnen als nackter Kaiser dastehen will. Ihre Begrüßung ist schweißnass angesichts dessen, was Thunberg und ihre Bewegung noch entfesseln könnten. Es ist die Angst, die ihren Applaus antreibt. Wenn sie sie zähmen können, werden sie es tun.

3. Sie ist ein Werkzeug der Großkonzerne!

Wie ich bereits mehrfach in meinem Blog ausgeführt habe, wurde die Unvermeidbarkeit der Klimakatastrophe, mit der wir jetzt konfrontiert sind, Anfang der 1980er Jahre von Wissenschaftlern, die für die fossile Brennstoffindustrie arbeiteten, mit absoluter Präzision – fast auf die Woche genau – vorhergesagt.

Sie wussten vor langer, langer Zeit, dass dieser Moment kommen würde. Die Konzerne verzögerten vier Jahrzehnte lang eine Reaktion erfolgreich hinaus, damit sie den Planeten weiterhin ungestört verwüsten konnten. Und wir sind wieder und wieder auf ihre Verschleierungen und Zeitvergeudung hereingefallen.

> *»Das @exxonmobile-Diagramm von 1982 sagte voraus, dass unser atmosphärischer* CO2*-Gehalt 2019 etwa 415 ppm erreichen und damit die globale Temperatur um etwa 0,9 Grad Celsius ansteigen würde. Update: Die Welt hat diese Woche die Schwelle von 415 ppm überschritten und 0,9 Grad Celsius in 2017 durchbrochen.« (@tsrandall)*

Jetzt ist das Spiel vorbei. Wie diese Wissenschaftler auf der Gehaltsliste der Konzerne vor langer Zeit insgeheim bereits vorausgesagt haben, können die Auswirkungen auf das Weltklima vor der Öffentlichkeit nun nicht mehr als kurzfristige Laune des Wetters verschleiert werden. Eine andere Herangehensweise ist erforderlich.

Es versteht sich von selbst, dass die Konzerne versuchen werden, das neoliberale kapitalistische System, das sie reich gemacht und ihnen nahezu unbegrenzte Macht verliehen hat, so lange wie möglich aufrechtzuerhalten. Ihre beste Taktik zu diesem Zeitpunkt ist es, angesichts der sich abzeichnenden, tatsächlichen Ereignisse in der Welt, ihre Ablehnung gegenüber einer Klimakrise aufzugeben und uns stattdessen davon zu überzeugen, dass es zu spät für ein Eingreifen ist, dass der Zug bereits abgefahren ist.

Wenn uns der Himmel bereits auf den Kopf gefallen ist, macht es keinen Sinn mehr, den Planeten zu retten. Sein Schicksal ist besiegelt. Die besten Reaktionen auf die unaufhaltsame Klimakatastrophe sind, so werden sie argumentieren, technische Korrekturen – die wiederum ihre Unternehmenstaschen füllen –, um die schlimmsten Auswirkungen hinauszuschieben, während wir unbekümmert weitermachen und feiern, bis die Musik verstummt. Wir werden aufgefordert werden, für »unsere Leute« zu plündern, bevor den anderen die verbliebenen Kostbarkeiten in die Hände fallen.

In den nächsten Jahren wird es noch viele solcher Manipulationen geben. Und es gibt kein Anzeichen dafür, dass diese von Thunberg und den streikenden Kindern ausgehen werden.

Falls die Konzerne vorhaben, eine Galionsfigur hervorzubringen oder zu vereinnahmen, um die Klimabewegung zu neutralisieren, ist Greta Thunberg jedoch eine eigenartige Wahl. Ihre Offenheit ist befreiend. Ihre Empörung und Wut sind ermutigend. Ihre Arglosigkeit ist ansteckend. Ihr jugendliches Engagement ist ein heftiger, beschämender Schlag ins Gesicht unserer eigenen Faulheit und Weltverdrossenheit.

Wir Linken haben seit Langem auf eine Massenmobilisierung gehofft, darauf, dass die einfachen Menschen aus Protest auf die Straße gehen und sich ihre Macht von den über uns herrschenden Eliten zurückerobern. Doch nun, da es jemandem – und ausgerechnet einem Teenager – tatsächlich gelingt, dies endlich auf globaler Ebene zu tun, da verurteilen wir ihn und verspotten diejenigen, die ihn anfeuern.

»In Teil 5 ihrer Untersuchungen kommt @elleprovocateur zu dem äußerst wichtigen Ergebnis, dass all den schönen, ökologisch klingenden Worten eine aufeinander abgestimmte Strategie zugrundeliegt, um die Natur zu kommerzialisieren und finanzialisieren – nicht zu ihrem Schutz, sondern des Profites wegen.« (@Tim_Hayward_)

Bedeutet die Tatsache, dass sie und ihre Proteste auf dem internationalen Parkett erfolgreich sind, nun aber, dass unsere Machthaber nicht versuchen werden, Thunberg und ihr Anliegen zu vereinnahmen? Natürlich nicht. Es ist selbstverständlich, dass sie versuchen werden, diese neue, gefährliche Leidenschaft in unnütze und erfolglose Richtungen zu lenken.

Thunberg ist nicht Wonder Girl. Sie wird so gut sie kann durch diese tückischen Gewässer navigieren müssen, um zu entscheiden, wer wirklich helfen will, wer versucht, ihr Anliegen zu sabotieren, und mit welchen Partnern sie es sich leisten kann, Bündnisse einzugehen. Sie und ähnliche Bewegungen werden Fehler machen. Das ist bei sozialen Protesten stets der Fall. Doch die Beteiligten werden daraus lernen und sich weiterentwickeln.

Martin Luther King selbst manövrierte, manchmal unbeholfen, beständig zwischen den dringenden Forderungen nach Gleichberechtigung seitens eines schwarzen Amerika, die er zur Sprache bringen wollte, und den Ängsten eines weißen Amerika, dessen Privilegien in Gefahr zu sein schienen.

Und es ist durchaus vertretbar, zu behaupten, dass er mit seiner Mission gescheitert ist, dass sein Traum zu Fall gebracht wurde. Die Vereinigten Staaten sind, Jahrzehnte später, noch immer eine zutiefst rassistische Gesellschaft. Mit Hilfe der Massenmedien hat die US-Führungsriege das Erbe Kings weitgehend vereinnahmt, indem sie ihm ein neues Image als harmlose Totemfigur eines nicht existenten Zusammenlebens verpasst hat.

Trotz seines Scheiterns haben die inspirierenden Worte und Taten von Martin Luther King die USA auf eine Weise verändert, die niemals rückgängig gemacht werden kann. Er gab einem Anliegen eine moralische Stimme, zu dem sich heutige Alltagsrassisten gerade einmal Lippenbekenntnisse abringen.

Es mag ihm nicht gelungen sein, den institutionellen Rassismus in den USA im Alleingang zu beenden, doch dieses Scheitern beeinträchtigt nicht sein Erbe und untergräbt auch nicht, was er erreicht hat, bevor er von einem Attentäter zum Schweigen gebracht wurde.

Und natürlich deutet all das, außer für einige unverbesserliche Verschwörungstheoretiker, nicht darauf hin, dass er mit weißen Rassisten zusammengearbeitet oder unwissentlich nach deren Geheiß gehandelt hätte.

Thunberg und die nächste Generation haben einen noch steileren Weg vor sich als Martin Luther King. Sie müssen unser Verhältnis nicht nur zu den schlimmsten Auswüchsen unserer eigenen Gesellschaft, sondern zum Planeten selbst verändern.

Das erfordert eine völlig neue Vision unserer Zukunft – und der Ort, an dem eine solche Vision am ehesten Fuß fassen kann, wird in den Reihen junger Menschen sein, deren Idealismus durch unser Bildungs- und Berufssystem noch nicht vernichtet worden ist.

Sollte Thunberg, wissentlich oder nicht, tatsächlich von westlichen Eliten eingefangen werden, gibt es keinen Grund dafür, anzunehmen, dass die vielen Millionen Junger und Alter, die sich ihr bei den Klimastreiks anschließen, nicht erkennen werden, dass sie vereinnahmt wurde oder ihren Weg verloren hat.

Diejenigen, die dieses Argument vorbringen, gehen arroganterweise davon aus, dass nur sie den wahren Weg kennen würden. Sie gehen davon aus, dass Thunbergs Worte keine lebendige, logische und moralische Kraft entfalten, unabhängig davon, wer sie ist oder ob sie, wie Martin Luther King, letztendlich zum Schweigen gebracht wird.

Noch besorgniserregender ist, dass sie die Möglichkeit einer wachsenden, kollektiven Weisheit ablehnen, eines höheren Bewusstseins, das notwendig ist, damit wir als Spezies überleben.

Die Ablehnung Thunbergs und der Klimaproteste durch die Linken dürfte Samen der Verzweiflung und Hoffnungslosigkeit säen – und damit zu genau jenem Ergebnis führen, nach dem sich die Elite verzweifelt sehnt, wenn sie versucht, diese Proteste zu neutralisieren.

MANIPULATIONEN

Kapitel 2

Steffen Pichler

Die Erfindung der grausamen Natur

Der Mensch versucht, das Leben außerhalb der von ihm geschaffenen Zivilisation schlecht zu reden und schaufelt damit sein eigenes Grab.

Verunglimpfungen unserer jagenden und sammelnden Vorfahren sowie der anderen freien Tiere und sogar der gesamten Natur gehören in den Massenmedien und anderen Veröffentlichungen zum Alltag. Dieses Phänomen der Erniedrigung allen Lebens außerhalb des zivilisatorischen Systems bietet eine Fährte, die tief in das psychische Kernproblem der heutigen Menschheit führt. Eine Aufklärung und Auflösung dieses Komplexes kann der entscheidende Schlüssel sein für ein sehr positives Weltbild – und vielleicht eine späte Chance für die Überlebensfähigkeit der Menschheit.

Im Jahre 1848 schrieb der Forscher Major Mitchell, einer der ganz wenigen frühen europäischen Siedler des australischen Kontinentes, die sich respektvoll den dortigen jagenden und sammelnden Ureinwohnern widmeten, über deren von ihm weitreichend bezeugte Existenz: *»Solch eine Intensität des Daseins, dies muss, kurz gesagt, sehr weit über allen Genüssen des zivilisierten Menschen liegen, über allem, was ihm die Künste je erbringen könnten.«*

Ganz ähnlich äußerte sich Tom Petrie, der sogar mehrere Jahre seiner Jugend bei reinen Jägern und Sammlern lebte, ihre Sprachen lernte und ihre Lebensweise so intensiv kennenlernte wie wohl kaum irgendein anderer Europäer. Er erinnerte sich als alter Mann im Jahr 1904: *»Für sie war es ein wirkliches Vergnügen, sich die Nahrung in der Natur zu beschaffen. Sie waren so leichtherzig und fröhlich, es gab nichts, was sie belastete.«*

Diese Sätze von Mitchell und Petrie passen überhaupt nicht zu den allermeisten zeitgenössischen Darstellungen der europäischen Kolonialisten zur Existenz der australischen Ureinwohner. Die beschrieb man nämlich in der Regel als elendig, hungernd und degeneriert. Wie extrem niedrig das Dasein der Ureinwohner im Blickwinkel der neuen Siedler erachtet wurde, lässt sich auch daran erkennen, dass es regelrechte Jagden gab, bei denen die »Wilden« mit Hunden gehetzt und mit Gewehren abgeknallt wurden. In vielen Regionen, wie etwa Tasmanien, löschten die Kolonialisten die ursprünglichen Stämme bis auf den letzten Menschen aus.

Nun mag es auf den ersten Blick so erscheinen, als seien die drastischen Widersprüche zwischen den äußerst positiven Zeugnissen des natürlichen Daseins der Jäger und Sammler durch die Praktiker Mitchell und Petrie einerseits und den nicht mehr steigerbaren Erniedrigungen durch das kolonialistische System andererseits etwas, das mittlerweile längst überwunden wurde. Aber das stimmt nicht.

Zunächst einmal ist es, auch über die Grenzen politischer Lager und sonstiger Bewegungen hinweg, auch heute noch ganz üblich, die gesamte Existenz der vorzivilisatorischen Kulturen als ein von Fressfeinden, Angst und Hunger gehetztes Dasein anzunehmen. In filmischen Animationen erfährt man, dass die Menschen vor dem Aufkommen der Landwirtschaft in einer düsteren Welt ums nackte Überleben kämpften und sich dabei ständig unsicher umschauten.

Noch drastischer als das Dasein der menschlichen Jäger und Sammler in der Natur wird ganz aktuell jenes anderer Tiere verzerrt und verdreht. In den größten Nachrichtenmagazinen des Internets wie *Spiegel Online* oder *bild.de* lässt sich dieses Phänomen gut beobachten. Weil diese Medien mittels hochfeiner Analysewerkzeuge präzise darauf achten, welche Inhalte gerne angeklickt werden und welche nicht, wirken sie sogleich wie ein sich selbst ausrichtender Spiegel des kollektiven Geistes.

Auffällig ist zunächst, dass sich die Artikel bis auf einen einstelligen Prozentwert und somit fast ausschließlich um den Menschen selbst drehen. Dieses Umsichselbstdrehen geht so weit, dass sogar der Begriff »Welt« oft verwendet wird, wenn eigentlich die Menschheit gemeint ist.

Man schreibt dann also »die Welt schaut nach New York« oder meint mit »Welthunger« den Hunger von Menschen.

Die wenigen Thematisierungen anderer Tiere wiederum teilen sich hauptsächlich in wenige Kategorien auf. In einer der größten davon stellt man sie als »niedlich« oder »süß« dar – und erniedrigt sie somit. Ein weiteres großes Feld betrifft fotografische Dokumentationen zu Fällen, in denen einzelne Tiere von Menschen gerettet und nun umrahmt von schützenden Menschenhänden abgelichtet werden. Kleinere Anteile entfallen auf Nachrichten zu wissenschaftlichen Neuigkeiten aus der nichtmenschlichen Tierwelt. Und nur im Promillebereich und somit faktisch fast gar nicht mehr thematisiert wird das Dasein jener Tiere im System der Massentierhaltung – also immerhin der Quelle fast aller tierischen Nahrungsmittel in den Supermärkten.

Neben den bis hierhin aufgezählten Kategorien gibt es aber noch eine weitere, die oft sogar am häufigsten auftritt: Nämlich Berichte, in denen Fotografien von Erbeutungsszenen in der Natur eingebunden sind. Man reißt also einen Sterbeprozess, der in der Realität vielleicht nur Sekunden gedauert hatte, aus dem Rahmen der Zeit und liefert ihn dem Publikum als Dauerereignis. Im Ergebnis – welches häufig auch in filmischen Dokumentationen produziert wird – entsteht der Eindruck, dass die Existenz der nichtmenschlichen Tiere in der Natur darin besteht, über fast ihr gesamtes Leben hinweg gefressen zu werden. Die größte deutschsprachige Nachrichtenseite des Internets, bild.de, betrieb hierzu sogar über längere Zeit eine eigene Rubrik namens »Natur brutal«. Dort wurde dann etwa das Foto eines Graureihers gezeigt, der gerade ein Entenküken verschlingt und mit diesen Sätzen garniert: *»Reiher verschlingt süßes Entenküken. So grausam kann Natur sein: Eben noch ein flauschiges Entenküken, jetzt bloß noch Hauptspeise eines gefräßigen Graureihers.«*

Wer danach sucht, findet das gleiche Schema auch bei Spiegel Online. Da wird dann schon mal in der Rubrik »Wissenschaft« ein »Rätsel der Woche« mit der Überschrift »Fressen und gefressen werden« präsentiert. Und der Textkörper beginnt so: *»Es geht brutal zu in der wilden Natur. Mit viel Aufwand zieht eine Tiermutter den Nachwuchs auf. Dann kommt ein hungriges Raubtier und reißt eines oder mehrere der Tierkinder.«*

Um nun – quasi als medial vorgeschädigter Mensch – zu erkennen, dass es zwischen diesem künstlichen Bild der »grausamen Natur« und der praktisch beobachtbaren Realität einen ganz ähnlichen Widerspruch gibt wie bei dem vorhin skizzierten Beispiel rund um die australischen

Ureinwohner, wirft man am besten mal selbst einen unvoreingenommenen Blick in ein Stück möglichst unbeeinflusster Natur. Wer sich dort zunächst auf die – relativ einfach beobachtbaren – Wirbeltiere konzentriert, der kann bald etwas von größter Bedeutung entdecken, das im Weltbild der Zivilisation kaum einen Platz hat: Die Tatsache nämlich, dass sich die freien Tiere in der Natur bis zu einem weit gegen absolut gehenden Grad ihrer Existenz im Zustand der selbstbestimmten Entfaltung all ihrer angeborenen Merkmale befinden, während längeres Leid, Elend und Siechtum echte Seltenheiten sind.

Man kann dies auch indirekt reflektieren, indem man mal darüber nachdenkt, wie oft einem in der realen Natur etwa Vögel – also auch Entenküken – begegnet sind, die gerade bei lebendigem Leibe gefressen wurden oder in irgendeiner sonstigen Weise wirklich konkret gelitten haben. Es werden nur wenige Fälle gewesen sein, deren Anzahl in der Relation zu den Abertausenden frei entfalteten und gesunden Exemplaren einen weit gegen null gehenden Bruchteil ausmachten.

Wenn der drastische Widerspruch zwischen dem verzerrten Bild der Zivilisation über die anderen Tiere und ihrer realen Existenz in ersten Ansätzen erkannt ist, dann lässt sich diese Entdeckung noch in eine äußerst interessante Ebene hinein vertiefen. Und zwar beweisen heute zahlreiche empirische Nachweise aus den Neurowissenschaften, dass die im System der Zivilisation als Exklusivitäten des Menschen angenommenen kognitiven Eigenschaften wie etwa »Ich-Bewusstsein«, »freier Wille« oder »Vernunft« als solche keinerlei stabile Basis haben. Sie alle wurden nämlich künstlich erfunden, oder aber sie sind bei anderen Tieren genauso vorhanden wie bei uns.

Dazu kommt, dass die Sinnesleistungen einschließlich der Verarbeitungsprozesse im menschlichen Gehirn nur unterdurchschnittlich ausgeprägt sind. Und schließlich war die organische Basis für alles rund um den Genuss und das Glücksgefühl nach unwiderlegten Erkenntnissen der paläontologischen Neurowissenschaften zumindest bei den Wirbeltieren etwa 500 Millionen Jahre lang grundsätzlich gleich wie jene eines heutigen Menschen.

Wenn man – nach der Entdeckung der regelmäßigen Freiheit und des nur winzig kleinen Anteils von Elend und Leid in der Natur – nun auch noch diese empirischen Erkenntnisse rund um die Kognition akzeptiert hat, dann schließt sich ein Kreis hin zu den Zeugenaussagen von Major Mitchell und Tom Petrie: Jetzt gibt es nichts mehr, das dagegenspricht, dass auch die anderen Tiere seit jeher jenes »wirkliche Vergnügen« dabei empfanden, ihre Nahrung in der freien Natur zu beschaffen. Es lässt sich folgern, dass sie dabei auch so »leichtherzig und fröhlich« waren, wie es die beiden Praktiker bei den menschlichen Jägern und Sammlern erkannt hatten. Und die stärkere Ausprägung der Sinne sowie die völlig selbständige Existenz mit nichts als dem blanken Körper deuten darauf hin, dass die Intensitäten ihres Daseins tatsächlich sogar »sehr weit über allen Genüssen des zivilisierten Menschen« liegen muss.

Die irdische Natur war also in der Realität seit Hunderten Millionen von Jahren nicht nur ein Ort der freien Entfaltung, während längeres Leid und Elend nur relativ seltene Randerscheinungen darstellten. Sondern sie war auch ein Ort des sehr intensiven und bewussten Erlebens und ebensolchen Genusses, der Leichtherzigkeit und des großen Vergnügens.

Aber warum will die Zivilisation dies nicht wahrhaben? Die Natur ist doch nicht weniger als die gesamte Welt. Wie kann es sein, dass die Menschheit die gesamte Welt so schlechtredet wie irgend möglich, sich also ein völlig verdüstertes Weltbild zusammenbastelt, anstatt sie als das zu erkennen was sie seit jeher war? Warum tut man so etwas? Und welche weiteren kausalen Folgen ergeben sich daraus?

Die Frage nach dem Warum lässt sich leicht beantworten, aber die Akzeptanz dieser Antwort ist noch schwerer als das Anerkennen der großartigen und schönen Realität der Natur. Sie liegt nämlich darin, dass die Wurzeln der Zivilisation in nichts anderem bestehen als der Versklavung nichtmenschlicher Lebewesen.

Mit der sogenannten »Neolithischen Revolution« verließen die Menschen jenes Paradies der freien Entfaltung und des Genusses, in dem ihre – ausschließlich freie Tiere und Pflanzen jagenden und sammelnden – Vorfahren seit jeher existierten. Um die Widernatürlichkeit der lebenslangen Unterwerfung der gezüchteten und versklavten »Nutzorganismen« nicht bewusst wahrnehmen zu müssen, fingen sie an, die gesamte freie Natur so zu verdrehen und zu erniedrigen, dass die eigene widernatürliche Position künstlich erhoben werden konnte. Das fing an mit erfundenen Gottesbefehlen zur Unterwerfung der Erde und erstreckt sich bis heute hinein in die Massenmedien. Und der Preis dafür war jenes völlig kaputte und falsche Weltbild, das nun alle Menschen in ihren Köpfen tragen.

Wer es schafft, diese Zusammenhänge nicht nur zu begreifen, sondern sie auch wirklich zu akzeptieren, der muss zwar zunächst einige große Schmerzen ertragen. Diese aber halten nicht ewig an. Und wenn sie nachlassen, dann entsteht eine Verständnishöhe, von der aus sich ein äußerst positives Weltbild eröffnet.

Das ist so ähnlich, als würde man plötzlich von einem erstmals bestiegenen Hügel aus einen sehr weiten Horizont entdecken, vor dem sich eine bunte und schöne Landschaft erstreckt – die sich von dem kaputten Boden des verrückten zivilisatorischen Weltbildes aus gar nicht wahrnehmen lässt.

Und wer nun in einem noch weitergehenden Schritt herausfinden möchte, wie es denn eigentlich sein kann, dass die Menschheit – trotz ihrer auf manchen Feldern immerhin doch ganz passablen Intelligenzpotenziale – besonders in der Gegenwart alles daran zu setzen scheint, die gesamte Natur und somit auch die eigene Existenzgrundlage so schnell wie irgend möglich zu vernichten, der hat jetzt auch diese Antwort in seinen Händen: Sie liegt in dem verstärkten psychischen Problem, welches durch die immer extremere Intensivierung der Versklavung der anderen Lebewesen entstanden ist.

Es wird geschätzt, dass heute weit über 50 Prozent der Biomasse sämtlicher Landwirbeltiere des Planeten auf die sogenannte industrielle Massentierhaltung entfallen. Zwar sieht kaum noch ein Mensch mit eigenen

Augen, woher denn diese riesigen Mengen an Joghurts und Würsten stammen, die sich in den immer längeren Kühlregalen der Supermärkte stapeln. Aber jeder einzelne Mensch weiß es.

Das ist der springende Punkt. Die Menschen wissen es also, sie wissen, dass die Existenz der dortigen Tiere, die ihnen ja bis auf ein paar Details sehr ähnlich sind, über ihr gesamtes Leben hinweg von nichts anderem als Elend und Siechtum bestimmt ist – also genau gegenteilig zu der Situation der freien Tiere. Und um dies nicht an die Oberfläche des Bewusstseins kommen zu lassen, hat sich das kollektive Unterbewusstsein darauf geeinigt, stattdessen die gesamte Welt auf den Kopf zu stellen.

Der heutige Mensch hat sich also zwar – im Sinne des Geldes – billige Nahrung verschafft. Aber eigentlich zahlt er dafür sehr hohe Preise. Diese reichen von dem kaputten und eng zusammengeschnürten Weltbild bis hin zu schweren Störungen der geistigen Gesundheit seiner Kinder. Und als kausale Gesamtfolge liegen sie schließlich in der Überlebensunfähigkeit des gesamten zivilisatorischen Systems. Ein solch gestörter kollektiver Geist, der sich nur noch um sich selbst dreht und um sich herum nur noch künstlich erzeugte Düsterheit sieht, der kann die echte Welt nicht zu schätzen wissen. Dadurch ist er verloren, kann nicht die richtigen Entscheidungen treffen, hat keine Orientierung und kein Ziel, weiß nichts Vernünftiges mit sich anzufangen und geht schließlich an all dem zugrunde.

Der Schlüssel zum Herstellen eines gesunden Selbstverständnisses sowie folglich auch der Überlebensfähigkeit kann also nur in dem möglichst sofortigen Rückbau der eskalierten Perversion der Versklavung der anderen Lebwesen bestehen. Solche extremen Formen wie die industrielle Massentierhaltung müssten unmittelbar, also von einem Tag auf den anderen abgeschafft werden. Die gesamte Landwirtschaft einschließlich des perversen Umganges mit den »Nutzpflanzen« müsste in einen massiven Extensivierungsprozess gelenkt werden. Jeder Erwachsene hat die Pflicht, daran mitzuwirken. Niemand kann es schaffen, sich aus dieser Verantwortung herauszuwinden. Denn es gibt immer irgendetwas, mit dem er dazu beitragen kann, dass die Menschheit sich doch wieder der Realität annähert.

Wolfgang Pomrehn
Die Klimaschutzfeinde

Mächtige Wirtschaftsverbände verhindern jede nachhaltig wirksame Maßnahme zum Umwelt- als auch Klimaschutz.

Klimaschutz stellt zahlreiche Geschäftsmodelle infrage. Viele Konzerne sehen sich und ihre Gewinne in Gefahr und versuchen seit Jahrzehnten – mit aller Macht, obskuren »Instituten« und zahllosen Tricks – Zweifel zu sähen und die Transformation aufzuhalten oder zumindest hinauszuschieben.

Seit Ende der 1980er Jahre wird über internationalen Klimaschutz verhandelt, doch sehr weit ist man nicht gekommen, wenn man bedenkt, wie dringend das Problem inzwischen ist und wie viel einfacher es gewesen wäre, früh zu handeln und die Emissionen allmählich zu verringern.

Dass dies nicht geschah, hat sehr viel mit dem Wirken diverser Industrielobbys zu tun. Die Bemühungen, die Klimaschutzmaßnahmen zu verzögern und die Abkommen zu verhindern oder zumindest zu verwässern, sind so alt wie die Verhandlungen selbst.

Im Rahmen der Gespräche über die 1992 unterschriebene UN-Klimaschutzrahmenkonvention drängte zum Beispiel die *Global Climate Coalition* Saudi Arabien und andere Ölförderländer, dem vergleichsweise unverbindlichen Vertrag beizutreten, um den weiteren Verhandlungsprozess beeinflussen zu können.

Bei dieser Gruppe handelte es sich um eine 2001 schließlich aufgelöste Organisation, in der die Großen der US-Automobilindustrie, des Ölgeschäfts und der Kohle saßen, aber auch europäische Konzerne wie BP (ausgetreten 1996) und Shell (ausgetreten 1998).

In den USA hatte die Arbeit der *Global Climate Coalition* maßgeblichen Anteil daran, dass es dort nie zu einer Ratifizierung des 1997 ausgehandelten Kyotoprotokolls kam, des ersten Abkommens mit verbindlichen Klimaschutzzielen. Doch im Laufe der Zeit überwog offensichtlich der – von einer allzu offensichtlichen Opposition gegen Klimaschutzmaßnahmen – verursachte Imageschaden den politischen Mehrwert.

Das heißt jedoch nicht, dass die Wühlarbeit in den letzten beiden Jahrzehnten weniger geworden wäre. Sie hat sich lediglich in ein weitgespanntes Netzwerk aus Institutionen und selbsternannten Instituten verlagert, das sich bemüht, die Finanziers im Hintergrund zu halten.

Hinter schillernden Namen, wie dem American Enterprise Institute, Heartland Institute, Competitive Enterprise Institute, verbergen sich Lobbyorganisation, die mit Desinformationskampagnen insbesondere in den USA das Vertrauen der Öffentlichkeit in die Klimawissenschaften zu untergraben versuchen.

Finanziert werden sie unter anderem von den Brüdern Charles und David Koch, Multimilliardäre, die für ihre Unterstützung der rechten Tea-Party-Bewegung bekannt sind und unter anderem erhebliche Beteiligungen am besonders klimaschädlichen Teersandgeschäft in Kanada haben. David Koch ist im August 2019 im Alter von 79 Jahren verstorben. Die Kochs sind aber bei weitem nicht die einzigen Geldgeber.

2014 veröffentlichte der US-Umweltsoziologe Robert J. Brulle eine Studie, wonach – im Untersuchungszeitraum von 2003 bis 2010 – an 91 auf Desinformation in Sachen Klimapolitik und -wissenschaften spezialisierte Lobbyorganisationen etwas über 900 Millionen US-Dollar aus einem Netzwerk von 140 US-amerikanischen Stiftungen floss.

Allgemein gebe es die Tendenz, dass die Unterstützung nicht mehr direkt aus der interessierten Industrie, sondern von schwerreichen Privatpersonen mit den entsprechenden geschäftlichen Interessen, wie den Koch-Brüdern, fließe.

In Europa ist diese Lobby-Szene unter anderem durch die *Global Warming Policy Foundation* in Großbritannien und das *Europäische Institut für Klima und Energie*, EIKE, in Deutschland vertreten.

EIKE arbeitet eng mit dem unter anderem von den Koch-Brüdern unterstützten US-amerikanischen *Heartland Institute* zusammen, das von 1997 bis 2006 675.000 US-Dollar von ExxonMobil bezog. Spezialität des *Heartland Institutes* sind Schmutzkampagnen, in denen Umweltschützer und Wissenschaftler mit Terroristen verglichen werden.

Anzumerken ist dabei, dass die Organisationen sich zwar gerne als Institute bezeichnen, diese aber weder Universitäten angegliedert sind noch Forschungsarbeit betreiben, jedenfalls nicht auf dem Gebiet der Klimawissenschaften.

Ihre Sprecher und die von ihnen präsentierten »Experten« haben zwar allerlei akademische Grade, die aber eher dazu dienen, das Publikum zu blenden, wie es Naomi Oreskes und Eric M. Convey in ihrem 2010 erschienenen Buch *»The Merchants of Doubt«* beschrieben.

Wissenschaftliche Kompetenz und entsprechende Publikationen in einem der für die Klimawissenschaften maßgeblichen Felder sucht man bei ihnen meist vergebens.

Interessanterweise wurden die Desinformationskampagnen in den USA, wie Oreskes und Convey beschreiben, mit den gleichen Methoden und zum Teil sogar mit dem gleichen Personal durchgeführt, wie zuvor Kampagnen der Tabakindustrie oder der Reagan-Administration zur Durchsetzung des SDI-Programms (Strategic Defense Initiative) – ein Programm zur Raketenabwehr aus dem Weltraum, das in den 1980er Jahren das Rüstungsgleichgewicht mit der Sowjetunion bedrohte und daher auf erheblichen Protest in der internationalen Friedensbewegung stieß.

Zwei der maßgeblichen Köpfe, Frederick Seitz und S. Fred Singer, waren eifrige Kalte Krieger, hochrangige Mitarbeiter der Regierung unter US-Präsident Ronald Reagan und eifrige Verteidiger seiner Politik der Aufrüstung gegen die Sowjetunion, die die Welt in den 1980er Jahren an den Rande eines Atomkrieges brachte.

Im Gegensatz zu den USA haben sich hierzulande die großen Konzerne und die Spitzenverbände der Industrie lange mit Obstruktion zurückgehalten und gute Mine zum bösen Spiel gemacht. Die Richtung hatte der damalige Bundeskanzler Helmut Kohl (CDU) bereits 1990 vorgegeben.

Kohl hatte das Thema Klimaschutz seinerzeit sofort besetzt und versprach vollmundig weitreichende Reduktion der Treibhausgase. Um 25 Prozent wolle man bis 2005 die Emissionen gemessen am Niveau von 1987 senken.

So beschloss es im Sommer 1990 das westdeutsche Kabinett. Daraus wurde allerdings nichts. 2005 standen die Emissionen bei 872 Millionen Tonnen CO2, was gegenüber 1987 nur einem Minus von 17,7 Prozent entsprach, und das, obwohl zwischenzeitlich die Zahlen auf die neue Bundesrepublik bezogen wurden, man sich also stillschweigend die Deindustrialisierung des Ostens als Klimaschutz auf die Fahnen schrieb.

Zu Kohls Politik gehörte auch ein wirtschaftsliberaler Ansatz, der die Industrie aufforderte, Eigeninitiative zu ergreifen. Damit sollten gesetzliche Regelungen vermieden werden. Diese verstand den Wink mit dem Zaunpfahl nur zu gut.

1995 – Wirtschafts- und Verkehrsminister hatten gerade den zu ehrgeizigen Bundesumweltminister Klaus Töpfer ausgebremst, der daraufhin durch die wenig ambitionierte Angela Merkel ersetzt wurde – verkündete der Bundesverband der Deutschen Industrie (BDI) eine Selbstverpflichtungserklärung zur Reduktion ihrer Emissionen.

Im Gegenzug verzichtete die Regierung auf eine seit Langem vorbereitete Wärmenutzungsverordnung, mit der Heizungen effektiver und Abwärme besser genutzt werden sollte. Auch auf die Einführung einer damals schon seit über zehn Jahren diskutierten CO2-Steuer wurde verzichtet.

Was der BDI dafür aber versprach, war ein schlechter Witz: Man werde »auf freiwilliger Basis (...) besondere Anstrengungen unternehmen, (die) spezifischen CO2-Emissionen beziehungsweise den spezifischen Energieverbrauch bis zum Jahre 2005 (Basis 1987) um bis zu 20 Prozent zu verringern«.

Nicht die absoluten Emissionen sollten also gesenkt werden, sondern nur die Emissionen pro Wirtschaftsleistung. Da aber das Wirtschaftswachstum damals wie heute neben dem »freien Markt« der große Fetisch aller hiesigen Ökonomie war und ist, war klar, dass der Mehrwert für das Klima, wenn überhaupt, nur sehr begrenzt sein würde.

Zudem versprach die Industrie im Grunde genommen keine »besonderen Anstrengungen« sondern bestenfalls ein Weiter-so-wie-bisher. Die Energieeffizienz wird nämlich im ganz normalen industriellen Erneuerungsprozess stetig erhöht.

Zwischen 1970 und 1987 hatte die westdeutsche Industrie zum Beispiel allein durch die üblichen Modernisierungsmaßnahmen und das Schrumpfen besonders energieintensiver Branchen den spezifischen Energieverbrauch um 40 Prozent gesenkt.

Schließlich war auch noch das Bezugsjahr geschickt gewählt. Mit 1987 war es das Jahr, in dem die gesamtdeutschen Emissionen ihren historischen Höchststand erreicht hatten. 1995 war längst klar, dass allein schon durch die punktuelle Modernisierung und massive Deindustrialisierung Ostdeutschlands die Emissionen erheblich zurückgingen. Entsprechend konnte die Industrie diese Selbstverpflichtung ohne irgendeine Anstrengung einhalten. Der Bevölkerung wurde Aktivität vorgetäuscht und letztlich viel wertvolle Zeit vertan.

Noch dreister war die Automobilindustrie. Auch ihr gelang es, mittels einer Selbstverpflichtung gesetzliche Regelungen lange hinauszuzögern, und zwar nicht nur in Deutschland, sondern auch auf EU-Ebene.

Auf dieser sperrten sich die verschiedenen Bundesregierungen lange, mit dem Verweis auf die Selbstverpflichtung gegen gesetzlich fixierte Vorschriften. Die Automobilhersteller hatten 1995 versprochen, den »durchschnittlichen Kraftstoffverbrauch, der in Deutschland produzierten und verkauften Fahrzeuge, bis 2005 um 25 Prozent« zu reduzieren.

Tatsächlich nahm der durchschnittliche Verbrauch pro 100 Kilometer nach den Angaben des Umweltbundesamtes (UBA) von 1995 bis 2005 von 8,8 auf 7,8 Liter Kraftstoff ab. Das entspricht einem Minus von 11,36 statt der versprochenen 25 Prozent. Weitere elf Jahre später waren es 7,2 Liter auf 100 Kilometer, also ein Minus von 18 Prozent.

Das Versprechen ist also noch immer nicht eingelöst, ohne dass jemand auf die Idee käme, die Industrie dafür zur Rechenschaft zu ziehen.

Zumal es ohnehin nur ein hohles Versprechen war, denn zugleich werden immer mehr Neuwagen abgesetzt, und insbesondere die schweren, viel Kraftstoff verbrauchenden SUVs verkaufen sich besonders gut.

Auch hier der besondere Trick: Das Versprechen bezog sich nicht auf die absoluten, sondern nur die spezifischen Emissionen. Da wundert es kaum, dass nach UBA-Angaben 2016 hierzulande rund vier Prozent mehr Kraftstoff verbraucht wurden als 1995. Entsprechend übersteigen die hiesigen Emissionen aus dem Straßenverkehr inzwischen wieder das Niveau von 1990, nach dem sie zwischenzeitlich etwas zurückgegangen waren.

Auch sonst sieht es mit den deutschen Treibhausgasemissionen nicht viel besser aus. Seit nunmehr zehn Jahren stagnieren sie, von leichten Schwankungen abgesehen, um die 900 Millionen Tonnen CO_2-Äquivalent jährlich. Erst 2018 gab es nach vorläufigen Angaben des UBA wieder einen leichten Rückgang, und zwar auf 866 Millionen Tonnen CO_2-Äquivalente.

Für 2018 gibt es noch keine Aufschlüsselungen der Emissionen, aber 2017 verteilten sie sich wie folgt: Rund 800 Millionen Tonnen waren CO_2 und die restlichen etwa 100 Millionen Tonnen andere Gase, die entsprechend ihrer Klimawirksamkeit in CO_2 umgerechnet werden. Im Vergleich zu 1990 ist das eine Reduktion aller Treibhausgasemissionen um 28 Prozent aber, wie gesagt, zehn Jahren Stillstand und immer noch viel zu viel.

Der direkte Anteil der Industrie an diesen Emissionen liegt immer noch bei 200 Millionen Tonnen CO_2-Äquivalente jährlich und ist seit 2014 sogar wieder deutlich angestiegen. Hinzu kommen noch die Emissionen aus dem Stromverbrauch der Industrie, die in den Statistiken für gewöhnlich der Energiewirtschaft zugeschlagen werden.

Im Jahr 2016 wurden nach UBA-Angaben in Deutschland netto insgesamt 516 Milliarden Kilowattstunden (516 TWh, Terawattstunde) elektrische Energie verbraucht. Fast die Hälfte, 226 TWh, benötigte die Industrie, 149 TWh Handel und Gewerbe, 129 TWh private Haushalte und elf TWh der Verkehr. 226 TWh verursachen beim derzeitigen Kraftwerksmix weitere 151 Millionen Tonnen Emissionen. Damit wäre die Industrie für jährlich insgesamt 351 Millionen Tonnen oder knapp 40 Prozent der deutschen Treibhausgasemissionen verantwortlich.

Entsprechend lassen sich, grob gesagt, vier Blöcke innerhalb des Kapitals identifizieren, die sich gegen Klimaschutzmaßnahmen stemmen. Erstens, die Immobilienbranche, für deren Behandlung hier nicht weiter Platz ist, die sich seit vielen Jahren gegen Auflagen zur Gebäudesanierung sträubt. Dabei zeigt sie sich in den letzten Jahren durchaus kreativ, die schließlich doch erlassenen Auflagen, einzusetzen, um die Mieten nach Kräften in die Höhe zu treiben.

Zweitens die Automobilwirtschaft, die ein starkes Interesse daran hat, dass das Verkehrssystem auf den Individualverkehr ausgerichtet bleibt und die Autos zudem noch möglichst lange mit Verbrennungsmotoren fahren. Während eine ganze Reihe von Ländern inzwischen Deadlines diskutieren – 2025 bis 2040 sind im Gespräch –, ab denen keine Wagen mit Verbrennungsmotoren mehr zugelassen werden, ist derlei hierzulande noch immer undenkbar.

Drittens natürlich die alten, ökonomisch längst angeschlagenen Energiekonzerne und Kraftwerksbetreiber. Nach dem RWE und E.On zu Beginn des Jahrzehnts Traumprofite einfuhren, können sie seit einigen Jahren kaum noch Dividenden ausschütten.

Ihre Probleme sind allerdings nicht nur das Ergebnis des von ihnen größtenteils verschlafenen Wandels in der Stromversorgung – 2018 hatten die erneuerbaren Energieträger bereits einen Anteil von gut 40 Prozent an der netto Stromerzeugung.

Sie sind auch Resultat einer recht kurzsichtigen Shoppingtour, die die beiden Konzerne im vergangenen Jahrzehnt nach der Liberalisierung des EU-Strommarktes in diversen Nachbarländern unternahmen und die ihnen schließlich hohe Milliardenverluste mit alten Kohlekraftwerken bescherten.

Viertens wären da schließlich die Interessenverbände der deutschen Industrie – der Bundesverband der Deutschen Industrie (BDI), der Deutsche Industrie- und Handelskammertag (DIHK) und die Bundesvereinigung der Deutschen Arbeitgeberverbände (BDA).

Alle drei waren in der Kohlekommission vertreten, um einen »überhasteten Ausstieg aus der Kohleverstromung« auszuschließen, wie es BDA-Hauptgeschäftsführer Steffen Kampeter in einer Pressemitteilung formulierte – und um mehr Geld rauszuschlagen: »Eine Kompensation der zu erwartenden Stromkostensteigerungen ist für uns Voraussetzung für die Zustimmung zu einem politischen Ausstieg aus der Kohleverstromung«, stellten die drei Verbände unisono klar.

Während man also bei Bündnis 90/Die Grünen schon seit Jahren von einem grünen Kapitalismus träumt und mancher Linker den Klimaschutz aus dem gleichen Grunde eher beargwöhnt, sieht die Realität noch immer recht grau aus. Die neuen Unternehmen der Wind- und Solarenergie spielen im Konzert des Kapitals bisher bestenfalls die dritte Geige und verfügen über keine wirksame Lobby. Das bekam die Solarindustrie bereits Anfang des Jahrzehnts zu spüren, als die seinerzeitige schwarz-gelbe Regierung den Solar-Boom abwürgte und der jungen Industrie das Rückgrat brach. Was blieb, war das Elektrohandwerk, das für die Installation unverzichtbar ist, aber erst recht kein Gehör findet.

Aktuell steht die Windindustrie vor einer ähnlichen, allerdings nicht ganz so dramatischen Situation. Die Umstellung der Förderung auf ein

Ausschreibungssystem bei gleichzeitiger Beschränkung der Ausbaumenge gefährdet nicht nur den Fortschritt der Energiewende, sondern bringt auch die Hersteller in Schwierigkeiten. 2019 wurden bis Ende August Anlagen mit einer Leistung von lediglich 400 Megawatt errichtet – 2016 hätte das noch dem Zubau binnen eines Monats entsprochen.

Mit anderen Worten: Der Ausbau der Windenergie ist nahezu zum Stillstand gekommen, und die Bundesregierung bietet in ihrem sogenannten, Ende September beschlossenen Klimapaket keine Antwort auf die Frage, wie er wieder in Gang gebracht werden könnte.

Rund 28.000 Arbeitsplätze gingen in den vergangenen Jahren bereits verloren, und aktuell wird in Hamburg und Schleswig-Holstein der Windanlagenhersteller Senvion zerschlagen. Rund 1.000 weitere Arbeitsplätze sind akut bedroht. Anders als im Falle der Solarindustrie wird jedoch zumindest ein Teil der Unternehmen voraussichtlich aufgrund des starken Exportgeschäfts überleben.

Peter H. Grassmann
Die Umwelt-Schwerverbrecher

Die Ölindustrie wusste seit 30 Jahren um die Gefährlichkeit fossiler Brennstoffe – und entschied sich für ein »Weiter so!«.

Dummheit ist vielleicht verzeihlich – die Fakten zu kennen und sie zu ignorieren ist es nicht. Firmen wie Shell und Exxon gaben in den 1980er Jahren Studien zu den Risiken des Klimawandels in Auftrag. Die Studien sagten voraus, was heute offensichtlich ist: eine kontinuierliche und drastische Erwärmung und katastrophale Folgen für uns alle. Die Vorstände der Energie-Konzerne weigerten sich jedoch, die daraus folgenden Maßnahmen zu ergreifen. Ihnen war das Hemd näher als der Rock, kurzfristige Profite schienen wichtiger als das Überleben der Menschheit. Anstatt sich zu schämen, entsendet die Fraktion der Leugner jedoch bis heute Influencer in die Foren und Talkshows und versucht so, Zweifel zu schüren und wirksame Maßnahmen zu verzögern.

»31 Seiten Schocklektüre« – so hatte Spiegel Daily eine Studie betitelt, deren Autoren im Auftrag der Firma Shell die Risiken des Klimawandels beschrieben. Das war 1986.

Die Studie war verdammt präzise. Nicht nur die kontinuierliche Erwärmung, auch die Zunahme extremer Wetterereignisse und Gefahren für die Bewohnbarkeit weiter Teile des Globus wurden als sehr wahrscheinlich vorhergesagt – ziemlich zutreffend, wie wir heute wissen.

Die Studie zeigte auch, dass der einzige verantwortbare Weg aus dieser Bedrohung die Aufgabe der fossilen Brennstoffe war, des Geschäftskerns von Shell. Aber Shell entschied sich dagegen, gegen den Rat seiner eigenen Wissenschaftler, die einen »nach vorne schauenden Ansatz gemeinsam mit den Regierungen« empfahlen. Die Vorstände erklärten das Dokument als streng geheim und beschlossen eine Politik des organisierten Anzweifelns und Zuwartens. Schließlich war der wissenschaftliche Konsens noch nicht hundertprozentig.

Also verschwand die Studie in den Safes, Forschungsaufträge für andere Energie-Technologien wurden nicht erteilt. Ein Einzelfall? Nein, auch der Konkurrent Exxon beobachtete besorgt die Diskussion über den Klimawandel schon ab den 1970er Jahren und ließ eine analoge Studie anfertigen, die zu den gleichen Ergebnissen kam.

Aber auch der Exxon-Vorstand korrigierte nicht die Priorität von Öl und Gas im Geschäftsmodell, sondern begann stattdessen systematisch, bei Regierungen und Verbänden Skepsis zu säen an den noch nicht ganz sicheren Forschungsergebnissen.

In den Jahrtausenden hatte es immer wieder Eis- und auch Warmperioden gegeben. Natürliche Ursachen als wahrscheinlich zu erklären, hatte hohe Glaubhaftigkeit und entsprach der historischen Erfahrung. Wie in den USA üblich, waren die Vorstände durch ihre hohen Boni, orientiert am Aktienwert, entlohnt, eine typische Motivation zu Kurzfristigkeit und Werteverachtung.

Ängste und Fake-News als Lobby-Waffe

Gemeinsam mit Shell, den texanischen Öl-Milliardären Gebrüder Koch und dem Lobbyverband der Öl-Industrie gründete Exxon die *Global Climate Coalition*. Diese global – nicht nur in den USA – tätige Lobbyorganisation zog gegenüber Regierungen und Journalisten die meteorologischen Vorhersagen in Zweifel und führte diesen die enormen volkswirtschaftlichen Risiken des Ausstiegs aus Öl und Gas als den derzeit preiswertesten Energieformen vor Augen.

Die geschürten Ängste zerstörten den anfänglichen Konsens der Regierungen, das Problem anzugehen, insbesondere auch in den USA. Die 1992 durch die Unterschriften unter die Deklaration von Rio durch 154 Staaten ausgedrückte Gemeinsamkeit brach zusammen und machte fünf Jahre später 1997 die erste Klimakonferenz der UN in Kyoto zu einem Fiasko.

Gerade einmal auf 5 Prozent Emissionsreduktion bis 2012 konnten sich die teilnehmenden Staaten nach mehrfacher Konferenzverlängerung einigen, ein Nichts im Vergleich zu den von der Wissenschaft beschriebenen Risiken.

Auch Vize-Präsident und Präsidentschaftsbewerber Al Gore hatte die Deklaration von Rio unterzeichnet und nannte die *Global Climate Coalition* 1999 in seinem Wahlkampf kriminell, was ihn vermutlich Wählerstimmen gekostet hat. Das Präsidentenamt verfehlte er nur knapp gegen den an Umweltthemen nicht interessierten Ölunternehmer George Bush jun. – eine historische Zäsur im Umweltverhalten der USA.

Nach Bushs Amtsantritt löste sich die *Global Climate Coalition* offiziell auf. Eine Begründung war, dass nun ein Kenner der Ölbranche für deren gesicherte Zukunft sorgen werde. Aber die Auflösung dieser Organisation war nur ein Schachzug gegen zu starke Sichtbarkeit. Nun wurden mehrere Stiftungen gegründet, die bis heute systematisch Zweifel am dominanten Anteil unserer Zivilisation am Klimawandel säen.

Insgesamt ist all das nicht nur eine dramatische ethische Fehlleistung der Industrie, sondern – schaut man auf die Gefahren des Klimawandels – vermutlich das größte Wirtschaftsverbrechen, das die Menschheit je erlebt hat. Zusammen mit der Wahlniederlage von Al Gore zerstörte es die Fähigkeit der westlichen Zivilisation, mit der Klimaherausforderung korrigierend umzugehen. Leider ist das unverändert der Fall.

Seit nunmehr zehn Jahren besteht nun weltweit Konsens der Wissenschaftsorganisationen, dass der Großteil des Klimawandels durch die Emissionen unserer Zivilisation bedingt ist und maximal 20 Prozent natürliche Ursachen haben könnte. Aber die Gegenmaßnahmen bleiben bescheiden, wie gerade das neue Klimaschutzgesetz auch für Deutschland unterstreicht.

Warum nur konnte der industrielle Widerstand so erfolgreich sein? Es gehört doch zu den intellektuellen Stärken unserer Kultur, Risiken vorzubeugen. Normalerweise lösen Berichte über Risiken weltweite Handlungs- und Verbotsforderungen aus, wie die aktuelle Glyphosat-Diskussion beispielhaft zeigt. Nicht so beim Klimawandel.

Der Klimawandel ist Glaubenssache

Die Antwort liegt in der wissenschaftlichen Unsicherheit bei der Vorhersage der Wetterentwicklung und damit auch der Klimaentwicklung. Denn die Wetterabläufe unterliegen der sogenannten Zufalls-Theorie der Physik, sind also naturwissenschaftlich nur als Wahrscheinlichkeiten zu berechnen.

Das gilt verstärkt für die Vorhersage langfristiger Trends. Hunderte von Parametern wie die Erdoberfläche, die Schwankungen der Sonneneinstrahlung durch Tages- und Jahreszeit, die großen Meeresströmungen und statistische Annahmen für die Wolkenbildung müssen gewichtet werden und in die Modellrechnungen eingehen. Ein typischer Fall für »Big Data« und große Rechenzentren – je größer, umso größer ist die Wahrscheinlichkeit korrekter Vorhersagen.

Die mittlere Zunahme der Erdtemperatur ist dabei mit relativ hoher Sicherheit zu berechnen, aber für die regionalen Trends bleibt es immer bei Wahrscheinlichkeiten. Die Sicherheit über den zivilisationsbedingten Anteil sah man vor 20 Jahren noch bei Wahrscheinlichkeiten von 70 oder 80 Prozent.

Erst heute geht man mit 98-prozentiger Sicherheit davon aus, dass nur zwischen 10 und 20 Prozent der Klimaveränderungen natürliche Ursachen haben, aber 80 bis 90 Prozent durch unsere Zivilisation und deren Emissionsgase bedingt sind und dies eine erhebliche Zunahme der Extrema und großräumiger regionaler Veränderungen nach sich ziehen wird.

Was ist »Wahrheit«?

Das Fehlen des experimentellen, harten Nachweises und die Bestätigung nur in Modellrechnungen machen es leicht, Zweifel am Klimawandel zu säen. Aber genau das wurde und wird – wie erwähnt – von ökonomisch interessierten Kreisen lange genutzt. Journalisten und Redaktionen führt das in ein Dilemma. Denn es ist journalistische Tradition, zu wichtigen Aussagen auch Gegenmeinungen zu hören.

Gemäß der obersten Maxime des Kodex des Presserats ist Journalismus zur Wahrheit verpflichtet. Aber gerade, wenn diese unsicher ist, ist die Tradition, auch Gegenmeinungen zu hören, der nachvollziehbar logische Ausweg. Die Frage heute ist allerdings, ob man dieser Regel noch folgen sollte, wenn sich weltweiter wissenschaftlicher Konsens gebildet hat, oder ob man mit nicht fundierten Gegenmeinungen nur die Verbreitung von Fake-News unterstützt.

Die Situation heute

Es ist heute weltweiter Konsens, dass der Klimawandel nicht nur eine mittlere Erderwärmung, sondern die Zunahme von extremen Wetter-Ereignissen und Veränderungen verursacht, wie beispielsweise das Abschmelzen der großen Eisflächen, das Wandern der Wüstengebiete, das Auftauen der Permafrost-Sümpfe Sibiriens. Das entspricht auch den Beobachtungen der letzten Jahre als quasi experimentelle Bestätigung.

Alle anderen Theorien, etwa dass es sich um primär natürliche Veränderungen handle, sind widerlegt. Auch da besteht Konsens.

Die deshalb rasch weiter zunehmende öffentliche Beunruhigung über den Klimawandel lässt die Zweifler in den Talkshows und den meisten Printmedien inzwischen selten werden. Verschwunden sind die Bemühungen der beteiligten fossilen Industrien allerdings nicht.

Es scheint sich ein neues Aktivitätsniveau mit neuen Taktiken einzustellen, wie beispielsweise die Nutzung der Kommentarfunktionen bei Büchern und Sozialen Netzwerken sowie den Onlineausgaben der Nachrichtendienste.

Erkennbar sind solche Einwürfe meist an Schlagworten wie »ideologische Panikmache«, »pseudowissenschaftlich«, »keine Nachweise«, »gefälschte Statistiken« und »Klimawandel gab es schon immer« oder schlicht der Ablehnung der Aussagen des IPCC, des von der UN koordinierten Dachverbandes der weltweiten Klimaforschung.

Analysiert man beispielsweise bei Amazon die Kommentare zum Buch *»Selbstverbrennung«* von Professor Hans Joachim Schellnhuber – Deutschlands bekanntestem Klimaforscher und langjährigem Vorsitzenden des Rates der Bundesregierung für Nachhaltige Entwicklung – und damit einem natürlichen Feind aller Skeptiker – so sind dort von den 43 Kommentaren 40 Prozent (17 Kommentare) vernichtend, fast alle der Skeptiker-Gruppe zuzuordnen – bei über 50 Prozent (23 Kommentare) positiven Bewertungen.

Der Wissenschaftsjournalist Harald Lesch erreicht mit seinem Buch *»Die Menschheit schafft sich ab«* die doppelte Zahl an Bewertungen bei ebenfalls überwiegend sehr positiven Kommentaren (58 Prozent), und wird mit nur 20 Prozent negativen nicht ganz so aggressiv bekämpft. Die Kippelemente des Klimas, die Professor Schellnhuber aufzeigt, sind eben das größte Reizwort für Skeptiker.

Die Ende 2018 bekannt gewordene erneute Spende der Brüder Koch in Höhe von circa 10 Millionen US-Dollar zur Förderung der Leugnung des Klimawandels scheint also gut nachzuwirken.

Wie bei allem, was Fanatismus erzeugen kann, ist natürlich auch hier nicht feststellbar, welche Kommentatoren geschult oder gar gekauft sind und welche dem wissenschaftlichen Konsens aus Besserwisserei widersprechen.

So unterscheidet auch der ausführliche Wikipedia-Beitrag *Leugnung der menschengemachten globalen Erwärmung* zwischen den Skeptikern, zahlreichen von Laien organisierten Gruppen und den von der Industrie organisierten Leugner-Gruppierungen.

Der Wikipedia-Beitrag verfügt im Übrigen über ein ausführliches Literaturverzeichnis und ermöglicht so eine Vertiefung in das Thema. Aber es wird auch klar, dass Klimaleugner keineswegs nur zu dieser Gruppierung gehören, sondern die bei Glaubensfragen übliche Breite unterschiedlicher Fanatismen und unterschiedlich ausgeprägter Skepsis besteht und dieser Teil schlicht als durch die Meinungsfreiheit geschützt angesehen werden muss.

Die vielen bedenklichen Formen dieser Fake-News – letztlich einer Volksverdummung und ihre Abgrenzung zur Meinungsfreiheit – müssen wir allerdings beherrschen lernen.

Diese Streiks hätte es nicht gebraucht

Schaut man nun auf die enormen Sorgen der jüngeren Generation über die erkennbar werdenden Bedrohungen, so wird die Schwere des ethischen Versagens dieser Ausbeuter fossiler Energieträger, aber auch der Politik offensichtlich.

Vor 30 Jahren war bequem Zeit, die notwendigen neuen Technologien und Lebensstil-Prioritäten in kleinen, aber regelmäßigen Schritten einzuführen. Diese Chance wurde versäumt. Nun ist es fünf nach zwölf, etliche der großen Veränderungen sind bereits irreversibel.

Die jüngere Generation wird mit einem »weiter so« nicht mehr ruhig zu halten sein. Gerade das provokante schwache »Klimaschutz-Gesetz« könnte einen heißen Herbst provozieren.

Susan Bonath
Gelenkte Kritik

Die Eliten manipulieren unser Denken und Handeln zum Umweltschutz.

Öl, Autos, Kohle, Stahl: Ein beachtlicher Teil des Großkapitals wehrt sich mit einem globalen Netz neoliberaler Denkfabriken und PR-Agenturen gegen Gesetze zum Umweltschutz. Deren als alternativ und »systemskeptisch« getarnte Kampagnen manipulieren die öffentliche Meinungsbildung massiv.

Eines muss man Greta Thunberg hoch anrechnen. Ihrem Schulstreik gegen die Klimapolitik, den die 16-jährige Schwedin vergangenen Sommer alleine begann, haben sich inzwischen nicht nur Hunderttausende Schüler in etwa 90 Ländern der Welt angeschlossen. Er hat auch eine harte Debatte im Internet ausgelöst.

Menschengemachter Müllplanet

Die einen meinen: Klimawandel existiere nicht. Andere behaupten: Der Mensch habe darauf keinen Einfluss und könne eh nichts ändern. Manche sagen sogar: Klima und Umwelt seien zwei völlig verschiedene Dinge und hätten rein gar nichts miteinander zu tun. Worauf auch Linke gern hereinfallen: Der Klimawandel sei ein Märchen der Politiker, um die »kleinen Leute abzuzocken«. Nicht, dass die Kapitalisten genau das schon seit 500 Jahren mit allem, was sich zu Profit machen lässt, so handhaben! Kleiner Scherz am Rande.

Besonders häufig wird gewettert: Die Schüler seien eh nur alle fremdgesteuert.

Wahr ist jedenfalls, dass die Erde zu einem menschengemachten Müllplaneten geworden ist. Und dass das Gros der Wissenschaftler sich einig darin ist, dass sich die Erde mitten in einem extrem beschleunigten Klimawandel mit möglicherweise katastrophalen Auswirkungen auf die Lebensgrundlage befindet.

Und dass es eigentlich egal ist, wie groß der menschliche Anteil an dem Dreck ist. Woher kommen all die Thesen, welche die sogenannten »Klimarealisten« gegen die angeblichen »Klimaalarmisten« derart aufbringen?

Heartland: PR im Auftrag des Finanzkapitals

Am 31. Mai 2012 veröffentlichte ein gewisser Peter Ferrara im Forbes Magazin einen Artikel unter der Überschrift »Sorry global warming alarmists the earth is cooling« (zu Deutsch: »Sorry, ihr Alarmisten der globalen Erderwärmung, die Erde kühlt ab«). Unter dem Motto, der Klimawandel sei nur Schwindel, warb er darin nicht nur intensiv für die Nutzung fossiler Brennstoffe. Er geißelte auch das Gros der Wissenschaft und die Vereinten Nationen als staatlich gekauft. Das Heartland-Institut lobte er hingegen als einen der wenigen Produzenten einzig wahrer und ernst zu nehmender Studien. Dort, so Ferrara, säßen die »Klimarealisten«.

Das verwundert nicht. Denn Peter Ferrara arbeitet als hochbezahlter Analyst für eben dieses Heartland-Institut, eine rechtslibertäre US-amerikanische Denkfabrik mit Hauptsitz in Chicago. Der 1984 gegründete Think-Tank hat sich vor allem dem Abbau von Umwelt-, Gesundheits- und Klimaschutzgesetzen verschrieben. Finanziert wird das Heartland Institute von der Industrie. Auf der Sponsorenliste stehen unter anderem der Erdölkonzern ExxonMobil, das Chemie-Konsortium Koch Industries, die Reynolds Tobacco Company, Volkswagen und Microsoft.

Mont Pelerin & Co.: Hayeks Netz und seine Förderer

Riesige Summen kassiert Heartland von der Mercer Family Foundation, zu der eine global aktive Unternehmensberatung mit Sitz in New York City gehört. Milliardär Robert Mercer zählt zu den größten Unterstützern der Klimawandel-Leugner-Think-Tanks. Dem Heartland Institute ließ er von 2008 und 2016 rund 6 Millionen Dollar zukommen.

Das so von der Großindustrie gesponserte Heartland-Institut gehört zum Atlas Network, das der britische Unternehmer und Wirtschaftsförderer Anthony Fisher 1981 zum Aufbau und zur internationalen Vernetzung neoliberaler beziehungsweise rechtslibertärer Denkfabriken gegründet hatte. Fisher war Mitglied der Mont Pelerin Society. Der neoliberale Vordenker Friedrich August von Hayek hatte diese Stiftung 1947 in der Schweiz gegründet. Unter Obhut von Atlas, gesponsert von Mont Pelerin, schossen in den 1980ern und 90ern Hunderte neoliberale Denkfabriken in 95 Ländern aus dem Boden und vernetzten sich.

Nachdem Ende der 1980er Jahre wissenschaftliche Prognosen zur klimatischen Entwicklung an die Öffentlichkeit geraten waren, widmeten sich die Think-Tanks unter Mont Pelerin und Atlas vor allem dem Verhindern von Umwelt- und Klimaschutz im Sinne der Industrie. Das Großkapital war auf ihre Propaganda angewiesen.

Auf dem Programm der Think-Tanks stehen seither die Diskreditierung von Wissenschaftlern und die Leugnung ihrer Thesen ganz oben. Die Industrie honoriert es fürstlich.

PR-Fabrik für Aufrüstung und gegen Klimaschutz

Neben Heartland führen weitere neoliberale Think-Tanks die Propaganda-Maschine an. Dazu gehört unter anderem das rechtslibertäre Cato Institute mit Sitz in Washington, das selbsterklärt jeden staatlichen Eingriff in die Wirtschaft ablehnt, sowie die konservative Denkfabrik »CO2-Coalition«. Letztere unterstützte den Wahlkampf von Donald Trump und bedankte sich gemeinsam mit 40 weiteren Lobbyorganisationen bei ihm für sein Wahlversprechen, aus dem Pariser Klimaabkommen auszutreten.

Die CO2-Coalition entstand 2015 aus dem 1984 gegründeten George C. Marshall Institute, das ebenfalls zu dem neoliberalen Netzwerk unter der Fuchtel der Mont Pelerin Society zählte. Anfangs unterstützte es das Weltraumrüstungsprogramm SDI propagandistisch. 1987 behauptete es etwa in seinem Papier, die Sowjetunion strebe in den kommenden Jahren die Weltherrschaft an.

Nach dem Ende des Kalten Krieges wandte sich das Marshall-Institut seiner neuen Aufgabe zu: Dem Kampf gegen Umweltschutz. 2001 begründete ein ehemaliger Exekutivdirektor desselben, namens

Matthew B. Crawford, seine Kündigung nach nur fünf Monaten im Amt damit, dass die eingekauften Wissenschaftler nur Studien produzierten, die immer im Sinne der Erdölindustrie waren.

CDU, AfD, FDP und Großkapital vereint gegen Klimaschutz

Am Tropf von Heartland hängt das global aktive Klimaleugner-Netzwerk International Climate Science Coalition (ICSC). Dessen von der Industrie eingeworbene Spenden fließen auch reichlich nach Deutschland, zum Beispiel in das »Europäische Institut für Klima und Energie«, kurz EIKE. Es sitzt im thüringischen Jena und ist die Speerspitze der neoliberalen Anti-Klima- und Anti-Umwelt-Lobby in Europa. EIKE unterhält weitreichende politische Verbindungen in die AfD, die CDU und die FDP.

So sitzt beispielsweise EIKE-Vizepräsident Michael Limburg im Fachbeirat der AfD für Energiepolitik. EIKE-Präsident Holger Thuß ist nicht nur CDU-Lokalpolitiker in Jena. Er fungiert auch als politischer Berater des Heartland Institute, ist Mitglied der Hayek-Gesellschaft mit Sitz in Berlin und Autor der rechtslibertären Zeitschrift *eigentümlich frei*. EIKE arbeitet zudem eng mit dem Liberalen Institut der FDP-nahen Friedrich-Naumann-Stiftung zusammen.

Viele Fäden in Deutschland laufen im marktradikalen Institut für unternehmerische Freiheit (IUF) zusammen. Mit iuf organisiert EIKE regelmäßig gemeinsame »Energiekonferenzen«. Viele IUF- und EIKE-Mitglieder gehören zugleich der Mont Pelerin Society sowie der Hayek-Gesellschaft an. Personelle Verbindungen bestehen in Dutzende Universitäten, zahlreiche Unternehmerverbände, zur Ludwig-Erhard-Stiftung, zum Deutschen Institut der Wirtschaft (DIW) und zur Initiative Neue Soziale Marktwirtschaft (INSM).

Gekaufte »Wissenschaftler« im Sinne der Öl- und Autolobby

EIKE-Präsident Holger Thuß ist auch Gründer und Vorsitzender von CFACT Europe (Commitee for a Constructive Tomorrow). Dessen Muttergesellschaft CFACT sitzt in Washington. Sie gilt als einer der wichtigsten globalen Aufbauhelfer und Koordinatoren der Szene der Klimawandel-Leugner.

Finanziers von CFACT sind unter anderem Chrysler, ExxonMobil und der weltweit operierende Energieriese Chevron Corporation.

Wie die PR-Strategien funktionieren, zeigt die immer wieder gerne zitierte sogenannte Oregon-Petition. Die gleichnamige Stiftung, Teil des Netzwerks, hatte sie Ende der 1990er Jahre veröffentlicht. 31.000 angebliche Wissenschaftler hatten das Papier gezeichnet und damit erklärt: Begrenzungen der vom Menschen freigesetzten Treibhausgas-Emissionen würden der Umwelt sogar schaden. Auch gebe es keinen überzeugenden Beweis dafür, dass menschengemachtes Kohlendioxid, Methan und andere Treibhausgase das Erdklima beeinflussten. Man wollte damit das sogenannte Kyoto-Klimaabkommen der Vereinten Nationen torpedieren.

Später stellte sich heraus: Die Zeichner waren fast alle völlig fachfremd. Nur etwa 0,1 Prozent von ihnen verfügten über einen entsprechenden wissenschaftlichen Hintergrund, der Rest war offensichtlich aus anderen Sparten eingekauft. Dennoch wird die Petition von den Anhängern der Leugner-Fraktion immer wieder hervorgekramt. Der neoliberale Vordenker Friedrich August von Hayek würde ob der erfolgreichen Meinungskampagne im Sinne des Großkapitals wohl feuchte Augen vor Freude bekommen. Die schwerreichen Förderer der Think-Tanks reiben sich ganz sicher die Hände, wenn sie sehen, wie ausgerechnet selbsterklärte Systemkritiker und alternative Medien ihren hauseigenen Propagandisten scharenweise hinterherlaufen und zugleich noch unentgeltlich ihren Job erfüllen: Die streikenden Kinder und Jugendlichen aus allen Rohren beschimpfen.

Ausbeutung, Abzocke und Kapitalinteressen

Wer jetzt das Argument bringt, hinter dem Klimaschutz stünden ebenso Kapitalinteressen und die Politik wolle damit nur den »kleinen Mann« abzocken, liegt sicher nicht falsch. Doch sollte derjenige bedenken: Die Abzocke der »kleinen Leute« zum Zweck der Profitmaximierung ist gerade der einzige Selbstzweck jeder Produktion von irgendwas und jedes Geschäfts im Kapitalismus. Selbstverständlich versuchen Windradbauer, Solarzellen-Hersteller und Co. samt Staat, die Kosten auf die Lohnabhängigen abzuwälzen.

Das war noch nie anders im Kapitalismus, und so lange er besteht, wird es so weitergehen. Diese Tatsache ist aber sichtbar kein Beweis dafür, dass das Kapital unsere Lebensgrundlage nicht an den Rand des Ruins gewirtschaftet hätte.

Man muss kein Wissenschaftler sein, um zu erkennen, dass ewiges Wirtschaftswachstum, zu welchem die auf Konkurrenz basierenden Produktionsverhältnisse zwingen, den Planeten weiter zerstören wird. Wir haben aber keine zweite Erde. Wer dieses Spiel beenden will, muss die Produktionsmittel vergesellschaften und den Kapitalismus abschaffen.

Dass es den marktradikalen Profit-Globalisten mit einer ausgefeilten neoliberalen Propagandamaschine gelungen ist, sich selbst von Scharen vermeintlich »Aufgeklärter« als Vorhut der »Systemkritik« bejubeln zu lassen, ist wahrlich der Clou des 21. Jahrhunderts.

Roland Rottenfußer
Die Öko-Manipulation

Ein internes Memorandum beweist, dass die herrschenden Eliten seit vielen Jahren den Diskurs über die globale Erwärmung manipulieren.

Ja, es gab schon in der Amtszeit von George W. Bush ein Klima. Und ja, auch der Begriff »Klimaerwärmung« war bekannt. Auch kann niemand den damaligen Politikern Untätigkeit vorwerfen. Sie gaben sich alle erdenkliche Mühe – um die Tatsachen zu verschleiern. 2002 verfasste Frank Luntz ein Memorandum für das Weiße Haus, in dem der Berater und Meinungsforscher detaillierte Vorschläge für die Beeinflussung der öffentlichen Meinung machte. Das Papier wurde von Kongressabgeordneten und Regierungsmitgliedern der Republikaner genutzt. Besonders interessant: das Kapitel zur Klimafrage. Hier drohte die rechte Partei, die Meinungsführerschaft an die Demokraten zu verlieren. Umfangreiche Regulierungsmaßnahmen zum Schutz des Klimas wurden vorgeschlagen. Um diese zu verhindern, schlug Luntz den Republikanern bestimmte psychologisch wirksame Argumentationsstrategien zur Volksberuhigung vor. Das Memorandum beweist zweierlei: 1. Angehörige der »Eliten« kannten schon lange die Gefahren der Klimaerwärmung. 2. Sie bedienen sich ausgefeilter Methoden der Massenbeeinflussung und sind sich des manipulativen Charakters dieser Methoden vollkommen bewusst.

Die Eliten haben so ihre Schwierigkeiten mit Elitenkritik. Und – das ist erfreulich – sie merken inzwischen selbst, dass das Misstrauen in der Bevölkerung wächst, dass immer weniger Menschen glauben, dass »die da oben« es schon richten werden.

Bundeskanzlerin Angela Merkel nahm den Jahrestag der Wiedervereinigung am 3. Oktober 2019 zum Anlass, gegen ihrer Meinung nach unsachliche Elitenkritik zu wettern: Sie warnte davor, »die Ursache für Schwierigkeiten und Widrigkeiten vor allem und zuerst beim Staat und den sogenannten Eliten« zu suchen, »denen man sowieso nichts glauben könne und die dem Einzelnen irgendwie nur im Wege sind«.

In ganz Deutschland will Merkel »ein solches Denken« beobachtet haben. »Setzte sich ein solches Denken durch, führte das ins Elend.«

Die Frage ist jedoch: Besteht das Elend nicht vielmehr darin, dass wir etablierten Politikern und Wirtschaftslenkern zu lange zu viel geglaubt haben? Dies rächt sich jetzt.

Nicht nur, dass wir mit ein paar harmlosen Managementfehlern zu kämpfen haben – das ganze Ökosystem steht infolge der Täuschungsstrategien der Mächtigen und unserer Neigung, diesen auf den Leim zu gehen, vor dem Kollaps. Ein hoher Preis für Gehorsam und Leichtgläubigkeit.

Eine Sache für Profis

Christian Lindner, der FDP-Vorsitzende, erteilte Greta Thunberg Anfang 2019 einen Verweis. »Von Kindern und Jugendlichen kann man nicht erwarten, dass sie bereits alle globalen Zusammenhänge, das technisch Sinnvolle und das ökonomisch Machbare sehen.«

Das sei vielmehr »eine Sache für Profis«. Wenn man sich aber ansieht, in welchen Zustand Polit-Profis unsere Umwelt gebracht haben, sehnt man sich eher nach Laien mit Herz, einem wachen Instinkt und der Fähigkeit, sich unvoreingenommen zu informieren.

Das Grundproblem mit den »Eliten« ist: Wir können ihr Verhalten nicht angemessen analysieren, wenn wir ihnen pauschal guten Willen unterstellen, Probleme im Sinne des Gemeinwohls zu lösen.

Ja, es gibt viel Expertenwissen und solides politisches Handwerkszeug, das aber oft gezielt eingesetzt wird, um die Tatsachen zu verschleiern und sich vor den notwendigen Maßnahmen zu drücken.

Unfassbar viel Gehirnaktivität wird aufgewendet – nicht um das *Richtige* zu tun, sondern um dem dummen Volk das *Falsche* marketingpsychologisch smart zu verkaufen.

Als größtes Hindernis für eine angemessene Ehrfurcht vor unserem globalen Führungspersonal erweisen sich immer wieder die Eliten selbst. Deren Verhalten übertrifft oft die schlimmsten Befürchtungen von »Verschwörungstheoretikern« und könnte als Realsatire belächelt werden, wäre die Sache, um die es geht, nicht so ernst.

Der Manipulationslehrer

Frank Luntz, Jahrgang 1962, ist ein promovierter Politikwissenschaftler, der im Laufe seiner Karriere für eine Reihe von Großkonzernen und Politikern als Berater tätig war. So unter anderem für Newt Gingrich, Silvio Berlusconi, Rudolphe Guiliani, Pat Buchanan und George W. Bush.

1992 gründete er die Luntz Research Companies. Sein bis heute bekanntestes »Werk« ist das *Frank Luntz Memorandum to Bush White House* von 2002. Das Papier enthält strategische Vorschläge, wie die Republikanische Partei ihre Position auf verschiedenen Feldern besser verkaufen könnte.

Später wurde es geleakt und kann heute öffentlich eingesehen werden. Das Memorandum ist als Ganzes eine höchst lohnenswerte Lektüre. Für diesen Beitrag genügt es aber, sich auf die Aussagen zur Umwelt- und Klimapolitik zu konzentrieren.

Ziel des Umweltkapitels im Memorandum, benannt »The Environment: A Cleaner, Safer, Healthier America«, war es offensichtlich vor allem, die in der Wissenschaft fast unstrittige These von der menschengemachten Klimaerwärmung öffentlich unglaubwürdig zu machen und so wirksame Maßnahmen zum Schutz des Planeten zu verhindern.

Die Aufgabe, die sich den Manipulierenden dabei stellte, war nicht leicht. Die Wissenschaft wurde über Jahrzehnte in der Öffentlichkeit quasi zum Fetisch aufgebaut und genießt hohe Reputation, auch bei Menschen mit wenig wissenschaftlichem Verständnis.

So wichtig Wissenschaft den Eliten aber auch sein mag – wichtiger ist ihnen stets der Profit. Ihm gegenüber hat die Wissenschaft – wie auch Politik und Kunst – eine dienende Funktion einzunehmen. Wirksamer Klimaschutz ist aber kaum denkbar, ohne das Wachstumsdogma anzugreifen, was beträchtliche Geschäftsinteressen berührt.

Deshalb rät Frank Luntz den Republikanern, sich selbst quasi als die besseren Wissenschaftler darzustellen. Als besonnene politische Kraft, die sich nicht zu übereilten Entscheidungen hinreißen lässt, bevor die Frage der menschengemachten Klimaerwärmung nicht restlos geklärt ist, die Wissenschaft also nicht vollständig mit einer Stimme spricht.

Mit Blick auf die für die Klimaskeptiker fast verlorene Schlacht schreibt Luntz:

> *»Die wissenschaftliche Debatte ist dabei, sich zu schließen, aber sie ist noch nicht geschlossen. Es gibt noch eine Chance, die Wissenschaft in Frage zu stellen. (…) Die Wähler glauben, dass es innerhalb der wissenschaftlichen Gemeinschaft keinen Konsens über die globale Erwärmung gibt. Sollte die Öffentlichkeit zu der Ansicht kommen, dass die wissenschaftlichen Fragen geklärt sind, dann werden sich ihre Ansichten bezüglich der globalen Erwärmung entsprechend ändern.«*

Im Zweifel gegen die Umwelt

Jede Unsicherheit, jeder noch bestehende Zweifel innerhalb der wissenschaftlichen Gemeinde spielt den Republikanern in die Hände. Er hilft ihnen, abzuwiegeln und Zeit zu schinden.

> *»Fahrt damit fort, das Fehlen wissenschaftlicher Sicherheit zum Kernaspekt in der Debatte zu machen, (…) betont die Wichtigkeit, erst dann zu handeln, wenn alle Fakten bekannt sind. (…) Das wichtigste Prinzip ist euer Bekenntnis zu solider Wissenschaft.«*

Luntz empfiehlt also, nach dem Motto: *»Im Zweifel gegen die Umwelt.«* vorzugehen. So lange nicht letzte Sicherheit gegeben ist, soll nichts unternommen werden. *»Deshalb ist es für Sie wichtig, weiter den Mangel an wissenschaftlicher Gewissheit zum Hauptthema der Debatte zu erklären.«*

Der politische Kontext des Memorandums war eine damals aktuelle Auseinandersetzung mit den Demokraten, die noch unter Bill Clinton einige für die Wirtschaft unbequeme Umweltschutzrichtlinien beschlossen hatten – etwa strengere Maßnahmen für die Arsenkonzentration im Trinkwasser.

Auch das im gleichen Jahr verabschiedete Kyoto-Protokoll, eine Reaktion auf die schon damals bekannte Klimaerwärmung in Form eines internationalen Rahmenabkommens, war unmittelbarer Anlass für das Memorandum. Luntz schreibt hierzu: *»Der Kern der Argumentation der Demokraten läuft darauf hinaus, dass Regulierungsmaßnahmen aus Washington der beste Weg seien, um die Umwelt zu schützen. Wir stimmen dem nicht zu.«*

Hier scheint der Autor den Freiheitsimpuls des »Land of the free« gegen zentralistische »Regulierungswut« in Stellung bringen zu wollen.

Gekonnte Simulation von Warmherzigkeit

Republikaner sollen vermeiden, als kaltschnäuzig und ignorant gegenüber der Umwelt wahrgenommen zu werden, so sein Rat. Eine Charme-Initiative soll die Partei in einem rosigen Licht erscheinen lassen und vermeiden, dass die Republikaner als kaltschnäuzige Umweltignoranten wahrgenommen werden.

> *»Zuerst überzeugen Sie Ihr Publikum, das es Ihnen am Herzen liegt, die Umwelt ›zu bewahren und zu beschützen‹, dass dies aber ›auf klügere und effektivere Weise geschehen‹ könne. (Führen Sie auf keinen Fall zuerst ökonomische Argumente ins Feld.) Erzählen Sie ihnen eine persönliche Geschichte aus Ihrem Leben. Da viele Amerikaner glauben, dass sich Republikaner nicht um die Umwelt scheren, wird es Ihnen nie gelingen, Ihre Ideen zu akzeptieren, so lange Sie sich diesem Verdacht nicht stellen und ihn entkräften.«*

Die Republikaner sollten dem Volk klarmachen, dass sie beispielsweise leidenschaftlich für sauberes Wasser einträten, lediglich nur sichergehen wollten, dass die vorgeschlagenen Maßnahmen auch wirklich notwendig seien, um den erwünschten Effekt zu erzielen.

Das läuft auf Verschleppen und Zeitschinden hinaus. Die Leitsätze, die Luntz einführt, lauten: *»Nur handeln, wenn man alle Fakten in Händen hält.«* Und: *»Die richtige Entscheidung treffen, nicht die schnelle.«*

Augenzwinkernd rät Luntz seinen Auftraggebern, ökonomische Argumente erst mal außen vor zu lassen. Es scheint zwar klar – dies jedenfalls meine Interpretation –, dass das Überleben des Ökosystems gegenüber dem Profit der Konzerne das Argument von geringerem Wert ist. Dies müsse man dem Volk jedoch nicht unbedingt auf die Nase binden. Was der Politikberater vielmehr vorschlägt, ist eine Art Warmherzigkeits-Simulation.

Dem gewieften Strategen ist durchaus bewusst, dass viele die Ökologie wie auch die »soziale Frage« als Schwachstellen der Republikaner wahrnehmen. Achtsamkeit gegenüber der Natur wäre nicht so »ihr Ding«.

»Ich muss Sie nicht daran erinnern, wie oft Republikaner als kalt, achtlos, ruchlos oder sogar ausgesprochen antisozial verachtet worden sind. Diese Angriffe schüren Ressentiments und Ängste. Da sie primär emotionaler Natur sind, können sie auch nicht einfach durch Logik oder Statistik entkräftet werden.«

Dies könne jedoch durch wiederholte Beteuerungen, wie sehr ihnen die Umwelt am Herzen liege, kompensiert werden.

»Sobald wir den Menschen aber klarmachen, dass wir unser Herz auf dem rechten Fleck haben, und sie dazu bewegen, uns gern zuzuhören, hat der konservative, am freien Markt orientierte Zugang zur Umwelt in der Tat das Potenzial, sehr populär zu werden.«

Gerade die konservative Seele der republikanischen Klientel liebe ja intakte Wälder, saubere Luft und Gewässer. An dieser Mentalität speziell der Landbevölkerung könne man andocken.

»Amerikaner lieben ihre Natur. (...) Die Menschen verstehen nicht die technischen Einzelheiten der Umweltgesetze – was sie dagegen verstehen, ist, wie wichtig es ist, das Wasser, das Land und die Luft zu schützen. Die Republikaner sollten sich daher mehr auf jene Segnungen konzentrieren, die die Öffentlichkeit erwartet, und weniger Zeit auf Debatten über Prozesse verwenden, denen sowieso niemand gern folgt.«

Was Luntz hier also vorschlägt, ist Populismus in Reinform, der dem Publikum vermeintlich zu komplizierte Denkvorgänge erspart und lieber an ihre Emotionen appelliert.

Patriotismus zieht immer

Vergleichbar mit der aktuellen Debatte in den »alternativen« deutschen Medien wird sogar die Wertschätzung für Meinungsfreiheit gegen rasche und wirksame Maßnahmen zum Schutz des Klimas ins Feld geführt: »Amerikaner wünschen eine freie und offene Diskussion.«

Ebenfalls hoch aktuell ist der Versuch, verantwortungsbewusstes Handeln zu verzögern – durch den Appell an das Vertrauen der Menschen in die technische Innovationskraft der eigenen Nation. Umwelt-Alarmisten sollen für ihr »mangelndes Vertrauen in unsere kollektive Fähigkeit« gescholten werden, »allen Herausforderungen zu begegnen, vor die uns eine Veränderung der Umweltbedingungen stellt«. Das Prinzip der Freiwilligkeit sei zentralistischer Regulation vorzuziehen: *»Wir müssen betonen, dass Innovation und Experimentieren auf freiwilliger Basis einer bürokratischen internationalen Intervention und Regulierung vorzuziehen sind.«*

Eine weitere Bauernfänger-Methode ist der Appell an den Patriotismus der Amerikaner. Republikanische Politiker sollen es als ungerecht darstellen, dass ausgerechnet ihr Land seinen Bürgern der Umwelt zuliebe Opfer abverlangt, während viele andere Länder nichts unternehmen. Das Schlagwort hierfür lautet »Internationale Fairness«.

Frank Luntz schreibt hierzu: *»Wenn man sie fragt, werden die Amerikaner verlangen, dass alle Nationen ihren Beitrag zu einem Vertrag die globale Erwärmung betreffend leisten. Länder wie China, Mexiko und Indien müssten so eine Vereinbarung unterzeichnen, bevor auch die Mehrheit der Amerikaner sie unterstützen würde.«*

Luntz suggeriert also, die Amerikaner sollten lieber abwarten, bis möglichst alle anderen Nationen strenge Umweltauflagen erlassen hätten, bevor sie selbst nachziehen können. »America last« – zumindest in der Klimafrage.

Schließlich könne allzu eifriges Voranpreschen beim Klimaschutz die vaterländische Wirtschaft im globalen Wettbewerb schwächen und ungeliebten Konkurrenten wie China Vorteile verschaffen. Das darf natürlich nicht sein.

In diesem Geiste nehmen die USA bis heute eine abwartende Haltung ein. Die Einstellung, die das Luntz-Papier erkennen lässt, ähnelt dem Lavieren der europäischen Länder bei der Frage der Aufnahme von Flüchtlingen: *»Warum sollen ausgerechnet wir..? Wir wären ja schön blöd! Sollen doch erst mal die anderen..!«*

In einem brennenden Haus will niemand der Erste sein, der einen Eimer mit Wasser herbeischafft – aus Angst, übervorteilt zu werden und als der Dumme dazustehen.

Plötzlich sozial

Besonders absurd, speziell bezogen auf die Partei der Republikaner, erscheint eine weitere PR-Strategie, die Luntz seinen Kunden vorschlägt. Sie sollten in ihren öffentlichen Äußerungen herausarbeiten, dass es gerade die weniger Betuchten seien, die unter Umwelt-Regulierungsmaßnahme zu leiden hätten.

Dass das kalte Herz der vielleicht mächtigsten Unterstützer-Partei der neoliberalen Globalisierung jetzt ausgerechnet für die Armen schlägt, dient dabei einem klaren manipulativen Ziel:

Der »einfache« Amerikaner soll gegen Maßnahmen zum Umweltschutz eingenommen werden, vor allem dort, wo diese höhere Preise zur Folge hätten. »Ja, die Tatsache, dass das Kyoto-Protokoll besonders das wirtschaftliche Wohlergehen der Alten und Armen betreffen würde, ist besonders relevant.«

Allerdings hält sich Luntz nicht sehr lange bei diesem Programmpunkt auf: »Das wirtschaftliche Argument ist jedoch weniger wichtig als die anderen Argumente, die ich oben aufgeführt habe.«

Wir sollten bei diesem Programmpunkt von Luntz' Memorandum dennoch besonders hellhörig sein.

Was die Republikaner in den 1990ern noch als Nebenargument abgetan hatten, wird besonders von vielen Linken in Deutschland zur Hauptsache erhoben. Immobilität aufgrund hoher Benzinpreise und – Gott bewahre! – ein Tofu-Zwang infolge überhöhter Fleischpreise würde speziell auch diejenigen Menschen treffen, die hart arbeiten und jeden Cent im Portemonnaie dreimal umdrehen müssen. Also lassen wir doch lieber alles beim Alten!

Solange niemand die Pfründe der Konzerne anzutasten wagt und die »Eliten« ein soziales Ausgleichsprogramm scheuen wie der Teufel das Weihwasser, bleiben tatsächlich nur diese Alternativen: der Kollaps unseres Ökosystems oder erhebliche Nachteile für die Ärmeren.

Wer die Bevölkerung derart in die Enge treibt, nur zwei Alternativen vorgibt und einen dritten Weg leugnet, wird es wohl in jedem Land leicht haben, eine Mehrheit gegen das Ökosystem zu organisieren.

Dies würde immerhin noch theoretisch die Hoffnung nähren, auf verbrannter Erde und inmitten verseuchter Luft weiter mit dem Auto zur Würstchenbude fahren zu können.

Die Luntz-Mentalität lebt weiter

Ist dieses 17 Jahre alte Papier für uns heute überhaupt noch relevant? Nun, seither hat sich viel verändert – zum großen Teil jedoch zum Schlechteren. Während ein Frank Luntz noch nach dem Motto »Es gibt viel zu tun, sollen die anderen erst mal anfangen« agierte, leugnet Donald Trump sogar, dass es überhaupt etwas zu tun gibt. In der Ära Bush jedoch wurden wesentliche Grundsteine für die Trump'sche Klimapolitik gelegt.

Das Luntz-Memorandum ist älteren Datums und bezieht sich nur auf eine bestimmte Partei in einem bestimmten Land der Erde. Wer daher annehmen will, dergleichen sei heute und in Deutschland – etwa bei den momentanen Regierungsparteien – nicht möglich, kann gern weiterträumen. Für alle anderen besagt dieses höchst aufschlussreiche Dokument mindestens zweierlei:

Die »Eliten« in den westlichen Industrienationen wussten schon sehr früh von der Klimaerwärmung und ihren Gefahren. Nicht erst Greta Thunberg war es also, die sie davon in Kenntnis setzte. Die öffentliche Meinung hat ohnehin eine extrem lange Reaktionszeit. Obwohl die Angelegenheit mittlerweile wirklich dringlich ist, versuchen die Zauderer und Abwiegler noch zu dieser späten Stunde, die notwendigen Maßnahmen zu verhindern oder zu verschleppen: »Bitte erst ein bisschen später, alles mit der Ruhe, und um Himmels willen nicht zu radikal!«

Zwischen dem, was Politiker sagen, und dem, was sie denken beziehungsweise in inneren Zirkeln besprechen, tut sich eine breite Kluft auf. Wir wussten zwar längst, dass Politiker die Dinge nicht immer richtig sehen, konnten aber mit ein bisschen Wohlwollen annehmen, dass sie das, was sie behaupten, wenigstens selber glauben. Ein Dokument wie das Luntz-Memorandum zeigt jedoch: Sie lügen bewusst. Sie können sich und einander eigentlich nicht vertrauen. Politische Kommunikation ist in diesem Lichte nichts als eine Verkaufsstrategie, um Käufern defekte Waren aufzuschwatzen – um ein ästhetisch gestaltetes Etikett auf eine Flasche mit einer giftigen Substanz zu kleben.

Die Vorgehensweise von Politikern und ihren »Beratern« ist abgrundtief zynisch. Sie treiben Schindluder mit unseren Träumen und instrumentalisieren selbst noch liebenswerte Eigenschaften wie Naturliebe, soziales Bewusstsein und Heimatliebe für ihre destruktiven Zwecke.

Auch Eigenschaften, die aufgeklärte Menschen auszeichnen – Widerspruchsgeist, der Versuch, differenziert zu denken und begründete Zweifel zu äußern –, verwandeln sich unter den Händen der Manipulationsprofis in eine Waffe, mit deren Hilfe unser Ökosystem sturmreif geschossen wird.

Ich finde es daher nicht wirklich überraschend, dass das Vertrauen in solche »Eliten« schwindet. Selbst wenn sich noch der eine oder andere treue Anhänger findet – vor allem in den eigenen Reihen, wie das Beispiel Angela Merkel zeigt. Am Luntz-Memorandum können wir konkret festmachen, was viele bisher nur dumpf ahnten: Wir werden verschaukelt.

Aber auch abgesehen von dem allgemeinen Misstrauen, das das Dokument gegenüber der politischen Kaste und ihren Beratern schürt: Sich diese Argumente anzuschauen, ist für die aktuelle Klimadebatte sehr hilfreich. Wir begegnen ihnen überall – manchmal sogar in unserem eigenen Kopf.

Stephan Bartunek

Die Manipulation im Hintergrund

In den sozialen Medien tobt ein Krieg um die Deutungshoheit in Sachen menschengemachtem Klimawandel.

Der AfD passt der Klimawandel nicht ins Konzept. Deshalb leugnet sie, dass es überhaupt einen gibt. Schützenhilfe bekommt sie dafür von unerwarteter Seite: Auch manche alternative Medien übernehmen bewusst oder unbewusst rechte Narrative. Sie lassen sich von gezielten Gruppenaktivitäten beeinflussen. Denn was mehrere Personen sagen, ist zwar nicht unbedingt richtig, wirkt aber beeindruckend. Der Mensch ist ein Herdentier. Dieses und andere Beispiele, die der Autor aufführt, helfen, den momentan tobenden Informationskrieg besser zu verstehen. Die Chronologie der Ereignisse zeigt zudem auf, dass in den sogenannten alternativen Medien oft das gleiche Pharisäertum herrscht, mit dem sonst die etablierten Medien die Menschen für dumm verkaufen.

Der Ölkonzern Exxon Mobile gab 1982 intern eine Studie in Auftrag, in der untersucht werden sollte, wie viel CO2 von Menschen ausgestoßen wird und wie sich das auf Klima und Wetter auswirkt. Mit dem Geld und den Möglichkeiten des Ölkonzerns fand die Untersuchung auch umfassend statt.

Allerdings gefiel dem Auftraggeber das Ergebnis der Studie trotz der beteiligten hervorragenden Wissenschaftler nicht. Exxon Mobile ließ sie still und heimlich in einer Schublade verschwinden. Hätte der Ölkonzern die richtigen Konsequenzen aus der Studie gezogen, dann wären auf ihn hohe Investitionskosten zugekommen. Also entschied die Chefetage, Geld zu sparen. Stattdessen begannen sie mit dem Aufbau von Strukturen, die jede Warnung vor dem menschengemachten Klimawandel, der damals noch »Treibhauseffekt« hieß, als unwissenschaftlich oder Panikmache verunglimpfen sollten. Die angewandten Methoden glichen denen der Tabakindustrie, die diese von 1950 an bis in die späten 1980er Jahre hinein gegen Warnungen aus der Wissenschaft verwendeten.

Eine dieser Strategien heißt »Astroturfing«. Dabei werden Bewegungen oder Gruppen gezielt unterwandert, um diesen einen gewünschten Spin zu geben. Der US-amerikanische Soziologe Riley Dunlap fasste diese Strategie am Beispiel der Debatte rund um Klima und Klimawandel in einem Vortrag an der Portland Universität zusammen. Mit derartigen Methoden kann es dann vorkommen, dass – wie beim Wahlkampf von Donald Trump 2017 – plötzlich Gruppen, die sich als Aufklärer, Widerständler oder Systemkritiker bezeichnen, Propaganda für einen republikanischen Präsidentschaftskandidaten machen.

Die ganze Geschichte rund um die Studie von Exxon Mobile ist übrigens derart grotesk, wie sie nur das echte Leben schreiben kann. Der Ölkonzern wird mittlerweile von eigenen Anlegern verklagt mit dem Argument: Ihnen wären die Folgen des Treibhauseffekts verschwiegen worden. Exxon Mobile tritt nun für eine CO2-Steuer ein und hofft so auf einen Deal mit der Staatsanwaltschaft und auf gesetzlichen Schutz vor den Klagen seiner Anleger.

Das Handbuch für Subkulturen

2017 geisterte im deutschsprachigen Raum das *»Handbuch für Medienguerillas«* durchs Internet. Dessen Inhalt war inspiriert von den Methoden, vor allem den Erfolgen, wie in den USA Graswurzelbewegungen und Subkulturen unterwandert und gekapert worden waren. Auch in diesem Handbuch wird versucht, Menschen anzusprechen, die schon eine kritische Distanz zu Machteliten haben, aber noch beeinflussbar genug sind. Ihre aktiv-revolutionäre Haltung soll in eine passiv-rebellische umgeformt werden.

Nicht das System wird hinterfragt, sondern es sollen nur die Machthaber und Machthaberinnen ausgetauscht werden. Das Rad wird nicht zerschlagen, es wird nur weitergedreht. So heißt es beispielsweise in diesem Handbuch:

> *»Wir alle verarschen gerne Opfer im Internet. Die Bezeichnungen dafür sind vielfältig: Trollen, shitposten, ficken, memetische Kriegsführung oder einfach nur verarschen. Hier ein kleines Handbuch, ohne Anspruch auf Vollständigkeit.«*

Das Handbuch zeigt deutlich, wie skrupellos und mit welchen Strategien Internetaktivisten, die eher dem rechten Spektrum zuzuordnen sind, diejenigen »angreifen«, die sie für politische Gegner halten. Hier sollen die Leser dümmlichem Doppeldenk und Neusprech auf den Leim gehen, was relativ einfach zu erkennen ist. Das gilt vor allem für diejenigen, die 2015 im Rahmen der sogenannten Flüchtlingskrise beschlossen hatten – vor Angst und Panik –, nicht mehr mit offenen Sinnen ihr Leben zu gestalten und ebenso offen und kritisch mit Medien umzugehen.

Das *»Handbuch für Medienguerillas«* setzt nämlich genau da an: Es nutzt die breite Verunsicherung der Bevölkerung hemmungslos aus, die die Medien durch die auf Hochglanz inszenierte Flüchtlingskrise geschürt hatten.

Der Leitfaden für die Avantgarde des Doppeldenk und Neusprech ist letzten Endes aber nur eine moderne Version alter militärischer und politischer Strategien, eine Fortsetzung von Machiavellis »Der Fürst«, angetrieben von dem Versuch, intelligente Subkulturen zu kapern und aus deren kreativem Potenzial parasitär zu schöpfen. Das gelang glücklicherweise nur in geringem Maße: Nur die Dümmsten aus dem Subkultur-Milieu konnten als Propagandisten und gehorsame Soldaten gewonnen werden. YouTuber wie Gunnar Kaiser, SallyIsG4y, Doktorant und sogar Imp der Übermensch bemerkten relativ bald, vor welchen Karren man sie spannen wollte, und halten wacker dagegen. Die Analysen des libertären Gunnar Kaiser zur »identitären Bewegung« sind übrigens sehr zu empfehlen.

Auch wenn die Methoden und Strategien dieser Netzwerke sehr einfach zu durchschauen sind, so erkennt doch nicht jeder gleich die Perfidie der psychologischen Tricks, die Machteliten über Jahrhunderte entwickelt haben, um die Bevölkerungen brav und gehorsam zu halten. Es folgt noch ein Zitat aus dem Handbuch:

»7) Rudeltaktiken – Alles oben Genannte ist effektiver, wenn es nicht nur von einem, sondern von einer Gruppe von Leuten gemacht wird. Sprich Dich mit Deinen Freunden ab, und wenn es zum Showdown kommt, trommel sie zusammen, um gemeinsam gegen die Lügen und das Gift zu kämpfen. Wenn Du keine Freunde hast, lege Dir mehrere Accounts an und betreibe sie parallel. Bau Dir eine Armee von Sockenpuppen auf. Der Mensch ist ein Herdentier. Er ist eher gewillt, einer Gruppe von Menschen zu folgen als einem Einzelnen.«

Dieser Punkt 7 aus dem Handbuch der plumpen Manipulation ist essenziell, um das dritte Beispiel in unserer Chronologie zu verstehen. Mit diesem schließt sich auch der Kreis des augenscheinlich großen und spaltenden Krieges, der gerade in den sozialen Medien in Sachen Klimawandel tobt.

Vom 23. bis zum 26. Mai 2019 fanden die EU-Wahlen statt, und vor diesen Wahlen passierte in Deutschland etwas sehr Bemerkenswertes: Ein junger, erfolgreicher YouTuber, der bislang nicht groß mit politischem Content aufgefallen war, drehte ein Video mit dem Titel »Die Zerstörung der CDU«. Das Video zeigte einen jungen Mann mit blau gefärbtem Haar, der – sprachlich angepasst an die Jugend –, die herrschende Politik in Deutschland energisch und punktgenau kritisierte und auseinandernahm. Er thematisierte illegale Kriege, Drogenpolitik und Umweltzerstörung – also alles Themen, die eigentlich auch die sogenannte Wahrheits- und auch Friedensbewegung immer vorantreibt und anspricht.

Man könnte also glauben, dass dieser junge Mann, der sich Rezo nennt, auch von den sogenannten alternativen Medien sehr wohlwollend aufgenommen wurde. Doch so reagierten nur die wenigsten. Und das liegt leider daran, dass sich ein guter Teil der alternativen Medien, zum Teil absichtlich, zum Teil unbewusst, zu Propagandaorganen der deutschen Partei AfD hatte machen lassen.

Der FPÖ ist in Österreich übrigens so etwas nicht gelungen.

Absichtlich entstanden ist auf jeden Fall ein Netzwerk rund um Jürgen Elsässer, Oliver Janich, Martin Sellner, Hagen Grell, Naomi Seibt, Gerhard Wisnevski und andere selbsternannte Aufklärer. Diese Gruppe spielt sich koordiniert Themen zu und versucht – ebenfalls abgesprochen –, aktuellen Ereignissen einen Spin zu geben, der die Politik der von ihnen protegierten Partei unterstützt. Noch weniger subtil, als es Jan Böhmermann für die SPD macht – aber um noch einiges scheinheiliger und doppelzüngiger. Denn derartige Absprachen werden bei den etablierten Medien zu Recht kritisiert und aufzudecken versucht.

Der AfD und ihren Pharisäern passt der Klimawandel gar nicht in die Themensetzung – ein großer Teil der Führungselite dieser Partei leugnet den menschengemachten Klimawandel oder verharmlost die Gefahren, die uns Menschen dadurch entstehen und bevorstehen.

Knapp nach der EU-Wahl begann also eine offensichtlich koordinierte Kampagne, die sich zuerst gegen Vertreter der sogenannten etablierten Medien richtete. Hier wurde vor allem gegen populäre Wissenschaftler wie Harald Lesch oder MaiLab, populäre YouTuber wie Mr. Wissentogo und Tilo Jung sowie gegen Wissenschaftler von »ScienceforFuture« wie Volker Quaschning mobil gemacht.

In der geheimen, aber trotzdem offensichtlichen AfD-Clique tat sich in diesem Zusammenhang besonders Oliver Janich mit seiner Anhängerschaft hervor. Sie versuchten, über den Hashtag #Oliwillreden den oben genannten Personen eine Debatte aufzuzwingen – natürlich alles im Namen der Freiheit, versteht sich. Der Telegram-Kanal von Janich hat knapp über 40.000 Abonnenten. Damit kann Janich schon für Stimmung und Aktivismus sorgen, wenn er seiner Anhängerschaft richtig einheizt. Und das macht er auch mit seiner apokalyptischen und verbitterten Sicht auf die Welt. Für die gehorsamen Schäfchen, die sich eher für Soldaten halten, gibt es dann noch den Telegram-Kanal »Konterrevolution«, wo dann komplett ungeniert zum Kampf gegen die angebliche grüne Kulturrevolution aufgerufen wird.

Natürlich ist diese Angst an Lächerlichkeit nicht zu überbieten. Nur mit welchen Argumenten will man Menschen begegnen, die Car-Sharing für eine kommunistische Idee halten?

In der Gruppe »Konterrevolution« werden dann übrigens eins zu eins Anleitungen aus dem *»Handbuch für Medienguerillas«* übernommen; sie werden empfohlen, und es wird dazu angeregt, diese umzusetzen. Janich teilt diese Strategien seinen »Schäfchen« in seiner großen Telegram-Gruppe mit. Er postet auch direkt Links auf YouTube-Kommentare mit dem Ziel, sich gegenseitig zu pushen. Videos mit abweichenden Meinungen werden nach Relevanz sortiert und in Kommentaren mit gezielten Shitstorms überzogen.

So passiert es dann, dass sich sogar Ken Jebsen von diesen straff organisierten und nach militärischen Prinzipien ausgerichteten Gruppen beeindrucken lässt und vor dem virtuellen Mob brav einknickt.

Vor einiger Zeit brachte KenFM einen Artikel von Rainer Rupp in der Rubrik Tagesdosis unter dem Titel »Klimabetrug: Gerichtsurteil stürzt CO2-Papst vom Thron«. Der Artikel selbst hatte mit dem Journalismus, dem sich Ken Jebsen eigentlich verschrieben hat, nichts zu tun – es war eine Ansammlung von Lügen und Halbwahrheiten, die dann in akribischer Recherche von Dirk Pohlmann widerlegt wurde.

Ken Jebsen war sich aber nicht zu schade, die Lügengeschichte von Rainer Rupp und das tatsächlich journalistische Stück von Dirk Pohlmann als gleichwertige Meinungen zu behaupten und behaupten zu lassen.

Journalismus heißt in erster Linie, sich an Wahrheit und Fakten zu halten, wenn diese dann herrschende Verhältnisse stören, dann trifft der Spruch von George Orwell zu »Journalismus bedeutet, etwas zu bringen, von dem andere wollen, dass es nicht veröffentlicht wird. Alles andere ist PR«.

Wenn aber Lügen und Halbwahrheiten als Journalismus verkauft und verteidigt werden, dann sollte man einfach mal innehalten und versuchen herauszufinden, zu welchem Büttel man sich macht. Vor allem dann, wenn man in seinem Vokabular gerne »Machteliten« führt.

Was Henrik M. Broder und der Mainstream-Medienapparat mit seiner geballten Wucht gegenüber Ken Jebsen nicht geschafft haben, gelingt ein paar Jahre später halbseidenen Kopien einer perfiden Methodik, die per organisierter Kommentarflut von einem anonymen Rudel die sozialen Medien mit Videos und Beiträgen überschwemmen.

Wieder eine ironische Note, die nur das Leben schreiben kann.

Auch der Kanal von NuoViso beruft sich immer gerne auf Meinungsfreiheit und produziert Videos, wenn die Freiheit des eigenen Kanals bedroht ist, hält sich aber dann mit solidarischen Gesten zurück – zum

Beispiel gegenüber Dirk Pohlmann, der von der AfD-Propaganda-Clique, allen voran von Oliver Janich, gezielt mundtot gemacht werden soll. Auch wer über Jahre einen Systemwechsel propagiert und anstrebt, sich für alternative Lebensweisen stark macht und Herrschaftsverhältnisse hinterfragt, dem ist in der konkreten Situation dann doch die eigene Angst am nächsten. Das Prinzip von Gehorsam und Unterwerfung gegenüber inszenierten Alphas und ihren Rudeln funktioniert sogar bei den aufgeklärtesten Geistern.

Und tatsächlich geht es bei der ganzen Posse gar nicht wirklich um den Klimawandel, es geht den Kameraden und wenigen Kameradinnen rund um das Hetzwerk doch um etwas ganz anderes, viel Größeres.

In einem seiner aktuellsten Videos, in dem Oliver Janich auf eine derart unverschämte Methode gegen Dirk Pohlmann agitiert, die es so nicht mal in den Mainstream-Medien gibt, sagt dieser Typ Folgendes:

> *»Apokalypse. Wir haben die Zeit der Aufdeckung. Die Spreu trennt sich vom Weizen und zwar so deutlich wie nie zuvor. Wenn ihr jetzt nicht langsam kapiert wer auf eurer Seite ist und wer euer Gegner ist, dann seid ihr so blind, dass ihr einfach mit untergehen werdet in der Apokalypse. Das ist völlig klar ... Stellt euch auf die Seite des Positiven, der Aufklärung, der Wahrheit – sonst geht ihr mit unter.«*

Wie ist da noch eine ernsthafte Debatte möglich?

WAHNSINN

Kapitel 3

Medea Benjamin
Die Klimakiller

Das Militär tötet nicht nur Menschen, sondern betätigt sich auch als Totengräber für Natur und Umwelt – für unser aller Lebensraum.

Die weltweit wachsende Bewegung für Umweltgerechtigkeit ist bewusst intersektional und zeigt auf, dass die globale Erwärmung mit Themen wie Rassismus, Armut, Migration und öffentlicher Gesundheit zusammenhängt. Ein Bereich, der eng mit der Klimakrise verknüpft ist, jedoch wenig Beachtung findet, ist der Militarismus. Der bläst nicht nur viel Dampf in die Luft und verwüstet weite Landstriche, er entzieht den Staatshaushalten auch die Gelder, die für den Klimaschutz dringend gebraucht würden. Im Folgenden finden Sie einige Beispiele dafür, wie diese Probleme – und ihre Lösungen – miteinander verflochten sind.

1. Das US-Militär schützt die großen Ölkonzerne und andere Rohstoffindustrien.

Das US-Militär wird oft eingesetzt, um sicherzustellen, dass US-Unternehmen weltweit Zugang zu natürlichen Resourcen, insbesondere Öl, für die Rohstoffindustrie haben. Der Irakkrieg 1991 war ein eklatantes Beispiel eines Krieges um Erdöl. Heutzutage hängt die Militärunterstützung der USA für Saudi-Arabien mit der Entschlossenheit der US-amerikanischen fossilen Brennstoffindustrie zusammen, den Zugang zu den Erdölvorkommen weltweit zu kontrollieren.

Hunderte der auf der ganzen Welt verbreiteten US-Militärstützpunkte befinden sich in ressourcenreichen Regionen und in der Nähe strategischer Schifffahrtsstraßen. Wir können die Tretmühle fossiler Brennstoffe erst dann verlassen, wenn wir das US-Militär davon abbringen, als weltweiter Beschützer der großen Ölkonzerne aufzutreten.

2. Das Pentagon ist der weltweit größte institutionelle Verbraucher fossiler Brennstoffe.

Wäre das Pentagon ein Land, würde ihn allein sein Kraftstoffverbrauch zum 47-größten Treibhausgasemittenten der Welt machen, größer als ganze Staaten wie Schweden, Norwegen oder Finnland. Die US-Militäremissionen stammen hauptsächlich aus dem Betanken von Kampfmitteln und Kriegsgeräten sowie der Beleuchtung, Heizung und Kühlung von weltweit mehr als 560.000 Gebäuden.

3. Das Pentagon beansprucht jene finanziellen Mittel, die wir brauchen, um die Klimakrise ernsthaft anzugehen.

Wir geben heute mehr als die Hälfte des jährlichen Ermessenshaushaltes der US-Bundesregierung für das Militär aus und das, wo die größte Bedrohung der nationalen Sicherheit der USA nicht der Iran oder China, sondern die Klimakrise ist. Wir könnten das derzeitige Budget des Pentagons halbieren und hätten immer noch ein größeres Militärbudget als China, Russland, Iran und Nordkorea zusammen. Die Einsparungen von 350 Milliarden US-Dollar könnten dann in einen »Green New Deal« fließen.

Nur ein Prozent des Militärbudgets von 2019 in Höhe von 716 Milliarden US-Dollar würde ausreichen, um hiermit 128.879 Arbeitsplätze innerhalb einer »Grünen Infrastruktur« zu finanzieren.

4. Militärische Operationen hinterlassen ein giftiges Erbe.

US-Militärstützpunkte zerstören die Landschaft, belasten den Boden und vergiften das Trinkwasser. Auf dem Kadena-Stützpunkt in Okinawa hat die US-Luftwaffe den dortigen Boden und das Wasser mit gefährlichen

Chemikalien, wie Arsen, Blei, polychlorierten Biphenylen, Asbest und Dioxin, verseucht.

Darüber hinaus hat die US-Umweltschutzbehörde EPA über 149 aktuelle oder ehemalige Militärstützpunkte als Standorte für den Entschädigungsfond ausgewiesen, da die Umweltverschmutzung des Pentagons den dortigen Boden und das Grundwasser hochgefährlich für menschliches, tierisches und pflanzliches Leben gemacht hat.

Laut einem Regierungsbericht aus dem Jahr 2017 hat das Pentagon bereits 11,5 Milliarden US-Dollar für die Umweltsanierung geschlossener Stützpunkte ausgegeben und schätzt, dass weitere 3,4 Milliarden US-Dollar benötigt werden.

5. Kriege verwüsten fragile Ökosysteme, die für die Aufrechterhaltung menschlicher Gesundheit und Klimaresistenz von entscheidender Bedeutung sind.

Direkte Kriegsführung beinhaltet grundsätzlich eine Zerstörung der Umwelt durch Bombenangriffe sowie den Einmarsch von Bodentruppen, die das Land und die Infrastruktur zerstören. Im Gazastreifen, einem Gebiet, das zwischen 2008 und 2014 drei größere israelische Militärangriffe durchlitten hat, zielten die israelischen Bombenangriffe auf Kläranlagen und Kraftwerke. Infolgedessen sind 97 Prozent des Frischwassers in Gaza mit Salz- und Abwasser kontaminiert und somit für den menschlichen Verzehr ungeeignet.

Im Jemen hat die von Saudi-Arabien angeführte Bombardierungskampagne eine humanitäre und ökologische Katastrophe ausgelöst. Mittlerweile werden täglich mehr als 2.000 Cholerafälle gemeldet.

Unter den Umweltgiften, die im Irak durch die verheerende Invasion des Pentagons im Jahr 2003 zurückgelassen wurden, befindet sich unter anderem auch abgereichertes Uran. Kinder, die in der Nähe von US-Stützpunkten leben, haben deshalb ein erhöhtes Risiko für angeborene Herzkrankheiten, Wirbelsäulendeformation, Krebs, Leukämie, Lippenspalten sowie fehlende beziehungsweise missgebildete und gelähmte Gliedmaßen.

6. Der Klimawandel ist ein »Bedrohungsverstärker«, der die bereits bestehende alarmierende soziale und politische Situation weiter verschlimmert.

In Syrien führte die schlimmste Dürre seit 500 Jahren zu Ernteausfällen, die die Landwirte in die Städte trieb und hierdurch die Arbeitslosigkeit sowie die politischen Unruhen, die im Jahr 2011 zum Aufstand beitrugen, weiter verschärfte.

Ähnliche Klimakrisen haben Konflikte in anderen Ländern des Nahen Osten ausgelöst, von Jemen bis Libyen. Da die globalen Temperaturen weiter ansteigen, werden ökologische Katastrophen, Massenmigrationen und Kriege weiter zunehmen.

Außerdem wird es mehr bewaffnete Zusammenstöße – einschließlich Bürgerkriege – geben, die Grenzen überwinden und ganze Regionen destabilisieren könnten. Die am stärksten gefährdeten Gebiete sind Subsahara-Afrika, der Nahe Osten sowie Süd-, Mittel- und Südostasien.

7. Die USA sabotieren internationale Abkommen zum Schutz des Klimas und gegen Krieg.

Die USA haben die weltweiten Bemühungen zur Bewältigung der Klimakrise durch eine Reduzierung der Treibhausgasemissionen und einen beschleunigten Übergang zu erneuerbaren Energien absichtlich sowie konsequent untergraben.

Die USA weigerten sich, dem Kyotoprotokoll von 1997 beizutreten, und der Ausstieg von Donald Trump aus dem Pariser Klimaabkommen von 2015 ist das jüngste Beispiel für diese offensichtliche Missachtung von Natur, Wissenschaft und Zukunft.

Ebenso weigern sich die USA, den Internationalen Strafgerichtshof – der Kriegsverbrechen untersucht – anzuerkennen, verstoßen mit einseitigen Invasionen und Sanktionen gegen das Völkerrecht und ziehen sich nun auch dem Atomabkommen mit Russland zurück.

Durch die Entscheidung, ihr Militär über die Diplomatie zu stellen, senden die USA die Botschaft aus, dass »Macht vor Recht« komme, und erschweren so die Lösung der Klimakrise als auch militärischer Konflikte.

8. Massenmigration wird sowohl vom Klimawandel als auch von Konflikten geschürt, wobei Migranten häufig militärischen Repressionen ausgesetzt sind.

Einem Bericht der Weltbankgruppe von 2018 zufolge könnten die Auswirkungen des Klimawandels in den drei am dichtesten besiedelten Entwicklungsregionen der Welt – Subsahara-Afrika, Südasien und Lateinamerika – bis zum Jahr 2050 zur Vertreibung und internen Migration von mehr als 140 Millionen Menschen führen.

Bereits jetzt fliehen Millionen von Menschen aus Mittelamerika, Afrika und dem Nahen Osten vor Umweltkatastrophen und Konflikten.

An der US-Grenze werden Migranten in Käfigen eingesperrt und in Lagern festgehalten. Im Mittelmeer sind Tausende Flüchtlinge bei gefährlichen Mittelmeerpassagen ums Leben gekommen.

Unterdessen profitieren die Waffenhändler, die die Konflikte in diesen Regionen schüren, in erheblichem Maße von Waffenverkäufen und dem Bau von Auffanglagern, um die Grenzen gegen eben diese durch die mitverantworteten Flüchtlinge zu sichern.

9. Militarisierte staatliche Gewalt richtet sich gegen jene Gemeinschaften, die sich der von Konzernen verursachten Umweltzerstörung widersetzen.

Gemeinden, die darum kämpfen, ihr Land und ihre Dörfer vor Ölbohrungen, Bergbauunternehmen, Viehzüchtern, der Agrarindustrie und so weiter zu schützen, sind häufig staatlicher und paramilitärischer Gewalt ausgesetzt. Wir sehen dies heute im Amazonas, wo indigene Völker ermordet werden, weil sie versuchen, das Abholzen und Verbrennen ihrer Wälder zu stoppen. Wir sehen es in Honduras, wo Aktivisten wie Berta Caceres niedergeschossen wurden, weil sie versucht haben, ihre Flüsse zu schützen. Im Jahre 2018 gab es weltweit 164 dokumentierte Fälle von ermordeten Umweltschützern.

In den USA trafen die indigenen Gemeinschaften, die gegen Pläne zum Bau der Keystone-Ölpipeline in South Dakota protestierten, auf eine Polizei, die gegen die unbewaffneten Demonstranten mit Tränengas, Beanbag-Geschossen und Wasserwerfern vorging – die absichtlich bei Temperaturen unter dem Gefrierpunkt eingesetzt wurden.

Regierungen auf der ganzen Welt weiten ihre Notstandsgesetze dahingehend aus, dass sie auch auf klimabedingte Unruhen angewendet werden können, und ermöglichen dadurch auf verdrehte Weise die Ausschaltung von Umweltaktivisten, die als »Öko-Terroristen« bezeichnet und Einsätzen zur Aufstandsbekämpfung ausgesetzt werden.

10. Klimawandel und Atomkrieg sind die beiden existenzielle Bedrohungen für den Planeten.

Der verhängnisvolle Klimawandel und der Atomkrieg sind einzigartig in Bezug auf die existenzielle Bedrohung, die sie für das Überleben der menschlichen Zivilisation darstellen. Die Herstellung von Atomwaffen – und ihre Ausweitung – wurde vom weltweiten Militarismus vorangetrieben, dennoch werden Atomwaffen selten als Bedrohung für das zukünftige Leben auf diesem Planeten verstanden.

Selbst ein sehr »begrenzter« Atomkrieg, an dem weniger als ein halbes Prozent der weltweiten Atomwaffen beteiligt wäre, würde zu katastrophalen globalen Klimastörungen und einer weltweiten Hungersnot führen und bis zu 2 Milliarden Menschen gefährden.

Das »Bulletin of the Atomic Scientists« hat seine legendäre Weltuntergangsuhr auf zwei Minuten vor zwölf gestellt und damit die dringende Notwendigkeit für die Ratifizierung des Atomwaffenverbotsvertrags aufgezeigt.

Die Umweltbewegung und die Anti-Atomwaffen-Bewegung müssen Hand in Hand arbeiten, um diese Bedrohungen in Bezug auf das Überleben auf der Erde zu verhindern.

Um Milliarden von Pentagon-Dollar für Investitionen in maßgebliche Umweltprojekte freizusetzen und die Zerstörung der Umwelt durch Kriege zu beseitigen, muss für Bewegungen, die sich für einen lebenswerten, friedlichen Planeten einsetzen, der Punkt »Kriege beenden« an erster Stelle ihrer To-do-Liste stehen.

Dirk Pohlmann
Die Klimakriege

Während uns die PR-Agenten der Reichen und Mächtigen einzureden versuchen, eine globale Erwärmung gäbe es nicht, bereiten die weltweiten Militärs bereits die Umweltkriege vor.

Tikal, Rapa Nui und Darfur. Drei geographische Namen, drei Momentaufnahmen der menschlichen Geschichte, die als Menetekel jeweils eine realistische und bedrohliche Vorschau auf unsere denkbare Zukunft ermöglichen. Drei Orte, an denen eine Mischung aus ökologischer Katastrophe, regionaler Klimaveränderung, schwindenden Nahrungsmitteln und versiegenden Wasservorkommen zu Gewalt, Krieg und massenhaftem Tod führte. Im Falle der Mayametropole Tikal und dem polynesischen Rapa Nui sogar zum Verschwinden einer ganzen Kultur und dem Absterben der Bevölkerung.

In der Diskussion über die globale Erwärmung wird immer wieder von verschiedenen Seiten gefordert, zum Beispiel von Teilen der Friedensbewegung, von einigen Linken, von Alternativmedien, aber auch von der neurechten AfD, dass die jungen Demonstranten der *Fridays for Future*-Bewegung und die *Extinction Rebellion* sich nicht mit CO2, sondern, je nach politischer Ausrichtung der Kritiker, besser mit Umweltzerstörung, Rüstung und Kriegsgefahr beschäftigen sollten.

Dahinter steckt die Annahme, dass es sich um verschiedene Themen handelt. Aber das ist nur auf den ersten Blick so. Es sind vor allem die

Veteranen der Friedensbewegung, also erfahrene Aktivisten, die sich fragen lassen müssen, warum sie nicht an den Aktionen und Demonstrationen gegen die globale Erwärmung teilnehmen und dort das Gespräch mit den jungen Menschen suchen. Denn mit ihrer Kritik an der angeblich verengten Problemanalyse der Jugendbewegung übersehen sie, dass Klimakrise, Umweltkrise, und die Kriegsgefahr unmittelbare Folgen der globalen Erwärmung sind.

Um das klarzustellen: Die globale Erwärmung ist nicht alleinige Ursache der Kriegsgefahr, jedoch eine wesentliche. Das Gleiche gilt für die Umweltzerstörung. Und der Gedanke, dass die Erderwärmung nicht mit dem System bekämpft werden kann, das sie wider besseres Wissen über Jahrzehnte herangezüchtet hat, ist so offensichtlich, dass man ihn eigentlich nur aussprechen muss.

Einige junge Klimaschützer formulieren ihn so: »Burn capitalism not coal.« Das wird weder der AfD noch der CDU, noch der aussterbenden SPD gefallen, den neureichen Grünen nicht und aus anderen Gründen auch nicht den emotional mangelernährten, mit zu wenig Liebe gegossenen und verharzten Altlinken. Denn die haben mit ihrer verengten Problemanalyse vor allem im Blick, wer den Planet in den Untergang feuert. Wenn es die Arbeiterklasse wäre, ginge das okay.

Der direkte Zusammenhang zwischen Krieg und Erderwärmung könnte die Friedensbewegung auf die Idee bringen, dass die jungen Demonstranten ihre natürlichen Verbündeten und Freunde sind, keinesfalls Objekte paternalistischer Zurechtweisung sein sollten, mit Forderungen, was sie abzuarbeiten hätten, bevor man sie ernst nehmen könne.

Ein beliebtes Argument dieser Erziehungsberechtigten-Rhetorik: Sie sollten doch erst mal bei den Demonstrationen in Ramstein auftauchen. Aber warum tauchen die meist älteren Semester der Friedensbewegung eigentlich nicht solidarisch bei *Fridays for Future* oder *Extinction Rebellion* auf, um den Schulterschluss zu versuchen?

Die Kriegsgefahr steigt

Mit dem Erfolg oder dem Scheitern entscheidender Maßnahmen gegen die Erderwärmung wird innerhalb der nächsten 15 bis 20 Jahre über die Versorgung mit Trinkwasser und Nahrungsmitteln entschieden. Es wird außerdem darüber entschieden, welche Flüchtlingsströme bisher unbekannter Dimension entstehen und welche Kriege ausgelöst werden. Denn es wird mit an Sicherheit grenzender Wahrscheinlichkeit Kriege geben, die durch die globale Erwärmung verursacht werden.

Das ist nicht etwa die Einschätzung einiger alarmistischer Angehöriger der Klimareligion oder panischer Greta-Jünger, wie uns professionelle PR-Agenten und Lobbyisten einreden wollen. Es ist die interne Einschätzung der Generalstäbe der größten Militärapparate der Welt, vor allem also der USA und der NATO.

Auf Anforderung von Andrew Marshall, Sicherheitsberater des Pentagon mit dem Spitznamen Yoda, unter Verteidigungsminister Donald Rumsfeld die graue Eminenz der Transformationsplanung der US Streitkräfte und vom Hauptautoren der chinesischen Militärstrategie Chen Zhou als einflussreichste externe Quelle der 1990er und 2000er Jahre benannt, wurde bereits 2003 eine Studie erstellt, die Negativszenarios untersuchte. Ihr Ergebnis:

Sie identifizierte den Klimawandel als Bedrohung der nationalen Sicherheit der USA.

> *»Der Klimawandel sollte aus dem Bereich der wissenschaftlichen Diskussion herausgehoben werden und als Thema der nationalen Sicherheit betrachtet werden. (...) Ein unmittelbar bevorstehendes Katastrophenszenario des Klimawandels ist wahrscheinlich, auf welche Arten der Klimawandel die nationale Sicherheit der USA bedroht, sollte sofort ermittelt werden. (...) Der Klimawandel könnte potentiell das gesamte geopolitische Umfeld destabilisieren, zu Scharmützeln, Schlachten und sogar Kriegen wegen Nahrungsmitteln, Wasser und Energie führen. Er wird große Umbrüche für Millionen von Menschen bringen (...), katastrophale Mangelsituationen bei der Wasser- und Energieversorgung werden immer schwerer lösbar sein (...), militärische Auseinandersetzungen werden zukünftig eher durch den verzweifelten Bedarf an natürlichen Ressourcen wie Nahrung, Wasser und Energie verursacht als durch ideologische Konflikte.«*

Andrew Marshall war nur einer der Ersten. Aber er war beileibe nicht der Einzige. Es gab und gibt viele Warnungen.

Der ehemalige NATO-Generalsekretär Jaap de Hoop Scheffer äußert sich 2009 so:

»Der Klimawandel wird die Konkurrenz um Ressourcen verschärfen, insbesondere Wasser. Er wird die Gefährdung von Küstengebieten erhöhen. Er wird den Streit um Territorien und landwirtschaftlich nutzbare Regionen anheizen. Er wird Migration auslösen und fragile Staaten noch fragiler machen«.

Sein Nachfolger, NATO-Generalsekretär Anders Fogh Rasmussen pflichtet ihm am 1. Oktober 2009 in London bei:

»Der Klimawandel könnte potentiell riesigen Einfluss auf die Sicherheitslage nehmen. Die NATO sollte beginnen, darüber zu diskutieren, wie wir, also die NATO als Ganzes, aber auch die individuellen Alliierten, die Sicherheitsaspekte des Klimawandels angehen können«.

Erstaunlich ist also, dass es nicht nur Wissenschaftler sind, die warnen, sondern dass die oberste Führung des Militärs in keiner Weise in Frage stellt, dass der Klimawandel real ist, eine Bedrohung darstellt und man sich darauf vorbereiten muss. Ebenso erstaunlich ist, dass diese Tatsache in der öffentlichen Diskussion bisher so wenig Beachtung gefunden hat und stattdessen die Diskussion in den Kommentarspalten besonders der Alternativmedien vielfach auf vorindustriellem Niveau stattfindet.

Die Nebelkerzen der Reichen und Mächtigen

Den Klimaforschern unterstellen sogenannte Skeptiker immer wieder, dass zum Beispiel der Weltklimarat IPCC aus niederen Motiven arbeitet und berichtet, dass die Wissenschaftler ihre berufliche Existenz durch das Propagieren einer »Klimalüge« absichern wollten, dass der überwältigende Konsens der Wissenschaft zur Tatsache der menschengemachten Erderwärmung nur interessengesteuerte Desinformation sei. Weil reich gefüllte Fördertöpfe lockten, aus denen man sich nur zu gerne bediene. Weil die Klimalüge ein riesiges Geschäft sei.

Selbst den wichtigsten deutschen Wissenschaftlern mit internationalem Renommee, wie Hans-Joachim Schellnhuber, Stefan Rahmstorf und Mojib Latif wird vom Europäischen Institut für Klima & Energie, EIKE, unterstellt, interessengeleitet zu forschen. EIKE karikiert sie gerne mit Pinocchio-Nasen, bezeichnet sie also als Lügner.

EIKE selbst hat allerdings wissenschaftlich bestenfalls eine zweite oder dritte Garde zu bieten, deren Bedeutung sich ausschließlich aus ihrer Tätigkeit als »Skeptiker« ableitet, sowie ein Heer obskurer Amateure, die den Klassenkasper geben. Es ist ein selbstreferentielles System, in dem sich die Mitglieder gegenseitig eine Bedeutung und Wertschätzung verschaffen, die sie im offenen wissenschaftlichen System nie hatten und nie erreichen können.

Die Skeptiker versteigen sich zu aberwitzigen Behauptungen, wie: CO_2 kann physikalisch überhaupt keine Auswirkungen auf die Temperatur haben, oder: Das 2. Hauptgesetz der Thermodynamik widerspräche der These der Klimaerwärmung durch CO_2. Was offenbar die Wissenschaft weltweit bisher übersehen hat, und gäbe es nicht die Lateinlehrer und Theologen bei EIKE, würden wir weiter belogen werden. Dort geht man auch davon aus, dass sich alle Wissenschaftsakademien weltweit täuschen oder sogar lügen. Denn es gibt keine einzige, die zu dem Ergebnis kommt, die Erderwärmung skeptisch sehen zu müssen oder gar anzuzweifeln.

Aber EIKE sagt, dass nur EIKE die Wahrheit sagt: Es gibt keine globale Erwärmung.

Wie passt nun dieses Argument der Sehnsucht nach den staatlichen Fördertöpfen und der Bereitschaft, dafür das Blaue vom Himmel herunter und das CO_2 hinauf zu lügen, zu den Stellungnahmen der US-Militärs? Die Streitkräfte sind die in den USA bestfinanzierte Struktur überhaupt. Alleine die Vereinigten Staaten von Amerika geben für Rüstung und Krieg so viel Geld aus, wie die nächsten acht Staaten zusammengenommen, also inklusive China, Saudi Arabien und Russland. Brauchen die US-Militärs den Klimawandel als Gelddruckmaschine? Sind Wladimir der Schreckliche und die gelbe Gefahr keine genügend schlagkräftigen Argumente mehr?

Das Militär beschäftigt sich natürlich nicht damit, den Klimawandel zu verhindern. Wären die US Streitkräfte ein Staat, dann stünden sie als CO_2-Emittent an 47. Stelle von 196 Länder. Das Militär ist Teil des Problems und beschäftigt sich entsprechend seiner Aufgabe damit, auf

Bedrohungen reagieren zu können. Es sorgt sich also ausschließlich um die geopolitischen Konsequenzen der Verbrennung von fossilen Brennstoffen, die es selbst in gigantischen Mengen verfeuert.

Und doch warnt die Militärführung vor den Konsequenzen der Erderwärmung. Die Liste der Stimmen aus dem Militär ist lang und hochkarätig.

Am 24. September 2019 veröffentlichte die *Climate and Security Advisory Group* (Beratergruppe für Klima und Sicherheit) ihren »Klima-Sicherheitsplan für Amerika«. Er ist eine der jüngsten Analysen aus den Gefilden der Hüter der Nationalen Sicherheit der USA. Zu den 64 Mitgliedern der Gruppe gehören 8 ehemalige Vier-Sterne-Generäle, 30 weitere hochrangige Offiziere, ein Leiter der NASA, und ein früherer Vorsitzender des Nationalen Sicherheitsrates.

Der Direktor des »Center for Climate and Security«, John Conger, ehemaliger stellvertretender Verteidigungsminister, bringt die Sicht des Gremiums so auf den Punkt:

> *»Der Kongress hat den Klimawandel als direkte Gefahr für die Nationale Sicherheit der Vereinigten Staaten von Amerika identifiziert, das Militär hat mit entsprechenden Planungen begonnen. Wir erkennen die Bedrohung der Klimasicherheit deutlicher als jemals zuvor, wir haben jetzt die Verantwortung, uns vorzubereiten und die Bedrohung zu verhindern, das gilt für die gesamte Regierung. Der ›Klima-Sicherheitsplan für Amerika‹ ist ein Weckruf an die Adresse der Führungsmannschaft des Präsidenten, sie müssen sich dieser Herausforderung mit höchster Priorität stellen und handeln, um angesichts des heraufziehenden Sturms unsere Nationale Sicherheit zu schützen.«*

Diese militärischen Warner vor dem Klimawandel stammen aus dem großen Reservoir der republikanischen »Patrioten«. Genau wie die Skeptiker und Klimaleugner. Gleichzeitig streitet eine relevante Anzahl von Politikern den Klimawandel ab. Die Behauptung, dass es keine menschengemachte Erderwärmung gäbe, wird im US-Senat und -Kongress fast ausschließlich von Republikanern vertreten. Präsident Trump eiert in der Frage etwas herum und gibt den Zweifler, leugnet den Klimawandel aber nicht.

Wir stehen also vor der überraschenden Tatsache, dass die US-Republikaner entlang dieser Bruchlinie in zwei Teile zerfallen. Da sind einerseits die Militärs, die »National Security« als höchsten Wert betrachten und den Klimawandel als große Gefahr ausgemacht haben. Sie nehmen ihn ernst, todernst. Und es gibt andererseits die Wirtschafts- und Öl-Republikaner, die den Kapitalismus als Zentralheiligtum der USA anbeten, der gebenedeit ist unter den Ideologien, in Ewigkeit, Amen.

Sie betrachten die Warnung vor der Erderwärmung genau wie ihre ideologischen Ziehkinder von EIKE als Betrug aus niedersten Motiven. »Nicht das Klima, die Freiheit ist in Gefahr« ist der alarmistische Slogan von EIKE. Deren Vorsitzende Holger Thuß und Michael Limburg wollen, dass Sie in Panik geraten. Da sind sie gar nicht weit weg von Greta. Was sie erreichen wollen, ist aber das Gegenteil des Ziels von Greta und ihren Anhängern.

Aus der Skeptiker-Sicht gilt es, den linken, okkultistischen sowie von Soros finanzierten Plan zum Ende der fossilen Brennstoffe zu verhindern. EIKE will mehr Braunkohleförderung und Verbrennung in Kraftwerken, mehr Atomenergie, weniger Solar- und Windenergie. Es geht um die Freiheit und um Fridays for Hubraum.

Aus Sicht der Klimaskeptiker bemerken die Schlafschafe und »linksgrünversifften Gutmenschen« nicht, dass hinter dem Solarpanel, dem Windkraftrad und der Brennstoffzelle der Chinese lauert. Mit einem Messer zwischen den Zähnen schielt er nach der Weltherrschaft. Er wurde für dieses Komplott von den Mitgliedern des Club of Rome und Al Gore finanziert und geschult. Genau wie Greta. Die Ölverbrennung muss vor dieser Gefahr geschützt werden.

Die Freiheit der fossilen Treibstoffe ist in Gefahr!

Das Ende einer Zivilisation

Es geht in Wirklichkeit um das Gesellschaftsmodell des marktradikalen Neoliberalismus. Es geht um den Endsieg der Ideologie, die den Dreisprung Privatisierung, Steuersenkung und Sozialabbau seit den 1990er Jahren weltweit durchgesetzt hat. Mit dem Versprechen, dass alles besser würde, wenn sie nur absolut herrschen würden. Es wurde aber nichts besser.

Die privatisierte Bahn ist nicht billiger und besser, sondern teurer und schlechter. Private Wasserversorgung ist die Einführung der organisierten Wassererpressung. Das private Medizinsystem der USA ist das mit Abstand teuerste der Welt, es ist konkurrenzlos schlecht und eine Katastrophe für Menschen mit geringem Einkommen. Die Säuglingssterblichkeit in den USA liegt bei 5,9 Todesfällen pro 1.000 Geburten, in Kuba bei 4,76 und in Deutschland bei 3,48.

Neoliberalismus ist ideal für die obersten 1 Prozent, er bietet den oberen 10 Prozent Vorteile. Eine gewisse Zeit kann er mit Versprechungen seine Opfer anlocken, um sie auszusaugen, aber das wird immer schwieriger. Wenn die Ära der Alternativlosigkeit angebrochen ist, und wir sind mittendrin, braucht er die Obdachlosen, damit die abbröckelnde Mittelschicht sieht, was ihr bevorstehen könnte, wenn sie nicht gehorcht. Furcht und Elend. Solange es Untertanen gibt, die darauf hoffen, auf den Schultern ihrer ertrinkenden Mitmenschen den Kopf über Wasser halten zu können, funktioniert dieses System.

Das Schlimmste dabei ist: Der Neoliberalismus zerstört alle staatlichen Strukturen, die übergreifend lenken könnten, also Rettungsmöglichkeiten gegen die Klimakatastrophe bieten.

Er behauptet, dass der Markt das beste Regelungsinstrument ist, und wenn es Probleme gibt, läge es daran, dass der Markt nicht total, absolut herrsche. Er benutzt dieselbe Argumentation, die er den sozialistischen Staaten vorwarf: die Ideologie nicht anhand der Realität zu beurteilen, sondern die Realität anhand der Ideologie, zu behaupten, das konstante Versagen des Wirtschaftssystems habe andere Gründe als das System selbst.

Weil es als allein selig machende Wahrheit betrachtet werde und definitionsgemäß nicht Ursache des Versagens sein könne. Weil die Kommunisten dem falschen Lehrsatz folgten: Das System hat immer recht. Jetzt sind es die Neoliberalen, die glauben, dass ihr System immer recht hat.

Die Verfechter des auf breiter Front versagenden Neoliberalismus behaupten seit Jahrzehnten, alles Schlechte komme durch den Staat in die Welt. Reagan sagte im Wahlkampf 1981, die schrecklichsten Worte, die es gäbe, seien: »Ich komme vom Staat und ich bin hier, um Ihnen zu helfen.«

Wenn es im Neoliberalismus Probleme gibt, wird untersucht, in welcher Nische noch etwas Staat vorhanden ist, um ihn dann auszumerzen. Das ist ein geradezu magisches Verhältnis zur Realität, man versucht es mit Zaubersprüchen und Ritualen, aber ohne die Weisheit einer traditionellen Weltsicht.

Dieses zersplitterte, von Egoismen angetriebene Wirtschaftssystem hat systematisch alle Burgen geplündert, gebrandschatzt und geschleift, die noch Schutz vor dem Klimawandel bieten könnten.

Der Neoliberalismus kann sehr prächtige Konferenzen ausrichten, auf denen eine 16-jährige Hofnärrin den absolutistischen Eliten die Wahrheit ins Gesicht schleudern darf. Deren Vertreter wissen sehr wohl, dass uns Tikal, Rapa Nui und Dafur drohen und sie daran nichts ändern werden.

Der Neoliberalismus hat 30 Jahre praktisch nachgewiesen, dass er nicht in der Lage ist, das Problem Erderwärmung auch nur ansatzweise einer Lösung näher zu bringen. Er hat komplett versagt. Je eher wir aus dieser Erkenntnis die Konsequenzen ziehen, umso besser.

Sich gegenseitig nach dem Ruck der Kollision mit dem Eisberg zu versichern, dass es schon nicht so schlimm um die Titanic stehe, wie die Alarmisten behaupten, wird ihr Sinken nicht verhindern. Vernünftig handelt, wer die Decksplanken rausreißt und beginnt, die Damasttischdecken der 1. Klasse in Streifen zusammenzuknoten, um damit Flöße zu bauen.

Darauf zu vertrauen, dass der Kapitän und seine Offiziere, die uns mit Höchstgeschwindigkeit in Richtung Eisberg steuerten, uns retten werden, ist keine gute Idee. Auf den Ingenieur zu hören, der wissenschaftlich prognostiziert, wie lange das Schiff noch schwimmen kann und dann die Arbeit der Floßbauer organisieren, ist vernünftig, auch wenn einige Passagiere starrköpfig behaupten, dass sie den Berechnungen sehr skeptisch gegenüberstünden und Beweise verlangen.

Die Geschichte mahnt

Wir wissen nicht genau, was sich im 9. Jahrhundert in der Mayastadt Tikal abspielte, die einst 200.000 Einwohner beherbergte und ernährte. Tikal existierte 1.000 Jahre, von etwa 200 vor bis 900 nach Christus. Sie war eine der bedeutendsten Städte der Maya-Kultur, eine Metropole, die der Katastrophe lange widerstand.

Die Gesellschaft der Mayas kollabierte im Verlauf des 9. Jahrhunderts in ganz Yucatan, eine Hochkultur mit gigantischen Steinbauten degenerierte zu versprengten Dörfern mit ein paar hundert Überlebenden in Hütten. Wir wissen, dass sich durch Abholzung das Klima lokal veränderte, es folgten ein Mangel an Nahrungsmitteln und interne Kriege darum.

Rapa Nui ist der indigene Name für die Osterinseln. Die Moai, riesige Steinköpfe, sind die rätselhaften Überbleibsel der verschwundenen polynesischen Kultur, die sie errichtet hat. Am Anfang des 18. Jahrhunderts ist von dem Staatsgebilde der Polynesier nichts mehr übrig. Wir wissen nicht genau, wodurch die Bevölkerung auf Rapa Nui bis zum Anfang des 18. Jahrhunderts von vielleicht 15.000 oder 5.000 auf 100 Einwohner schrumpfte.

Wir wissen nicht, wie viel Blut floss, als sich auf einer ehemals bewaldeten, palmengesäumten Insel die Erkenntnis durchsetzte, dass zuerst das Fressen kommt und dann die Moral, wenn der letzte Baum gefällt und der letzte Fluss vergiftet ist.

Wir wissen nicht, ob es eine Schicht gab, der das Allgemeinwohl egal war, die versuchte, so lange es ging, so gut wie möglich zu leben, bis Hunger und Durst absolut regierten und das Gemetzel begann. Wir wissen nur, dass viele steinerne Pfeile und Speerspitzen auf der ganzen Insel gefunden wurden. Und Skelette.

Aber wir wissen, was in Darfur in der afrikanischen Sahelzone seit 2003 geschieht. Darfur ist der erste Konflikt der Gegenwart, der als Klimakrieg bezeichnet wird. In Darfur hat der dramatische Rückgang der Regenfälle in den letzten 50 Jahren und das Vordringen der Sahara nach Süden die Muslime in den Nordprovinzen und die Christen und Animisten im Süden in Konkurrenz zueinander gebracht.

Sie haben sich bewaffnet und begonnen, um die immer knapper werdenden Landflächen zu kämpfen, die noch beackert werden können. Man schießt sich den Zugang zum knappen Wasser frei. 300.000 Menschen sind gestorben, 3 Millionen Menschen sind geflohen. 2016 soll die sudanesische Regierung sogar Giftgas eingesetzt haben. Darfur ist vom US-Militär sorgfältig als Klimakrieg analysiert worden.

Das US-Verteidigungsministerium schrieb 2014 in seinem vierteljährlichen Bericht:

»Die Wirkung des Klimawandels könnte die Häufigkeit, den Umfang und die Komplexität zukünftiger Missionen vergrößern und erhöhen. Wenn das Klima sich signifikant verändert oder sich die Umweltbedingungen so verschlechtern, dass lebensnotwendige Ressourcen nicht mehr ausreichend vorhanden sind, geraten Gesellschaften in Stress, und das kann zu

ihrem Zusammenbruch führen. Die Bedrohung durch den Klimawandel hat Auswirkungen auf die Verwundbarkeit der Nationalen Sicherheit. Der Klimawandel könnte neben anderen Effekten auch terroristische Aktivität erzeugen.«

Neuerdings befürchten die *USA* sogar Terrorismus in der Arktis, einer Region, in der die Erderwämung so rasant abläuft wie nirgendwo sonst auf der Welt. In Präsident George. W. Bushs *National Security Presidential Directive 66, NSPD*-66/*HSPD*-25 vom 9. Januar 2009 steht wörtlich:

»Es gibt ein wachsendes Bewusstsein, dass die Arktis sowohl verwundbar als auch ressourcenreich ist. (...) Die USA haben weitgehende und fundamentale nationale Sicherheitsinteressen in der Arktis, und sie sind darauf vorbereitet, diese Interessen entweder alleine oder in Zusammenarbeit mit anderen Staaten zu wahren. Die USA haben fundamentale Interessen, ihre Heimat zu schützen und Terrorangriffe zu verhindern. Die Verwundbarkeit der USA gegen Terrorangriffe in der Arktis nimmt zu. Das zwingt die USA, eine aktivere und einflussreichere nationale Anwesenheit anzukündigen, um ihre arktischen Interessen zu schützen und ihre Seemacht in der gesamten Region spürbar werden zu lassen.«

Das bedeutet im Klartext: Das Seeeis der Arktis taut in rasantem Tempo. Schon jetzt können Schiffe in Regionen der Arktis navigieren, die bisher überhaupt nicht oder nur viel kürzer schiffbar waren. Die Situation wandelt sich rapide.

Die Nordwestpassage ist jetzt möglich, die russischen Polargewässer sind zunehmend befahrbar. Die USA werden in dieser Region ihren Einfluss mit Kriegs- und Handelsschiffen in Konkurrenz zu den Russen und den Chinesen geltend machen. Das wird nicht ohne Konflikt möglich sein. Auch in der Arktis werden Kriege wahrscheinlicher werden.

Was in all den Ankündigungen und Verlautbarungen nicht steht, ist die simple Wahrheit, dass sich das Militär darauf vorbereitet, den Zugang zu Wasser und Nahrungsmitteln mit Schusswaffen zu sichern. Der Klimawandel verlagert die Temperaturzonen, in denen Anbau möglich ist, in Gebiete, die bisher kälter waren, im Norden nach Norden, im Süden nach Süden.

Aber da sind keine Anbaugebiete. Klimazonen und die Position der Ackerböden passen nicht mehr zusammen. Die traditionellen

Anbaugebiete werden verdorren. Die Weltbevölkerung nimmt gleichzeitig zu. Das bedeutet: Es wird immer weniger Nahrung und Wasser für immer mehr Menschen geben. Das ist eine Gleichung, die nicht aufgehen kann, und das Ergebnis wird militärisch geregelt werden.

Die Zukunft bringt Krieg, wenn es nicht gelingt, einen fundamentalen Wandel herbeizuführen, die Eliten zu stürzen und fortan Entscheidungen im Interesse der größtmöglichen Zahl von Menschen zu treffen.

Der Klimawandel bedeutet für überlebenswillige Angehörige der Art Homo sapiens, dass ein Systemwandel diskutiert, entschieden und durchgeführt werden muss. Die Frage, wie unsere Gesellschaft in Zukunft aussehen soll, ist kein Luxusproblem des Elfenbeinturms mehr, kein Thema für größenwahnsinnige Studenten, sie ist existentiell. Im Wortsinn. Für uns alle. Wandel oder Untergang. Aufstand oder Aussterben.

Ran an die Decksplanken der Titanic.

Der Schriftsteller Roy Scranton, der als junger Freiwilliger in den Irakkrieg aufbrach und gewandelt, belesen und sprachmächtig wie Hemingway zurückkehrte, drückt es in seinem sehr lesenswerten, jedoch wenig erbaulichen Buch *»Sterben lernen im Anthropozän – Gedanken zum Ende einer Zivilisation«* so aus:

> *»Die größte Herausforderung, vor die uns das Anthropozän stellt, ist nicht, wie das Verteidigungsministerium am besten seine Ressourcenkriege plant, ob wir schützende Deiche vor Manhattan bauen sollen, oder wann wir Miami aufgeben müssen. Man kann diese Herausforderung auch nicht angehen, indem man einen Prius kauft, die Klimaanlage abstellt oder ein Abkommen unterzeichnet. Die größte Herausforderung ist eine philosophische. Wir müssen uns eingestehen, dass diese Zivilisation bereits tot ist. Je eher wir uns dieser Situation stellen, je eher wir einsehen, dass wir uns nicht mehr retten können, je eher können wir mit der schwierigen Aufgabe beginnen, uns an diese neue Realität mit der Bescheidenheit sterblicher Wesen anzupassen«.*

Murtaza Hussain
Krieg gegen die Welt

Der militärisch-industrielle Komplex ist einer der größten Umweltverbrecher des Planeten und für die globale Erwärmung und ökologische Katastrophe maßgeblich mitverantwortlich.

Dass Umweltzerstörung und Krieg zwei Geißeln der Menschheit sind, ist inzwischen weithin anerkannt. Meist werden sie jedoch als getrennte Übel betrachtet, so als hätte das eine mit dem anderen nichts zu tun. Diese Fehleinschätzung führt dazu, dass unsere Politiker mitunter eifrig die Begrenzung des CO_2-Ausstoßes beschwören, neuen Kriegseinsätzen jedoch zustimmen, sobald der große Bruder aus Amerika pfeift. Und dies, obwohl jeder Krieg Millionen Tonnen Kohlendioxid in die Atmosphäre bläst und niemand einen so verheerenden ökologischen Fußabdruck aufweist wie die Marschstiefel der Militärs. Einer hat dies schon vor rund hundert Jahren erkannt: der indische Dichter und Gelehrte Rabindranath Tagore. Er sah voraus, was unbegrenzte Gier, militärische Expansion und Verachtung für die Umwelt für den Planeten bedeuten würden – es sei denn, wir würden einen Weg finden, uns von diesem Kurs abzuwenden.

Über ein Jahrhundert bevor wir am Abgrund einer ökologischen Katastrophe standen, hatte Rabindranath Tagore eine Ahnung, wohin es gehen könnte. Tagore, ein indischer Autor und Kulturreformer, der in der Zeit des britischen Kolonialismus lebte, gehörte zu den Letzten einer

Generation, die noch in der Lage war, die industrialisierte Welt als außenstehender Beobachter zu betrachten.

Er sprach eine der frühesten und wortgewaltigsten Warnungen über die problematische Situation einer Welt aus, die, wie unsere heutige auch, auf den Zwillingssäulen des industriellen Konsums und der industriellen Kriegsführung beruht. Auf einer Seereise nach Japan im Jahr 1916 wurde Tagore Zeuge eines unfassbaren Ereignisses, das uns heute fast banal erscheint: einer Ölpest. Für ihn war es ein erschütterndes Bild einer Erde, die durch das hemmungslose Streben der Menschheit nach Macht zerstört wurde und nunmehr mit den Hilfsmitteln der modernen Wissenschaft aufgepeppt wird.

»Bevor diese politische Zivilisation an die Macht gelangte und ihr hungriges Maul weit genug aufriss, um große Kontinente der Erde zu verschlingen«, schrieb Tagore 1917 in seinem Essaybuch *»Nationalism«* »hatten wir Kriege, Plünderungen, Veränderungen der Monarchie und daraus resultierendes Elend. Aber niemals solch einen Anblick angstvoller und hoffnungsloser Gefräßigkeit, eine massenhafte Opferung einer Nation nach der anderen, solch riesige Maschinen, um große Teile der Erde in Kleinholz zu verwandeln, niemals solch schreckliche Missgunst mit all ihren hässlichen Zähnen und Krallen, die bereit sind, lebenswichtige Organe aufzureißen«.

Der Klimanotstand, in den wir uns heute hineinbewegen – das Aufreißen unserer gegenseitigen lebenswichtigen Organe – ist ein Ergebnis unserer kollektiven Unfähigkeit, Grenzen einzuhalten. Ein Wirtschaftssystem, das endloses Wachstum und endlosen Konsum verlangt, überfordert damit ständig einen Planeten, dessen Ressourcen endlich sind. Doch, wie Tagore erkannte, würde die gleiche Gier und Verachtung, die uns veranlasste, Krieg gegen die Erde zu führen, uns auch zu katastrophalen, endlosen Kriegen zwischen den Völkern veranlassen.

Als er sein Buch schrieb, war der Erste Weltkrieg bereits im Gange. Tagore betrachtete diesen Konflikt als den ersten der modernen Kriege, der uns das beträchtliche Potential aufzeigte, das wir erlangt hatten, um unsere natürliche Umwelt und unsere Mitmenschen zu zerstören. Die während dieses Konflikts entstandenen massiven Militärindustrien deuteten auf eine möglicherweise noch unmenschlichere Zukunft hin.

»Die gigantischen Organisationen, die dazu dienen, andere zu verletzen und deren Angriffe abzuwehren, die Geld damit verdienen, andere zurückzuwerfen, werden uns nicht helfen«, schrieb Tagore.

»Im Gegenteil, durch ihr erdrückendes Gewicht, ihre enormen Kosten und ihre abstumpfende Wirkung auf die lebendige Menschheit werden sie unsere Freiheit ernsthaft behindern.«

Bis zu seinem Tod im Jahr 1940 schrieb Tagore über die Gefahren von Militarismus, Rassenhass und über eine grausame industrielle Entwicklung, die die Natur zu verschandeln begann. Die Industrialisierung der Kriegsführung hat uns nun in die Lage versetzt, andere Menschen und die Erde selbst in einem Ausmaß zu zerstören, die sogar Tagores Warnungen übertrifft. Sogar diejenigen, die ihr Leben dem Projekt des amerikanischen Militarismus gewidmet haben, sind dabei, die Zerstörung zu erkennen, die gerade angerichtet wird. In der Zeit der Klimakrise ist der Zusammenhang zwischen Umweltzerstörung und der Zerstörung des menschlichen Lebens, das Tagore in seinen Schriften verurteilte, möglicherweise zum zentralen Thema unserer Zeit geworden.

Es mag dann auch nicht überraschen, dass das größte industrielle Militärwesen der Weltgeschichte gleichzeitig auch der größte Umweltverschmutzer der Welt ist.

Eine aktuelle Studie des Kriegskosten-Projektes der Brown University hat diese erschreckende Tatsache ans Licht gebracht: Das US-Verteidigungsministerium hat einen größeren jährlichen CO2-Fußabdruck als die meisten Länder dieser Erde. Mit einem ausgedehnten Netzwerk von Stützpunkten und Logistiknetzwerken ist das US-Militär, abgesehen von Nationalstaaten, der größte Kohlendioxidemittent der Welt. »In der Tat ist das Verteidigungsministerium der weltweit größte institutionelle Erdölverbraucher und dementsprechend der weltweit größte Produzent von Treibhausgasen«, heißt es in dem Bericht.

Wenn das Pentagon ein Land wäre, stünde es unter den größten Kohlendioxidemittenten der Welt an der 55. Stelle. Und sein Hauptzweck – Kriegsführung – ist mit Sicherheit die kohlenstoffintensivste Aktivität.

Seit dem Beginn der gegenwärtigen Ära der amerikanischen Konflikte durch den Einmarsch in Afghanistan im Jahr 2001 hat das US-Militär die gigantische Menge von schätzungsweise 1,2 Milliarden Tonnen Kohlenstoff in die Atmosphäre ausgestoßen. Zum Vergleich: Die gesamten jährlichen Kohlenstoffemissionen des Vereinigten Königreichs betragen rund 360 Millionen Tonnen.

Diese massive zusätzliche Belastung des Planeten könnte sich rechtfertigen lassen, würde sie im Namen von lebenswichtigen Interessen der nationalen Sicherheit erfolgen, aber die größten Komponenten beim

Kohlendioxid-Fußabdruck des US-Militärs waren Kriege und Besatzungen, die fast völlig unnötig waren. Um es derb auszudrücken: Die USA haben den Planeten für Prestigeprojekte vergiftet.

Nehmen wir zum Beispiel die Besetzung Afghanistans, wo die Vereinigten Staaten nach 18 Jahren kurz davor stehen könnten, einen Friedensvertrag mit den Taliban abzuschließen. Während der anfängliche Krieg allgemein als notwendige Reaktion auf die Anschläge vom 11. September akzeptiert wurde, scheinen die beinahe zwei Jahrzehnte andauernden Kämpfe seitdem keinen politischen Zweck erfüllt zu haben. Aus amerikanischer Sicht hätte 2001 ein besseres Friedensabkommen erzielt werden können, als sich die Taliban angesichts einer internationalen Militäroffensive beinahe aufgelöst hatten.

Anstatt dann vernünftigerweise eine Vereinbarung abzuschließen und den Sieg über Afghanistan zu verkünden, beschlossen die Vereinigten Staaten, sich auf einen endlosen Krieg und eine endlose Besatzung einzulassen. Die Kosten waren fürchterlich: Die Taliban wurden aus dem Beinahe-Tod wiederbelebt, mindestens 110.000 Menschen wurden getötet, und die Umweltbelastung war enorm.

Zusätzlich zum Ausstoß von Millionen Tonnen Kohlendioxid während des Krieges hat der militärische Fußabdruck der USA noch direkter zur unmittelbaren Zerstörung der afghanischen Umwelt beigetragen.

Die Abholzung der Wälder hat sich inmitten der Kriegswirren beschleunigt, und die US-Streitkräfte haben, durch Müllverbrennung und andere Maßnahmen, giftige Schadstoffe in die Luft freigesetzt, die unter Verdacht stehen, für Erkrankungen der afghanischen Zivilbevölkerung und chronische Krankheiten von US-Veteranen verantwortlich zu sein.

Die Umweltkatastrophe, die der Irakkrieg angerichtet hat, war sogar noch schlimmer. Der Krieg führte nicht nur zu einem Anstieg der Kohlendioxidemissionen durch die Aktivitäten des US-amerikanischen Militärs, sondern auch zu einer weitverbreiteten Vergiftung der irakischen Umwelt durch den Einsatz giftiger Munition und sogenannter Brandgruben auf Militärbasen, die bereits in Afghanistan zum Einsatz kamen. Die Umwelt ist an einigen Stellen so vergiftet, dass daraus erhöhte Krebsraten und schlimme Geburtsdefekte resultieren – schreckliche Einzelschicksale, die unschuldigen zukünftigen Generationen zugefügt werden. Ein britischer Arzt als Koautor von zwei Studien über die Umweltauswirkungen von US-Militäroperationen in Falludscha sagte, dass die Bevölkerung der

Stadt unter »der höchsten Rate genetischer Schäden, die jemals in einer Bevölkerung festgestellt wurde«, leidet.

Ein Großteil dieser Auswirkungen kann auf den Einsatz von Munition mit abgereichertem Uran durch die US-Streitkräfte zurückgeführt werden. Trotz des Versprechens, den Einsatz einzustellen, stellte eine Studie der unabhängigen Überwachungsgruppe Airwars und der Zeitschrift *Foreign Policy* fest, dass das Militär die giftige Munition während seines jüngsten Bombeneinsatzes in Syrien weiterhin einsetzte.

Die Tatsache, dass der Hauptfaktor des Klimawandels die Emission fossiler Brennstoffe ist, verleiht diesen Kriegen eine weitere düstere Ironie. Seit Jahrzehnten wird der starke militärische Fußabdruck der USA im Nahen Osten durch die Notwendigkeit gerechtfertigt, den Zugang zu den Ölreserven der Region aufrechtzuerhalten.

Die industrielle Gewinnung genau dieser Reserven ist einer der Hauptfaktoren der globalen Kohlendioxidemissionen.

Mit anderen Worten, wir haben getötet, sind gestorben und haben die Umwelt verschmutzt, um den Zugang zu denselben giftigen Ressourcen sicherzustellen, die am meisten für unsere Klimazerstörung verantwortlich sind. Es bedurfte dieser perfekten Symmetrie zwischen industrieller Kriegsführung und industrieller Ausbeutung der Erde, um die unsägliche Notlage herbeizuführen, der wir uns jetzt gegenübersehen.

Die Phänomene endloser Krieg und Klimawandel haben von einer weiteren gemeinsamen Schwäche profitiert: der öffentlichen Gleichgültigkeit. Um es deutlich zu sagen, es ist nicht so, dass es die Leute nicht interessiert. Vor Beginn des Irak-Krieges gingen Millionen auf die Straße, um in einem letzten Versuch die Invasion zu verhindern. In den USA gibt es seit Jahrzehnten eine dynamische Umweltbewegung.

Mit der Zeit sind die im Ausland tobenden Kriege und Berichte über entfernte ökologische Katastrophen allerdings zu Nebengeräuschen geworden. Selbst heute, da wir uns echten Katastrophen gegenübersehen, steht keines der Themen im Vordergrund unserer medialen oder politischen Diskussionen. Zum Teil scheint das daran zu liegen, wer bisher gelitten hat. Genauso wie vor allem fremde Länder von den schrecklichen Kriegslasten betroffen sind – ebenso wie ein kleines Freiwilligen-Militär aus den USA –, hat das Frühstadium der Klimakrise vor allem entfernte Gebiete mit einer braunhäutigen Bevölkerung wie Brasilien, Bangladesch, die Malediven und die Bahamas in Mitleidenschaft gezogen. Solange die Krise vom Festland der Vereinigten Staaten fern bleibt, scheinen selbst

Menschen, die über solche Nachrichten traurig sein könnten, diese nicht als Notfall zu begreifen.

Früher oder später wird der Notfall jedoch auch bei uns ankommen. In diesem März erreichte der Gehalt an atmosphärischem Kohlendioxid einen Spitzenwert von 415 Parts per Million. Um ein Gefühl dafür zu bekommen, was dies bedeutet: Das letzte Mal war die Atmosphäre vor 800.000 Jahren so kohlenstoffhaltig. Zu dieser Zeit war der Südpol eine gemäßigte Zone, in der Wälder wuchsen und die durchschnittliche globale Temperatur lag um 3 bis 4 Grad Celsius höher als heute. Der Meeresspiegel lag etwa 18 Meter höher. Ohne drastische Anstrengungen für negative Nettoemissionen – ein Beenden der Kohlendioxidemissionen und eine Verringerung der Kohlenstoffmenge, die sich bereits in der Atmosphäre befindet – sind wir auf dem Weg, einen solchen Planeten zu schaffen. Stattdessen steigen die weltweiten Nettoemissionen weiter an.

Ironischerweise ist das Pentagon, angesichts seiner eigenen Rolle diesen Notfall herbeizuführen, eines der wenigen Bollwerke gegen die Leugnung des Klimawandels, die die amerikanische Regierung derzeit erfasst hat. »Die einzige Abteilung in Washington, die sich ganz klar mit der Idee befasst, dass der Klimawandel real ist, ist das Verteidigungsministerium«, sagte Oberst Lawrence Wilkerson, ehemaliger Stabschef von General Colin Powell.

Das US-Militär bereitet sich auf eine düstere Zukunft mit klimabedingter politischer Instabilität, Nahrungsmittelknappheit, Ressourcenkriegen und massiven Flüchtlingsbewegungen vor. Angesichts der strategischen Bedrohung, die die eigene Abhängigkeit von fossilen Brennstoffen darstellt, wurden sogar Schritte unternommen, um die eigenen Energiequellen zu diversifizieren.

Doch selbst diese begrenzten Bemühungen stießen bei der Trump-Administration auf Widerstand. Die Marine hat kürzlich eine Arbeitsgruppe wieder aufgelöst, die die Auswirkungen des Klimawandels untersuchen sollte, und untergräbt damit ein Minimum an Anstrengungen, um die Auswirkungen eines steigenden Meeresspiegels und schmelzender Eiskappen vorherzusagen. Mit den Worten des ehemaligen Konteradmirals, der die Bemühungen der Marine in Bezug auf den Klimawandel bis 2015 leitete, »endete die Arbeitsgruppe, meiner Meinung nach, ohne vollständige Einbindung von Überlegungen zum Klimawandel«.

Wir neigen dazu, das 20. Jahrhundert hauptsächlich als einen materiellen Fortschritt zu betrachten. Es ist hilfreich, sich daran zu erinnern, dass es auch eine Ära war, die uns Blutvergießen in einem historisch beispiellosen Ausmaß bescherte. Das Potential der modernen Wissenschaft war endlich mit der ursprünglich dunklen Seite der menschlichen Natur verbunden.

Das Ergebnis war die brutalste Gewaltperiode in der Geschichte der Menschheit. Die Zahl der Todesopfer ist heute kaum noch nachvollziehbar, doch allein der Zweite Weltkrieg – mit seiner industriellen Dämonologie aus Panzern, Bombenflugzeugen, Giftgas und Atomwaffen – hat über 70 Millionen Menschen getötet. Der Krieg hat Umweltschäden verursacht, die es nie zuvor gegeben hat. Die nuklearen Explosionen in Hiroshima und Nagasaki gaben uns erste realistische Einblicke, wie die Zivilisation selbst enden könnte. Wir sind aus dieser Katastrophe irgendwie wieder herausgekommen. Wir könnten jetzt geradewegs in eine viel größere hineinlaufen.

Das Abschmelzen der Arktis schafft nicht nur einen ökologischen Notfall, sondern – in den Augen amerikanischer, russischer und chinesischer Militärkommandeure – auch ein potentielles neues Schlachtfeld. Angesichts eines Planeten, der eindeutig an die Grenzen der Misshandlungen stößt, die er noch ertragen kann, werden immer noch die Grundlagen für weitere Ausbeutung und Gewalt gelegt.

Rabindranath Tagore starb zu Beginn des Zweiten Weltkriegs, bevor dieser seinen schrecklichen nuklearen Höhepunkt erreichte. Viele Jahrzehnte zuvor hatte er bereits vorausgesehen, was unbegrenzte Gier, militärische Expansion und Verachtung für die Umwelt für den Planeten bedeuten würde – es sei denn, wir würden einen Weg finden, uns von diesem Kurs abzuwenden. Mehr als ein Jahrhundert später klingen seine Worte fast prophetisch. Es gibt endlich erste Anzeichen einer wirklichen Bewegung gegen den endlosen Krieg und den Umwelt-Nihilismus, die uns an diesen Abgrund gebracht haben. Tagore ließ es nicht an Klarheit darüber fehlen, wo wir uns befinden werden, sollten wir versagen.

»Wenn dies auf unbestimmte Zeit so weitergeht und die Rüstungsgüter sich selbst zu unvorstellbaren Absurditäten ausweiten und Maschinen und Lagerhäuser diese schöne Erde mit ihrem Dreck und Rauch und ihrer Hässlichkeit einhüllen«, warnte Tagore, »dann wird es in einem Massenselbstmord enden.«

Klaus Moegling

Der Feind allen Lebens

Militär und Kriege vernichten unsere Biosphäre, weshalb Friedens- und Umweltbewegung zusammengehören.

Ein über lange Zeit vernachlässigter Aspekt von Aufrüstung und militärischen Aktivitäten liegt in der massiven Umweltzerstörung, die das Militär insbesondere während und nach militärischen Konflikten weltweit verursacht. Die Vergiftung und Zerstörung der Umwelt mit schwerwiegenden Folgen für Menschen, Tiere und Pflanzen gelangen erst jetzt am Rande der gegenwärtigen Proteste der Umwelt- und der Friedensbewegung allmählich ans Licht der Öffentlichkeit.

Die militärbedingten Eingriffe in die Umwelt erfolgen jedoch bereits seit Hunderten von Jahren. Ökologische Zerstörungen durch das Militär wurden früher nur selten als Bedrohung angesehen; militärische, ökonomische und geostrategische Zielsetzungen hatten Priorität. Dementsprechend beschreibt bereits der römische Naturkundler Plinius der Ältere im 1. Jahrhundert n. Chr. die Abholzung der Wälder und die Verwüstung der Landschaften in Italien, Spanien und Nordafrika, um für den Handel und den Krieg unter anderem Holz, Kupfer und Eisenerz zu gewinnen:

> *»Man durchgräbt die Erde auf der Jagd nach Reichtum, weil die Welt nach Gold, Silber, Elektron und Kupfer verlangt – dort der Prunksucht zuliebe nach Edelsteinen und Färbemitteln für Wände und Holz, anderswo um des verwegenen Treibens willen nach Eisen, das bei Krieg und Mord sogar noch mehr geschätzt wird als das Gold.«*

Die Folgen dieser massiven Eingriffe in die Natur zeigen sich noch bis heute beispielsweise in der Verkarstung großer Teile der italienischen und spanischen Berglandschaft.

Später war der Kolonialismus mit weiteren Umweltzerstörungen und Eingriffen in ökologisch angepasste und funktionierende Systeme der Subsistenzwirtschaft verbunden: Indigene Bauern wurden in den eroberten Gebieten von ihrem Land vertrieben. Eine intakte Umwelt wurde oftmals aufgrund des militärischen Eingreifens der Kolonialmächte zu einer monokulturellen und einseitig ausgerichteten Plantagenwüste.

Die beiden Weltkriege verwandelten zahlreiche Regionen in eine zerstörte und mit Waffenresten verseuchte Landschaft.

Nach Schätzungen des Fraunhofer Instituts liegen ungefähr 1,6 Millionen Tonnen konventionelle Kampfmittel und circa 200.000 Tonnen chemische Kampfmittel auf den Meeresböden der Ost- und Nordsee. Seeminen, Bomben, Giftgasgranaten rosten, werden porös und geben ihre giftige Ladung in die Umwelt frei, sodass über die Fische das Gift in die menschliche Nahrung gerät.

Die Atombombenabwürfe auf die japanischen Städte Hiroshima und Nagasaki im August 1945 hatten allein 1945 nicht nur eine Viertelmillion Tote zur Folge, sondern verseuchen diese Regionen bis heute radioaktiv, sodass weiterhin zahlreiche Menschen an Krebs sterben und Kinder mit genetischen Defekten geboren werden.

Auf Anordnung des US-amerikanischen Präsidenten John F. Kennedy setzten die Militärs in Vietnam bereits 1961 Pflanzenschutzmittel ein, um den Vietcong die Deckung im entlaubten Regenwald zu nehmen und deren Reisfelder zu zerstören. Ab Februar 1967 verwendeten sie das Pflanzengift »Agent Orange« zur Entlaubung des vietnamesischen Regenwalds und zur Zerstörung der Reisfelder des Vietcong im Rahmen des größten Chemie-Angriffs der Geschichte im Vietnam-Krieg. Das darin enthaltene Dioxin verseucht noch heute Vietnam und ist dort für massive Krebserkrankungen und Gendefekte verantwortlich. Insgesamt versprengte die US-Armee 70 Millionen Liter Herbizide aus der Luft über Vietnam mit verheerenden Folgen für die Natur und die Gesundheit der Menschen.

Die »Internationale Kampagne zur Abschaffung von Atomwaffen« (ICAN), die 2017 den Friedens-Nobelpreis erhielt, geht von circa 2000 Atomwaffentests mit der Sprengkraft von 29.000 Hiroshima-Bomben aus, die unter der Erde, im Wasser und über dem Boden durchgeführt wurden.

Diese Atombombentests sind verantwortlich für die umfangreiche radioaktive Verseuchung verschiedener Regionen sowie heute für etwa 2,4 Millionen Krebstote. So führten die USA von 1945 bis 1992 insgesamt 1.032 Test durch, die Sowjetunion zwischen 1949 und 1991 allein in Semipalatinsk in der kasachischen Steppe 456 Nuklearwaffentests.

Niemand weiß allerdings genau, wie viel Millionen Menschen aufgrund – insbesondere der überirdischen Tests – an Krebs erkrankten und starben. Die Organisation »Internationale Ärzte für die Verhütung eines Atomkriegs« (IPPNW) setzt die Opferzahlen im Rahmen ihrer Studie »Bedrohung des Lebens durch radioaktive Strahlung« noch höher als ICAN an. Die vom Münchner Biochemiker Prof. Roland Scholz geleitete Studie kommt bereits 1997 zum Ergebnis, *»dass allein die äußere Strahlenbelastung durch den Bomben-Fallout weltweit 3 Millionen zusätzliche Krebstote bis zum Jahr 2000 verursachen könnte. Hinzu kämen die Folgen der Inkorporation von Radionukliden durch Nahrung und Atemluft. Durch diese interne Strahlung könne es noch zusätzliche 30 Millionen Opfer geben«*.

Zur aktuellen Situation: Das Ausklammern der ökologischen Perspektive militärischer Eingriffe in internationalen Kontexten

Brennende Ölquellen im Zuge militärischer Auseinandersetzungen im arabischen Raum, zum Beispiel im Irak-Krieg, sorgten für eine massive CO2-Verschmutzung der Biosphäre.

Auch die unter anderem im ehemaligen Jugoslawien von der NATO verwendete Uran-Munition vergiftete die Umwelt und sorgte dort für radioaktiv verstrahlte Gebiete. Radioaktive Munition wird auch heute in Syrien eingesetzt, insbesondere für Panzer brechende Angriffswaffen.

Das Militär ist sowohl im Alltagsbetrieb als auch im militärischen Einsatzfall einer der größten globalen Umweltverschmutzer.

So schreibt Markus Gelau 2018 am Beispiel des US-Militärs:

»Offiziell werden auf den weltweit 700 bis 1.000 Militärbasen täglich 320.000 Barrel Öl verbraucht. Hauptsächlich verursacht durch die sich ständig im Einsatz befindlichen 285 Kampf- und Versorgungsschiffe der US-Navy. Ebenso rund 4.000 Kampfflugzeuge, 28.000 gepanzerte Fahrzeuge, 140.000 sonstige Fahrzeuge, über 4.000 Hubschrauber, mehrere

Hundert Transportflugzeuge und 187.493 Transportfahrzeuge (alle Zahlen aus 2012). Zudem werden ausgemusterte Schiffe samt hochgiftiger Ladung zumeist nicht fachgerecht abgebaut und entsorgt, sondern auf hoher See einfach mit Torpedos und Raketen bombardiert und versenkt. Mindestens 109 Mal soll dies zwischen 1999 und 2012 so praktiziert worden sein. Nur 64 Schiffe wurden im selben Zeitraum verschrottet und recycelt.«

Allein in den *USA* gibt es im Kontext militärischer Übungsgelände nach Pentagon-Angaben circa 39.000 verseuchte Gegenden, deren Dekontaminierung Hunderte Milliarden Dollar kosten würde. Auch Deutschland ist von dieser Problematik nicht ausgenommen. Das zeigen die gegenwärtigen Waldbrände auf dem ehemaligen Übungsgelände der DDR-Armee und der Bundeswehr mit der damit verbundenen Gefahr explodierender Munition in Mecklenburg-Vorpommern sowie die immer noch auftretenden Bombenfunde in deutschen Großstädten.

Die Vereinten Nationen schätzen, dass circa 220.000 Landminen in über 70 Ländern gelegt wurden. Derartige Gegenden, zum Beispiel im ehemaligen Jugoslawien, in der Demokratischen Republik Kongo, in Vietnam, Kambodscha oder Tschetschenien, sind somit Kampfmittel verseucht und langfristig weder für Wohnungsbau noch für Landwirtschaft nutzbar, da deren Beseitigung teuer und auch nur über einen längeren Zeitraum hinweg Schritt für Schritt erfolgen kann.

Diese Bilanz könnte mit zahlreichen weiteren Beispielen wie dem Einsatz von Streumunition durch Saudi-Arabien im Jemen, Fassbomben des syrischen Militärs, gesunkene sowjetische Atom-U-Boote in der Ostsee, CO2-Emissionen durch Militärbewegungen zu Luft und am Boden fortgeführt werden und zeigt:

Die Umwelt- und Friedensbewegung haben einen gemeinsamen substanziellen Schnittpunkt. Die Forderung nach einer Beendigung der Umweltzerstörung durch Militär und Kriege sollten sowohl Umweltbewegung als auch Friedensbewegung als zentrale Forderung an die Politik adressieren.

Diese Einschätzung wird dadurch unterstützt, dass das Militär nicht nur das Klima schädigt, sondern auch die eintretende und im Zusammenhang mit kapitalistischem und geostrategischen Interessen stehende Klimakrise wiederum die weitere Ursache für militärische Konflikte und die Zerstörung politischer Systeme gerade in den ärmeren Regionen der

Welt sein wird. So schreibt Michael T. Klare, Professor für Frieden und Weltsicherheit am Hampshire College in Massachusetts 2015:

> *»Die stärksten und reichsten Staaten, insbesondere in den gemäßigteren Klimazonen, dürften mit diesen Belastungen besser zurechtkommen. Hingegen wird die Zahl der gescheiterten Staaten wohl dramatisch anwachsen, was zu gewaltsamen Auseinandersetzungen und regelrechten Kriegen um die verbleibenden Nahrungsquellen, landwirtschaftlich nutzbaren Böden und bewohnbaren Flächen führen wird.*
> *Große Teile des Planeten könnten also in Zustände wie jene geraten, die wir heute in Libyen, Syrien und dem Jemen vorfinden. Manche Leute werden bleiben und um ihr Überleben kämpfen; andere werden abwandern und so gut wie sicher auf wesentlich gewaltsamere Formen jener Feindseligkeit stoßen, die Einwanderern und Flüchtlingen in ihren Zielländern heute schon entgegenschlägt. Somit würde es unausweichlich zu einer weltweiten Epidemie von Bürgerkriegen und anderen gewalttätigen Auseinandersetzungen um Ressourcen kommen.«*

Konsequenzen für die internationale Friedens- und Umweltpolitik

Dies bedeutet demnach, dass die weltweiten Militäraktivitäten sowohl Ursache als auch Folge von Umweltzerstörung sein können.

Dementsprechend fordert der Friedensaktivist Karl-Heinz Peil 2019, Mitglied des Bundesausschuss Friedensratschlag:

> *»Für die Friedensbewegung gilt es (...), dass nur durch drastische Abrüstung globale Nachhaltigkeit und Ressourcenschutz ermöglicht wird.«*

Dies gilt genauso für die Umweltbewegung, die die ökologische Gefährdung von Seiten des Militärs sowohl in Friedens- als auch in Kriegszeiten deutlicher in ihren Aufmerksamkeitsfokus nehmen müsste. Wenn eine Aufrüstung Deutschlands und der EU im Sinne der NATO-Anforderungen, das bedeutet 2 Prozent des BIP für Militärausgaben, vollzogen wird, dann fehlt dieses Geld für die existenziell notwendige Bekämpfung der Klimakrise – so der internationale Friedensnetzwerker Reiner Braun und der Umweltpolitiker Michael Müller 2018:

> *»Wir leben aber in einem unfertigen Frieden, in dem soziale Unterschiede und ökologische Risiken zunehmen. Hunger, Elend und Umweltzerstörung erzeugen eine Gewalt, die Kriege auslösen können. Zusätzlich fast 30 Milliarden Euro fürs Militär würden der Modernisierung der Infrastruktur, dem sozialen Wohnungsbau, der Entwicklungszusammenarbeit oder im Kampf gegen den Klimawandel fehlen. Geld muss in die 17 Nachhaltigkeitsziele der Agenda 2030 und das Pariser Klimaabkommen fließen, um die Erderwärmung möglichst bei 1,5 Grad Celsius zu begrenzen. Das sind Investitionen, die für den Frieden unverzichtbar sind.«*

In diesem Zusammenhang ist auch die Frage zu stellen, wie die Beseitigung der durch Militär verursachten Umweltschäden finanziert wird. Hierzu müssten – neben den verursachenden Kriegsparteien – auch die Produzenten in der Rüstungsindustrie herangezogen werden. Gerade für die Rüstungsindustrie gilt: Es ist nicht vertretbar, dass die erheblichen Gewinne in private Unternehmen fließen, wohingegen Staat und Steuerzahler die Kosten tragen.

Vor allem die Ausklammerung des Militärs als Klimaschädiger aus dem Kyoto-Protokoll und aus den Pariser Verträgen – insbesondere auf Druck der USA – verweist des Weiteren auf die internationale Dimension der Problematik. Hier sind die Vereinten Nationen gefragt, die Umweltproblematik im Zusammenhang mit dem Militär und den Kriegseinsätzen in die internationalen Klima-Verträge aufzunehmen. Dies dürfte ihnen leichter fallen, wenn zum Beispiel die *Fridays for Future*-Bewegung und die Ostermarsch-Bewegung beziehungsweise weitere Aktivitäten der Friedensbewegung entsprechenden zivilgesellschaftlichen Druck aufbauen.

Insbesondere sollte hierbei auf das Missverhältnis von Militärausgaben und Investitionen in den Umweltschutz aufmerksam gemacht werden, welches Ausdruck eines problematischen Bewusstseinsstand der politisch Herrschenden ist und natürlich auch den Interessen der Rüstungsindustrie entgegenkommt. Der Friedensaktivist Bernhard Trautvetter hat dies für Deutschland eindrucksvoll in Zahlen dokumentiert:

> *»Auch in Deutschland wird die indirekt umweltgefährdende Wirkung der Rüstung schon beim Blick auf den Bundeshaushalt unmittelbar klar: Der Ansatz für die sogenannte Verteidigung erreichte 2019 einen neuen Rekord, indem er sprunghaft von circa 38,5 Milliarden Euro auf 43,2 Milliarden*

Euro anstieg. Der Ansatz für Umwelt, Naturschutz und sogenannte nukleare Sicherheit stieg von knapp 2 Milliarden Euro auf knapp 2,3 Milliarden Euro. Das Verhältnis von Militärausgaben und dem Etat, der unter anderem die Kosten für Umwelt aufführt, beträgt circa 19 zu eins.«

An die WahlbürgerInnen ist entsprechend zu appellieren: Keine Partei mehr zu wählen, die sich nicht ökologisch eindeutig positioniert; keine Partei mehr zu wählen, die für die Ausweitung des Rüstungsetats und des Waffenhandels eintritt, auch wenn dies mit dem Arbeitsplatzargument unterstützt wird; keine Partei zu wählen, die bereit ist, sich an völkerrechtswidrigen Kriegen zu beteiligen, die immer sowohl gegen die Menschen als auch gegen die Umwelt gerichtet sind.

Des Weiteren: Wenn die erstarkende internationale Umweltbewegung, die derzeit vor allem von der jüngeren Generation getragen wird, über den Zusammenhang zwischen Militär, Krieg und Umweltzerstörung Kontakt zur Friedensbewegung aufnimmt, sich mit dieser vernetzt, dann wird ihre langfristige gesellschaftliche Relevanz weiterhin zunehmen.

Wenn diese zusammen dann auch noch den Zusammenhang zwischen der vorwiegend durch ein ungebremstes Profitstreben und von geostrategischen Interessen ausgelösten Umweltzerstörung, gewalttätig ausgetragenen Verdrängungskonflikten und der Migration von fliehenden Menschengruppen thematisieren, dann könnte langfristig einer derartigen gesellschaftlichen Bewegung noch eine größere systemische Bedeutung zukommen, als dies bei der 1968er-Bewegung der Fall war.

Während Willy Brandt und die SPD 1969 aufgrund des wachsenden zivilgesellschaftlichen Drucks der 1968er-Bewegung einen Politikwechsel erreichen konnten (»Mehr Demokratie wagen«), müsste derzeit weiterhin das notwendige Engagement für zu verbessernde demokratische Strukturen mit der Aufforderung »Mehr Ökologie, mehr Gerechtigkeit, mehr Frieden wagen« verbunden werden, um durch gesellschaftlichen Druck einen sozialökologischen und friedenspolitischen Politikwechsel auch auf der Regierungsebene vorzubereiten.

Karin Leukefeld
Verbrannte Erde

Die Kriege gegen Irak und Syrien haben historische Landschaften, Ressourcen und antike Stätten verwüstet und hinterlassen der Bevölkerung ein schweres Erbe.

Sie kommen in intakte Landschaften – und hinterlassen sie als Sondermülldeponien. Soldaten sind auch Natur- und Kulturmörder. Der unmittelbare Schaden, der durch getötete und verletzte Menschen, durch das Leid der Hinterbliebenen verursacht wird, dominiert meist die Wahrnehmung der Öffentlichkeit. Zu beachten ist aber auch die langfristige Schädigung. Die Hinterlassenschaft von Kriegen besteht oft in schwarzen Rauchsäulen in der Luft, verbrannter Erde und den Spuren radioaktiver Uranmunition, die die Bevölkerung über Generationen schädigen kann. Es gibt einen Krieg nach dem Krieg: Er richtet sich gegen Menschen, Tiere und Pflanzen, gegen Land, Wasser und Luft und oft auch gegen wertvolle Kulturdenkmäler. In Zeiten der schon im vollen Gang befindlichen Ökokatastrophe ist das kein Kavaliersdelikt mehr. Und am Ende sind es immer – auch – Menschen, die leiden.

Es ist der 16. Oktober 2019. Unweit der Zementfabrik Lafarge steigt eine schwarze Rauchsäule in den Himmel. Die Aufnahmen, die die Rauchsäule dokumentieren, stammen von einem Satelliten, der an diesem Mittag über dem Norden Syriens seine Bahn zieht.

Die schwarze Rauchsäule weist auf die Verbrennung von chemischen, giftigen Rückständen hin. Verbreitet werden die Aufnahmen von Wim Zwjinenburg über Twitter. Zwjinenburg beobachtet die

Umweltzerstörung im Mittleren Osten für die niederländische Organisation »Pax for Peace«, die eng mit den europäischen Außenministerien Hollands, Belgiens, Deutschlands, der USA, mit der Schweiz, der Europäischen Union und westlichen Hilfs- und Entwicklungsorganisationen kooperiert und von diesen finanziert wird. Die Fotos werden im Netz kommentiert:

> *»Sieht aus, als ob Leute da Ausrüstung und anderes Material aus dem Hauptquartier der US-Sondereinsatzkräfte abbrennen, bevor sie abziehen und bevor es von anderen bewaffneten Kräften übernommen wird. Das HQ (Hauptquartier) liegt in der Lafarge-Zementfabrik im Nordosten #Syriens. Der Ort scheint eine Art Deponie für giftigen Abfall zu sein oder eine Verbrennungsgrube der US-Spezialkräfte im Hauptquartier Lafarge. Viele Hubschrauber und Ospreys (US-Armee-Spezialhubschrauber) nutzen die Basis, da gibt es Treibstoff und anderes gefährliches Material. Die US (Armee) verschwindet und hinterlässt ein giftiges Erbe.@obretix hat darauf hingewiesen, dass auch Zivilisten (Lafarge) benutzt haben, um Öl zu verarbeiten (raffinieren), als Transfer Station, als Drehscheibe während der letzten Jahre. Diese Teer-Seen mit dem Ölabfall kann man überall im Nordosten #Syriens sehen, es gibt sie wegen mangelnder Verarbeitungsmöglichkeiten.«*

@obretix ist ein Twitterer namens »Salim«, der – wie alle in der Twittergemeinde – gewohnt scheint, das Geschehen auf der Erde von weit oben zu betrachten und »einzuordnen«. Fernab von jeder Realität beobachten und kommentieren sie per Twitter Truppenverschiebungen, Flugzeugbewegungen, Flüchtlingstrecks, Bomben- und Raketeneinschläge und die anschließende Verwüstung. Die schwarze Rauchsäule bei der Zementfabrik Lafarge weist auf die schweren Umweltzerstörungen und -verschmutzungen hin, die der Syrien-Krieg mit sich bringt.

Seit 2012 wurde die Zementfabrik militärisch kontrolliert. Erst wurde sie von so genannten Rebellen der »Freien Syrischen Armee« eingenommen, dann kamen die Extremisten, und 2012/14 wurde die Zementfabrik, die noch arbeitete, vom selbst ernannten »Islamischen Staat im Irak und in der Levante« (ISIL) kontrolliert. Der französische Konzern Lafarge zahlte monatliche Schutzgelder an die Kämpfer. Ein späteres Gerichtsverfahren in Frankreich brachte zutage, dass Lafarge monatlich 20.000 US-Dollar an die Terrorgruppe ISIL bezahlte, um die Produktion fortsetzen zu können. Viele syrische Mitarbeiter wurden in diesen Jahren entführt und ermordet.

2015 wurde die Zementfabrik von den kurdischen Volksverteidigungseinheiten YPG eingenommen, die mit Unterstützung der US-geführten internationalen Anti-IS-Allianz kämpften. 2016 etablierte die US-Armee auf dem Gelände eine Militärbasis, die auch von Briten und Franzosen genutzt wurde. Anwohner und Augenzeugen berichteten der Autorin, dass sich dort auch 50 deutsche militärische Ausbilder befinden sollten. Die Bundesregierung dementierte.

Die US-Militärbasen entstanden bei oder auf Einrichtungen der zivilen Infrastruktur wie Zementfabriken, landwirtschaftlich genutzten kleinen Flughäfen, Weizensilos. Auch ehemalige Stellungen der syrischen Armee wie bei Ain Issa wurden seit 2015 von den US-Truppen besetzt und ausgebaut. Bei dem 2014 hart umkämpften Grenzort Ain al Arab/Kobane entstand ein großer Militärflughafen mit langer Landebahn, auf dem auch Transportflugzeuge landen und starten konnten.

Nun ziehen die US-Truppen aus dem Nordosten Syriens ab und auch die britischen und französischen Spezialkräfte und die mit diesen Truppen kooperierenden humanitären Hilfsorganisationen packen die Sachen. Nach US-Armee-Statut darf nichts zurückgelassen werden, und alles, was nicht abtransportiert wird, wird in »Burn-pits«, sogenannten Verbrennungsgruben, verbrannt. Bekannt sind diese Gruben aus den Kriegen in Afghanistan und Irak, nun kann man sie auch im Norden Syriens sehen, wo die US-Streitkräfte seit 2015 gut zwei Dutzend Militärbasen und Stützpunkte errichtet haben.

Was sie nicht mit sich nehmen können, wird in den »Burn-pits«, den Gruben, verbrannt: Haus- und Küchenmüll, chemischer und medizinischer Abfall, Ölrückstände, die beim Warten und Starten von Flugzeugen, Panzern und anderem Kriegsgerät anfallen. Sprengstoff, Batterien, Farbe, verseuchte Uniformen, ganze Autowracks gehen in Flammen auf. Dabei geben die Soldaten sich keine Mühe, Standards für die Entsorgung – meist ist es Sondermüll – zu berücksichtigen. Es ist Krieg, niemand kontrolliert, ob die Soldaten Umweltschutzregeln einhalten. Es wird ein großes Feuer entfacht, und die Gruben glühen noch Tage und Wochen, wenn die Truppen längst abgezogen sind.

Der entstehende Rauch verbreitet giftige Partikel in der Umwelt und hinterlässt bei Mensch und Natur Spuren. Wasser, auch Grundwasser, wird verseucht, Anwohner werden vergiftet, es kommt bei Frauen häufig zu Fehlgeburten. Lungen- und Krebserkrankungen aller Art sind die Folge.

Doch nicht nur die ursprünglichen Bewohner der von den US-Truppen heimgesuchten Gebiete sind betroffen, auch die US-Soldaten und ihre Verbündeten selber werden krank: Lungenerkrankungen, Leukämie, Krebs, Knochenmarkserkrankungen und vieles mehr. US-Medien berichten regelmäßig, doch niemand zieht die Armee zur Rechenschaft. Die Kriegsveteranen fühlen sich allein gelassen.

Schwarzes Gold verseucht die Umwelt

Auf dem Satellitenbild von der nun verlassenen US-Basis Lafarge ist auch ein gigantischer »Teer-See« zu sehen, in dem Ölabfälle lagern, in der Luft verdunsten, langsam in das Erdreich eindringen. Tatsächlich gibt es unzählige solcher Seen im Nordosten Syriens, mal sind sie kleiner, mal größer, sagt Mahmud B., der vor dem Krieg viele Jahre für Shell im Osten Syriens gearbeitet hat. Zwei große Ölfelder liegen im Nordosten Syriens, bei Rmeilan und Kara Tschok, erläutert er. Ein Kollege, der aus dem Gebiet stammt, hat Bilder und Videoclips geschickt, die er unweit der Grenze zum Irak, in der Umgebung des Ortes Sweidiye aufgenommen hat.

Der See enthält Ölrückstände, die bei der unsachgemäßen Verarbeitung von Rohöl anfallen, erklärt Mahmud B. In primitiven Destillationsanlagen wird aus dem Öl Heizöl und Gasolin herausgefiltert. Alles andere wird als Abfall in Flüsse und kleine Seen abgeführt, wo es nach der Verdunstung des restlichen Ölwassers zu Schlamm und schließlich einer festen, ölverschmutzten Kruste wird.

Nach Auskunft des Kollegen von Mahmud B. soll es im Gebiet zwischen Rmeilan und Shadadi 1.290 illegale Öl- und Teer-Seen geben. Ein weiteres Problem sind die vielen Bohrlöcher, aus denen durch einfache Rohre das Gas, das dort austritt, in die Luft abgeleitet wird. Über den Rohren brennt eine Flamme, die das Gas verbrennen soll. Häufig flackere keine Flamme über den Rohren, und dennoch trete Gas aus, zitiert Mahmud B. seinen Kollegen, der die Aufnahmen gemacht hat. Die Luftverschmutzung sei so groß, dass in Sweidiye und den umliegenden Dörfern die Menschen krank würden.

»Sie haben Krebs, Lungenerkrankungen, doch niemand kümmert sich um sie«, so Mahmud B. Die Bevölkerung habe zwei Mal Protestmärsche gegen die Betreiber der unsachgemäßen Ölförderung organisiert, sei aber von deren Sicherheitskräften vertrieben worden. »Wer Geld hat, zieht dort weg«, sagt Mahmud. »Und alles geschieht unter den Augen der US-Besatzungstruppen und ihrer Verbündeten.« In deren Heimatländern wäre das alles verboten.

Die enorme Umweltzerstörung ist verbunden mit Öldiebstahl unter den Augen der US-Besatzer. Das Öl – Diesel und Gasoline – wird über den Nordirak in die Türkei verkauft. Es wird in den Gebieten unter Kontrolle der kurdischen Selbstverwaltung verkauft, und – über Geschäftsleute – kauft auch der syrische Staat das Öl zurück, um es in der Raffinerie von Homs verarbeiten zu lassen.

Das syrische Ministerium für Öl und Ressourcen geht davon aus, dass es rund um die Ölfelder Syriens östlich des Euphrats bis zu 20.000 illegale Bohrlöcher gibt. Damaskus bereitet sich darauf vor, schätzungsweise eine Million Tonnen verseuchten Bodens entsorgen zu müssen.

Ein Menschheitsverbrechen

Nicht nur die Hinterlassenschaften des militärischen Sondermülls oder der unsachgemäßen Ölförderung bergen Probleme. Es gibt Munition, die nicht nur tötet und zerstört, sondern die Gift in der Umwelt hinterlässt und für zukünftige Generationen große Gefahren birgt.

Die Folgen der von den USA und ihren Verbündeten in mehreren Golfkriegen eingesetzten abgereicherten Uranmunition haben noch heute die Familien im Südirak und westlich von Bagdad, in Falluja zu tragen. Unzählige Kinder werden tot oder mit schweren Missbildungen geboren: mit offenem Rücken, zusammengewachsenen Beinen, außenliegender Blase, einem Auge oder auch gar keinem Auge, offenen Schädeln, um nur einige Beispiele zu nennen.

Was von Kriegen übrig bleibt, ist exemplarisch in der gleichnamigen Dokumentation auf YouTube zu sehen.

Auch in Syrien wurden Uranwaffen eingesetzt. Der Filmemacher Frieder Wagner schrieb dazu bei Rubikon:

> *»Die USA setzen in ihrem Kampf gegen den IS in Syrien jetzt auch Uranmunition ein. Sie haben dazu zwölf A-10 Boden-Kampfflugzeuge ›Thunderbolt 2‹ nach Syrien verlegt. Das Pentagon hat zugegeben, diese für*

Mensch und Umwelt höchst gefährliche Waffe nun schon mindestens zweimal eingesetzt zu haben«, gegen Tankfahrzeuge des IS. *Dabei wurden laut Wagner »etwa 1,5 Tonnen Uranmunition aus abgereichertem Uran verschossen. Dieses abgereicherte Uran ist radioaktiv und hoch giftig. Bei einem Beschuss verbrennt dieses Uran bei Temperaturen bis zu 5.000 Grad Celsius zu winzigsten Nanopartikeln, 100 Mal kleiner als ein rotes Blutkörperchen. Es entsteht also nach jedem Beschuss praktisch ein gasähnlicher Feinstaub, der weiterhin radioaktiv und hoch giftig ist, die Umwelt kontaminiert und so Gesundheit und Leben der Menschen bedroht.«*

Über den Einsatz dieser Waffen wird in den deutschen öffentlich-rechtlichen und so genannten Leitmedien kaum berichtet. Es ist zu vermuten, dass giftige Munition der US-Truppen auch bei der Zerstörung der nordirakischen Stadt Mossul (Tigris) und der syrischen Stadt Rakka (Euphrat) eingesetzt wurden.

Die Zerstörung anderer Orte in Syrien – wie Deraa, Umland von Damaskus, Teile von Homs und Aleppo und viele Dörfer im südlichen Idlib – ist auf den Einsatz von konventioneller Munition – Bomben, Artillerie- und Mörsergranaten sowie selbst gebastelte Splitterbomben – zurückzuführen. Die Landwirtschaft, die Wasserversorgung sind vom Krieg betroffen. Tausende Obst- und Olivenbäume wurden von den Kampfgruppen gefällt. Um das Holz zu verkaufen, um die syrische Landwirtschaft nachhaltig zu schädigen. Felder und Wiesen wurden zu Militärlagern, wo ungeheure Mengen an Abfall und die Überreste zerbombter Fahrzeuge einfach liegen bleiben. Und auch die Flüchtlingslager, die in Syrien und in den Nachbarländern entstanden, sind eine Belastung für Mensch und Natur.

Selbst wenn der Krieg vorbei ist, die Flüchtlinge zurückgekehrt sind, Häuser wieder aufgebaut werden und das Leben weitergeht, ist der Krieg gegen die Umwelt und die Menschen in Syrien und im Irak nicht vorbei. Das Gift der Uranmunition, die von der US-Armee und ihren Verbündeten im Irak und in Syrien eingesetzt wurde, wird zukünftige Generationen nachhaltig schädigen. Wer Uranmunition einsetzt, wer Ressourcen nicht schützt, tut das absichtlich. Wenn man Syrien und Irak nicht unterwerfen kann, soll die Bevölkerung sich von den Folgen der Kriege möglichst nie erholen.

Dirk Pohlmann
Das Nuklear-Klima

Die beiden größten Bedrohungen für das Überleben der Menschheit und den Planeten Erde hängen eng miteinander zusammen: die zunehmende globale Erwärmung und ein drohender atomarer Krieg.

Es gibt Probleme im politischen Alltag, die kommen und gehen, die im Prinzip auch lösbar sind. Und es gibt zwei Bedrohungen, die alle höheren Lebensformen auf unserem Planeten vernichten könnten: die Möglichkeit eines atomaren Krieges und der Kollaps unseres Klimas. Beide Phänomene werden meist getrennt analysiert. Sie gehören aber eng zusammen. Sie sind eine Phänomenologie des Versagens der politischen, wirtschaftlichen Herrschaftseliten. Bei beiden Gefahren die gleichen Gefährder: die zündelnden Globalstrategen vor allem der westlichen Hemisphäre. In beiden Fällen die gleiche Kumpanei vieler Medien, die duldende Lethargie der Bevölkerung selbst im Angesicht des eigenen drohenden Untergangs. Es gäbe keinen Nuklearkrieg ohne katastrophale Umweltschäden – und keine Überhitzung des Klimas ohne sich daraus entwickelnde Kriegsgefahren. Es gibt noch die Chance, beides zu verhindern – jedoch nicht, wenn wir die herrschenden Eliten weiter gewähren lassen.

Die Staaten der Weltgemeinschaft haben viele Probleme miteinander. Daran haben wir uns gewöhnt. Regierungen versuchen, sie auf unterschiedliche Weise zu bearbeiten mit Methoden, die von Kooperation über diplomatische Initiativen bis hin zu Kriegen reichen. Selbst Kriege sind alltäglich geworden. Wer dagegen opponiert, wird zum Schweigen gebracht: »So ist die Welt eben. Wer will das denn ändern? Du etwa?«

Es gibt aber mindestens zwei Probleme, die so existentiell sind, dass sie das Überleben aller Staaten bedrohen. Und außerdem die menschliche Zivilisation sowie das globale Ökosystem.

Das sind Nuklearkrieg und Klimabruch.

Nuklearkrieg als Schicksal?

Der Nuklearkrieg droht seit 1945, spätestens aber seit 1949, seit es zwei Nuklearmächte gab, USA und UDSSR, die um die Vorherrschaft kämpften. Seit der Entwicklung der Wasserstoffbombe geht es um Overkill – so wird die mehrfach mögliche totale Zerstörung des Gegners genannt, de facto des menschlichen Lebensraumes auf dem Planeten Erde.

Der Zeitraum dieses organisierten Wahnsinns umfasst den gesamten Kalten Krieg sowie die folgenden 30 Zwischenkriegsjahre bis heute, die man seit einiger Zeit als »Neuen Kalten Krieg« bezeichnet. Im Neuen Kalten Krieg wird verstärkt gezündelt.

Alles, was schiefgehen kann, wird irgendwann schiefgehen. Die Frage ist nicht, ob es schiefgeht, sondern wann. Wir haben uns an das Leben unter dem Damoklesschwert Atomkrieg fatalerweise so gewöhnt, dass wir nicht opponieren.

Das war nicht immer so. In den 80er Jahren demonstrierten eine halbe Million Menschen im Bonner Hofgarten. Aber es ist jetzt so.

Beim Ausbruch eines totalen Nuklearkrieges tritt die planetare Katastrophe innerhalb kürzester Zeit ein.

Erderhitzung als Existenzbedrohung

Der Klimabruch wurde von der Wissenschaft Anfang der 70er Jahre zum ersten Mal thematisiert. Er ist ein Problem, das nicht in die Zeitabläufe und die Methodik politischer Prozesse passt. Es wächst ständig, insbesondere seit den 40er Jahren, aber so langsam, dass es kaum auffällt. Seit 1990, seit den ersten politischen Lösungsversuchen ist nichts Wesentliches passiert, trotz diverser Abkommen. 60 Prozent des ausgestoßenen CO_2

sind seit 1990 produziert worden. Also seit einem Zeitpunkt, an dem die Sachlage klar war und über Lösungen bereits diskutiert wurde.

Es ist seitdem viel Zeit verplempert worden, die jetzt fehlt. Mittlerweile bräuchte es eine massive, radikale Umwandlung, eine fundamentale Änderung der Energie- und Industrieproduktion, des Verkehrs, der Bauwirtschaft, der Landwirtschaft und Tierhaltung, der Nahrungsgewohnheiten, des Wasserverbrauchs und so weiter. Mit anderen Worten: eine Umstellung, wie sie bisher nur in Kriegszeiten möglich war.

Der Krieg wird von der Bevölkerung als Auslöser für einen Umbruch leichter akzeptiert, weil die Bedrohung unmittelbar und eindeutig ist. Es geht um Leben und Tod, im Hier und Jetzt. Beim Klimabruch weiß man nicht, auf wen man schießen soll, und die Bedrohung wächst unmerklich, sie ist diffus. Klimawandel gab es doch schon immer. Da kann er doch kein Grund zur Panik sein?

Trotzdem. Wir wissen es alle. Die Schrift an der Wand, das Menetekel, erscheint immer öfter und wird immer klarer. Aber wir wollen es nicht wahrhaben. Es wäre sehr viel einfacher, wenn Klima-Greta nicht der Übersetzer des Menetekels wäre, sondern ein Produkt der Globalisten. Das Klimaproblem wäre keines, wenn es genügen würde, Greta und die Klimakirche zu »durchschauen«. Den Betrug der Linken und der Wissenschaft an der Bevölkerung aufzudecken. Dann müsste man gar nichts machen, außer in Facebook im Chor der »Skeptiker« mitzumeckern und auf Trollparties mitzumachen.

Klimabruch und Psychologie

Es ist vielleicht auch ein psychologisches Problem. Wir wollen ja auch nicht ständig daran erinnert werden, dass der Rollator näher rückt und wir sterblich sind. Das ist schlimm genug. Wer will sich noch zusätzlich damit beschäftigen, dass vielleicht das ganze System sterblich ist?

Und doch, die Bundesbürger kommen nicht daran vorbei: Da stimmt etwas nicht mehr mit dem Wetter. Ein Sommer mit über 40 Grad in Deutschland. In der Türkei über 50. Es gibt genügend Menschen in Deutschland, die über die Hitze in der Türkei berichten können. Manche sogar über den Irak, wo die Schwachen und Armen an der Hitze sterben, weil sie sich keine Klimaanlagen leisten können. Wer eine Klimaanlage besitzt, leidet manchmal trotzdem, weil die Elektrizität nach der Befreiung von Saddam Hussein und der Implementierung des Neoliberalismus immer noch nicht funktioniert, genau wie die Wasserversorgung. Im Irak gibt es eine neue gesellschaftliche Realität: die Klima-Apartheid.

Die Bundesbürger haben bereits 2018 bemerkt, dass etwas schief läuft mit dem Sommerwetter. Fünf Monate kein Regen, gelbe Blätter im Sommer. Kaum noch Schmetterlinge. Saubere Windschutzscheiben bei Autofahrten von Hamburg nach München. Trockenheit. Ab dem September 2018 legten die Grünen um mehr als 10 Prozent zu. Die Europawahl war eine Protestwahl. Die Grünen sind eine Art Klima-AfD. Sie werden niemanden retten. Dazu bräuchte es einen fundamentalen Kurswechsel.

Die Gefahr der Atomwaffen

Wir haben uns an die Gefahr der Atomwaffen gewöhnt. Wer einen Tiger in seinem Wohnzimmer beherbergte und seine Kinder mit ihm allein ließe, würde kaum als vernünftig und realistisch eingestuft werden. Dass dieses Verhalten Wahnsinn gleichkäme, einer Einladung zur Katastrophe, ist selbsterklärend.

Atomwaffen hingegen werden nicht als Tiger betrachtet.

Obwohl ein Fehler, ein Unfall, ein schrecklicher Irrtum genügen würden, um die Welt auszulöschen, haben Atomwaffen den Nimbus, seit 1945 für Frieden gesorgt zu haben. Das Argument lautet: Weil sie so schrecklich sind, wurden sie nicht eingesetzt.

Bis in die 90er Jahre hieß es oft, ohne Atomwaffen hätte es schon längst Krieg gegeben. Jetzt ist der Krieg Alltag, und der militärisch-industrielle Komplex arbeitet daran, auch Atomwaffen einsetzen zu können. Warum keine Mini-Nukes, wenn doch konventionelle Bomben wie die MOAB eingesetzt werden (Mutter aller Bomben), die ihnen in Sprengkraft kaum nachstehen. Die Rationalisierung dient dazu, die Grenze wegzureden.

Die Geschichte der Atomwaffen beginnt mit einem verdrängten Zivilisationsbruch. Der »Einsatz« der Atomwaffen über Hiroshima und Nagasaki war die Vernichtung vorher absichtlich verschonter Städte. Sie waren verschont worden, weil sie keine militärischen Ziele waren, und weil so die Wirkung der Bomben auf Menschen und Gebäude erprobt werden konnte. Es gab eine Uranbombe und eine Plutoniumbombe.

Zwei Bauarten. Deswegen wurden beide Bomben kurz nacheinander abgeworfen, ohne abzuwarten, ob die Japaner kapitulieren würden. Es war ein Feldexperiment. Der Zweck war nicht, wie seitdem berichtet wird, den Krieg gegen die Japaner zu gewinnen. Die Militärs waren sich einig, dass der Krieg gewonnen war. Es brauchte keinen Atombombenabwurf mehr.

Das Problem war eher, dass der Krieg zu Ende gehen könnte, bevor man die Bomben ausprobieren konnte. Paul Nitze, Vize-Vorsitzender der Kommission zur Auswertung des strategischen Bombenkrieges, stellte nach dem Zweiten Weltkrieg fest:

> *»Basierend auf einer detaillierten Untersuchung aller Fakten und unterstützt durch die Zeugenaussagen der japanischen Führung kam die Auswertungskommission zu dem Ergebnis, dass Japan sicher vor dem 31. Dezember 1945 und aller Wahrscheinlichkeit nach vor dem 1. November 1945 kapituliert hätte, auch wenn die Atombomben nicht abgeworfen worden wären, selbst wenn Russland nicht in den Krieg eingetreten wäre, und sogar wenn keine Invasion geplant oder erwogen worden wäre.«*

Der Abwurf der Atombomben war der erste Angriff des Kalten Krieges. Es gibt viele Äußerungen, vor allem von Militärs, denen die Grenzüberschreitung eines Einsatzes von Atomwaffen gegen die Zivilbevölkerung klar war. Admiral William D. Leahy, Stabschef unter den beiden US-Kriegspräsidenten Roosevelt und Truman, sagte:

> *»Mein Empfinden ist, dass wir, indem wir die Ersten waren, die so etwas eingesetzt haben, den ethischen Standard der Barbaren des finsteren Zeitalters übernommen hatten. Man hat mich nicht gelehrt, Krieg in dieser Weise zu führen, und Kriege können nicht durch die Vernichtung von Frauen und Kindern gewonnen werden.«*

Staatsterrorismus mit Massenvernichtungsmitteln

Atomwaffen sind keine Waffen. Sie sind Massenvernichtungsmittel. Die Regierungen drohen mit der Vernichtung von Männern, Frauen, Kindern, Tieren, der Umwelt, der Vernichtung der Zivilisation, mit der Unbewohnbarkeit des Planeten Erde.

Die Definition von Terrorismus lautet: Androhung oder Durchführung von Gewaltaktionen zur Erreichung eines politischen Zieles. Die Androhung eines Atomkrieges ist Staatsterrorismus. Wir scheuen davor zurück, das klar zu benennen. Staatsterrorismus, Regierungen als Terroristen – das passt nicht ins Bild.

Tatsache ist, dass es noch nicht einmal eines verbrecherischen Einsatzbefehles zur Vernichtung der Welt bedürfte. Es hat viele Unfälle und Fehler gegeben, die fast zum Dritten Weltkrieg geführt hätten. Able Archer, die Kubakrise und die Heldentat von Stanislaw Petrow, als in der UdSSR das Frühwarnsystem einen Angriff der USA meldete und Petrow entschied, die Befehlskette nicht in Gang zu setzen, sind bekannt.

Erst 2013 wurde bekannt, dass die Ostküste der USA 1961 fast von der Explosion einer Wasserstoffbombe verstrahlt worden wäre. Ein B-52-Bomber war in der Luft nach einem misslungenen Betankungsmanöver zerbrochen, seine Wasserstoffbomben sanken an Fallschirmen zu Boden. Bei einer Mk39s-Atombombe versagte ein komplizierter Sicherheitsmechanismus nach dem anderen, der in so einem Fall eine unbeabsichtigte Explosion verhindern sollte. Es war ein billiger, vierter, letzter Schalter, der zwischen dem nuklearen Holocaust und dem glücklichen Ausgang stand. Die Bombe hatte eine Sprengkraft von 4 Megatonnen, das ist die 260-fache Stärke der Hiroshima-Bombe.

Murphys Law

Alles, was schiefgehen kann, wird irgendwann schiefgehen. Murphys Gesetz gilt auch für Nuklearwaffen. Die Frage ist nicht, ob es zu einem Atomkrieg aus Versehen kommt, sondern wann. Die Unfälle, und wir wissen herzlich wenig über die Unfälle in der UdSSR, reichen für schlaflose Nächte bis ans Lebensende aus. Man muss kein Pazifist sein, um das so einzuschätzen.

Der letzte Chef des mittlerweile abgeschafften strategischen US-Bomberkommandos, Vier-Sterne-General George Lee Butler, sagte nach seiner Pensionierung:

> *»Wir haben den Kalten Krieg ohne nuklearen Holocaust durch eine Kombination von Können, Glück und göttlichem Eingreifen überlebt, wobei das göttliche Eingreifen wohl am wichtigsten war.«*

Er engagierte sich nach seiner Pensionierung für die Abschaffung aller Nuklearwaffen, dann für eine Verringerung, weil er das für erreichbarer hielt.

Die Existenz von Atomwaffen ist nicht zu rechtfertigen. Man muss kein Linksextremist sein, um das so einzuschätzen. Es genügt, wenn man konservativer – das bedeutet wörtlich: bewahrender – Katholik ist, Herz und Gehirn benutzt und Willen zur Wahrheit hat.

Christdemokraten, Liberale, Grüne, Sozialdemokraten und Teile der Linken – die AfD möchte ich in diesem Zusammenhang noch nicht einmal ignorieren – müssen sich in Grund und Boden schämen angesichts eines Papstes Franziskus, der eine Konferenz zum Schutz des brennenden Amazonas und seiner Ureinwohner abhält und eine Position zu den Atomwaffen einnimmt, die glasklar ist. Ich werde mir angesichts seiner Wahrheitsliebe, Menschlichkeit und Integrität jeden tausendmal gehörten Kommentar zur katholischen Kirche verkneifen. Sie steht in den beiden entscheidenden Fragen der Politik auf der richtigen Seite. Was eine kostbare Seltenheit ist.

Die NachDenkSeiten schreiben dazu unter der Überschrift »Atomwaffen: Weder Besitz noch Einsatz ist zu rechtfertigen«:

> *»Die katholische deutsche Friedenskommission Justitia et Pax hatte im Juni das Grundlagenpapier ›Die Ächtung von Atomwaffen als Beginn nuklearer Abrüstung‹ vorgelegt. Vor dem Hintergrund der katholischen Friedenslehre und der Haltung der katholischen Kirche zu Atomwaffen sei weder deren Besitz noch ihr Einsatz ethisch oder politisch zu rechtfertigen, heißt es darin.*
> *Mit der Erklärung schließt sie sich der Meinung von Papst Franziskus an, wonach das Konzept atomarer Abschreckung zur Friedenssicherung nicht länger verantwortet werden könne. Dieses sei nach der kirchlichen Lehre nur insoweit moralisch vertretbar, als es strikt der Kriegsverhütung diene und wenn Regierungen ›erkennbar darauf hinarbeiten, es zu überwinden‹, heißt es darin. Die mächtigsten Atomwaffenstaaten USA und Russland ließen jedoch derzeit keinen ernsthaften Willen erkennen, von der Abschreckungsstrategie abzurücken. Sie setzten vielmehr darauf, einen Atomkrieg führen, begrenzen und gewinnen zu können.«*

Politikversagen

Aufgrund der Bedrohungslage sollte man also davon ausgehen können, dass die beiden Themen Nuklearkrieg und Erderhitzung die Spitzenplätze auf der politischen Agenda aller Staaten einnehmen. Dass sie politisch bearbeitet werden und man auf dem Weg zu einer guten Lösung ist.

Aber weder bei den Atomwaffen noch beim Klimabruch hat sich etwas zum Besseren verändert, und es besteht auch kein Grund zu Optimismus.

Die politischen Systeme der einzelnen Länder und auch die supranationalen Strukturen haben also bei beiden existentiellen globalen Problemen total versagt; sie haben bei den Atomwaffen sogar die einzigartige Chance von 1989 verzockt. Sie versagen weiterhin. Die Lage wird schlechter, nicht besser. Das Abkommen über die nuklearen Mittelstreckenraketen gilt nicht mehr, weitere Abkommen sollen gekündigt werden, es gibt gigantische Modernisierungsprogramme und Neuentwicklungen von Atomwaffen.

Mehr Nachweise, dass die politischen Systeme und Strukturen auf den Müllhaufen der Geschichte gehören, sind nicht nötig.

Zum Vergleich: Von den westlichen Regierungen und den angeschlossenen Funkhäusern und Redaktionsstuben wurde 1989 der realexistierende Sozialismus, die Idee des Kommunismus und sogar der Marxismus auf den Müllhaufen der Geschichte befördert. Man muss sich vor Augen führen, dass die 1956 in Ungarn und 1968 in der ČSSR wenig zimperlichen Ostblockstaaten den Anstand besaßen, ohne Blutvergießen zu zerbröseln und ohne Krieg zu scheitern. Was scheiterte, war vor allem das Wirtschaftssystem und die geistige Unfreiheit. Gorbatschow war beides angegangen. Aber ist auch die Analyse des Karl Marx gescheitert? Mit Blick auf die akademische Rezeption und die Bücher zum Thema ist eher die Ankündigung der Entsorgung auf dem Müllhaufen der Geschichte gelandet.

Der Westen hat seit 1989 versagt und versagt weiter, er agiert bei den wichtigsten Themen Atomkrieg und Klimabruch in einem Maße lebensbedrohlich, das keine Nachsicht mehr gestattet.

Der »Sieg« über Gorbatschow

Die Führung der USA seit Bush Senior mag das anders sehen. Sie ist vielleicht der Meinung, dass sie Gorbatschow clever über den Tisch gezogen hat. Dass sie den Kalten Krieg gewonnen hat und die Sowjets verloren haben. Dass die Guten gesiegt haben und die Schlechten geschlagen wurden. Als Gorbatschow ihrem Wort vertraute, dass die NATO nicht nach Osten ausgeweitet werden würde, hatte er nicht in Betracht gezogen, dass in der Außenpolitik der USA zwei Regeln gelten:

1. Was kümmert mich mein blödes Geschwätz von gestern?
2. Wir schließen nie Verträge mit Regierungen ab, die darauf bestehen, dass wir sie auch einhalten.

Es war ein Verrat und ist eine Schande, die nicht folgenlos bleiben darf. Wer dem Wertewesten nach dieser Erfahrung noch vertraut, glaubt auch an Gewinne beim Hütchenspiel.

Wer wie ich glaubte, dass die einzigartige Chance des Zusammenbruchs des Ostblocks und der sicherheitspolitischen Vorschläge des Generalsekretärs Gorbatschows – die er von Egon Bahr und Olof Palme übernommen hatte – dazu genutzt werden würden, um weltweit für Frieden zu sorgen, war eben zu naiv und der Westpropaganda auf den Leim gegangen. Das wird nicht wieder vorkommen.

Der Prozess zur Abschaffung der Atomwaffen wurde nicht eingeleitet, obwohl diese Möglichkeit 1989 keine Utopie war, sondern im Bereich des politisch Möglichen lag. Sowohl Gorbatschow als auch Reagan hatten dieses Ziel. Das mag angesichts der US-Politik jener Jahre erstaunen, ist aber wahr. Sogar Immanuel Kants »Zum ewigen Frieden« hätte aus dem Reich der Ideen in die Wirklichkeit überführt werden können, wenn man auf diesem Weg weitergegangen wäre.

Es gab immerhin Ende der 80er Jahre eine Phase, in der durch Verträge die absurd hohe Anzahl der Sprengköpfe verringert wurde, auf circa 7.000 in den USA und der UdSSR. Mittelstreckenraketen wurden sogar ganz abgeschafft. Das Verdienst, diese Entwicklung angestoßen zu haben, gebührt vor allem Michail Gorbatschow. Aber auch ehemals Kalte Krieger des Westens waren tatkräftig beteiligt. Selbst CIA-Chef William Colby, sicher keine Taube, zeigte sich 1990 bei einer Reise in die UdSSR ehrlich begeistert: »Der Kalte Krieg ist vorbei.« Das Aufatmen war umfassend und bei vielen Akteuren echt. Man hatte überlebt. Ohne Krieg. Ohne Vernichtung.

Alles war möglich, die betonierten Verhältnisse waren flüssig geworden. Es ging darum, sie zu gestalten. Alfred Herrhausen sagte: »Wir brauchen Glasnost für den Kapitalismus – auch und gerade für den Kapitalismus.« Das war einfach ein Zeichen guten Willens. Herrhausen unterstützte Gorbatschow. Er wollte an einer vernünftigen Neuordnung Europas mitwirken. Er sprach davon, dass das Ende des Kalten Krieges mit seinen immensen Rüstungsausgaben die Möglichkeit brächte, Geld für vernünftige Dinge zu verwenden. Es gab eine Aufbruchsstimmung.

Die Wolfowitz-Doktrin und das Ende der Geschichte

Aber parallel dazu begann eine andere Fraktion innerhalb des amerikanischen militärisch-industriellen Komplexes mit der Planung für die Zeit nach dem Sieg im Kalten Krieg. Sie betrachteten die Öffnung der UDSSR nicht als Beginn einer neuen Epoche der Zusammenarbeit, nicht als den Beginn des »Gemeinsamen Hauses Europa«, sondern als Beginn der Zeit, in der sich die USA die Ressourcen der Sowjetunion aneignen würden und der Finanzmarkt den Endsieg der USA verewigen würde. Sie betrachteten die Vorgänge als »Ende der Geschichte«: Wir gewinnen, sie verlieren.

Diese Fraktion hatte nicht vor, den russischen Bären im neuen europäischen Naturreservat aufzupäppeln. Sie wollte ihn schlachten und ausweiden.

Sie hat heute nicht vor, den Klimabruch zu verhindern. Sie will weiter Öl und Gas fördern, verbrennen und dann mit Geoengineering, dem nächsten gigantischen, weil alternativlosen Geschäft, Fantastillionen verdienen.

Sie hat nicht vor, Atomwaffen zu ächten, so wie Chemie- und Biowaffen geächtet sind, ihre Anzahl zu verringern und sie letztlich abzuschaffen.

Sie hat vor, die unipolare Weltordnung zu zementieren und an der Wolfowitz-Doktrin festzuhalten. Sie fordert, dass es nur eine Supermacht geben darf und nur ein Wirtschaftssystem. Sie hat vor, das Atomwaffenarsenal auszubauen und einzusetzen. Frechheit siegt. Cleverness siegt. Und koste es den Planeten.

Die Aufgabe ist klar: Es muss innerhalb eines Jahrzehnts gelingen, in diesen beiden existentiell wichtigen Fragen einen Konsens herzustellen, das Ruder herumzureißen und dezidiert vernünftige Gesellschaftsordnungen zu errichten – am besten viele verschiedene, damit man erproben kann, welche am besten funktioniert. Gesellschaftsordnungen, die zu internationalen Lösungen in der Lage sind und willens und fähig, diese umzusetzen.

Entweder – Oder

Es gibt ein Beispiel, dass es möglich ist, etwas abzuschaffen, das es schon immer gegeben hatte, ein finsteres Kapitel der menschlichen Existenz seit Anbeginn der Zeiten. Etwas, von dem behauptet wurde, dass es, weil es schon immer existierte, in alle Ewigkeit weiter existieren würde: die Sklaverei. Sie wurde abgeschafft. Was vorstellbar ist, ist auch möglich. Es ist sogar möglich, Krieg abzuschaffen.

Es gibt kein Ende der Geschichte, außer nach einem Atomkrieg oder auf einem Planeten, der durch den Klimabruch für Säugetiere und Menschen großflächig nicht mehr bewohnbar ist.

Es ist möglich, die beiden großen Probleme zu lösen; es ist möglich, Atomwaffen abzuschaffen und die Klimakatastrophe zu verhindern. Wir sollten anfangen, sehr ernsthaft darüber nachzudenken, wie das gelingen kann, Pläne dafür zu entwickeln und sie gegen immense Widerstände durchzusetzen. Diese Art von Utopie ist lebensnotwendig. Überlebensnotwendig.

Entweder wir schaffen es, die bisherigen Eliten, die komplett versagt haben, zu entmachten. Entweder wir schaffen es, ein planetarisches Bewusstsein zu entwickeln und die Menschheit als eine Spezies in vielen Ausprägungen zu verstehen. Entweder wir schaffen es, die Lebensgrundlagen zu schützen, die Herrschaft des geringsten Preises durch die Herrschaft der besten Lösungen zu ersetzen. Entweder wir schaffen es, nur noch Entscheidungen umzusetzen, die enkelkompatibel sind. Entweder wir schaffen es, eine echte Demokratie als Herrscher über die Wirtschaft einzusetzen. Entweder wir schaffen es, ein Rechtssystem aufzubauen, das diesen Zwecken dient. Entweder wir schaffen das in den nächsten 10 bis 20 Jahren. Oder…

Caitlin Johnstone

Ihr wollt die Umwelt retten?

Dann entzieht dem Pentagon die Mittel!

Was verteidigt eigentlich ein Verteidigungsministerum? Vor allem wohl die Machtgelüste der Politiker im eigenen Land und die Bankkonten der Kriegsprofiteure. Forderungen zum Klimaschutz zu stellen und dabei den schlimmsten Umweltsünder zu »vergessen«, ist die blanke Schizophrenie. Keine Einrichtung weltweit verursacht mehr Umweltschäden als das Pentagon. Zum Beispiel durch Sprengstoffe, Schwermetalle und radioaktive Verseuchung, die eine permanente Kriegsführung gegen Flora und Fauna, ja letztlich gegen den Menschen selbst darstellen. Setzen wir auch die Umweltverbrechen des US-amerikanischen Militärs auf die Tagesordnung! Die Verantwortlichen können schwerlich gegen eine drastische Reduzierung der Mittel für das Pentagon argumentieren, ohne sich selbst dabei zu entlarven.

Millionen von Menschen schließen sich weltweit zu Demonstrationen gegen den ökozidalen Marsch unserer Zivilisation in Richtung Aussterben zusammen, was mich sehr freut.

Es ist wirklich ermutigend zu sehen, dass so viele junge Menschen vor Liebe zu ihrem Planeten brennen und danach hungern, den Schaden rückgängig zu machen, der unserem Ökosystem durch die Weigerung vorheriger Generationen, sich von dem Weg der Verwüstung abzuwenden, zugefügt wurde.

Dies muss weitergehen, wenn wir als Spezies überleben wollen. Die momentane Herausforderung ist die gleiche wiederkehrende Herausforderung, die immer dann auftaucht, wenn die Öffentlichkeit massiv und enthusiastisch in eine gesunde Richtung drängt: Solche Bewegungen werden immer, ohne Ausnahme, von den Interessen des Establishments manipuliert.

Ich schreibe ständig darüber, wie dies mit dem an sich gesunden Impuls des Feminismus geschehen ist. Ich habe mir gerade angeschaut, wie ein MSNBC-Experte verkündet, dass jeder, der Bernie Sanders anstatt Elizabeth Warren unterstützt, ein Sexist sei.

Diese Einbeziehung beträchtlicher Energie in die Förderung korrupter Unternehmensinteressen geschieht mit dem Feminismus, mit dem starken Kampf gegen Rassismus und Antisemitismus, und *natürlich passiert* es mit dem Umweltschutz.

Natürlich tut es das. Die Menschen reagieren sehr emotional, wenn man dies sagt, auch wenn man den Umweltschutz voll und ganz unterstützt und keine Einwände gegenüber dem allgemeinen wissenschaftlichen Konsens hat, was mit unserer Umwelt passiert, aber der Umweltschutz ist nicht dazu bestimmt, die einzige Volksbewegung zu sein, bei der die Interessen des Establishments versuchen, Berge zu versetzen, um diese zu vereinnahmen.

Wir wissen, dass unser oligarchisches Imperium buchstäblich alles tun wird – bis einschließlich dem Mord an einer Million Irakern – um sich die Kontrolle über die Energieressourcen zu sichern.

Wir wissen das mit absoluter Sicherheit. Deshalb können wir auch mit Sicherheit davon ausgehen, dass sie daran arbeiten, sicherzustellen, dass, wenn neue Energiesysteme eingerichtet werden, diese so eingerichtet werden, dass die Oligarchen ihre Macht behalten und diese im Idealfall ausbauen können, ohne ihren Thron an rivalisierende Plutokraten, an Regierungen oder – im schlimmsten Fall – an die breite Masse zu verlieren, die die Kontrolle über ihre eigene Energie erlangt. Diese Agenda liegt auf dem Tisch. Es passiert.

Die herrschenden Eliten sind uns in vielerlei Hinsicht überlegen, aber einer der größten Vorteile, die sie uns gegenüber haben, ist die Tatsache, dass sie genau wissen, was sie wollen und wohin genau sie die Dinge treiben wollen, wohingegen wir, die breite Öffentlichkeit, dies im Allgemeinen nicht tun.

Wenn wir nur eine eindeutige Anti-Establishment-Richtung hätten, in die wir uns bewegen würden, wären wir nicht aufzuhalten, und sobald wir eine finden, werden die Oligarchen erledigt sein.

Wir haben jedoch, im Allgemeinen und im Durchschnitt, wenige klare Vorstellungen davon, was wir *nicht* wollen, und sehr viele vage, häufig widersprüchliche Vorstellungen davon, *was* wir wollen. Diese Unklarheit in Bezug auf die Richtung lässt uns immer sehr anfällig für den Einfluss eines kapitalkräftigen Narrativ-Gestalters sein, der die Initiative ergreift und sagt:

»Oh ja, ich weiß genau, wohin wir gehen! Hier entlang, folgt mir!«

Glücklicherweise gibt es eine ganz klare Forderung, die wir diesem neuen Druck nach umweltpolitischen Reformen hinzufügen können, und die den Interessen des Imperiums, das versucht, unsere natürlichen Impulse zu manipulieren, direkt zuwiderläuft: dem Pentagon die Finanzierung zu entziehen.

Es gibt keine einzige, einzelne Institution auf der gesamten Welt, die eine größere Umweltverschmutzung verursacht, als jene, die man in den USA unehrlicherweise »Verteidigungsministerium« nennt.

Allein sein jährlicher Kohlenstoffausstoß übersteigt den ganzer Nationen der Ersten Welt, wie etwa Schweden und Portugal. Wenn das US-Militär ein eigenes Land wäre, würde es unter den Emittenten von Treibhausgasen den 47. Platz einnehmen, was bedeutet, dass es ein größerer Umweltverschmutzer ist als über 140 ganze Nationen.

Das ist völlig unabhängig von der Verschmutzung, die die USA bereits selbst verursachen. Keines der soziopathischen Unternehmen, deren Auswirkungen auf die Umwelt heute zu Recht kritisiert werden, kommt dem Pentagon in irgendeiner Weise auch nur nahe. Sie bleiben völlig unbemerkt.

Und das sind nur die Treibhausgasemissionen, auf die sich die giftigen Auswirkungen des Pentagons auf unsere Umwelt in keiner Weise beschränken, wie die Journalistin Whitney Webb in ihrem hervorragenden

Artikel für MintPress News zum stark vernachlässigten Thema der ökologischen Toxizität des US-Militärs aufzeigte:

> *»Das US-Verteidigungsministerium produziert mehr Giftmüll als die fünf größten US-Chemieunternehmen zusammen und hinterlässt seine giftigen Vermächtnisse überall auf der Welt in Form von abgereichertem Uran, Öl, Düsentreibstoff, Pestiziden, Entlaubungsmitteln wie Agent Orange und Blei – und andere mehr.«*

Webb dokumentiert, wie die USA »mehr Atomwaffentests durchgeführt haben als alle anderen Nationen zusammen«, wie der US-Militärinterventionismus im Irak »zu einer Wüstenbildung von 90 Prozent des irakischen Territoriums führte, wodurch die Agrarindustrie des Landes lahmgelegt und es zum Import von mehr als 80 Prozent seiner Nahrung gezwungen wurde« und wie »US-Militärstützpunkte, im In- und Ausland, immer wieder zu den am stärksten verschmutzten Orten der Welt gehören«.

> *»Während die zurückliegende Umweltbilanz des US-Militärs darauf hindeutet, dass seine derzeitigen Methoden nicht nachhaltig sind, hat dies das US-Militär keineswegs davon abgehalten, zukünftige Kontaminationen der Umwelt durch fehlgeleitete Bemühungen bei der Abfallentsorgung offen zu planen.«*

> *»Im vergangenen November gab die US-Marine ihren Plan bekannt, im Laufe dieses Jahres 20.000 Tonnen an Umwelt-Stressoren, darunter Schwermetalle und Sprengstoffe, in die Küstengewässer des Pazifischen Nordwestens der USA einzubringen.«*

Das alles ist eine gewaltige Umweltbelastung, die eine Abteilung der Regierung auf sich nimmt, die niemandem einen anderen Dienst erweist, als den Rest der Welt zum Gehorsam zu zwingen, würden Sie dem nicht zustimmen? Also weg damit.

Sicherlich werden wir, bei all dem Gerede über die gewaltigen, umfassenden Veränderungen, die erforderlich sind, um eine Klimakatastrophe abzuwenden, doch nicht den schlimmsten Umweltverschmutzer der Welt übersehen, nur weil einige Mitarbeiter von Denkfabriken und ihre plutokratischen Sponsoren der Meinung sind, dass es für die US-zentralisierte Machtallianz wichtig sei, ihre totale globale Hegemonie beizubehalten?

Sollten wir also immense, weitreichende Veränderungen vorhaben, dann wäre die völlig unnötige weltumspannende US-Kriegsmaschinerie der naheliegende Ausgangspunkt.

Das können wir in den Mainstreamdialog einbringen, während diese Umweltbewegung wächst, und das Tolle daran ist, dass die Manipulatoren des Establishments sie nicht ablehnen können, ohne sich selbst zu entlarven. Es ist etwas, was wir verlangen können, und dass sie legitimerweise nicht ablehnen können.

Wir können mit diesem klaren, konkreten, aufregenden und absolut unanfechtbaren Plan im Aufschwung dieser Klimademonstrationen surfen, und der gleiche gesunde Impuls, unseren Planeten zu retten, den diese aufkeimenden Aktivisten jetzt verkörpern, wird ihn direkt nach oben heben und bis ganz nach oben ins Mainstream-Bewusstsein tragen.

Keine vernünftige Person wird dies ablehnen, und wenn sich jemand dagegen stellt und »Nein, das nicht« sagt, wird das sofort die wahnsinnigen Absichten beleuchten, denen diese Person dient.

Die USA brauchen nicht mehr militärische Macht als andere gewöhnliche Staaten: genug, um ihre eigenen, leicht zu verteidigenden Küsten vor unprovozierten Angriffen zu schützen. Alles, was darüber hinausgeht – und mit Sicherheit die Hunderte von umweltschädlichen Militärbasen, die unseren Planeten umstellen –, existiert ausschließlich zum Wohle mörderischer dominierender Imperialisten und soziopathischer Kriegsprofiteure.

Die Forderung nach einer Abkehr vom US-Militärexpansionismus als Teil der Umweltbewegung ist allem Anschein nach vernünftig und wird jedem zugutekommen, und sie wird auch dazu beitragen, alle unheilvollen Elemente zu beleuchten, die dem Imperium die Treue halten.

IRRWEGE

Kapitel 4

Anselm Lenz
Mörderische Ideologie

Das Dogma einer Welt als endlos ausbeutbarem Objekt muss zu Fall gebracht werden, um die sozialökologische Wende zu ermöglichen.

»Ökologie und Ökonomie sind keine Gegensätze« – so lautet das Mantra der Halbherzigen und derer, die die Aufrechterhaltung des Status quo wünschen. In Wahrheit können wir nicht beides beschützen: den Kapitalismus und unser aller Überleben. Eines von beiden muss geopfert werden. Eine wachstums- und profitgetriebene Warenproduktion ist auf schnellen Materialverschleiß und Ressourcen-Raubbau gepolt. Sie ist inkompatibel mit den Notwendigkeiten der Nachhaltigkeit. Auch der schwarz-grüne Traum von einem »grünen Kapitalismus«, der die Besitzverhältnisse im Kern unangetastet lässt, ist ausgeträumt. Um die sozialen und ökologischen Krisen ohne großen Krieg zu lösen, muss auf Güterwirtschaft umgestellt, Arbeitszeit verkürzt und Industrie vergemeinschaftet werden.

Wir alle leben ungefragt darin. Jeden Tag, mit größten Auswirkungen auf unser aller Leben. Doch selbst Berufspolitiker, Professorinnen und Journalisten wissen oftmals nicht, was das ist: Kapitalismus?

Angesichts der ewigen Krise fordern sie geistig-moralische Wenden der einen oder anderen Art. Sie wollen eine Abkehr von der Gier oder die Entfaltung von kraftvoller Eigeninitiative; sie schwören auf »grünes« Wachstum oder freiwilligen Verzicht; sie halten viel von der Besinnung auf sich selbst oder der Verfolgung des Glücks.

All das ist Humbug. Das ökonomische System, in dem wir leben, ist der Kapitalismus. Er funktioniert so, dass die Menschen in Kapitalisten und Lohnabhängige eingeteilt sind.

Kapitalisten müssen innerhalb dieses Systems danach streben, ihr Eigentum und Geldguthaben zu erweitern, alle anderen müssen ihre Zeit und ihre Arbeitskraft verkaufen, um zu überleben. Beide Seiten gehen früher oder später unter, wenn sie es nicht tun.

Die einen müssen deshalb darüber bestimmen, was produziert wird, um Gewinne zu machen, die anderen müssen sich unterordnen und um Jobs bewerben, in denen sie sich verdingen können.

So läuft der Laden

Damit das immer und überall genau so bleibt, hat der bürgerliche Staat seine Gesetze und seine Polizei aufgestellt, die diese Ordnung im Land mit aller Gewalt des Rechtsstaates durchsetzen. Im historischen Maßstab sorgen große und weit entwickelte Länder wie Amerika, Frankreich und England, aber auch eher zweitrangige Länder wie Deutschland, Russland und Spanien oder Bündnisse wie die EU und die NATO für die Durchsetzung der Kapitalinteressen.

Dieses weltweite Herrschaftsstreben des Kapitalismus nennt man Imperialismus. Der Imperialismus kann sich sowohl gegen ältere rückständige Adels- oder Kirchenherrschaften richten, als auch gegen – zumindest formalhistorisch – fortschrittlichere sozialistische Länder. Die beiden anderen Formen werden im Imperialismus Diktaturen oder Totalitarismus genannt. Die imperialistischen Länder nennen sich selbst meist bürgerliche Demokratien oder beziehen sich darauf.

Im Kapitalismus wird alles zur Ware gemacht, auch die Menschen selbst. Ware bedeutet, dass alles einen Preis bekommt, also ein Wert in Geld zugeordnet wird, der es innerhalb des Systems selbst auf dem Markt austauschbar machen soll.

Unter kapitalistischen Bedingungen muss die Ware oder der Mensch entweder billiger, schneller oder besser sein als jene Waren oder Menschen, zu denen es, er oder sie in Konkurrenz gestellt wird. Auch Güter, die bislang keine Waren waren, bekommen einen Preis; ein Beispiel dafür ist die Kommodifizierung der Gastfreundschaft in der eigenen Mietwohnung durch Airbnb.

Gefangen im Wachstumszwang

Der Kapitalismus muss beständig wachsen. Wenn er nicht immer mehr und zusätzliches Geld für Waren aufhäufen kann, gerät er sofort in eine Krise. Weil Geldvermehrung (Profit) das einzige Systemziel ist, gerät er ins Wanken, wenn dieses Ziel des Profits gefährdet oder auch nur in Frage gestellt wird. Denn wenn das Wachstum aufhört, sinkt im Schnitt der Profit der Unternehmer; Investitionen werden tendentiell unprofitabel. Deshalb kommt Panik auf, wenn sich eine Rezession ankündigt. Die Produktion wird nicht einfach weniger, sondern kann teilweise oder ganz zusammenbrechen wie ein Kartenhaus.

Diese Verlustangst ist durchaus begründet und logisch – also wissenschaftlich und folgerichtig –, genauso wie die Investitionen und das Interesse an Gewinnen durch Geldvermehrung im Kapitalismus begründet und logisch sind, wenn es positive Wachstumsraten gibt. Produziert wird, wenn Gewinn zu erwarten ist. Das hat viele Vorteile in Boomzeiten und Nachteile in Stagnationsszenarien; es kommt darauf an, in welchem Entwicklungsstadium sich eine Volkswirtschaft befindet.

Opfer und Täter zugleich

Innerhalb des Kapitalismus können weder Kapitalisten noch Arbeiter etwas für ihre Position im System; Kapitalisten hätten allenfalls die Möglichkeit, ihr Geld und Eigentum zu verschenken, dann werden sie selbst zu Lohnabhängigen; Lohnabhängige können allenfalls in den Generalstreik treten, dann werden sie zu Revolutionären und müssen sich selbst organisieren.

Andere Möglichkeiten gibt es im Kapitalismus nicht, auch nicht die, auszusteigen oder sich zu reformieren, weil der Kapitalismus überall, wo er vorherrscht, immer die gleiche rationalistische Logik mit sich bringt. Es kann keinen »lieben« Kapitalismus geben, sondern nur unterschiedliche Entwicklungsstadien ein und desselben.

Es gibt zwar Nischen innerhalb des Kapitalismus, in denen eine Zeit lang langsamer gewachsen werden kann oder in denen die Verluste aus Erbschaften, Steuern oder direkt aus anderen Industrien bezahlt werden. Die Warenproduktion muss aber insgesamt wachsen und schließt dabei expansiv alle anderen Weltregionen an, die sich am Freihandel beteiligen wollen oder müssen.

Marktwirtschaft ist keine Lösung

Wenn der Wert einer einzelnen Ware sinkt, ist das Kapital daran interessiert, größere Massen dieser Waren abzusetzen. Wenn Massenware nicht mehr abgesetzt werden kann, bricht der Wirtschaftskreislauf an dieser Stelle zusammen. Der Kapitalismus kann nicht auf Nachhaltigkeit umgestellt werden, ohne zusammenzubrechen. Marktwirtschaft und Nachhaltigkeit schließen sich damit aus.

Nachhaltigkeit bedeutet, Waren nicht mehr so herzustellen, dass sie in immer kürzerer Zeit für immer weniger Geld geliefert werden – und möglichst immer schneller ersetzt werden müssen. Nachhaltigkeit ist in der Wirtschaft das Gegenteil von profitabler Warenwirtschaft.

Eine profitable Nachhaltigkeit kann es nicht geben, weil bei Nachhaltigkeit alle ökologischen und sozialen Kosten eingepreist werden. Nachhaltigkeit wird oft mit der Nischenökonomie der Bio- und Ökosiegel verwechselt. Gegen die grünen Siegel ist nichts einzuwenden, nur nachhaltig sind sie eben nicht. Sie können es nicht sein.

Bedürfnisbefriedigung

Bei der Nachhaltigkeit wird davon ausgegangen, dass Güter dazu da sind, Bedürfnisse der Menschen zu befriedigen. Die Güter müssen sehr lange halten, mit wenig Ressourceneinsatz hergestellt werden und dürfen den Planeten mittel- und langfristig nicht schädigen. Sie müssten deshalb hergestellt werden, ohne dass dabei Profite erwirtschaftet werden können. Denn Profite werden in einem Konkurrenzsystem (Marktwirtschaft) wie dem Kapitalismus nur dann erwirtschaftet, wenn eben möglichst günstig und schnell produziert und Planet und Menschen ausgebeutet werden, ohne dass das eingepreist würde. Waren werden ins Eigentum übergeben, Güter bereitgestellt. Ein »grüner« Kapitalismus, also eine Marktwirtschaft, die innerhalb bestimmter Grenzen die ökologischen Folgekosten etwa durch Ökosteuern einpreist, ist nicht möglich, weil die Unternehmer anderer kapitalistischer Länder immer dazu neigen werden, günstigere konventionelle Waren zu produzieren und die Waren der teureren »grünen« Länder im Preis überall zu unterbieten – auch auf deren eigenen Terrain.

Die »grünen« Länder fallen beim Export zurück, können nicht mehr wachsen und brechen schließlich ökonomisch ein, bevor sie überhaupt

»grünes Wachstum« zu Ende buchstabiert haben. Dies ist etwa der deutschen Solarindustrie widerfahren.

Konventioneller Kapitalismus wird immer günstiger sein als der »grüne« – deshalb hat er sich ja bis heute so ausentwickelt und ist noch immer nahezu ungebremst dabei, weltweit die Umweltzerstörung voranzutreiben. Wer etwas anderes behauptet, ist ein Scharlatan, spielt also bewusst falsch, oder ist besten Willens, aber wissenschaftlich nicht orientiert.

Es gibt kein »grünes« Wachstum

Alle relevanten Kurven steigen an, viele exponentiell. Kein einziger wichtiger Indikator der Umweltzerstörung sinkt. Ein Versuch, die ökologischen Krisen weltweit zu bearbeiten, sind die sogenannten COP-Klimagipfel.

Beim 21. seiner Art im Jahr 2016 in Paris haben die Regierungen der imperialistischen Länder plus sehr vieler weiterer Länder beschlossen, wie sie den Kapitalismus bewahren und trotzdem etwas mehr Ökologie wagen wollen. Die Ziele sind nach Ansicht aller WisenschaftlerInnen, die sich mit der ökologischen Krise befasst haben, absolut lächerlich – und werden von der Bundesrepublik noch nicht einmal eingehalten.

Dabei mangelt es nicht an Bewusstsein für das Problem. Seit »Die Grenzen des Wachstums«, dem Bericht des Club of Rome aus den Jahren 1971/72, ist fast alles über das Umweltproblem des Menschen auf dem Planeten Erde bekannt.

Man könnte auch andere Studien nennen, die danach kamen, und auch einzelne Untersuchungen, die bereits davor angefertigt worden waren. Wir wissen, dass der Mensch – also wir alle – den einzigen Planeten, den wir haben, durch die marktwirtschaftliche Produktionsweise zerstört und dabei ist, ihn früher oder später für sich selbst unbewohnbar zu machen.

Das findet wider besseres Wissen statt, wie auch wider besseres Wissen soziale Krisen ausgelöst werden – man könnte fast auf die Idee kommen, ein Kaptalismustribunal einzurichten.

Fortgesetzter Wahnsinn wider besseres Wissen

Dieses Wissen ist 2019 seit fast fünf Jahrzehnten vorhanden. Jeder Mensch mit Zugang zu höherer Schulbildung hat Kenntnis davon. Die Studie des Clubs of Rome wurde damals übrigens von Kapitalisten bezahlt, die WissenschaftlerInnen mit Geld ausstatteten, damit sie diese Arbeit unabhängig machen konnten.

Seither hat der Kapitalismus eine Vielzahl von Krisen durchlaufen und konnte sich nur dadurch aufrecht erhalten, dass er »nach innen und außen« Kriege führte.

»Nach innen« bedeutet Privatisierung von staatlichen Unternehmen, Ausverkauf von Wohnungen und Grundbesitz, und es bedeutet, dass die Lohnabhängigen immer verdichteter und schließlich auch länger für stagnierende und schließlich in realer Kaufkraft sinkende Löhne arbeiten müssen – oder ganz aus der Produktion ausgeschlossen werden (Arbeitslosigkeit, Hartz IV, sogenannte Bullshitjobs und so weiter).

»Nach außen« bedeutet, dass der Imperialismus andere Weltregionen überfallen und unterworfen hat, um auf dortige Ressourcen für die eigene Produktion, wie Erdöl oder billige Arbeitskräfte, aus weniger entwickelten Ländern zugreifen zu können.

Für die jüngeren Generationen in Europa bedeutet das, dass sie zu halben Konditionen arbeiten müssen, dafür aber länger und zudem nach verkürzter und verschulterer Ausbildungszeit. Arbeit wird immer häufiger als sinnlos empfunden, weil sie nicht mehr dazu beiträgt, dass sich die Welt materiell verbessert.

Wohnungen werden kleiner und teurer, alles wird knapper und enger. Dabei müsste doch alles immer besser werden, weil Menschen ja arbeiten – bauen, forschen, verbessern, schmücken – und seit 1945 bislang keine kontinentalen Kriege oder große Naturkatastrophen in Europa dazwischen gekommen sind.

Beliebte Sündenböcke

Der Volksmund sagt: »Die Zeiten werden schlechter!« Diese Krisenhaftigkeit der kapitalistischen Produktionsweise, die allzugern auf Ausländer, Juden, Frauen, Schwule, Hedonisten, Kranke, Kinder und Alte abgeschoben wird, auf die vermeintliche »Dekadenz« der Schwachen oder in Enge Getriebenen also, ist bei jahrzehntelang insgesamt steigender Produktivität der Ökonomie *ausschließlich* auf den Kapitalismus zurückzuführen. Der hat sich nämlich alles einverleibt, was das Leben hätte verbessern können (und müssen).

Anstatt die ansteigende Produktivität – das bedeutet, dass ein Teil in kürzerer Zeit von weniger Menschen und in höherer Zahl mit demselben oder sinkenden Aufwand hergestellt werden kann – in die Verbesserung des Lebens zu investieren, ging der Mehrwert nicht nur in das Portemonnaie der Kapitalisten.

Die haben damit in den vergangenen fünf Jahrzehnten eine wahnwitzige Sphäre aufgezogen, die mit dem Begriff »entrückte Parallelwelt« viel zu freundlich beschrieben ist und für schlichtere und boshaftere Gemüter allerlei Anlass zu Sündenbocktheorien von Freimaurern bis Aliens bietet. Darin besteht aber noch kein struktureller Unterschied zu älteren Phasen des vor rund 250 Jahren entstandenen Kapitalismus.

Viel schlimmer als eine in dieser Spaltung faktisch nie zuvor dagewesene fanatische Klassenherrschaft über alle anderen Menschen auf der Erde ist für die in der Gegenwart Lebenden, dass diese Form der kapitalistischen Produktionsweise in ihrer Spätform in Westeuropa und Nordamerika eine extraktive Logik hervorgebracht hat.

Das Kapital spekuliert letztlich mit dem eigenen Untergang und macht auch damit Gewinne. Es hat in Europa und Nordamerika, der sogenannten Ersten Welt eine Deindustrialisierung zur Folge und ein rauschhaftes Wachstum in China und Fernost, das sozial und ökologisch kaum gebremst wird.

Wetten auf den Untergang

Das weitverbreitete Aufkommen apokalyptischer Gedanken, bis hin zu der Überzeugung, dass die Gesellschaft demnächst zusammenbrechen werde, hat also durchaus realökonomische Gründe, selbst wenn diese nur »gespürt« und falsch kanalisiert werden. Das Kapital hat begonnen, seine Ausgangs- und Trägergesellschaften zu kannibalisieren, und ist dabei recht weit fortgeschritten.

In der Hochphase der Neoliberalen Epoche werden soziale Errungenschaften zurückgebaut und der allgemeine Lebensstandard sogar im gesellschaftlichen Mittelwert verschlechtert. Ökonomische Krisen gehen einher mit sinkenden Geburtenraten, gestiegener und weiter steigender Aggressivität im Alltag, Verrohung und Verflachung der Sprache, der Musik, der Architektur und Literatur sowie massenhaften Ohnmachtserfahrungen, die für menschenfeindliche und rückwärtsgewandte Ideologen – also für Rechte und Religiöse – ein ersehntes Feuchtbiotop bilden.

Denn jeder weiß, dass es früher einmal besser war, zumindest für sehr viele. Es hat einmal eine Welt gegeben, die in vielerlei Hinsicht für die Mehrheit der Menschen im Alltag schöner, entspannter, freier und weniger überwacht gewesen war, in der beim Wohnen, Essen, Urlaub und der Kultur nicht gespart wurde, sondern tendentiell immer etwas mehr zur Verfügung gestanden hatte.

Ja, früher war es objektiv etwas besser

Das hat sich seit der sogenannten Finanzkrise ab 2007 umgekehrt. Die Finanzkrise stellte sich damit als Kürzungsprogramm gegen die Lohnabhängigen heraus. In einigen Ländern sanken sogar kurzzeitig die umweltschädlichen Emissionswerte, danach sprangen sie wieder in die Höhe und steigen weiter. Die Krisenerfahrung betrifft mittlerweile Menschen in West- wie Ostdeutschland sowie in ganz West-und Südeuropa. Wenn der Einzelne dadurch nicht mehr systematisch denken kann oder nicht die entsprechende Bildung als Einstieg bekommt, erscheint die Gegenwart wie ein unverdientes Schicksal und in einem nächsten Schritt die Vergangenheit erstrebenswert.

Wer weiterhin an die liberalen Versprechungen glaubt – in welcher bürgerlichen Färbung auch immer – muss sich in einer immer engeren Karrierewelt trimmen und immer fanatischer gegen seine Mitmenschen durchboxen. Ein Krieg erscheint schließlich als »reinigendes Gewitter«, in dem überschüssige Energien eines als kärglich oder sinn- und ziellos wahrgenommenen Lebens abgebaut werden.

Warten auf die nächste »Stunde Null«?

Wenn danach alles in Schutt und Asche liegt, kann wieder eine Boomzeit ausgelöst werden. Es gibt viel zu tun und viel Platz. Aber das gäbe es auch so, wenn man den Fetisch der produktiven Arbeit zurückdrängen würde – und Menschen einfach soziale und kulturelle Tätigkeiten machen könnten.

Ein ästhetischer Ausdruck der sich erhitzenden Sozialpsyche ist der seit zwanzig Jahren grassierende Stadtjeep, der SUV, eine panzerartige Beleidigung aller anderen anwesenden Fußgänger, Fahrradfahrer und Kleinwagenfahrer im geteilten öffentlichen Raum.

Schuld am Klimawandel ist er allerdings nicht. Und auch seine Ersetzung durch massenhaft neu-zu-produzierende Stromautos wäre kaum ein Tropfen auf den heißen Stein gegen die menschengemachte Klimaschädigung, denn auch die Elektrokutschen müssen energieaufwendig hergestellt werden.

Im Kapitalismus kann das E-Auto nur dann profitabel sein, wenn es teurer ist oder massenhafter und in kürzeren Intervallen abgesetzt wird als das Auto mit Verbrennungsmotor. Damit beißt sich die Katze in den Schwanz. Am Ende könnte es wieder nur unausweichlich heißen: *»Wir wollten das Beste, aber es kam wie immer.«* (Viktor Tschernomyrdin)

Was tun?

Es gibt keinen »grünen« Kapitalismus. Eine Verbesserung der selbstmörderischen Ökobilanz des Menschen ist aber möglich. Dafür muss von der Warenproduktion – viele Stromautos für viele Verbraucher – auf die Bereitstellung von Gütern umgestellt werden, wie öffentlicher und für die Benutzung kostenlos bereitgestellter Personenverkehr.

Die Stromtaxis, Busse und vor allem Bahnen werden als Teil der öffentlichen Daseinsvorsorge auf extreme Langfristigkeit hin produziert, instandgehalten und betrieben. Dafür wird die Automobilindustrie verstaatlicht und umgebaut. Die ÖPNV-Stromtaxis »Berlkönig« in Berlin sind ein gutes, digitalgestütztes Beispiel, das in einem riesigen Maßstab zentral gesteuert ausgebaut werden muss!

Immer mehr Bereiche werden nach ökologischen und sozialen Kriterien der kapitalistischen Verwertung entzogen, einer nach dem anderen und das recht schnell: Das Wohnen in den Städten, der Flugverkehr, die Bahn, die Post, die Krankenhäuser, die Spekulation mit Agrarprodukten und last but not least: die Banken. Recht schnell muss es gehen, weil die Verstaatlichung der Schlüsselindustrien und der wichtigsten Dienstleistungen zur Daseinsvorsorge im Krisenmodus nicht lange bestehen können.

Weil das so ist, drucken die Notenbanken in Nordamerika und Europa seit 2007 kontinuierlich Geld, das sie den Banken schenken, damit diese den Geldkreislauf aufrecht erhalten können und zumindest noch ein paar Investitionen stattfinden, auch wenn diese immer unrentabler oder extraktiver werden. Das Wort extraktiv ist auf mehreren Ebenen verwendbar, zum Beispiel auch bei der kaum regenerierbaren Ausbeutung von Meeren und Böden.

Es gibt mit konventionellen Mitteln keinen Weg aus dieser Spirale heraus. Und er ist auch nicht unter der Doktrin des Freihandels umsetzbar: Der ökologische Umbau erfordert notwendigerweise zunächst nationale Maßnahmen, in welcher Skalierungsstufe auch immer, anders ist er nicht möglich.

Die EU könnte unter erheblich veränderten Umständen ein Instrument dafür sein, aber auch eine ökologisch autonome Regionalwirtschaft, solange sie unter lebensmäßig liberalen – also universalistischen – Kriterien errichtet wird. Auf eine geschwächte UN kann nicht einmal mehr gehofft werden; diese wurde nicht gegen Kapitalinteressen errichtet und kann sich ja nicht einmal im Sinne der absurd geringen COP-Klimaziele durchsetzen.

Die große Reise

Es hat auch keinen Sinn, sich von Spiritualität oder persönlichen Beschränkungen gesellschaftliche Linderung zu erhoffen. Es geht nicht darum, ob Sie persönlich statt sechs Interkontinentalflügen im Jahr nur noch zwei im Jahr machen. Es geht darum, ob wir noch zwei Interkontinentalflüge im ganzen Leben machen können und wie wir uns diese Möglichkeit möglichst klimaschonend erhalten.

Immerhin haben wir dann von dieser einen großen Reise in die fernsten Fernen wirklich etwas zu erzählen, eine Sprache gelernt, Freunde gefunden und dem kulturellen Austausch ein bisschen geholfen. Zurück zu Hause wird man uns lauschen und alles wissen wollen. (Einmal schnell Thailands Strände angucken können wir noch am Bildschirm, nicht per Flugzeug.) – Das sind in etwa die Maßstäbe, von denen wir sprechen müssen, nicht von veganer Eiscreme aus Los Angeles.

Es wird entweder zu einem großen Krieg kommen – deshalb war die Kriegstreiberei gegen Libyen, Russland und so weiter in den Jahren nach der sogenannten Finanzkrise auch folgerichtig und letztlich nur ein »kleines Vorspiel« für das, was in der kapitalistischen Logik noch kommen wird – oder zu einem sozialökologischen Umbau – den es ohne konsequenten Sozialismus nicht geben kann, was zu beweisen war.

Letzteres ist letztlich für alle Menschen mit Kindern oder einem Herz für Kinder rational und wünschenswert – selbst für jene, die von der derzeit noch bestehenden Marktwirtschaft eher profitieren.

Sitzen Sie bequem? Oder gar fest im Sattel?

Ist so ein sozialökologischer Umbau eine bequeme Sache? Erstmal nicht, so ehrlich sollte mensch sein. In den Siebzigern wäre die Transformation unter den Kriterien einer noch einigermaßen prosperierenden und stabilen Ökonomie möglich gewesen und die besten unter den echten Grünen in West und Ost setzten sich dafür ein.

Ihnen entgegen standen dieselben Karrieristen und andere Sesselfurzer aller Parteien, die sich bereits mit Ende 20 auf die eigene Rente vorbereiteten. Von jenen ist auch heute wenig zu erhoffen, allerdings unter weitaus krisenhafteren und aus ihrer Sicht gefährdeteren Bedingungen, zum Beispiel bald ein Jahr jeden Samstag revolutionäre Gelbwestenproteste in Frankreich. Sie sitzen nicht mehr fest im Sattel.

Die reale Aussicht heute ist aber nicht nur negativ. Die gute Seite eines sozialökologischen Umbaus besteht darin, viel weniger arbeiten zu müssen und gelassener oder heiterer leben zu können. Die psychischen und körperlichen Energien, die nicht mehr im fanatischen Gelderwerb und künstlichen Überlebenskampf aufgewendet werden, können für Kinder, Kunst, Faulheit, interessante Architektur und überhaupt all jenes aufgewendet werden, das gegenwärtig als überflüssig gilt, aber die höchste Qualität des Menschseins ist.

So oder so

Bereits in den 1930er Jahren wurde nachgewiesen, dass mit einer 20-Stunden-Woche alle reproduktionswichtigen Arbeiten auf hohem Niveau erledigt werden können. Seither ist die Produktivität noch sehr viel weiter gestiegen.

Bei vernünftiger Organisation der Produktion müsste sich kein Mensch auf der Erde ernste Sorgen machen – weder um sein eigenes Überleben noch um das Überleben der ganzen Menschheit in der Zukunft.

Beides ist gegenwärtig bedroht. Und das auch noch unter den Bedingungen einer 40-Stunden-Woche und eines sinkenden Lebensstandards. Das ist absurd und wird nicht aufrecht zu erhalten sein – so oder so.

Susan Bonath
Mythos »Grüner Kapitalismus«

Unser profitgetriebenes Wirtschaftssystem ist eine ökologische Vernichtungsmaschine, die nicht umweltverträglich zu gestalten ist.

Kaum spricht die globale Jugendbewegung Fridays for Future das Sichtbare aus, treiben Marktfans die Mär vom »grünen Kapitalismus« durch die Medien. Kann ein System, das auf Privateigentum an Produktionsmitteln, Profitmaximierung und endlosem quantitativen Wachstum basiert, nachhaltig und ökologisch funktionieren? Wie noch keine andere Bewegung in der Geschichte hat *Fridays for Future* (F4F) diese Frage auf den Tisch geworfen. Denn die Zerstörung unserer Lebensgrundlage ist längst sichtbar. Und sie betrifft uns alle. Die Frage, ob »grüner Kapitalismus« möglich sei, kann nur mit Nein beantwortet werden.

Märchen, Mythen, Propaganda

Die Frage der Fragen hat, wie sollte es anders sein, Profiteure, das politische Establishment, Ökonomen und sonstige Kapitalismusverfechter aller Couleur aufgescheucht. In Springers *Welt* will uns die gern geladene Talkshow-GästIn und selbst ernannte »Chefökonomin« Dorothea Siems darüber aufklären, dass alle, die nicht ihrer Wahnvorstellung vom ewigen Wachstum frönen, doch wohl rein gar nichts begriffen hätten.

Diese »radikalen Wachstumsskeptiker« unterschätzten mit ihrer »Ökospinnerei« die »Anpassungsfähigkeit der Marktwirtschaft«. Immerhin, so Siems, berge auch Ökowirtschaft »enorme Geschäftschancen«. Sie meint natürlich die Profite der Aktionäre und Konzernchefs.

Mit derlei Storys geistern viele neoliberale Esoteriker mit Professorentiteln durch die Medien. Warum Kapitalismus, Ökologie und Demokratie angeblich »einander brauchen« und daher das gegenwärtige System alternativlos sei, versuchte Jürgen Kocka im *Tagesspiegel* darzulegen.

Seine Begründung beschränkt sich am Ende auf eine hohle Phrase: Der Sozialismusversuch im »Ostblock« sei schließlich an fehlender Demokratie und Ökologie gescheitert. Und außerdem gebe es ja »sehr verschiedene Kapitalismen«.

Über die DDR durfte sich dann auch Hubertus Knabe, ehemaliger Leiter der Stasi-Gedenkstätte in Hohenschönhausen, in der *Neuen Zürcher Zeitung* (NZZ) auslassen, um einen »Irrtum der Klimaschützer« zu attestieren und den gottgleichen Status des Marktes zu rechtfertigen.

In der *Wirtschaftswoche*, dem Blatt für studierte Marktesoteriker, warnte Kolumnist Andreas Freytag die F4F-Aktivisten vor antikapitalistischen Einflüssen durch Linke und »NGOs«. Diese wollten ihnen den Floh ins Ohr setzen, dass man »dem Klimaschutz gleich den Kapitalismus opfern« müsse, zeterte er. Und sogar die angeblich linke *taz* ließ ihre Leser an der Bullshit-Erkenntnis des Finanzinvestors Jochen Wermuth teilhaben, wonach nur der Kapitalismus das Klima retten könne.

Die Profitmaschine: Wie alles begann

Das Märchen vom grünen Kapitalismus, das sie uns allen verkaufen wollen, geht so: Das quantitative Wirtschaftswachstum, auf dem das System basiert, müsse gar nicht materiell erfolgen.

So könne das Gesundheitswesen beispielsweise wachsen. Oder die Pflege. Denn ohne Wachstum und Profitstreben gehe es nun mal nicht. Dann hätten die Profiteure gar keinen Anreiz, neue Technologien zu entwickeln. Und letztere seien nötig für die Umwelt. Kurzum: Eine Wirtschaft könne auch umweltverträglich wachsen.

Um zu verstehen, warum das Blödsinn ist, ja, weshalb Kapitalismus zugunsten veralteter schädlicher Technologien sogar neue Innovationen verhindert, muss man den Kapitalismus verstehen. Dazu ist ein kurzer Rückblick in die Geschichte unumgänglich.

Um 1300 begann der Aufstieg der ersten Frühkapitalisten. Das waren reiche Bürger, die mit großen Handelshäusern so viel Geld scheffelten, dass sie eines Tages reicher als der herrschende Adel wurden.

Ihr Konzept beruhte auf Schifffahrt, bewaffneten Überfällen, Raub, Mord und Kolonisierung. Söldner halfen ihnen dabei; sie waren die ersten Lohnarbeiter im entstehenden Kapitalismus.

Ihrem Beispiel folgten andere reiche Bürger. Die Ostindien-Kompanien um 1600 wuchsen zu riesigen Akkumulationsmaschinerien heran.

Die Industrialisierung brachte der bürgerlichen Herrschaft den Siegeszug. Riesige, private Produktionsstätten entstanden; ehemals Leibeigene und kleine Handwerker, die nicht mithalten konnten, waren gezwungen, dort ihre Arbeitskraft zu verkaufen. Das einzige Ziel der neuen Kapitalisten: Profitmaximierung.

So entstand eine riesige Profitmaschine, angetrieben von Einzelkapitalisten, die unter Strafe ihres Untergangs gezwungen waren, mehr Profit als die Konkurrenz zu erwirtschaften.

Dafür mussten sie immer weiter wachsen. Denn wer mehr produzierte, konnte seine Waren billiger absetzen, verkaufte mehr und stach die Konkurrenten auf dem Markt aus. Und so weiter und so fort. So läuft das bis heute.

Privateigentum an Produktionsmitteln

Es gab vier Gründe für den Aufstieg der bürgerlichen Kapitalistenklasse: das Privateigentum an Produktionsmitteln, der durch die Weiterentwicklung der Schifffahrt fortschreitende Handel, die zunehmende Arbeitsteilung und schließlich der technologische Fortschritt hin zur Massenproduktion.

In jeder Klassengesellschaft herrschten die einen über die anderen, weil sie sich Produktionsmittel – wie Grund und Boden, Ressourcen und Bodenschätze, heute auch Computer und Maschinen – aneignen und dieses Eigentum sowohl mit Waffengewalt als auch ideologisch verteidigen konnten.

Auf dem Privateigentum an Produktionsmitteln fußt auch der kapitalistische Markt. Produktionsmittel dienen dem Eigner der Vermehrung seines Geldes. Er muss sie kapitalisieren, indem er Arbeitskraft dazukauft und Waren produzieren lässt, die er auf dem Markt verkauft.

Dafür bedient er sich bei den Lohnabhängigen, die mangels eigenen Eigentums an Produktionsmitteln auf dem Markt Schlange stehen, um ihre einzige Ware, die sie besitzen, zu veräußern: ihre Arbeitskraft.

Profitquelle Lohnarbeit

Immer wieder hört man Linke nach gerechten Löhnen rufen. Diese aber kann es schon aufgrund der Natur des Kapitalismus nicht geben. Denn Lohnarbeit ist die einzig echte Profitquelle für Kapitaleigner.

Nur Menschen können sie dazu zwingen, mehr Werte zu schaffen, als sie in Form von Lohn in sie investieren. Jeder Beschäftigte leistet unbezahlte Mehrarbeit, um den Konzernchefs und Großaktionären satte Gewinne zu verschaffen. Davon spürt er nicht viel, weil er regelmäßig seinen Lohn aufs Konto bekommt.

Eine Maschine indes ist bereits selbst ein Produkt aus Rohstoffen und Arbeit. Sie gibt ihre Leistung, für die der Kapitalist bereits beim Kauf bezahlt hat, in die Produkte ab. Maschinen und Computer verringern den Anteil menschlicher Arbeit und ermöglichen Massenproduktion.

Profitträger ist immer eine neue Ware, die ein Unternehmen auf den Markt bringt. Geschaffen wird der Profit also dort, wo Rohstoffe gefördert und weiter verarbeitet werden. Alle anderen Branchen, wie der Handel, das Transportwesen oder die Werbebranche, realisieren den Profit und lassen sich daran beteiligen.

Gleiches tut die Bank. Sie ist, wie die Spedition, ein Dienstleister. Die Bank verleiht Geld, das der Kapitalist profitbringend kapitalisieren kann. Über den Zins fordert sie ihren Anteil an selbigem.

Ein Dienstleister des Kapitals ist auch der Staat. Seine Aufgabe ist es, die Profitmaschine auf seinem Territorium zu managen. Auch er lässt sich dafür am Profit beteiligen, vor allem über Steuern. Die nimmt er sich zum Teil vom bereits abgeschöpften Mehrwert der Unternehmen, andererseits direkt vom Lohnarbeiter. Die Profitquelle ist also für alle Kapitalisten, inklusive Banken und Staat, immer dieselbe: Arbeitskraft.

Der technologische Fortschritt

Jeder Unternehmer produziert nur zu einem Zweck: Profitmaximierung. Da ist es egal, ob der dafür Backwaren, Handys, Autos, Drogen oder Waffen herstellen lässt. Er muss all das nur umsetzen. Weil er seine Profite maximieren muss, drückt er die Löhne, so weit es geht, und strebt nach technischer Modernisierung.

Durch maschinelle Massenproduktion sinken aber die Preise. Nehmen wir zwei Kleiderschränke: Der eine ist aufwendig von Hand gefertigt und verziert, das einfache Ikea-Modell stammt aus der Großproduktion.

Der handgefertigte Schrank wird deutlich mehr kosten als der industriell hergestellte. Denn der Preis einer Ware orientiert sich am Aufwand menschlicher Arbeit, der in ihr steckt – je geringer dieser ist, desto mehr sinkt der Stückpreis. Daraus folgt: Der Kapitalist muss immer mehr produzieren, weil sein Profit pro Stück sinkt, je mehr menschliche Arbeitskraft er durch Technologie ersetzt.

Wir erleben es seit Jahrzehnten: Computer und Maschinen verdrängen Lohnarbeit. In kleinen Bahnhöfen haben Automaten die Fahrkartenschalter ersetzt. In Fabrikhallen, wo vor 40 Jahren noch 200 Beschäftigte monotone Arbeiten ausführten, bedienen heute zwei, drei Leute automatische Steuerungssysteme.

Schon vor vier Jahren warnte die *Wirtschaftswoche*, Computer könnten künftig 4,4 Millionen Jobs in Deutschland übernehmen.

Mit Wachstum hält das Kapital dagegen. Wächst in einem Land die Wirtschaft so stark, dass sie die Waren auf dem Binnenmarkt nicht mehr absetzen kann, muss sie auf Export umschwenken. So entstehen starke Imperien und schwache Staaten mit hoher Erwerbslosigkeit und Armut.

Konkurrenz und Wachstumszwang

Hinzu kommt ein weiterer Faktor: die Konkurrenz. Wie Lohnabhängige um Jobs konkurrieren auch Kapitalisten gegeneinander um Einfluss auf dem Markt. Auf dem Siegertreppchen steht stets, wer die besten Waren zu den günstigsten Preisen verkaufen kann. Wer die beste Maschine, die leistungsstärksten Computer besitzt, kann massenhaft Lohnkosten einsparen, seine Waren besonders billig verkaufen und trotzdem kurzfristig hohe Einzelprofite einfahren.

Das setzt die Konkurrenz unter Zugzwang. Um nicht unterzugehen, müssen andere Unternehmen ebenfalls technisch aufrüsten. So sind Konzerne auf dem Markt in einen ständigen Preiskampf Richtung abwärts verflochten.

Für den Endverbraucher ist das wenig zu spüren, weil Unternehmenssteuern und Kapitalzinsen sowie die staatlich gelenkte Inflation sich in den Preisen niederschlagen. Der tendenzielle Fall der Profitrate geht somit, wie nicht anders zu erwarten, vor allem zulasten der »kleinen Leute«.

Aber auch Kleinkapitalisten haben daran zu knabbern. Sie scheitern viel schneller am Konkurrenzdruck. Zum Beispiel, wenn ein Großkonzern, der Gleiches herstellt, mal eben für ein paar Wochen die Preise halbiert. Was sich kleine Betriebe nicht leisten können, ist für riesige Unternehmen, die bereits viel Kapital akkumuliert haben, ein Kinderspiel. So bleiben die Großen am Markt, die Kleinen gehen ein.

Soziale Verelendung

Der technologische Fortschritt macht Lohnabhängige erwerbslos. Leistungsstarke imperialistische Exportstaaten mit hohem quantitativem Wirtschaftswachstum spüren davon freilich weniger als arme Länder mit geringer Wirtschaftskraft, die von ersteren mit billigen Waren überrollt werden. Denn Absatz ist das A und O für das Kapital; der Rubel muss ja rollen.

So entsteht, global gesehen, nicht nur ein imperialistisches Machtspiel: Ökonomisch starke und schwer bewaffnete Staaten unterdrücken den Rest der Welt. Es wächst auch die Masse an Menschen, die für die Profitmaschine nicht mehr nützlich sind.

Das Kapital benötigt ihre Arbeitskraft nicht mehr. Zudem verlieren sie ihre Kaufkraft. Die Schere zwischen Arm und Reich driftet auseinander.

Die zunehmende soziale Verelendung ist systemimmanent. Zu den sichtbaren Verlierern gehören die Flüchtlinge, die aus Verzweiflung in die Boote der Schlepper steigen. Wobei die Schlepper auch nur Kleinkapitalisten sind, die nichts anderes versuchen, als jeder Konzern:

aus Geld mehr Geld zu machen.

So gräbt zum Beispiel Nestlé Millionen Menschen das Wasser ab, um Profite zu erwirtschaften. Und die Kleinen versuchen selbiges, indem sie Menschen, die hoffen, von Europa aus ihre verarmten Familien versorgen zu können, in mangelhaften Schlauch- und Holzbooten gegen Geld übers Meer schippern.

Da aber nun die Profitrate tendenziell fällt, schrumpft auch der Anteil der Staaten an dieser. Zugleich wächst die Masse der aus dem Produktionsprozess Outgesourcten. Der Staat wird also zum einen versuchen, die noch im Arbeitsprozess Befindlichen immer stärker abzuschöpfen.

Andererseits wird er Sozialleistungen kürzen, obwohl eigentlich immer mehr Menschen ihrer bedürfen. Er kommt somit in die Bredouille: Soziale Verelendung lässt die Kriminalitätsrate in die Höhe schnellen und die Gefahr von Aufständen wachsen. Der Staat wird also aufrüsten, um die sich destabilisierende Lage gewaltsam unter Kontrolle zu bringen.

Kapitalflucht in die Spekulation

Wo immer mehr Waren produziert werden, diese aber zunehmend schlechter abgesetzt werden können, wachsen nicht nur die Müllberge. Auch die Kapitalanlagen werden unrentabler, folglich wird weniger investiert. Es kommt zu einem wachsenden Investitionsstau, den wir in Deutschland übrigens seit Jahrzehnten erleben: Schulen verfallen, Straßen bleiben unsaniert, Krankenhäuser und Pflegeheime verkommen zu bloßen Aufbewahrungsanstalten, ganze Produktionsstandorte machen dicht.

Das Kapital flüchtet in die Spekulation. Derlei Geschäfte sollen jenes Geld in die Kassen von Kapitalisten spülen, das ihnen Investitionen nicht mehr bringen. Das Problem: Spekulation, etwa mit Finanzprodukten, ist von der Realwirtschaft abgekoppelt. Werden sie Summen am Ende als reale Werte erarbeitet, türmen sich die berühmten Blasen auf und platzen schließlich.

Das Resultat sind Wirtschaftskrisen, die immer schneller über die ganze Welt hinweg rollen: Firmen rutschen in die Insolvenz, die Erwerbslosigkeit wächst, die Kaufkraft sinkt weiter, Kapital wird noch unrentabler, und so weiter. Ganze Staaten gehen daran Pleite und Millionen Menschen versinken in sozialer Verelendung.

Konzerne am Tropf

Den staatlichen Ökonomen ist das Problem sehr wohl bekannt. Sie halten mit kapitalistischen Methoden dagegen. Zum einen wird alles privatisiert, was irgendwie verkauft werden kann: Kliniken, Autobahnen, staatliche Unternehmen, wie Telefongesellschaften oder die Eisenbahn, und andere Gemeinwohlgüter.

Zweitens spülen die Zentralbanken billiges Geld auf den Markt. Sie senken ihren Leitzins. Das bedeutet: Leiht sich eine private Bank Geld von der Zentralbank, muss sie dafür umso weniger Zinsen aufbringen, je niedriger der Leitzins ist. Betrachtet man die Kurven der großen Zentralbanken der vergangenen Jahrzehnte, wird klar: Alle Zinssätze befinden sich im tendenziellen Sinkflug.

Der Zinssatz der Europäischen Zentralbank (EZB) beträgt beispielsweise seit 2015 null. Japan, Schweden und die Schweiz haben seit einigen Jahren Negativzinsen. Die Banken bekommen so verrückterweise noch was obendrauf, wenn sie sich Geld für die Kreditvergabe leihen. So können sie, ohne Gewinneinbußen, auch die Zinsen für Großkredite senken. Das Ziel ist klar:

Der Staat will so die Privatwirtschaft animieren, in die reale Produktion zu investieren, obwohl die Anlagen unrentabler werden. Das ist ein Spiel auf Zeit.

Kriegsgefahr wächst

Die Beschleunigung sozialer Missstände ist also kapitalistisches Programm. Das führt zu Unruhen in der Bevölkerung. Abstiegsängste und Verteilungskämpfe fördern gewalttätige Konflikte, Bürgerkriege und die Bildung radikalisierter Gruppen. Und dies wiederum führt zum Boom einer einzigen Industrie, während die anderen unter sinkenden Profiten wanken. Gemeint ist die Rüstungsbranche.

Auch das erleben wir aktuell weltweit. Wer dicke Profite will, investiert in das Kriegsgeschäft. Rheinmetall und Co. erleben einen Aufschwung wie seit dem Zweiten Weltkrieg nicht mehr. Das Kapital liefert den Menschen live den Anschauungsunterricht. Weil die meisten den Kapitalismus aber nicht verstehen, begreifen sie die Verwerfungen – inklusive der Kriege – jedoch nicht als dessen logische Konsequenz.

Profitmaximierung in Grün?

Die soeben erklärte Funktionsweise des Kapitalismus mag irrational klingen. Nur kommt niemand an ihr vorbei. Jeder, der schon mal versucht hat, sich selbständig zu machen, oder es geschafft hat, weiß das. Kurzum: Wer nicht mitspielt beim endlosen Kampf um Maximalprofite, geht unter.

Das heißt im Klartext: Jeder, der ein Produkt an den Markt bringen will, braucht Kapital und ist gezwungen, sich dem Zwang zu quantitativem Wachstum und Profitmaximierung zu unterwerfen, ob Biobauer oder Agrarkonzern mit Massentierhaltung, ob Solarzellenproduzent oder Ölkonzern.

Dabei entstehen mehrere Probleme: Erstens führt der Zwang zur steten Steigerung der Warenproduktion und der dafür nötigen Energie zwangsläufig zu einem wachsenden Ressourcenverbrauch. Denn jedes materielle Ding – egal, ob Windräder, Handys oder Sojaschnitzel – besteht aus zwei Komponenten: Rohstoffe und Arbeitskraft.

Zweitens wird kein Kapitalanleger, der über die dafür nötige Maschinerie verfügt, Rohstoffe in der Erde lassen, die ihm Milliardengewinne versprechen. Er wird also neue Technologien eher verhindern, um eine teure Umrüstung und Profiteinbrüche zu vermeiden.

Profitverlust droht dem Kapitalisten auch durch nachhaltige Produktion. Schließlich muss er immer neue Waren verkaufen. Ein Kleiderschrank, der 100 Jahre hält oder eine Glühbirne, die 40 Jahre brennt, sind daher nicht in seinem Interesse.

Quantität verhindert Qualität

Das quantitative Wachstum steht also einem qualitativen Wachstum entgegen. Zu beobachten ist das beispielsweise in der Energiebranche. Obwohl die technischen Möglichkeiten bereits entwickelt sind, graben die Konzerne weiter nach Kohle, fördern Öl ohne Ende und betreiben Fracking, was das Zeug hält.

Auch Agrarkonzerne gewinnen lieber neue Anbauflächen durch rasche Brandrodung des Regenwaldes,statt ausgelaugte Flächen aufwendig urbar zu machen. Tierwirte stellen auf Massentierhaltung um, weil diese kostengünstiger ist und höhere Profite verspricht als ökologische Haltung.

Textilfabriken beuten bettelarme Frauen wie Sklavinnen in Indien aus, um Transport- und Lohnkosten zu senken und die Gewinne zu steigern. Nicht anders würde es laufen, wenn alle Staaten der Welt umwelt- und klimaschädliche Energiegewinnung verbieten würden – was nicht zu erwarten ist.

Es würden andere Rohstoffe geplündert; die Ausbeutung von Lohnarbeit, der Wachstums- und Profitmaximierungszwang blieben bestehen.

Grünen-Vorschläge zulasten der Armen

Die Grünen bringen reichlich Vorschläge ein, wie »grünes Wachstum« angeblich gelingen könne. An Aufrufen an die Industrie, endlich Eigeninitiative zur Umstellung auf umweltfreundliche Technologien zu ergreifen, mangelt es nicht. Und es ertönt dabei der Ruf nach dem Staat.

Der solle zum Beispiel Biolandwirtschaft statt Massentierhaltung fördern, Plastiktüten verbieten oder erneuerbare Energien statt Stromerzeugung aus fossilen Brennstoffen bezuschussen. Auch die Bepreisung des CO_2-Ausstoßes, die das Klimakabinett der Bundesregierung im Miniformat jüngst beschlossen hat, stammt aus dem Baukasten der Verfechter eines »grünen Kapitalismus«.

Bleiben wir beim Plan der Bundesregierung: Energieintensive Unternehmen sollen künftig CO_2-Emissionsrechte erwerben. Das klingt vielleicht erst einmal gut, ist es aber nicht. So müssen dem Anschein nach erst einmal reiche Unternehmer löhnen.

Doch, schon um nicht der Konkurrenz zum Opfer zu fallen, werden diese ihre Profite nicht gefährden. So zahlen sie für Verschmutzungsrechte und schlagen diese Kosten einfach auf die Preise ihrer Waren drauf.

Zur Kasse gebeten werden am Ende wieder die »kleinen Leute«, und die Ärmsten wird das wie immer am schlimmsten treffen. Ähnlich wäre es mit einer CO_2-Steuer, selbst wenn diese nur von großen Unternehmen verlangt werden würde.

Fehler im System

Oder stellen wir uns vor, der Staat käme auf die Idee, nur die Biobauern zu fördern. Das Ende vom Lied: Auch Biobauern müssten Maximalprofite einfahren, um am kapitalistischen Markt bestehen zu können.

Da beispielsweise die Bio-Haltung sehr viel arbeitsaufwendiger als die Massentierhaltung ist, fallen trotz aller Förderung weit höhere Kosten für die Biobauern an. Und die schlagen sich dann auch in den Verbraucherpreisen nieder. Erneut hätten die Ärmsten das größte Nachsehen.

Und schließlich denken wir uns, die Bundesregierung hätte statt Großkonzerne wie RWE die aufkommende und letztlich gescheiterte

Solarbranche in Deutschland gefördert. Das wäre immerhin ein Schritt in die richtige Richtung gewesen, nur leider nicht weit genug.

So müsste auch die Solarindustrie Maximalprofit erwirtschaften und immer weiter wachsen, um konkurrenzfähig zu bleiben. Auch Solaranlagen bestehen aus Rohstoffen und Arbeitskraft. Zudem würden die auf fossile Brennstoffe spezialisierten Unternehmen nicht einfach das Handtuch werfen.

Sie verfügen über die Technik, Kohle oder Öl aus der Erde zu fördern. Solange dies Profite bringt, werden sie genau das tun. Der Fehler liegt also im System!

Eine grüne Profitmaschine ist bestenfalls eine Beruhigungspille, verabreicht von den Reichen und Profiteuren zum Schaden der Ärmsten.

Bedarfsorientiert statt profitgetrieben

Das Fazit: Der Markt regelt gar nichts, schon gar nicht die wachsenden sozialen und ökologischen Probleme. Und der kapitalistische Staat, den so manche Kapitalfraktion derzeit um Finanzspritzen anbettelt, kennt nur ein Konzept: Die Lohnabhängigen noch mehr schröpfen. Das ist die schnöde Praxis des Kapitalismus. So läuft die Profitmaschine, der wir alle, auch durch Staatsgewalt, unterworfen sind.

Um mit einem weiteren Mythos aufzuräumen: Der Konsument kann daran nicht wirklich etwas ändern. Wir Menschen haben Grundbedürfnisse. Da diese dem Markt unterworfen sind, müssen wir konsumieren.

Darum ist es anmaßend, einem Obdachlosen oder einer alleinerziehenden Mutter, bei der das Geld am 20. des Monats bereits knapp ist, zu sagen, sie möge doch beim teuren Biobauern einkaufen.

Auch ein Grundstück für ökologischen Anbau will erworben sein. Haus- und Hofbesetzungen sieht die Polizei bekanntermaßen nicht so gerne. Und blöderweise ist sie die bewaffnete Staatsgewalt.

Das Problem ist also dasselbe, wie in allen anderen vorangegangenen Klassengesellschaften: das Privateigentum an Produktionsmitteln. Die Interessen des Kapitals und die der Lohnabhängigen stehen sich schlicht unversöhnlich gegenüber.

Niemand kann eine Wirtschaft von profitgetrieben auf bedarfsorientiert und ökologisch umstellen, wenn diese ihm nicht gehört. Mehr noch: Wenn mit dieser die wenigen Besitzenden nur ein Ziel verfolgen, die Profitmaximierung auf Kosten aller Besitzlosen. Und wenn die Profiteure einen Staat haben, der genau das für sie gewährleistet.

Die Konsequenz daraus kann sich jeder selbst zusammenreimen. Kein einfaches Unterfangen, das wahrscheinlich – vonseiten des Kapitals – auch nicht friedlich vonstattengehen dürfte. Doch ich fürchte, wir haben keine andere Wahl, wenn wir den ökologischen Zusammenbruch unserer Lebensgrundlage verhindern wollen.

Felix Feistel
Die Vereinnahmung

Den Klimawandel ausschließlich im Rahmen des herrschenden Systems zu bekämpfen, genügt nicht.

Die zunehmenden Proteste gegen die Untätigkeit der Regierungen angesichts des Klimawandels stoßen nicht nur auf Ablehnung. Oftmals werden sie gelobt, so lange sie sich auf Demonstrationen beschränken, und man gibt sich den Anschein, als habe man die Brisanz des Problems nun verstanden und ergreife effektive Maßnahmen. Diese sind aber, sofern überhaupt, lediglich systemkonforme Strategien der Profitmaximierung. Das Grundübel wird nicht angetastet.

Schon seit über einem halben Jahr gehen die *Fridays For Future*-Protestler auf die Straße, um auf ihr Anliegen aufmerksam zu machen: Effektive Maßnahmen im Kampf gegen den Klimawandel zu ergreifen. Die Demonstranten haben begriffen, dass es so, wie bisher, nicht weitergehen kann, denn der Klimawandel bedroht unser aller Zukunft.

Zugegeben, die Forderung nach »Klimaschutz« greift etwas zu kurz, denn das Klima zu schützen ist im Grunde überflüssig und auch nicht möglich. Das Klima ändert sich, seit der Gesteinsklumpen namens Erde eine Atmosphäre gebildet hat; solche Änderungen lassen sich daher auch nicht aufhalten. Doch der gegenwärtige Klimawandel läuft mit einer Geschwindigkeit ab, die jede Anpassung der Erdbewohner unmöglich macht. Schon in der Vergangenheit hat der Mensch klimatische Veränderungen erlebt, und sie haben immer wieder dazu geführt, dass Reiche und Imperien in sich zusammengefallen sind.

Letztlich wurde das Leben der Menschen stets mühsamer und entbehrungsreicher. Der aktuelle Klimawandel droht schwerwiegender zu sein als alle vorangegangenen.

Er bedroht die fragile, da weltumspannende Infrastruktur, die der Mensch zur Sicherung seiner Lebensgrundlage – zumindest in den westlichen Industrieländern – geschaffen hat. Damit ist das Überleben der Spezies Mensch aber als Ganzes gefährdet. Treffender müsste es also »Menschheitsschutz« heißen, da der Mensch vor den Auswirkungen seines eigenen Handelns geschützt werden müsste.

Denn diese von ihm geschaffene Infrastruktur ist die wesentliche Ursache dieses Klimawandels. Die Industrialisierung hat zu einer Lebensweise geführt, die ganz auf dem Verbrennen fossiler Brennstoffe beruht. Ohne Erdöl, Kohle und Erdgas läuft in der heutigen Zeit nichts mehr. Diese setzen jedoch gewaltige Mengen des für den Klimawandel relevanten CO_2 frei. Hinzu kommt die industrielle Landwirtschaft sowie die Massentierhaltung, die gemeinsam nicht nur CO_2, sondern auch Lachgas und Methan in riesigen Mengen in die Atmosphäre pusten. Der Klimawandel ist also menschengemacht, oder aber zumindest durch Menschen massiv beschleunigt worden.

Scheinlösungen

Dies haben Politiker und auch Unternehmer verstanden, nicht zuletzt durch die anhaltenden Proteste einer schon seit Jahrzehnten aktiven Klimagerechtigkeitsbewegung. Das Problem kann also nicht länger vertuscht und geleugnet werden, wie das lange Zeit geschehen ist. Von der Strategie des Leugnens schwenken sie nun also um auf Vereinnahmung und Scheinlösungen.

Unzählige Politiker, sogar die Bundeskanzlerin, ergingen sich im Lob für die protestierenden Schüler. Sie begrüßten die Initiative und versprachen Entgegenkommen und Verbesserungen, also eine Reform des Systems. Wenn es um Klimawandel geht, dreht sich die Debatte zumeist um zwei Dinge: Erneuerbare Energien in Form von Windrädern und Solarenergie sowie Elektromobilität. Damit wird jedoch an jeder Realität vorbeiargumentiert.

Die wesentliche Ursache der ökologischen Zerstörungen, die der Mensch über den Planeten gebracht hat, ist der Zwang des ständigen Wachstums und der Profitmaximierung. Das »Immer mehr« hat auch zu einer stetig steigenden Produktion von Waren geführt, die wiederum einen steigenden Verbrauch an Ressourcen notwendig machte.

Die Logik des unendlichen Wachstums ist also das Grundübel unserer Gesellschaft und der Motor der Zerstörung. Dieser Zerstörung nun mit derselben Logik des Wachstums zu begegnen, offenbart den ganzen Wahn, in dem die Menschheit gefangen ist.

Statt weniger Produktion, weniger Verbrauch, weniger Konsum, weniger Emissionen, wird darauf gesetzt, die Mittel zur Energiegewinnung einfach auszutauschen. So suggeriert man uns, es könne einfach so weitergehen, wir könnten weiterhin dem Überfluss frönen, in dem wir es uns gemütlich gemacht haben.

So wird der Anschein erweckt, es gäbe einen grünen Kapitalismus, der all unsere Probleme lösen könnte. Dies kann jedoch nicht funktionieren. Ganz im Gegenteil: Durch die Fixierung auf erneuerbare Energien schaffen wir nur die nächsten Umweltkatastrophen. Die erneuerbaren Energien, insbesondere die Elektromobilität, erfordern viele Rohstoffe, deren Abbau massiv die Umwelt schädigt. Ein Beispiel dafür ist Lithium.

Nur, weil diese Umweltzerstörung nicht vor unserer Haustür, sondern zumeist in sogenannten Entwicklungsländern stattfindet, heißt das nicht, dass sie nicht dramatisch wäre. Sie zwingt Menschen dazu, ihre Heimat zu verlassen, und schafft somit neue Fluchtursachen, nur, damit wir hier im Westen gewissenlos an unserem Automobil und unserer Überproduktion festhalten können.

Doch die angebotenen Lösungen haben eines gemeinsam: Sie eröffnen einen ganz neuen Markt. Erneuerbare Energien und Elektromobilität muss zunächst hergestellt werden, und dies geschieht natürlich nicht durch, am Gemeinwohl interessierte Konzerne. Nein, im Gegenteil, dieselben Akteure, die uns die Klimakrise eingebrockt haben, wittern nun eine Chance, ihr Geschäftsfeld zu erweitern, um sich für die Zukunft wettbewerbsfähig zu machen. Die Probleme, die uns der Wachstumswahn eingebracht hat, werden also durch dasselbe Mittel, nämlich Wachstum, zu lösen versucht. Das ist ein Vorhaben, das von Anfang an zum Scheitern verurteilt ist.

Einseitige Debatte

Darüber hinaus werden in der Debatte die wesentlichen Punkte ausgespart. Auf politischer Ebene wird das Thema der industriellen Landwirtschaft totgeschwiegen. Auch hier wird an der Überproduktion festgehalten. Wem tatsächlich an einer Abschwächung der Effekte des Klimawandels gelegen wäre, der müsste darüber hinaus die fortwährenden Kriege beenden und das Militär abschaffen. Denn allein das US-Militär verursacht mindestens 5 Prozent der Emissionen von Treibhausgasen. Hinzu kommt noch die Menge CO_2, die bei jeder einzelnen, durch das Militär herbeigeführten Explosion freigesetzt wird, und die damit einhergehende Zerstörung der Natur. Vom dadurch verursachten Leid der Menschen muss an dieser Stelle gar nicht erst gesprochen werden.

Zudem wird das Militär dazu eingesetzt, Erdölreserven in aller Welt und damit den Nachschub für die Produktion zu sichern. Der Klimawandel liefert darüber hinaus auch Gründe für den Krieg. Der Kampf um Wasser und fruchtbares Land ist in anderen Regionen der Welt schon ganz real. Bei fortschreitendem Klimawandel und den damit einhergehenden Dürren und der Desertifikation von fruchtbarem Land ist es nur eine Frage der Zeit, bis er zu zwischenstaatlichen Auseinandersetzungen führt. Wenn die Bekämpfung des Klimawandels tatsächlich bei allen Menschen oberste Priorität hätte und die notwendigen Maßnahmen der Deindustrialisierung und Regionalisierung der Produktion ergriffen würden, wäre unsere Welt auch friedlicher.

Umweltschutz ist Klimaschutz

Doch nicht nur der hohe Ausstoß von Treibhausgasen ist die Ursache für den Klimawandel. Auf der anderen Seite der Rechnung steht der Verlust der Speicher für diese Gase. So wurden große Teile der weltweiten Regenwälder gerodet, um Platz zu schaffen für industrielle Landwirtschaft. Wälder und die Waldböden speichern jedoch große Mengen an Kohlenstoffdioxid, die durch die Entwaldung freigesetzt werden. Das Gleiche gilt für gesunden Boden, der im Laufe der Industrialisierung der Landwirtschaft in zum großen Teil totes Substrat umgewandelt wurde. Pflügen, Spritzen und Düngen zerstört das natürliche Gleichgewicht des Bodens und tötet die in ihm lebenden Mikroorganismen.

Das hat zur Folge, dass der einstmals lebendige Boden sich in eine tote Masse verwandelt, auf der nur noch etwas wächst, weil er mit Kunstdüngern getränkt ist. Diese Dünger wiederum werden aus Erdgas und Erdöl gewonnen, oder aber es werden große Güllemengen aus der Massentierhaltung auf die Äcker ausgebracht. Beides sorgt für hohe

Treibhausgasemissionen. Treibhausgase, die von gesunden Böden absorbiert werden könnten. 2.000 Gigatonnen Kohlenstoffdioxid können die noch vorhandenen, gesunden Böden speichern. Kaum vorstellbar wäre der Effekt auf das Klima, wenn man beginnen würde, gesunde Böden aufzubauen.

Auch die Meere sind wichtige CO_2-Speicher. Man schätzt, dass in den Meeren bis zu 38.000 Gigatonnen Kohlenstoffdioxid gespeichert sind. Doch auch das Ökosystem der Ozeane ist längst aus dem Gleichgewicht geraten. Das anschaulichste Beispiel dafür ist wohl die Korallenbleiche: Die über Jahrtausende gewachsenen Korallenriffe sterben momentan innerhalb weniger Jahre ab. Grund dafür ist die durch den Klimawandel verursachte phasenweise Erwärmung der Meere.

Hinzu kommt die massive Überfischung der Meere, das Aussterben von Walen und Haien sowie die Vergiftung der Ozeane mit Abwässern, Abfällen und Plastikmüll. All dies bringt das empfindliche Gleichgewicht in Gefahr, und sorgt dafür, dass der Ozean als CO_2-Speicher verloren geht. Noch funktioniert er zwar, jedoch zum Preis der Übersäuerung, welche die Gefahr größerer Rückkopplungen mit dem Klimasystem in sich birgt.

Der Ausbreitung des Menschen, und damit einhergehend der Landwirtschaft, fielen im Laufe der Jahrhunderte Sümpfe und Moorlandschaften zum Opfer. Sie wurden trockengelegt, um die Flächen für die Landwirtschaft nutzen zu können. Torf wurde und wird noch immer abgebaut und als Brennmaterial verwendet. Doch auch Sümpfe und Moore speichern Treibhausgase, und durch die Trockenlegung und Verbrennung werden diese wieder freigesetzt. Und der Wegfall dieser Biotope geht weiter.

Durch seine Eingriffe in die weltweiten Ökosysteme hat der Mensch das Gleichgewicht der Erde empfindlich gestört, und nicht nur den Klimawandel, sondern auch das sechste Artensterben verursacht.

Obwohl einige Menschen behaupten, man müsse Klimaschutz und Umweltschutz streng trennen, weil es sich um ganz unterschiedliche Dinge handelt, zeigt sich hier, dass das nicht stimmt. Effektiver Umweltschutz, also der Erhalt von Ozeanen, Wäldern, Mooren und Sümpfen sowie gesunder Böden, bedeutet auch effektiven Klimaschutz. Diesen Zusammenhang bestätigt eine aktuelle Studie der ETH Zürich.

Danach wäre es möglich, den Klimawandel durch Aufforstung zu bekämpfen. Möglich wäre es, etwas weniger als eine Milliarde Hektar Wald verteilt über die ganze Welt, zu pflanzen..Damit müsste jedoch schnell begonnen werden, da es Jahrzehnte dauert, bis die positiven Effekte zum Tragen kommen.

Doch die Gleichung funktioniert auch umgekehrt. Der Klimawandel setzt die ohnehin schon geschädigten Ökosysteme weiter unter Druck und trägt so zum Artensterben bei. So führt effektiver Klimaschutz auch zu einem effektiven Artenschutz. Man sieht, dass Klimaschutz und Umweltschutz sich nicht trennen lassen.

Was wirklich notwendig wäre

Doch Aufforstung alleine kann nicht genügen. Denn hierbei handelt es sich lediglich um eine Symptombekämpfung. Klimawandel und steigende CO_2-Emissionen sind Folgen der Konsum- und Wegwerfgesellschaft, des Zwangs zum Wachstum und der Gier nach immer mehr und immer Neuem. Die Art und Weise, wie wir leben, muss sich von Grund auf ändern. Das betrifft die Art und Weise, was wir wie essen, wie wir wohnen, uns kleiden, uns fortbewegen, was wir produzieren, vor allem wo und in welchen Mengen.

Ohne eine umfassende Deindustrialisierung, eine Regionalisierung von Wertstoff- und Versorgungskreisläufen, die Abschaffung aller Kunststoffe und synthetischer Mittel, eine Orientierung hin zu einer Gesellschaft, die nicht von Gier und Konsum angetrieben wird, bleibt jede Maßnahme nichts als eine Scheinlösung.

Der Wandel müsste so tief greifend sein, dass an seinem Ende eine Gesellschaft steht, die sich komplett von unserer heutigen unterscheidet.

Dieser Wandel bietet jedoch eine Menge Chancen. Leben die Menschen heutzutage entfremdet nebeneinander und im ständigen Konkurrenzkampf, in einer Welt des beständigen Mangels und des Zwanges zu einer, oft sinnlos erscheinenden, Lohnarbeit, so könnte sich dies vollkommen ändern. Der Wandel hat das Potential, eine Gesellschaft entstehen zu lassen, in der die Menschen wieder miteinander leben, in der soziale Interaktion nicht zur reinen Notwendigkeit verkommt.

Auch wäre die oftmals sinnlose Arbeit nicht mehr notwendig, stattdessen werden sinnvolle Tätigkeiten ausgeübt, die der Versorgung der Menschen dienen, die sich auf das Wesentliche beschränkt. Damit einhergehen würde auch eine deutliche Verringerung der Arbeitszeiten, sodass mehr Zeit bleibt, eine menschliche Gesellschaft zu gestalten. Ständiges Hetzen durch die Welt, weil man von einer Tätigkeit zur nächsten springen muss, weil man, um seinen Lebensunterhalt zu verdienen, pendeln muss, und dabei mehr im Stau steht als sich fortbewegt, all das kann der Vergangenheit angehören, wenn wir es nur wollen, und den Wandel selbst in die Hand nehmen.

Alles das sind notwendige Begleiterscheinungen eines Wandels hin zu einer ökologischen Gesellschaft. Doch die Politik ignoriert diese Vorschläge. Stattdessen fokussiert sie sich auf Elektromobilität und alternative Energien, die nur eine Fortsetzung des Status quo mit anderen Mitteln bedeuten. Die Logik des Immer mehr, des Wachstums und des Profites blendet jede wirkliche Ursachenbekämpfung aus und reduziert Gestaltungsmöglichkeiten auf deren Rendite.

Dies ist der Grund, warum Politik und Wirtschaft auch auf die Protestierenden zugehen können. Die von ihnen vorgeschlagenen Lösungen bewegen sich innerhalb der Logik des Systems. Sie müssen keinen Verlust ihrer Machtposition hinnehmen, sondern wittern ein neues Geschäft, und damit die Möglichkeit, in einer Welt noch Wachstum zu generieren, in der jeder Markt bereits gesättigt ist. An den grundlegenden Abhängigkeitsverhältnissen, der Unterdrückung der Masse durch das Diktat der Lohnarbeit und auch an der Zerstörung der Natur ändert sich dadurch nichts.

Das gegenwärtige System liefert uns keine tragfähigen Lösungen für die großen Probleme unserer Zeit. Dadurch, dass es jede Handlungsoption auf den reinen ökonomischen Nutzen reduziert, ist es blind für die tatsächlichen Notwendigkeiten. Es reformieren zu wollen bedeutet nur eine Verschwendung kostbarer Zeit. Der notwendige Wandel kann nicht innerhalb dieses Systems stattfinden.

Das bedeutet, dass der Wandel in der Hand von jedem von uns liegt. Wenn von Politik und Wirtschaft nichts mehr zu erwarten ist, müssen wir der Wandel sein, den wir in der Welt sehen wollen. Fangen wir also gleich damit an, denn wir sind eigentlich schon zu spät dran.

Jens Bernert
Die Umwelt-Verräter

Die Grünen haben Fracking-Gas den Weg freigemacht.

Der Bundesrat beschloss am 7. Juni 2019 die von Bundeskanzlerin Angela Merkel vorgelegte »Verordnung zur Verbesserung der Rahmenbedingungen für den Aufbau der LNG-Infrastruktur in Deutschland«. Möglich wurde dies, weil die »Umweltschutzpartei« Bündnis 90/Die Grünen für den Aufbau und die Subventionierung dieser Infrastruktur zum Import von Fracking-Gas aus den USA stimmten. Das alles geschah keine zwei Wochen nach der EU-Wahl, bei der die Grünen auch aufgrund ihres umweltpolitischen und klimapolitischen Images samt Rezo-Video massive Stimmengewinne eingefahren hatten.

Bei der LNG-Thematik geht es um Flüssiggas aus den USA, das durch äußerst umweltschädliches Fracking – in Deutschland übrigens verboten – gewonnen wird, also um den Import eines fossilen Brennstoffs wie Kohle oder Öl – sowie die Hunderte Millionen Euro teure Subventionierung der dafür notwendigen Terminals und weiterer Infrastruktur, die erst aufgebaut werden muss. Letztlich ist dies auch eine kaum verhohlene Subventionierung des noch äußerst teuren Gases aus den USA, das die Trump-Regierung unter regulären Marktbedingungen wohl nicht verkaufen könnte.

Am 28. Mai 2019, einen Tag vor der »Europa-Wahl«, sagte Julia Verlinden, Sprecherin für Energiepolitik von Bündnis 90/Die Grünen im Bundestag:

> *»Verflüssigtes Erdgas hat nicht nur eine schlechte Klimabilanz, es verlängert das fossile Zeitalter. Besonders problematisch wird es, wenn zur Förderung des Erdgases das Fracking-Verfahren eingesetzt wird. LNG aus Fracking-Gas torpediert den Kampf gegen Klimakrise und Umweltgefahren*

in doppelter Weise. Wir lehnen Fracking daher strikt ab. Statt weiter Investitionen in Infrastruktur für Erdgas anzureizen, sollte die Bundesregierung endlich eine klare Perspektive für den Ausstieg aus dem fossilen Energieträger Erdgas schaffen.«

Wenige Tage nach dieser Wahl sorgten die Grünen dann im Bundesrat dafür, dass das LNG-Fracking-Gas subventioniert nach Deutschland importiert werden kann. Zu dieser Bundesratsabstimmung pro Fracking-Gas findet sich kein Beitrag auf der Website von Julia Verlinden.

Im Artikel »Wird in Hamburg bald Fracking-Gas getankt?« schreibt das *Hamburger Abendblatt* zu den Umweltschutzbedenken und dem Abstimmungsverhalten der »Umweltpartei« Die Grünen:

»Gilbert Siegler, Sprecher des in der Energiepolitik engagierten privat organisierten Hamburger Energietisches, sagte dem Abendblatt: ›Hamburg will bis 2030 zwei Kohlekraftwerke stilllegen und durch Gaskraftwerke ersetzen. Wird nun in Brunsbüttel ein LNG-Terminal gebaut und mit dem Hamburger Gasnetz verbunden, dann ist die Nutzung von gefracktem Erdgas in Hamburg programmiert. Das wäre eine Katastrophe für den Klimaschutz.‹ (...) Hamburg hat dem Ausbau der LNG-Infrastruktur trotz solcher Vorbehalte jetzt zugestimmt, das heißt: Auch die Grünen haben sich also dafür ausgesprochen. Wären sie dagegen gewesen, hätte sich Hamburg enthalten müssen. ›Dass Hamburgs rot-grüne Regierung für eine gesetzliche Regelung stimmt, die den Millionenschweren Ausbau von LNG-Terminals fördert, ist nach den vollmundigen Ankündigungen des Bürgermeisters und des Umweltsenators zum Klimaschutz mehr als befremdlich‹, sagte BUND-Chef Braasch.«

Der Bundestagsabgeordnete Hubertus Zdebel von Die Linke äußerte sich in einer Pressemitteilung mit dem Titel »Bundesrat setzt durch LNG-Förderung fatales Signal für Fracking-Gas und gegen Klimaschutz« zu der Angelegenheit. Zdebel verwies ebenso wie das *Hamburger Abendblatt* auf das im Bundesrat normalerweise übliche Abstimmungsverhalten von Landesregierungen, deren Koalitionspartner unterschiedlicher Meinung sind. Ist ein Koalitionspartner »dagegen«, enthält sich die jeweilige Landesregierung. Die Grünen sorgten aber nicht für Enthaltungen, sondern für Zustimmung. Zdebel schreibt dazu:

»Statt auf Klimaschutz und erneuerbare Energien zu setzen, hat sich der Bundesrat für den Import von dreckigem Fracking-Gas aus den USA und einen extrem klimaschädlichen fossilen Energieträger ausgesprochen. (…) Keine zwei Wochen nach der Europawahl, bei der Bündnis 90/Die Grünen den Klimaschutz vollmundig zum bestimmenden Thema gemacht haben, ist die Partei der Klimaschutzbewegung in den Rücken gefallen. Gibt es unterschiedliche Ansichten über ein Gesetzesvorhaben in einer Landesregierung, enthält sich diese grundsätzlich im Bundesrat. Hätten sich alle Länder mit Grüner Regierungsbeteiligung enthalten, wäre die erforderliche Mehrheit für die LNG-Verordnung nicht zustande gekommen.«

Die Anti-Fracking-Website »Gegen Gasbohren« schreibt in dem Artikel »Grüne enttäuschen bei der LNG-Abstimmung im Bundesrat«:

»Damit ist für Frackinggas, hauptsächlich aus Amerika, Tür und Tor geöffnet. Frackinggas, das durch seinen Methanschlupf von der Förderung bis zum Endverbraucher von seiner Klimabilanz mindestens genauso schädlich ist wie Kohle. Wenn man auch, wie vielfach angekündigt, auf bessere Produktionsverfahren hofft, ist nicht zu leugnen, dass Erdgas ein fossiler Brennstoff ist, den es in Zukunft weitestgehend auszuschalten gilt. Betrachtet man dazu noch die Aufbereitung des Gases, Transportwege und so weiter zeigt sich, dass dafür ein hoher Energieaufwand betrieben werden muss. Davon ist in der Argumentation der Befürworter nichts zu vernehmen. Und damit das Geschäft mit Flüssiggas (LNG) dennoch im Ganzen rentabel bleibt, wird durch diese neue Verordnung der Verbraucher zur Kasse gebeten.«

Das PV-Magazine schreibt im Beitrag »Niederschmetternd für Klimaschutz und Grüne Glaubwürdigkeit: Bundesrat befürwortet LNG-Infrastruktur« zu den Ereignissen bei der Abstimmung im Bundesrat:

»Die Frage, warum dreistellige Millionenbeträge samt freundlichsten Gesetzesänderungen der Erdgasindustrie und nicht den erneuerbaren Energien gewidmet werden, wurde von niemandem verbalisiert, gellte aber in Form eines durch Mark und Bein gehenden Buh-Schreis von der Besuchertribüne durch den Raum. Ob seines schändlichen Tuns vermutlich selbst vom Gewissen geplagt kam vom Präsidium keine Rüge. Die Grünen-Umweltministerin von Thüringen, Siegesmund, ging auf den

Schrei und auf die Demonstranten vor dem Bundesratsgebäude ein: Man müsse den Menschen erklären, warum LNG nötig sei und dürfe hierbei auch Gefahren nicht verschweigen. Schließlich könne auch unkonventionell gefracktes Erdgas importiert werden.«

Interessanterweise erfolgte der Bundesratsbeschluss zur Subventionierung des teuren und umweltschädlichen Fracking-Gases beziehungsweise der entsprechenden Importinfrastruktur just in dem Zeitraum, in dem die US-Regierung den umfangreichen Ausbau der LNG-Exportinfrastruktur für das in den USA durch Fracking gewonnene Gas ankündigte. Bizarrerweise tauften die US-Behörden das US-Fracking-Gas in »Freedom Gas« beziehungsweise seine Moleküle in »Molecules of Freedom« um. Diese Begriffe erinnern den Betrachter an die »Freedom Fries« – statt »French Fries« – in den USA aus der Zeit der Invasion des Iraks.

Die schweizerische Website watson.ch schreibt zu Freiheitsgas und den erstaunlich gut zu den deutschen Importambitionen passenden US-Exportambitionen von Fracking-Gas:

»In einer Pressemitteilung des US-Energie-Departements vom Dienstag werden fossile Brennstoffe und flüssiges Erdgas (LNG, Liquefied Natural Gas) als ›Freiheits-Moleküle‹ beziehungsweise ›Freiheits-Gas‹ bezeichnet. (…) Aber es kommt noch besser. Die eigentliche Nachricht in der Pressemitteilung ist die Ankündigung einer neuen Gasverflüssigungsanlage im texanischen Houston. Direkt am Golf von Mexiko gelegen, soll sie ›Freedom Gas‹ a.k.a. flüssiges Erdgas in die Welt verbreiten.«

Der *Spiegel* schreibt im Artikel »Fracking. US-Regierung wirbt für ›Freiheitsgas‹«:

»Die Pressemitteilung des US-Energieministeriums hätte außer Branchenexperten wohl kaum jemand beachtet. Die Behörde gibt darin bekannt, dass über eine neue Anlage an der Küste des Bundesstaates Texas in Zukunft mehr Flüssiggas (LNG) ins Ausland exportiert werden kann. (…) Die US-Regierung würde gern auch mehr Flüssiggas nach Europa verkaufen. Zwar sind die EU-Importe zuletzt gestiegen, allerdings ist der LNG-Anteil am Gesamtverbrauch in Europa immer noch sehr klein.«

Felix Feistel
Die Scheinlösung

Technologie wird uns nicht retten – das müssen wir schon selber tun.

Die menschliche Wirtschaft zieht eine Schneise der Verwüstung hinter sich her, die sich im Artensterben ebenso äußert wie im Klimawandel. Um diese Entwicklungen zu beheben, setzen Politik und Wirtschaft auf technischen Fortschritt. Das aber ist ein fataler Irrtum.

Nach Greta Thunbergs Rede vor den Vereinten Nationen hat Angela Merkel sich mit der jungen Schwedin getroffen, allgemeine und unspezifische, bloß nicht verpflichtende Zustimmung geäußert, ihr aber in einem Punkt widersprochen: Greta ignoriere die Technologie und Innovation als Mittel, die vielfältigen Krisen zu lösen. Auch Christian Lindner betont, ganz wie man es vom Vorsitzenden einer parteigewordenen Lobbyorganisation erwartet, dass der technische Fortschritt, also der sogenannte freie Markt das Problem lösen wird, und Friedrich-Blackrock-Merz stößt in dasselbe Horn.

Auch auf der Internationalen Automobilausstellung (IAA) wurde diese Geisteshaltung deutlich. Die Automobilindustrie präsentierte dort der wenig interessiert wirkenden Bundeskanzlerin die »Zukunft« der Elektromobilität. Sogar die Wissenschaft ist vor dieser Ideologie nicht gefeit. So setzt auch der Intergovernmental Panel on Climate Change (IPCC), Weltklimarat genannt, in seinem Szenario, das die Erwärmung der Erde auf 1,5 Grad Celsius begrenzen soll, bereits auf Technologie. Sie soll das Kohlenstoffdioxid aus der Atmosphäre filtern und binden. Diese Technologie existiert zwar schon, ist aber weder wirtschaftlich noch effektiv genug.

Was die Elektromobilität betrifft, ist diese als »Lösung« für den Klimawandel schnell abgehakt: Die Produktion setzt etwa doppelt so viel CO_2-Emissionen frei wie das konventionelle Vergleichsobjekt, und auch die Batterien sind wenig ökologisch, denn sie enthalten unter anderem Lithium, dessen Abbau in Lateinamerika ganze Landstriche verseucht. Das verbaute Plastik sowie die Entsorgung des Autos nach Beendigung des Lebenszyklus muss daher gar nicht erst thematisiert werden. Ein Festhalten am Benziner oder Diesel ist aber auch keine Option. Die einzige Lösung, die bleibt, ist daher: Ein konsequentes Umdenken in Sachen Mobilität, weg von der Individualmobilität, ja sogar weg von der ausufernden Notwendigkeit der Mobilität an sich.

Der Mobilitätssektor steht damit stellvertretend für alle anderen Sektoren.

Statt auf immer neue technische Innovationen zu setzen, müsste die ganze Gesellschaft radikal verändert werden, ein Prozess, der viele Chancen auf größere Freiheit und Zufriedenheit eröffnet, den die Politik aber scheut. Wenn jedoch technische Lösungen nicht möglich sind, wieso wird dann so auf diese gepocht?

Eigentlich genügt schon ein Blick auf die Vertreter dieses Ansatzes: Christian Lindner, Friedrich Merz, Angela Merkel. Alle sind nichts anderes als Lobbyisten des Marktradikalismus, die es in wichtige Funktionen in Parteien und Bundestag geschafft haben. Ganz selbstverständlich nutzen sie den Klimawandel dazu, neue Märkte zu erschließen und das Wirtschaftswachstum voranzutreiben, zumal in einer Zeit der drohenden Rezession. Denn schon seit Jahren will die Wirtschaft einfach nicht mehr so wachsen, wie man es gewohnt ist. Da trifft es sich gut, dass der Klimawandel Veränderungen notwendig macht. So kann der Staat beispielsweise Elektroautos subventionieren, was die Autofahrer dazu anregen soll, ihre alten Benziner zu entsorgen und neue Elektroautos zu kaufen. Umverteilung mit staatlicher Hilfe. Es sind immer dieselben Konzerne, die davon profitieren.

Beruhigungspille

Doch der Ansatz der technischen Lösungen und der sogenannten Innovationen hat noch einen anderen, für die Herrschenden positiven Effekt: Er wirkt wie eine Beruhigungspille. Hauptsache man kann die Massen von Folgendem überzeugen: Ein tief greifender Wandel ist nicht notwendig, alles kann so weitergehen wie bisher, wenn man nur ein paar Energieträger austauscht, und dies können dieselben Akteure vornehmen, die schon durch das fossile Zeitalter unglaubliche Macht und unvorstellbaren Reichtum akkumuliert haben.

So lange sichert man sich eben jene Macht und jenen Reichtum. Denn so lange die Mehrheit der Bevölkerung davon überzeugt ist, dass irgendwann in der Zukunft eine Technologie kommen wird, die uns alle errettet, so lange nur eine Minderheit versteht, dass die gesamte Gesellschaft vollkommen umgekrempelt und vom Kopf auf die Füße gestellt werden muss, so lange muss man keine Aufstände gegen die oligarchische Klientelpolitik befürchten. Alle Krisen werden so zu rein technischen Problemen definiert, nicht aber zu den gesellschaftlichen, die sie sind.

Dabei hat der Glaube an eine Technologie, die da kommen wird, um uns alle ins Paradies zu führen, schon längst religiöse Züge angenommen. Wie früher die Menschen glaubten, dass einst ein Erlöser kommen werde, so hat sich heute nur das Gesicht des Erlösers drastisch geändert, denn er trägt nun die Züge von Profitgier und Wirtschaftswachstum. Doch Religion verstand immer schon, die Mehrheit auf den Sankt Nimmerleinstag zu vertrösten, der ihnen endlich das gute Leben bringen sollte. Sie diente immer schon einzig dem Machterhalt einer kleinen, herrschenden Klasse.

Pfadabhängigkeit

Wer einmal etwas eingehender und tiefer über das Mantra der technischen Lösungen nachdenkt, dem muss doch folgende Frage in den Sinn kommen: Wie soll etwas zu deren Lösung beitragen, das uns die gegenwärtige Krise überhaupt erst eingebrockt hat? Ist es sinnvoll, die Pest mit der Pest zu bekämpfen? Feuer mit Feuer?

Denn alles, was uns die sogenannte technische Revolution seit Erfindung der Dampfmaschine gebracht hat, ist eine ständige Steigerung des Energie- und Ressourcenbedarfs, eben jener Faktoren, die eigentlich drastisch reduziert werden müssen.

Auch die viel gepriesene Digitalisierung, die alle unsere Probleme lösen soll, macht ein Mehr an Energie erforderlich. Ganz davon abgesehen wird sie zur großflächigen Verschmutzung und Zerstörung ganzer Landstriche beitragen, wie schon am Beispiel des Lithiums beschrieben. Zudem führt dieser sogenannte Fortschritt zu einer immer größeren Abhängigkeit der Menschen von den wenigen Mächtigen, die ihn maßgeblich vorantreiben und zur Kontrolle immer mehr Überwachung einsetzen.

Was die Menschheit derzeit besonders drastisch erlebt, ist das Problem der sogenannten Pfadabhängigkeit. Diese definiert Wikipedia folgendermaßen:

»Pfadabhängigkeit ist ein analytisches Konzept in den Sozialwissenschaften, das Prozessmodelle beschreibt, deren zeitlicher Verlauf strukturell einem Pfad ähnelt. Wie bei einem Pfad gibt es dort Anfänge und Kreuzungen, an denen mehrere Alternativen oder Wege zur Auswahl stehen. Anschließend, nach Auswahl einer solchen Alternative, folgt eine stabile Phase, in der die Entwicklung durch positive Feedback-Effekte auf dem eingeschlagenen Weg gehalten wird.
Während an den Kreuzungspunkten kleine Störungen einen großen Effekt haben können, bewirken sie in der darauffolgenden stabilen Phase kaum mehr eine Richtungsabweichung. Ein späteres Umschwenken auf eine der am Kreuzungspunkt noch mühelos erreichbaren Alternativen wird in der stabilen Phase nach der Entscheidung zunehmend aufwendiger, da Rückkopplungseffekte Hindernisse aufbauen. So wird an einem Pfad unter Umständen selbst dann festgehalten, wenn sich später herausstellt, dass eine Alternative überlegen gewesen wäre.

Pfadabhängige Prozesse verhalten sich an den Kreuzungspunkten nicht deterministisch, sondern chaotisch. Eine kleine Störung führt über positive Rückkopplung zu einem ganz anderen Ausgang. Da andererseits der Übergang in eine stabile Phase unabhängig von der Qualität der getroffenen Entscheidung stattfindet, sind pfadabhängige Prozesse nicht selbstkorrigierend, sondern im Gegenteil dazu prädestiniert, Fehler zu verfestigen.«

Der fatale Pfad, den die Menschheit eingeschlagen hat, ist jener der Industrialisierung mit einer Fixierung auf fossile Energieträger. Lange Zeit gab es positive Feedback-Effekte in Form von Wirtschaftswachstum und eine Steigerung des Lebensstandards, welche zu der Überzeugung geführt haben, dass dieser Weg der richtige ist. Der anfängliche Fehler wurde somit verfestigt. Nun aber stehen wir an einer Kreuzung, an der die Prozesse zunehmend chaotisch verlaufen. Man erkennt dies nicht allein am Klimawandel, sondern auch an dem aus dem Ruder laufenden Kapitalismus und der wirtschaftlichen Dauerkrise.

Diese Kreuzung muss allerdings nun auch die Mehrheit der Menschen als Kreuzung erkennen und die Gelegenheit zum Wandel ergreifen. Die rein technischen Lösungen sind eine Fortführung des bisherigen Pfades des Wirtschaftswachstums und der Profitakkumulation. An dieser historischen Kreuzung muss sie Menschheit insgesamt die Abzweigung zu einer zukunftsfähigen, regenerativen Gesellschaft nehmen.

Das würde aber bedeuten, dass die Gesellschaften an sich grundlegend umgestaltet werden müssten. Für solche drastischen Änderungen sind Zeiten des Chaos und der Katastrophe am besten geeignet. Denn in ihnen manifestieren sich die Mängel des herrschenden Systems, und die glänzende Fassade bekommt Risse, die in den Abgrund dahinter blicken lassen.

Seit Jahren befinden wir uns in einer fortwährenden Katastrophe, angefangen mit ständiger Kriegstreiberei überall auf der Welt über die seit einem Jahrzehnt kriselnde Wirtschaft bis hin zu Klimawandel und ökologischer Zerstörung. Nun ist der Zeitpunkt gekommen, den Wandel einzuleiten. Es könnte zudem der letztmögliche Zeitpunkt sein.

Ergreifen wir also die Chance, befreien uns aus der Pfadabhängigkeit und dem Würgegriff der Macht, und gestalten die Welt zu Gunsten aller Menschen!

Hermann Ploppa
Die Klima-Manipulateure

Geo-Engineering blickt auf eine lange Tradition zurück und ist ein Zeugnis menschlichen Größenwahns.

»Macht euch die Erde untertan« soll Gott den Menschen mit auf den Weg gegeben haben. Vom Himmel war nicht die Rede. Das Wetter war über Jahrhunderte für die Menschheit das Sinnbild eines nicht beeinflussbaren Schicksals. Ein Unglück kam ungeplant »wie der Regen«. Man hat es dann zunächst mit Beten und allerlei Magie versucht, denn vom Wetter war die Ernte und damit das eigene Überleben existenziell abhängig. Später versuchte man sich in der Kunst der Wettervorhersage – mit wechselndem Erfolg, wie wir alle wissen. Seit Ende des vorigen Jahrhunderts allerdings machen vor allem die Großmächte USA, Russland und China Ernst und spielen Gott. Für zivile, aber auch für kriegerische Zwecke versuchte man, das Wetter aktiv zu beeinflussen. Die Öffentlichkeit wird über das wahre Ausmaß der Wettermanipulation im Unklaren gelassen. Ein kleiner Blick in die Geschichte des Geo-Engineerings.

Die regenfreie Pyro-Show

Die Sommerolympiade 2008 in Peking begann am 8. August 2008 um 8 Uhr abends. Die magische Zahl 8 verheißt den Chinesen Wohlstand und Zuversicht. Die vierstündige Eröffnungsfeier ließ an Wohlstand und Zuversicht nichts zu wünschen übrig. 91.000 Zuschauer sahen 14.000 Akteuren zu. Astronauten und niedliche kleine Mädchen flogen elegant durch die Arena. China ist wieder wer: Heerscharen zeigten, was kluge Chinesen alles erfunden haben: das Papier, die Raketen, und, nicht zu vergessen: das Feuerwerk. Eine besondere Freude für jeden Chinesen, wenn es in der Luft ordentlich böllert und blitzt und knallt und kracht. Die Pyrotechniker in Peking haben unvergessliche Feuerwerksformationen gezaubert.

Man stelle sich einmal vor, es hätte in Strömen geregnet, und statt feurigen Strahlenzaubers hätte nur der Schwefel vor sich hin gekokelt. Wenn Hunderte von Millionen Dollar Produktionskosten im himmlischen Wasserschwall verdampft wären.

Doch keine Sorge! Die Planer des chinesischen Mega-Sport-Ereignisses überließen wirklich nichts dem Zufall. Auch das launische Wetter hatte sich den chinesischen Technokraten zu fügen. Um dem Schietwetter die rote Karte zu zeigen, haben die Chinesen schon vor längerer Zeit eigene regionale Wetterbehörden eingerichtet. Man beschränkt sich nicht auf möglichst akkurate Wettervorhersagen. Allein im Bezirk Peking sollen laut Wikipedia 35.000 Beamte damit beauftragt sein, Regen auf Wunsch an einem bestimmten Ort zu einer genau bestimmten Zeit fallen zu lassen.

Die Chinesen können zwar aus strahlend blauem Himmel keine tobenden grauen Regenwolken zaubern. Aber sie können eine dunkle Regenfront, die auf Peking zusteuert, bereits vor der ehrwürdigen Hauptstadt zum Abregnen bringen. Auf diese Weise kam kein Regen beim Freiluftspektakel im Olympiastadion an. Die Bewohner der Vororte von Peking werden sicher nicht erbost gewesen sein, falls Regen auf ihre Dächer platschte, während sie im Fernsehen die regenfreie Pracht und Größe ihrer Nation bestaunen konnten.

Die Chinesen sind stolz auf ihre Fähigkeit, Regen zu zaubern. Die amtliche Nachrichtenagentur Xinhua veröffentlichte exakte Zahlen: die Wetterstreitmacht verfügt über 6.781 Artilleriegeschütze und 4.110 Raketenabschussrampen. Vom Boden aus schießen die Wetterkrieger die chemische Substanz Silberjodid in die Wolken. Die Atmosphäre ist voller kleiner Teilchen. Um diese Teilchen kondensiert Wasser. Und wenn dieses Wasser vereist, sind die Klümpchen schwerer als Luft und fallen zu Boden. Das ist, etwas verkürzt gesagt, nichts anderes als Regen. Und Silberjodid fördert diese Kondensation um die Partikel.

Man kann aber auch mit Flugzeugen in die Wolken aufsteigen, und in die Wolken aus feinen Düsen Silberjodid sprühen. Laut Xinhua sind von 1995 bis 2003 exakt 4.231-mal Flugzeuge in die Wolken eingetaucht, um Silberjodid zu sprühen. Das hätte in dem von Dürren nicht gerade verschonten Reich der Mitte ein Plus von 210 Milliarden Kubikmetern Regenwasser ergeben.

Manchmal jedoch unterlaufen auch den chinesischen Wetter-Zauberern peinliche Missgeschicke. Ein Jahr nach der großen Olympia-Schau, in der Nacht vom 31. Oktober zum 1. November 2009, schossen die Wetterbeamten gigantische Mengen von Chemikalien in die Wolken. Es galt, eine Dürre im Umkreis von Peking zu beenden. Statt satten Regens versank die Hauptstadt für Stunden im Schnee. Die Leute froren in ihren Häusern. 200 Starts vom Flughafen waren verspätet oder wurden annulliert. Pkws blieben im Schnee stecken.

Die Kommentatoren aus den USA haben erwartungsgemäß Skepsis gegenüber den chinesischen Wetterkünsten geäußert. Ein bisschen Neid schwang auch mit in ihren Kommentaren.

Aber: die Amerikaner haben nicht den geringsten Anlass, neidisch zu sein. Schließlich sind die Chinesen bei ihnen in die Lehre gegangen. Peking 2008 war nicht die erste Olympiade mit Wetter auf Bestellung.

Der Exzentriker mit dem Bauernkalender

Im Januar 1960 schaute H. D. Thoreau, der Geschäftsführer der Winterolympiade im kalifornischen Skiort Squaw Valley, immer nervöser auf die immer noch schneefreien Rodelpisten. In zwei Wochen sollte die Eröffnung sein. In dieser schwierigen Situation war Thoreau auch bereit, einen Exzentriker zu engagieren, um Regen herbeizuzaubern. Der Meteorologe und Regenmacher Irving Krick folgte dem Ruf aus Squaw Valley. Krick stellte 20 Bodengeschütze auf und feuerte Silberjodid-Munition in die Winterwolken. Schon nach einer Woche lag eine zwei Meter dicke Schneeschicht auf dem Olympia-Gelände – doppelt so viel Schnee wie normalerweise zu dieser Zeit. Die Skispringer und Rodler konnten ihr Training beginnen.

An Irving Krick scheiden sich die Geister. Den meisten Wetterexperten gilt Krick als Scharlatan. Auf jeden Fall ist Krick der Prototyp jenes amerikanischen Wissenschaftlers, der gleichzeitig ein umtriebiger Unternehmer und Vermarkter in eigener Sache ist. Und damit haben wir den Typ von Wissenschaftler vor uns, der heute in der Geo-Engineering-Szene den Ton angibt. Darum ist Irving Krick uns auch einen zweiten Blick wert.

Irving Krick erwarb seinen Doktortitel der Meteorologie am California Institute of Technology im sonnigen Pasadena. Er machte sich 1933 beim amtlichen Wetterdienst unbeliebt, weil er dieser Regierungsstelle vorwarf, durch eine falsche Wetterprognose zum Untergang eines Schiffes beigetragen zu haben. Als Meteorologe erstellte er seine Wettervorhersagen nicht aufgrund von physikalischen Gegebenheiten, sondern, wie beim hundertjährigen Bauernkalender, auf der Grundlage der Wetterverläufe in vergangenen Jahrhunderten. Erfolgreich beriet Krick das Produktionsteam des Hollywood-Rührschinkens *Vom Winde verweht*. Die Filmemacher wollten wissen, wann man die Kulissen der Filmstadt Atlanta abfackeln konnte, ohne dass ein ganz realer Wind gleich die ganze Gegend in Brand setzen würde.

Weniger rühmlich war Kricks Auftritt im Zweiten Weltkrieg. Luftwaffengeneral Hap Arnold hatte Irving Krick in seine Dienste genommen und protegierte ihn gegen alle Widerstände. Vor der Invasion der alliierten Streitkräfte in die Normandie geriet Krick mit dem norwegischen Meteorologen Sverre Petterssen aneinander. Petterssen setzte sich durch, und das Übersetzen der alliierten Truppenverbände fand am 6. Juni 1944 statt, und nicht am 5. Juni, wofür Krick sich stark gemacht hatte. Am 5. Juni allerdings wäre die Invasion aufgrund des schlechten Wetters ein Desaster für die Alliierten geworden.

Nach dem Zweiten Weltkrieg avancierte Krick zum Wetter-Unternehmer. Zum einen verfertigte er weiterhin Langzeit-Wetterprognosen im Stil der Bauernkalender. Dwight D. Eisenhower bestimmte den Tag seiner zweiten Amtseinführung im Jahre 1957 nach den Empfehlungen von Irving Krick. Zum anderen verdiente Krick sein Geld als Regenmacher. 1948 ließ er aus Flugzeugen Trockeneis in Wolken ausbringen. Ein Jahr später stieg er auf Silberjodid um. Das Geschäft mit dem bestellten Regen lief so gut, dass Kricks Firma 1951 bereits 120 Mitarbeiter beschäftigen konnte. Seit dem Ende des Zweiten Weltkrieges schossen die Firmen, die sich auf das Regenmachen mit Silberjodid spezialisiert hatten, wie Pilze aus dem Boden. Kunden waren in erster Linie Farmer, die ihre Ernteerträge optimieren wollten.

Abgelenkter Strahlentod

Aber auch in der Sowjetunion war es gängige Praxis, Regen mit Chemikalien aus den Wolken zu wringen. Während die Chinesen ungeniert mit ihren Wettermanipulationen angeben, und die Amerikaner mit

Regenzauber viel Geld verdienen, das Ganze aber nicht an die große Glocke hängen, haben die Sowjet-Kommunisten ihre chemischen Wolkenimpfungen vollkommen geheim gehalten. Fanden Truppenparaden in Moskau statt, so entließen die präparierten Wolken ihr Wasser zuverlässig vor der Hauptstadt.

Im Jahre 2006 lud die Regierung von Russland tapfere Piloten, die 1986 in Tschernobyl Rettungseinsätze rund um den explodierten Atommeiler geflogen hatten, zu einer Feier in Moskau ein. Ausgezeichnet wurden Piloten, die in Tschernobyl Silberjodid in Wolken gesprüht hatten. Die Wolken über der verstrahlten Kraftwerksruine hätten radioaktiv verseuchtes Wasser mit dem Wind bis nach Moskau und in andere russische Großstädte transportiert. Die mit Silberjodid geimpften Wolken regneten ihre tödliche Fracht nunmehr in der Umgebung des geplatzten Atomkraftwerks ab. Millionen Menschenleben in größerer Entfernung sind gerettet worden – auf Kosten der Menschen in Weißrussland, besonders rund um die Stadt Gomel. Zeugen berichten von schwarzen Streifen, die aus den russischen Flugzeugen kamen. Die Bewohner in Weißrussland bekamen eine radioaktive Dosis verpasst, die das Dreißigfache der normalen Werte enthielt. Niemand wurde gewarnt.

Kurze Einführung in die »Philosophie« der Wettermanipulation

Planvolle Beeinflussung des Wetters durch den Menschen ist also sehr weit verbreitet und wird in unterschiedlichsten Situationen von Geschäftsleuten und Militärs ausgiebig und bedenkenlos eingesetzt. Es ist kaum zu verstehen, warum Wettermanipulationen so wenig im kollektiven Bewusstsein präsent sind. Vermutlich scheuen die Wettermacher die öffentliche Diskussion, weil solche groben Eingriffe in der Bevölkerung nicht ausreichend »akzeptanzfähig« sind.

Allerdings ist die Konfektionierung der Natur nach menschlichem Gusto bereits Programm im Alten Testament der Bibel: Gott gab demzufolge der Menschheit das Programm, sich zu vermehren und sich »die Erde untertan« zu machen.

Das Denken, dass uns Menschen die gesamte Schöpfung zur freien Verfügung steht, ja: dass Tiere, Pflanzen, Luft und Wasser für unseren Gebrauch erschaffen worden sind, führte zu einer frühen unfreiwilligen anthropogenen Klimabeeinflussung.

Ehrgeizige Zivilisationen haben unser Klima bereits in der Antike nachhaltig verändert. Die Küste rund um das Mittelmeer war früher von üppigen Wäldern bedeckt. Doch römische Feldherren ließen die Zedernwälder im Libanon abholzen für den Bau ihrer Galeeren. Kreta wurde von Römern, Byzantinern, Venezianern und Türken gnadenlos entwaldet. Die heutigen kargen Gestrüpplandschaften am Mittelmeer sind das Ergebnis einer gigantischen Umweltzerstörung. Dabei hat sich auch das Klima in dieser Region radikal verändert – und zwar nicht zum Vorteil.

Die christliche Herrenmentalität gegenüber der Natur wurde in der beginnenden Neuzeit verschärft durch eine Arbeitsteilung: der Philosoph René Descartes bot der Kirche an, sie könne sich ja ruhig um die seelischen Dinge kümmern. Dafür sollte die Kirche fürderhin die Naturwissenschaftler und Mechaniker in Ruhe lassen. Die Kirche ließ sich auf den Deal ein, und von da ab galt der Dualismus von Seele und Materie. Die Natur wurde nunmehr wie eine Maschine betrachtet und behandelt.

Diese unheilvolle Verbindung – zum einen der Gedanke, dass uns Menschen die gesamte Natur gehört und wir hier schalten und walten können, wie wir wollen; zum anderen der Gedanke, dass die Natur und in unserem Falle: das Klima, nichts anderes ist als eine besonders vielschichtige Maschine – diese Grundauffassung bestimmt das Handeln der neuzeitlichen Wettermanipulateure aus der Geo-Engineering-Szene.

Regenzauberer und Hagelschießer

Die Geschichtsschreibung vermeldet den US-Amerikaner James Pollard Espy als den ersten Mann, der Gedanken zur Wettermanipulation zu Papier gebracht hat. Espy arbeitete im 19. Jahrhundert als Meteorologe sowohl für Universitäten als auch für das Militär. Als Experte für Winde bekam er den Spitznamen »The Storm King«, also: Sturmkönig, zuerkannt. Espy schlug vor, Regen durch das Abfackeln von Wäldern zu erzeugen.

Zur Folklore europäischer Gebirgsregionen gehört das Hagelschießen. Dessen Ursprünge gehen wohl schon zurück auf vorgeschichtliche Zeiten. Damals glaubte man, dass Dämonen, Götter, Belzebuben und Hexen schlechtes Wetter machen. Mit großen Hagelkörnern vernichten sie Ernten, um die Menschen zu quälen. Um diese Übelmächte zu vertreiben, machten die Menschen großen Lärm und brachten Knallkörper zum Explodieren. Auf Hagelwolken wurde mit speziellen Kanonen geschossen. In der Schweiz, in Österreich und in Deutschland entstanden richtige Hagelschießer-Gilden, ähnlich organisiert wie die freiwillige Feuerwehr.

In den 1980er Jahren drohte dieser Brauch langsam auszusterben. Seit einigen Jahren jedoch kommt neues Leben in das Hagelschießen. Winzer und Obstbauern stellen sich Abschussrampen in den Garten und schießen kleine Raketen bis in 4.000 Meter Höhe. Oder Flugzeuge steigen auf und besprühen die Wolken mit Chemikalien. Auch in diesem Fall wird heutzutage Silberjodid eingesetzt. Im Zusammenwirken mit professionellen Wetterkarten ist das Hagelschießen wirksamer denn je, und auch die Versicherungen bieten Hagel schießenden Winzern günstigere Konditionen an als jenen Kollegen, die auf das Hagelschießen verzichten.

Während die Bauern in Mitteleuropa eher mit zu viel und zu heftigem Regen zu kämpfen haben, kämpfen die Farmer in den USA eher gegen zu viel Trockenheit. Ganze Regionen, wie zum Beispiel in den 30er Jahren des letzten Jahrhunderts der US-Bundesstaat Oklahoma, fallen der Dürre zum Opfer, und ganze Bauernpopulationen müssen sich woanders neues Farmland suchen. Im 19. Jahrhundert zogen noch viele Menschen auf Glückssuche durch das Land, meistens nach Westen.

Allerlei fahrende Leute versuchten aus der Not ihrer Mitmenschen Geld zu machen: Quacksalber, Pillendreher, Barbiere, Schausteller und leichte Mädchen. Zu diesem fahrenden Volk gesellten sich auch Regenmacher. Oft traten sie mit viel Tamtam im Ort auf, mischten geheimnisvolle Essenzen zusammen und brachten diese dann auf irgendeine Weise in die Luft.

In der Folge gab es vielleicht den ersehnten Regen. Diese säkularen Kollegen der archaischen Medizinmänner besaßen oftmals ein intuitives Gespür, wann sonniges Wetter umschlagen könnte in Regen, und boten sogleich ihre Dienste an. »Rainmaker« ist seitdem in den USA eine Berufsgruppe unter vielen anderen. Im Jahre 1955 sollte in der beliebten US-Fernsehshow »What's your line?«, die in Deutschland als das heitere Beruferaten »Was bin ich?« übernommen wurde, ein hauptberuflicher Regenmacher geraten werden.

Berühmt war der Regenmagier Frank Melbourne, genannt: »der Australier«. Für seine Regenrituale verlangte er von den Farmern 500 Dollar.

Auch der Gouverneur von Kansas wohnte einer solchen Handlung bei. Anfang der 90er Jahre des 19. Jahrhunderts ließ die Chicago, Rock Island and Pacific Railway Company sogar einen speziell eingerichteten Waggon zum kostenlosen Regenmachen durch die Lande zuckeln. Der Bahnbeamte Clinton B. Jewell hatte in dem Waggon ein Labor aufgebaut. Aus drei Rohren wurden dann nach einer geheimen Formel Chemikalien in die Luft entlassen. Die Menschen draußen im Lande waren fasziniert, doch eine Ingenieurzeitschrift blieb unbeeindruckt:

> *»Wenn Mr. Jewell die große amerikanische Wüste mit derart einfachen und billigen Techniken bewässert, sollten wir froh sein, wenn er das beweisen kann. Obwohl uns klar ist, dass die Chancen mehrere tausend zu eins stehen, dass seine Bauernschläue als Wetterprophet allen erreichten Erfolgen zu Grunde liegt, und dass der Saft, den er in seinem geheimen Labor destilliert, wohl eher eine konzentrierte Essenz von Humbug darstellt.«*

Einer der berühmtesten Regenmacher war zweifellos Charles Mallory Hatfield, im Hauptberuf Vertreter für Nähmaschinen. Seit 1902 trat Hatfield in verschiedenen Städten der USA auf, unter anderem in Los Angeles, wo nach seinem Einsatz ein lange ersehnter Regen losbrach. Hatfield pflegte bei seinen Auftritten ein großes weißes Zelt aufzubauen, in dem er seine chemischen Mischungen ansetzte, während sein Bruder Paul wie Zerberus vor dem Zelt stand und aufpasste, dass niemand Charlie zugucken konnte. Dann begab sich Hatfield auf eine Art von Hochsitz, goss seine Mixturen in eine Wanne. Die Brühe sollte nun in der Atmosphäre verdunsten.

Hatfield ging durchaus wissenschaftlich vor. Er studierte die Wetterkarten, hatte sich ein Wissen über Wetterverläufe angeeignet, und trat immer dann auf, wenn eine Dürre schon sehr lange angehalten hatte, und ein Wetterumschwung bevorstand. 1916 wurde Hatfield von den Stadtvätern im kalifornischen San Diego für 10.000 Dollar angeheuert. Ein Süßwasserstaudamm war nur noch zu einem Drittel voll, und Hatfield sollte den Regen zaubern, damit das Becken wieder voll wäre. Tatsächlich kam Regen nach Hatfields Intervention. Aber: die Geister, die ich rief! Der Regen hörte gar nicht mehr auf, und die allgemeine Erleichterung schlug in Unruhe und schließlich in Entsetzen um. Der Damm brach, San Diego ertrank in den Fluten. Schließlich waren Dutzende von Toten zu beklagen.

Als Hatfield trotzdem ungerührt seine Gage bei den Stadtvätern einstreichen wollte, sagten ihm diese: Gut, wir können dir die 10.000 Dollar geben. Aber damit treten wir dann auch alle Schadenersatzklagen an dich ab! Hatfield verzichtete und verlagerte seine Aktivitäten nach Kanada und Italien.

Verwissenschaftlichung des Regenzaubers

Damit war die Zeit der geheimniskrämerischen Einzelkämpfer in der Wettermanipulationsszene abgelaufen. Die Zeit der Abenteurer war vorbei. Jetzt traten vermehrt Universitätsprofessoren, Ingenieure und Militärs auf den Plan. Der Erste Weltkrieg war nämlich der erste industriell geführte Krieg. Maschinen, Motorisierung und ein bislang nicht gekannter logistischer Materialaufwand waren buchstäblich kriegsentscheidend.

1903 brummten die ersten Motorflugzeuge durch die Luft, und im Ersten Weltkrieg waren bereits jede Menge Flugzeuge und Zeppeline im Kampfeinsatz. Als mächtiger Feind der Fliegerei hatten sich dabei Wolken und Nebelschwaden erwiesen, zu einer Zeit, als es noch keine Radarortung gab. Und da der Weltkrieg ganz neue Synergie-Effekte bei Forschung und Entwicklung zwischen Wissenschaft, Politik und Militär hervorgebracht hatte, wurden Nebel und Wolken nun ganz methodisch bekämpft. Mit den damals verfügbaren Kenntnissen und Materialien, versteht sich.

Bereits 1885 hatte der Engländer Oliver Lodge Dampf und Wolken durch die Erzeugung elektrischer Spannung auflösen können. Allerdings nur in geschlossenen Räumen. Anfang der 1920er Jahre versuchten die Amerikaner Luke Francis Warren, Wilder D. Bancroft und Emory Leon Chaffee, Wolken am Himmel oder Nebel am Boden mit den elektrischen Methoden der Ionisation der Luft aufzulösen oder zum Abregnen zu bringen. Die US-Armee stellte ihnen Flugzeuge zur Verfügung. Dank der neuartigen Flugzeuge konnte man ja jetzt die Wolken von oben besprühen.

Das war die Geburtsstunde der Wolkenbesprühung durch Düsen am Flugzeug. Und zwar wurden feine Sandkörner im Flugzeug in einem Kessel elektrisch auf 10.000 Volt aufgeladen, mithilfe eines Kompressors durch die Düsen ins Freie geschleudert, wo sie dann von den

Flugzeugpropellern weiter verteilt wurden. Die Ergebnisse waren durchwachsen. Teilweise waren die Zuschauer beeindruckt, wenn sich die Wolken nach der »Behandlung« auflösten. Oftmals passierte aber auch gar nichts nach den Flügen. Damals war bereits bekannt, dass man Kumuluswolken mit Flugzeugpropellern auseinanderquirlen konnte. Ob die Ionentherapie irgendetwas bewirkt haben könnte, ist umstritten. Allerdings wird in jüngster Zeit erneut versucht, mit Ionen-Manipulation Regen hervorzubringen.

Doch der soziale Aufstieg der Wettermanipulation ging weiter. Denn mit Henry Garrett Houghton trat jetzt ein anerkannter Meteorologe des noch anerkannteren Massachusetts Institute of Technology ins Rampenlicht. Systematisch inventarisierte Houghton die Optionen, Nebel aufzulösen: Physikalisch kann man mit Ventilatoren, Dampfsperren, hochintensiven Klangwellen oder Stromfeldern vorgehen. Thermisch könnte man einfach Öl abfackeln oder Infrarotstrahlen einsetzen. Die Chemie hält Kalziumchlorid, Silikongel, Schwefelsäure, starke Alkalien oder Kalziumoxid bereit. Die meisten dieser Optionen sind aber in der Praxis unbrauchbar, da zu teuer oder zu gefährlich.

Houghton entschied sich bei seinen Experimenten für Kalziumchlorid. Auf dem Grundstück des exzentrischen Millionenerben Edward Howland Robinson Green, direkt an der Atlantikküste, errichtete er einen »Nebelbesen«; ein Gerüst mit lauter feinen Düsen zum Aussprühen der Chemikalie. Als dann eine fette Nebelbank vom Atlantik die Klippe hoch kroch, empfing Houghton sie mit seinem Besen. Erstaunt registrierte ein Reporter des *Time Magazins*, wie der Besen einen Tunnel der Klarsicht durch die Nebelbank schnitt »wie dereinst bei Moses und den Israeliten«.

Operation gelungen – jedoch wegen der enormen Risiken und Nebenwirkungen des Kalziumchlorids nicht zur Serienreife gelangt. In einem anderen Sinne war diese Operation ein Erfolg: nämlich als Bündelung nationaler Kräfte für ein ehrgeiziges Geo-Engineering-Projekt. Der Historiker des Geo-Engineerings, James Rodger Fleming:

> *»(...) die Liste der Institutionen, die wegen ihrer finanziellen Unterstützung im Abschlussbericht aufgeführt werden, liest sich wie ein Who's Who des Militärisch-Industriellen Komplexes im Jahre 1934 (...) Diese Kombination der Unterstützung von Regierung, Privatwirtschaft und privaten Stiftungen war Teil eines dauerhaften Musters der Patronage.«*

Neben dem Militär beteiligten sich zum Beispiel die American Philosophical Society, das Handelsministerium der USA oder auch die Konzerne Dow Chemicals und Edison Electric.

Im Zweiten Weltkrieg entschied sich die britische Regierung für die Brachialmethode, im Nebel verhüllte Militärflugplätze durch gigantische Ölfackeln aufzuwärmen, und auf diese Weise die eigene Luftflotte einsatzbereit zu erhalten.

Im Vietnamkrieg hat die Luftwaffe der USA ebenfalls den Nebel mit Ölfackeln vertrieben. Diese Methode war aber immer nur auf Sondersituationen begrenzt wegen der enormen Materialkosten.

Wie aber kann man Wolken zum Regnen bringen, oder dazu, sich aufzulösen, je nach Bedarf? Bereits 1891 hatte Louis Gathman in Chicago ein Patent angemeldet. Demnach sollte flüssige Kohlensäure durch Geschosse oder Ballone in die Wolken gesprüht werden. Der Niederländer August Veraart hatte dann 1931 festes Trockeneis von minus 78 Grad Celsius aus einem Flugzeug in die Wolken ausgebracht. Impfte er nach Sonnenaufgang wachsende Haufenwolken, dann hörte das weitere Wachstum auf, und man konnte sich auf einen Tag voll Sonnenschein freuen. Impfte er die Wolken am Mittag, fing es an zu regnen. Veraarts Versuche wurden allerdings von den Wissenschaftlerkollegen ignoriert.

Trockeneis und Silberjodid

Wieder einmal wurden die Lorbeeren von einem Amerikaner eingesammelt. Die Stadt Schenectady im Bundesstaat New York nennt man auch »Electric City«. Denn hier residiert General Electric, ein Riesenkonzern für Elektrogeräte. Und General Electric unterhält ein eigenes Versuchslabor, in dem hochrangige Wissenschaftler tätig sind. Zum Beispiel Irving Langmuir. Langmuir hat die Glühbirne perfektioniert, indem er sie mit Gas füllen ließ. Den Nobelpreis für Chemie erhielt er 1932 für Forschungen zur Oberflächenspannung von Ölfilmen.

Langmuir beschäftigte sich seit den 1940er Jahren zunehmend mit Meteorologie und Wetterbeeinflussung. Der Mann, der ihm seine Labortechnik zusammenstellte, hieß Vincent Schaefer. Ein wissbegieriger Autodidakt, der schon als Heranwachsender seine Familie als Lehrling bei General Electric mit ernähren musste, und deswegen nie einen Schulabschluss vorweisen konnte. Langmuir ließ seinem Famulus freie Hand beim Experimentieren. Als Zauberlehrling Schaefer im Juli 1946 Trockeneis in die Tiefkühltruhe packte, entstand eine Wolke, die Millionen von Eiskristallen hervorbrachte. Im November desselben Jahres sprühte der begeisterte Bergsteiger Schaefer aus einem Flugzeug Trockeneis in den Wolkenhimmel über den Bergen von Massachusetts. Und siehe da: Es fing an zu schneien!

Da hinter Schaefer, im Gegensatz zu Veraart, eine starke Gemeinschaft stand, nämlich der Weltkonzern General Electric, entspann sich ein gewaltiger Presserummel. Waschkörbe von Briefen trafen bei General Electric ein. Leute aus dem Hinterland fragten: Wir wollen Heiligabend um den Weihnachtsbaum echten Schnee haben und kein Popcorn, können Sie uns da helfen? Skipistenbesitzer wollten Schnee nach der neuen Methode selber aus den Wolken melken, und so weiter.

Zu Langmuirs munterer Labortruppe war seit 1945 Bernard Vonnegut gestoßen, der Bruder des Schriftstellers Kurt Vonnegut. Bernard hatte im Zweiten Weltkrieg am angesehenen Massachusetts Institute of Technology Studien zur Gaskriegsführung und zur Verhinderung von Flugzeugvereisung gemacht. Vonnegut machte nun seinerseits Experimente in Schaefers Tiefkühltruhe. Er suchte nach Substanzen, die in ihrer Kristallstruktur den Eiskristallen am ähnlichsten waren. Bleijodid, Antimon und Silberjodid kamen in die engere Wahl. Silberjodid machte das Rennen, und von da ab sollte sich bis zum heutigen Tag Silberjodid als das Allheilmittel in der Wolkenmanipulation durchsetzen.

Bernard Vonnegut war gar nicht besonders glücklich, der geistige Vater der erfolgreichsten Wolkenmanipulationstechnik zu sein. Im Vergleich mit Trockeneis hält sich Silberjodid lange in der Atmosphäre, und seine Reaktion mit anderen Substanzen ist überhaupt noch nicht erforscht. So greift Vonnegut die kommerziellen Nutzer von Silberjodid scharf an:

»(...) sie spielen mit Feuer, wenn sie diesen Stoff überall ausbringen, und ich denke, es ist eine Schande, dass sie keinerlei Sinn für öffentliche Verantwortung zeigen. Insbesondere wenn sie leugnen, dass er eine Wirkung auf großer Reichweite hat (...) Die Atmosphäre über Hunderte und Tausende von Kilometern zu verpesten, wobei es Gott weiß was für eine Wirkung hinterlässt, ist eine gefährliche Sache.« Tatsächlich begann unmittelbar nach Bekanntwerden der epochalen Entdeckung des Silberjodids als Regenzauber-Elixier durch Vonnegut eine Welle von Firmengründungen im Bereich Wolkenmanipulation. Vor allem im Westen und in der Mitte der

USA nahmen Farmer die Dienste der neuen Regenmacher in Anspruch. Und wieder kam es zu Schadenersatzklagen wie schon 1916 in San Diego, weil Dämme gebrochen waren oder der Regen zu heftig war.

Das Wetter als Waffe

Der Zweite Weltkrieg war vorbei, die Achsenmächte niedergerungen. Und schon sondierte das US-Militär neue Kriegstechniken. Nicht nur Atombomben waren von Interesse. Auch das Wetter wurde als Waffe entdeckt. Das Projekt Cirrus war eine Versuchsreihe auf der Grundlage der Wolkenmanipulationen mit Trockeneis und Silberjodid. Zwischen 1947 und 1952 manipulierte die US-Luftwaffe Wolken im Bundesstaat New York, New Mexiko, Puerto Rico sowie über dem Atlantischen Ozean. Angeblich ging es darum, gefährliche Hurrikane von menschlichen Siedlungen abzulenken. Um den Hurrikan King im Jahre 1947 abzuschwächen, schossen Flugzeuge 80 Pfund Trockeneis in die Wolken.

Es darf bezweifelt werden, ob das Militär tatsächlich nur den Schutz der Bevölkerung im Sinn hatte. Eine Studie aus jenen Jahren nimmt kein Blatt vor den Mund. Zweck von Project Cirrus sei es, »feindliche Truppen in Schnee und Regen festfahren zu lassen, Flugpisten so kostengünstig wie möglich vom Nebel zu befreien sowie angefachte Stürme mit bakteriellem oder radioaktivem Material zu infizieren.«

1951 trafen sich die Chefs der US-Streitkräfte beim legendären Weltkriegsgeneral Omar Bradley zum »Ad Hoc Committee on Artificial Cloud Nucleation«, also dem Ausschuss für künstliche Wolken-Kondensationskernbildung. Den Vorsitz führte der Norweger Sverre Petterssen, der Mann, der sich bei der Invasion 1944 so heftig mit Irving Krick gezankt hatte. Mit verschiedensten Techniken wurden daraufhin die Wolken in Westdeutschland oder über Grönland traktiert. Jene frühen 1950er Jahre erlebten eine Reihe von extremen Experimenten mit Atombomben, Wasserstoffbomben und unethischen Menschenversuchen. Ungeniert wurde die Umwelt zum Versuchsfeld für Dr. Seltsam und seine Freunde. Die meteorologischen Auswirkungen von Atombombenversuchen wurden untersucht. Man versuchte, Kondensstreifen zu unterdrücken, und schoss kleine taktische Raketen zur Wolkenimpfung in die Luft.

Der US-Kongress in Washington richtete 1953 ein Advisory Committee on Weather Control ein, also einen beratenden Ausschuss zur

Wettersteuerung. Der Ausschussvorsitzende Howard T. Orville berichtete 1954 in der Zeitschrift *Collier's* unter dem Titel »Das Wetter in Ordnung bringen« über die Gedankenspiele der ehrwürdigen Abgeordneten. Hierbei deutete Orville an, dass man zukünftig unliebsame Staaten mit manipuliertem Wetter zur Räson bringen könne.

1954 bekam Project Cirrus mit dem Project Stormfury eine härtere Neuauflage. Die Hurrikane Carol, Edna und Hazel sollten abgeschwächt werden. Dem Hurrikan Daisy rückten die Wetterkrieger mit starken Dosen Silberjodid zu Leibe, um die wilde Dame von Floridas Küste abzulenken. 1963 protestierte sogar der kubanische Führer Fidel Castro, die USA hätten den Hurrikan Flora nach Kuba abgeschoben, und Mexiko beschwerte sich, die nördlichen Nachbarn hätten ihnen eine Dürre beschert.

Während im Fall von Kuba und Mexiko die Urheberschaft nicht eindeutig geklärt werden konnte, und ob es überhaupt eine solche gab, ist der Zusammenhang zwischen Wettermanipulationen der US-Streitkräfte und dem Wettergeschehen im Vietnamkrieg amtlich bestätigt. Schon die Franzosen hatten bei ihrem Debakel von Dien Bien Phu versucht, die Vietnamesen mit manipuliertem Regen zu lähmen.

Zwischen 1966 und 1972 hatten die US-Streitkräfte den Vietcong enormen Extra-Regen beschert. Die vietnamesischen Widerstandskämpfer transportierten ihre Kriegsgüter auf Fahrrädern im Schutz des Dschungels, teilweise auch auf dem sogenannten Ho-Tschi-Minh-Pfad über die Nachbarländer Laos und Kambodscha. Weil sich die Amerikaner mit Laos und Kambodscha nicht im Kriegszustand befanden, blieb nur die Möglichkeit, so viel Regen in die Region zu schicken, dass die Partisanen im Schlamm versinken würden. Wieder einmal impfte man die Wolken mit Silberjodid. Bei diesem Unternehmen mit dem Namen Project Popeye gelang es, die Monsun-Saison um 30 Tage zu verlängern. Zudem hatte der US-Geheimdienst CIA über protestierenden Mönchen in Südvietnam Regen ausgebracht, um deren Demonstrationen buchstäblich ins Wasser fallen zu lassen.

Es half indes nicht viel. Die USA verloren den Vietnam-Krieg trotzdem. Zwar nicht militärisch, aber der Einsatz so vieler wehrpflichtiger Soldaten in dem tropischen Morast war auf Dauer nicht durchzuhalten. Durch die berühmten Pentagon-Papers, einer Sammlung von internen verteidigungspolitischen Dokumenten, die dank des Journalisten Seymour Hersh an die Öffentlichkeit gebracht wurden, konnte man sich ein Bild machen von den Dimensionen, die die Wettermanipulation mittlerweile angenommen hatte. Die US-Bürger waren schockiert und empört.

Der Druck der öffentlichen Meinung führte schließlich zu einer internationalen Konvention gegen Manipulation der Umwelt zu kriegerischen Zwecken. Auf der Ebene der Vereinten Nationen trat 1978 die als ENMOD bezeichnete Konvention – voller Name: Prohibiting Environmental Modification as a Weapon of War – in Kraft. Alle bedeutenden Nationen sind dieser Vereinbarung beigetreten.

Zunächst einmal ist festzustellen: Die ENMOD verbietet lediglich Wettermanipulationen zu kriegerischen Zwecken. Doch, so findet der Wetterhistoriker James Fleming, legitimiert die schwammige Ausdrucksweise »die Anwendung von Wolkenimpfung in der Kriegsführung, die Umleitung von Hurrikanen sowie andere Techniken auf niederer Reichweite«.

So genannte »friedliche« Wetter- und Klima-Manipulationen sind bis dato nicht untersagt. Im Grunde war ENMOD lediglich der Ansporn für die kriegerischen Großmächte, ihre Wettermanipulationen ab sofort subtiler, verfeinerter und ungleich diskreter durchzuführen als vor 1978.

Seit jenem Datum sind wir auf Indizien angewiesen. Wir können ab jenem Zeitpunkt nur anhand von Thesenpapieren der militärischen und zivilen Vordenker der Wetter- und Klimamanipulationsszene, oder zeitgenössisch: des Geo-Engineerings, extrapolieren, was heutzutage möglich ist, und was aktuell schon unternommen wird.

REALITÄTEN
Kapitel 5

Noam Chomsky
Kollaborateure der Macht

Um die Profitinteressen der Reichen und Mächtigen zu schützen, verbreiten die Medien zur globalen ökologischen Katastrophe unterkomplexe Zerrbilder und beruhigende Halbwahrheiten, konstatiert Noam Chomsky im Interview mit Robert Hackett

Noam Chomsky ist einer der einflussreichsten Intellektuellen und Kritiker der Außenpolitik der USA. Seit ein paar Jahren richtet Chomsky seinen außerordentlichen Geist nun auf die existenzielle Bedrohung durch die globale Erwärmung – »einer mit dem Atomkrieg vergleichbaren Bedrohung des Fortbestands organisierten menschlichen Lebens«. In einem Exklusivinterview, das Robert Hackett für den kanadischen National Observer führte, geht Chomsky direkt auf den spezifischen Zusammenhang zwischen Medien und Klimakrise ein. Sein Hauptvorwurf lautet dabei: Die Medien verschweigen uns konsequent, dass, so sich nicht umgehend Entscheidendes ändert, die menschliche Gesellschaft in einigen wenigen Generationen wahrscheinlich ausgestorben ist.

Die elegante Schlichtheit seines Büros auf dem Campus – ein kleiner runder Tisch mit einigen geradlehnigen Stühlen, ein Laptop auf einem aufgeräumten Tisch – steht in Kontrast zu seinem Ruf als einem der führenden öffentlichen Intellektuellen. Nun bereits 90 Jahre alt,

schreibt Noam Chomsky noch immer und hält mit einem Kollegen zusammen eine Vorlesung über Politik und globale Krisen an der University of Arizona.
Neben seiner Paradigmen erzeugenden Arbeit in der Linguistik ist Chomsky bis heute ein unverblümter und überzeugender Kritiker US-amerikanischer Außenpolitik sowie der damit verbundenen weltweiten Menschenrechtsverletzungen und militärischen Aggressionen. Mit seinem verstorbenen Kollegen Ed Herman entwickelte Chomsky ein »Propagandamodell« der Unternehmensmassenmedien, mit dem er die Fähigkeit der wirtschaftlichen und politischen Elite erklärte, ihre ideologische Legitimität aufrecht zu erhalten. Eine Reihe von »Filtern« – Unternehmensbesitz, Abhängigkeit von Werbung, am Establishment ausgerichtete Beschaffungspraktiken, scharfe Kritik von rechts und ideologische Dogmen – führen dazu, dass die Medien als Propagandainstrumente der Reichen und Mächtigen agieren.

In den letzten Jahren haben Sie sich oft über die Ernsthaftigkeit der Klimakrise geäußert – und Sie haben verschiedene Beispiele dafür genannt, wie die Unternehmensmedien keine Notiz vom Ausmaß dieser Krise nehmen. Wie würden Sie die allgemeine Rolle der Unternehmensmedien in dieser Krise bewerten? Helfen die Filter, die Sie in Ihrem und Ed Hermans Propagandamodell der Medien ermittelt haben, dabei, die Unzulänglichkeiten der Medien in Bezug auf die globale Erwärmung zu erklären, oder gibt es andere Faktoren, die diese für den Journalismus zu einem besonders schwierigen Thema machen?
Nehmen Sie eine Standard-Story. Es gibt Berichte darüber, was gerade geschieht. Wenn Sie also zum Beispiel heute die *New York Times* aufschlagen, finden Sie da einen recht guten Artikel zu neuen Erkenntnissen über das Schmelzen der polaren Eiskappen, der wie gewohnt drastischere Entwicklungen präsentiert, als man sie eigentlich erwartet hatte – diese Art der Berichterstattung ist seit Langem typisch. Er setzt sich auch mit den voraussichtlichen Folgen des Meeresspiegelanstiegs auseinander – angesichts dessen, wie dramatisch dieser bis heute verläuft, jedoch eher zurückhaltend. Es erscheinen also regelmäßig Artikel – und somit wird die globale Erwärmung nicht ignoriert.

Wenn man sich nun aber einen Standard-Artikel über die weltweite Erdölexploration ansieht, kann die *New York Times* einen großen Bericht darüber auf der Titelseite bringen, wie die USA sich in Richtung dessen bewegen, was sie Energieunabhängigkeit nennen, wie sie Saudi-Arabien und Russland in der Produktion fossiler Brennstoffe hinter sich lassen und dabei neue Gebiete wie Wyoming oder den Mittleren Westen für das Fracking erschließen. Sie schreiben einen langen Beitrag, vielleicht 1.000 Wörter lang – ein solcher kommt mir in den Sinn –, und erwähnen darin die Folgen für die Umwelt oder die Schäden, die den Wasserreserven der lokalen Viehzüchter zugefügt werden, die globale Erwärmung jedoch mit keinem Wort.

Und dies geschieht durch die ganze Presse hinweg, in einem Artikel nach dem anderen – in der *Financial Times*, der *New York Times*, allen großen Zeitungen. Es ist also, als gäbe es da einerseits eine Art Tunnelblick – die Wissenschaftsjournalisten sagen gelegentlich »schauen Sie, dies ist eine Katastrophe«. Aber dann wird all das in der allgemeinen Berichterstattung völlig ignoriert, in der es heißt: »Ach, ist das nicht wunderbar, wir müssen kein Öl importieren, wir werden mächtiger« und so weiter.

Sie stellen also den Zusammenhang gar nicht her?
In ein paar Generationen kann eine organisierte menschliche Gesellschaft vielleicht nicht mehr überleben. Das müsste den Menschen ohne Unterlass klargemacht werden.

Es ist eine Art Schizophrenie, die quer durch die Gesellschaft verläuft. Nehmen wir die großen Banken, zum Beispiel JP Morgan Chase. Sie ist die größte Bank, und ihr CEO, Jamie Dimon, ist ein intelligenter Mann. Ich bin sicher, dass er Grundkenntnisse über die ernsthafte Bedrohung durch die globale Erwärmung besitzt, und doch überschütten sie die Gewinnung fossiler Brennstoffe mit Investitionen – weil dies eben das Geschäftsmodell ist. Sie müssen morgen Profit machen.

Die umfassende Rolle der Unternehmensmedien bestand also darin, die Verbindung nicht herzustellen?
Ganz sicher. Ich sprach natürlich über die liberalen Medien. Wenn man sich, sagen wir einmal, Fox News ansieht, sieht es ganz anders aus: hier findet einfach keine globale Erwärmung statt. Und dies spiegelt sich tatsächlich in der öffentlichen Meinung wider. Die Hälfte der Republikaner leugnet die globale Erwärmung. Eine kleine Minderheit der anderen Hälfte nimmt an, dass die Menschen daran mitschuldig sein könnten.

Nehmen wir nur einmal die Anhörungen vor ein paar Tagen – der neue Leiter der Environmental Protection Agency, der US-Umweltschutzbehörde, soll jemand mit einer Vorgeschichte in der Kohleindustrie werden. Auf die Frage, für wie dringend er die globale Erwärmung halte, antwortete er: »Sie steht in der Rangfolge der Dringlichkeit wahrscheinlich an achter oder neunter Stelle, also weit hinten.« In der Konsequenz wird also gar nichts getan.

Was die Medien selbst anbelangt – können hier die Arten der Filter, die Sie in Ihrem Propagandamodell erkannt haben, die Defizite erklären, oder spielen da noch andere Faktoren eine Rolle?

Ja, aber dies ist nahezu transparent. Sie sind mit dem Geschäftsmodell der Unternehmen vermählt, das da lautet: Du musst morgen Profit machen – die Gesellschaft muss wachsen. Es kümmert sie nicht, welche Art von Wachstum – sie muss einfach wachsen. Und das ist wie internalisiert.

Ja, natürlich haben die Inserenten eine Wirkung, und auch die Tatsache, dass die Medien Unternehmen sind, hat Auswirkung. Aber viel tiefer liegt ein Punkt, auf den George Orwell hingewiesen hat, der meiner Meinung nach unterschätzt wird und mit dem wir uns auch tatsächlich in unserem Buch *»Manufacturing Consent«* nicht auseinandergesetzt haben.

Ich weiß nicht, ob Sie je die Einleitung von »Animal Farm« gelesen haben – wahrscheinlich nicht, weil sie unterbunden wurde. Aber sie kam ans Licht, als sie etwa 30 Jahre später in seinen Aufzeichnungen entdeckt wurde, und es ist eine interessante Einleitung. Das Buch wendet sich an die Menschen in England, und er sagt, dass sein Buch natürlich eine Satire auf den totalitären Feind sei, dass wir deswegen aber nicht in Selbstgerechtigkeit schwelgen sollten, weil – und ich zitiere – im freien England Ideen auch ohne die Anwendung von Gewalt unterdrückt werden können.

Orwell nennt ein paar Beispiele und gibt etwa zwei Sätze Erklärung dazu. Zum einen ist die Presse im Besitz reicher Männer, die großes Interesse daran haben, dass gewisse Anschauungen nicht veröffentlicht werden. Zum anderen spielt die jeweilige Ausbildung eine wichtige Rolle. Man geht auf die besten Schulen, wird Absolvent von Oxford und Cambridge und hat eingetrichtert bekommen, dass man gewisse Dinge einfach nicht ausspricht – und so haben sie im Denken keinen

Platz mehr. Es wird einfach zu dem, was Gramsci den »hegemonialen gesunden Menschenverstand« nennt – man redet einfach nicht darüber. Und das ist ein wichtiges Element – wie man diese Dinge einfach verinnerlicht. Menschen, die sich darüber äußern, klingen wie Verrückte.

Was wäre die Alternative für den Journalismus? Wie sollte er anders vorgehen, wenn er sich mit dem Klimawandel befasst?
Jedes einzelne Journal sollte täglich eine schrille Schlagzeile bringen, die besagt, dass wir auf eine totale Katastrophe zusteuern. In ein paar Generationen wird eine organisierte menschliche Gesellschaft möglicherweise nicht mehr überlebensfähig sein. Dies sollte ununterbrochen in die Köpfe der Menschen gehämmert werden. Schließlich gab es so etwas noch nie in der Geschichte der Menschheit.

Die gegenwärtige Generation muss eine Entscheidung treffen, ob die organisierte menschliche Gesellschaft noch ein paar Generationen überleben soll – und sie muss dies schnell tun, weil wir keine Zeit mehr zu verlieren haben. Wir können also nicht mehr herumbummeln und um den heißen Brei herumreden.

Und der Rückzug aus dem Pariser Abkommen sollte als eines der größten Verbrechen der Geschichte angesehen werden.

Aber besteht nicht die Gefahr, die Menschen jeder Macht zu berauben, wenn man ihnen nur schlechte Nachrichten übermittelt?
Die besteht durchaus. Schlechte Nachrichten sollten mit einer Erörterung der Dinge einhergehen, die unternommen werden und unternommen werden können. Ein sehr guter Ökonom zum Beispiel, Dean Baker, hatte in einer Kolumne vor ein paar Wochen erörtert, was China gerade macht. Sie sind noch immer große Umweltverschmutzer, setzen aber auch auf riesige Programme zur Umstellung auf erneuerbare Energien – mehr als irgendwo sonst auf der Welt. Staaten tun es, oder sie tun es eben nicht.

Nehmen Sie zum Beispiel Arizona, Sie fahren herum, die Sonne scheint die ganze Zeit, fast das ganze Jahr über, und nun schauen Sie sich um – wie viele Solarpaneele sehen Sie? Unser Haus in den Außenbezirken ist das einzige weit und breit, das welche besitzt. Die Leute beschweren sich darüber, dass sie im Sommer wegen der Klimaanlagen Stromrechnungen in Höhe von 1.000 Dollar monatlich zahlen müssen – aber sie installieren keine Solarpaneele. Die Elektrizitätswerke in Tucson machen es einem aber auch schwer – unserer Solaranlage beispielsweise fehlen ein paar Paneele, weil es verboten ist, zu viel Strom zu erzeugen.

Das ist bedauerlich. Wo sehen Sie jene Art von Journalismus, der die Dringlichkeit der Sache mit der Vorstellung verbindet, was getan werden kann? Wo sehen Sie das in unserem Mediensystem?
Na ja, Sie finden das in kleinen Zeitungen. Es geht darum, die globale Erwärmung besonders hervorzuheben. Sie haben schon recht, wenn Sie sagen, man könne die Leute nicht ununterbrochen mit schlechten Nachrichten überfluten – dann würden sie sich abwenden. Wenn man jedoch schlechte Nachrichten mit positiven Schritten kombiniert, die unternommen werden können, sowie mit der Dringlichkeit, mit der sie unternommen werden müssen, könnte man, so meine ich, eine Wirkung erzielen.

Sind es vor allem die alternativen, unabhängigen Medien, die in ihrer Berichterstattung die Krise auch als Krise thematisieren?
Das geschieht in den alternativen Medien, ja, aber damit wird die allgemeine Öffentlichkeit nicht ausreichend erreicht. Und das gilt nicht nur für diese Krise, sondern auch für andere. Eine vergleichbare Krise ist etwa die Bedrohung durch einen Atomkrieg. Am 24. Januar sollte man einen Blick auf das Bulletin of the Atomic Scientists werfen – an diesem Tag stellen sie die Weltuntergangsuhr neu ein. Das ist die Atomkriegsuhr,

die symbolisch verdeutlichen soll, wie groß das Risiko einer globalen Katastrophe zu einem bestimmten Zeitpunkt ist. Es ist bereits zwei Minuten vor Mitternacht. Ich weiß nicht, was sie das nächste Mal tun werden, vielleicht auf »nach Mitternacht« stellen. Es sind ja zwei Dinge: der Atomkrieg und die globale Erwärmung. Und beide werden zunehmend unheilvoller. Es gibt aber noch mehr. Denken Sie beispielsweise an die Gefahr einer Pandemie.

Die industrielle Fleischproduktion ist vor allem unmenschlich, aber sie trägt darüber hinaus in großem Maße zur globalen Erwärmung bei. Zudem zerstört sie die Wirksamkeit von Antibiotika. Der übermäßige Einsatz von Antibiotika erzeugt mutierte Bakterien, die jeglichem Antibiotikum gegenüber resistent sind und bereits in Krankenhäusern auftreten. Sie könnten eine Riesenpandemie verursachen wie die Grippe-Pandemie vor einem Jahrhundert, der zig Millionen von Menschen zum Opfer fielen.

Die Menschen sprechen auch über eine Migrationskrise – was geschieht, wenn Bangladesch überflutet wird und Hunderte von Millionen fliehen müssen? In Südasien geht das Wasser zur Neige – schon jetzt haben Hunderte von Millionen Menschen kaum Wasser. Mit dem Abschmelzen der Gletscher könnten sie ihre Wasserversorgung endgültig verlieren.

Was passiert dann mit der Welt? Sie geht kolossalen Problemen entgegen, und diese liegen nicht in weiter Ferne.

Gibt es bestimmte Medienkanäle, die Sie selbst als hilfreich empfinden – im alternativen oder unabhängigen Sektor oder anderswo –, wo Sie sich informieren?

Ich lese die wichtigsten Medien, aber eigentlich ist man nur mit den Wissenschaftsjournalen auf dem neuesten Stand. Das ist natürlich technisches Zeug, das man normalerweise nicht liest. Es gibt aber sehr gute Berichte in der *Washington Post*, der *New York Times* und natürlich viele in den alternativen Medien.

Glauben Sie, dass es in den USA oder anderen zumindest theoretisch demokratischen Gesellschaften möglich wäre, das Mediensystem so zu reformieren, dass diese Art des Überlebensjournalismus besser gefördert würde?

Eine Möglichkeit wäre, wenn *wirklich* demokratische Gesellschaften entstünden. Nehmen wir die Wahlen – sehr überzeugende Arbeiten in den Mainstream-Politikwissenschaften zeigen, dass die Wahlen in den USA praktisch gekauft sind.

Der Ausgang der Wahlergebnisse für den Kongress oder die Exekutive lässt sich mit bemerkenswerter Genauigkeit vorhersagen – allein durch Betrachten der Variable »Wahlkampfausgaben«. Deswegen muss jemand, der ins Repräsentantenhaus gewählt wurde, bereits am Tag seines Amtsantritts damit beginnen, sich um Spenden für die nächste Wahl zu bemühen.

Währenddessen wird die Gesetzgebung von den Mitarbeitern geschrieben – mit Unterstützung der Lobbyisten der Unternehmen, die oft die Gesetze einfach selbst schreiben. Es ist zwar eine Art Demokratie, aber eine sehr eingeschränkte.

Sehen Sie, abgesehen von breiter angelegten sozialen und politischen Veränderungen, eine Möglichkeit der Medienreform? Es gibt ja, wie Sie wissen, eine Bewegung speziell für die Reform der Medien – mit Robert McChesney und anderen.

Es kann viel getan werden. Das System muss in vielerlei Hinsicht bedeutsam, ja radikal verändert werden. Die Medienreform gehört dazu. Bob McChesneys wichtige Arbeit hat da Vorbildcharakter.

Es gibt Dinge, die getan werden können. Die wachsende Monopolisierung der großen Medien ist, wie Sie wissen, eine schwerwiegende Angelegenheit, aber wenn Sie Ben Bagdikians Buch über das Medienmonopol um 1980 herum ansehen, existierten da noch etwa 50 Nachrichtenquellen – heute sind wir nur noch bei einem halben Dutzend.

Das Profitmodell durch Werbevermarktung in den Medien hat den Journalismus untergraben. In den Anfängen der USA erkannte die Regierung die Wichtigkeit einer freien und unabhängigen Presse und subventionierte Dinge wie kostenlose Postzustellung als Mittel zur Schaffung einer unabhängigen Presse.

Erst kürzlich habe ich ein sehr interessantes Buch gelesen – *»The Framer's Coup«* von Michael Klarman. Es ist heute eines der besten Bücher über die Entstehung der US-Verfassung – es berichtet im kleinsten Detail über die damaligen Diskussionen, die sehr beeindruckend sind.

Damals gab es Broschürenliteratur, Schriften der unabhängigen Presse. Menschen brachten sich ein und Farmer sowie Handwerker und alle anderen gaben ihren Senf dazu – ein Vorbild für Diskussionskultur.

In der Mitte des 19. Jahrhunderts existierte eine sehr lebendige gewerkschaftliche und ethnische Presse, die sehr interessante Dinge tat. Sie brach mehr oder weniger unter der Konzentration des Kapitals sowie aufgrund des Werbeträgermodells zusammen. Dasselbe geschah auch in England, wenngleich die Presse in England sogar noch länger durchhielt – bis in die 1960er Jahre hinein.

Setzen Sie viel Hoffnung auf Alternativen im Internet und die sozialen Medien?

Es besteht Hoffnung, aber die sozialen Medien waren und sind ein zweischneidiges Schwert. Sie erzeugen ganz deutlich eine Art Echokammer, eine Blase. Wir tun es alle – wir werden von den Dingen angezogen, an die wir glauben, und hören dann keine anderen Ansichten, unsere eigenen werden nur verstärkt. Das macht eine Interaktion aber fast unmöglich.

Manches davon ist ganz schön schockierend. Ich las vor kurzem ein paar Statistiken und es stellte sich laut neueren Umfragen heraus, dass sich der Anteil der US-Amerikaner, die die großen Medien als Hauptinformationsquelle nutzen, im einstelligen Bereich befindet, bei etwa 6 Prozent. Die meisten gehen zu den sozialen Medien, die die Nachrichten nicht produzieren, sondern filtern und auch keine Reporter draußen im Feld haben.

Und dann gibt es natürlich Neuerungen wie *Talk Radio* und *Fox*, die neu sind. Sie sind einfach nur bösartige Propagandasysteme, die nicht einmal vorgeben, etwas anderes zu sein.

Dies ist die dunkle Seite. Die gute Seite ist, dass es die sozialen Medien sind, mit deren Hilfe man sich heute organisiert. Auf diese Weise kann man andere Menschen erreichen, mit ihnen zusammenkommen, und sie sind ein sehr wirksames Instrument.

Praktisch jedes Sich-Organisieren funktioniert auf diese Weise. Selbst das Lehren – Lehrer kommunizieren oft mit ihren Schülern über die sozialen Medien. Das ist es, was alle machen. Wenn man über den Campus läuft, hängt jeder an einem Gerät. Eine Universität – ich glaube, es war die Duke University – ließ Sprüche wie »Schau hoch!« auf den Bürgersteigen anbringen, weil alle beim Herumlaufen nach unten blicken.

Man kann nicht mit Bestimmtheit sagen, was die Folgen sind. Man sieht Teenager beispielsweise in einem McDonalds an einem runden

Tisch sitzen, und es finden zwei Gespräche statt: eines in der Gruppe, und eines, das jede Person mit wem auch immer am Telefon führt. Das zerstört einfach wichtige soziale Bindungen.

Es könnte vielleicht eine potentielle Ressource sein – alternative Medien, die das Internet für den Austausch über das Klima nutzen.

Blogs, Truthout, Truthdig, Common Dreams, Democracy Now und viele andere bringen alle Arten von Informationen, die kein Fernsehsender vermittelt.

Diese Kanäle sind also potentiell außerordentlich nützlich. Aber auch das hat diesen negativen Aspekt – von den Mächtigen des Silicon Valley wegen der Werbevermarktung unter Druck gesetzt zu werden, weil man diese dauernd aufgezwungen bekommt. Man sucht bei Google etwas und wird überflutet von Dingen, die man kaufen sollte, das ist der Einfluss der großen Werbetreibenden.

Wie müssen die Bedingungen aussehen, um eine wirkungsvolle Reaktion auf die Klimakrise zu ermöglichen?

Ich denke, es bedarf einfach einer kraftvollen Massenbewegung, die die Medien durch konstanten Druck dazu zwingt, sich mit der Krise, die wir erleben, auseinanderzusetzen – oder die einfach Alternativen schafft, die den Informationsmarkt beherrschen. Und wir haben keine Zeit zu verlieren. Dinge wie die Subvention von unabhängigen Medien also – dies ist keine utopische Idee, es geschah bereits in den Anfängen der USA. Oder die Art von Graswurzelbewegung, deren Entwicklung zum Beispiel Bob McChesney und andere vorantreiben.

Und dies alles ist dringend notwendig. In den letzten Jahren begann ich meine Kurse damit, den Studenten klarzumachen, dass sie eine Wahl treffen müssen, die noch niemand in der Geschichte der Menschheit treffen musste. Sie müssen entscheiden, ob die organisierte menschliche Gesellschaft überleben soll. Selbst als die Nazis wüteten, war niemand mit dieser Entscheidung konfrontiert. Jetzt schon.

Gibt es, abgesehen von den Medien, noch andere allgemeine Rahmenbedingungen, die erfüllt sein müssen, um die Klimakrise zu bewältigen?

Es gibt einige Gruppen, die einen groß angelegten Aktivismus organisieren, so zum Beispiel *Earth Strike*, welche eine Reihe von Aktionen planen. Die erste hat bereits stattgefunden – große Demonstrationen in vielen Städten in dem Bestreben, daraus einen Massen-Generalstreik entstehen zu lassen. Die *Extinction Rebellion* aus England ist in derselben Absicht hierhergekommen. Diese dramatischen Aktionen sind jedoch, wie Demonstrationen generell, wirkungslos, wenn sie Einzelereignisse bleiben. Sie müssen der Stimulus für das konstante Sich-selbst-Organisieren und für einen Lernprozess sein, der sich im täglichen Leben widerspiegeln muss.

Ich komme wieder auf das zurück, worüber wir vorhin gesprochen hatten – Tucson und die Solarpaneele. Die Menschen müssen endlich verstehen, dass sie so etwas tun müssen, und zwar schnell – und dass es ihnen nicht schadet, sondern ihr Leben verbessert. Zum Beispiel spart man damit sogar Geld. Allein die psychologische Hürde jedoch ist eine Blockade, die besagt, »ich kann da nicht hinsehen, ich muss bei den üblichen Vorstellungen bleiben, und dies ist irgendwie etwas so Radikales, dass wir davor Angst haben müssen«.

Sie muss durch ständige pädagogische und organisatorische Tätigkeiten überwunden werden – so, wie sich auch jede andere Bürgerbewegung entwickelt hat, die Bürgerrechtsbewegung, die Antikriegsbewegung, die feministische Bewegung: dauerhaft, oft in kleinen Gruppen, aus denen dann für den Aktivismus größere Gruppen wurden. Gelegentlich veranstalten sie dramatische Aktionen wie eine Demonstration – dies jedoch nur, um eine kontinuierliche Aktivität anzuregen.

Und wir dürfen nicht mehr warten.

Haben Sie vielen Dank für das Gespräch.

Roland Rottenfußer
Massenmord im Anthropozän

Insektensterben, Vogelsterben, Artensterben ... Wollen wir zumindest die finale Katastrophe verhindern, müssen wir aufhören, das Leben nur nach seinem »Nutzwert« zu bemessen.

Drohnen haben eine Zukunft, Bienen nicht. In kurzer Zeit sind bis zu 80 Prozent der Insekten in unseren Breiten eingegangen. Aus Deutschland verschwand ein großer Teil der Brutvogelpaare, während in Übersee die letzten Pandas, Tiger und Nashörner um ihr Überleben kämpfen. Das große Sterben vollzieht sich weitgehend im Schatten »wichtigerer« Themen aus Politik und Wirtschaft. Vernimmt man doch einmal einen Aufschrei, so gilt das Mitleid überwiegend dem Menschen selbst, der ohne Bienen um sein Honigbrot, ohne Vögel um das idyllische Gezwitscher während seiner Waldspaziergänge bangt. Soll Naturschutz mehr als eine halbherzig durchgeführte Reparaturmaßnahme sein, so müssen wir lernen umzudenken – umzufühlen. Wir können die Erde nicht aus demselben ego- und anthropozentrischen Geist heraus heilen, der die Katastrophe erst herbeigeführt hat.

»Es gibt wichtigere Dinge ...«, gab Reinhard Mey zu, als er schon 1974 das erste Chanson über das Insektensterben schrieb: »Es gibt keine Maikäfer mehr.« Der große Sänger der kleinen Dinge gab sich bescheiden:

»Es gibt sicher ein Problem, dessen Erforschung sich mehr lohnt
Als, warum denn heut' im Parkhaus wohl kein Maikäfer mehr wohnt.«

Auch die Politik ist offenbar dieser Meinung: »Es gibt wichtigere Dinge.« Anlässlich der Jamaica-Sondierungen im Herbst 2017 hörte man von dem Thema fast nichts. Zwar gab Grünen Fraktionschef Anton Hofreiter zu Beginn der Verhandlungen noch an, Ziel der Grünen sei eine Agrarwende. Eine Koalition müsse Probleme »vom Insektensterben über die Vergiftung von Böden und Grundwasser bis zum Millionenfachen Tierleid« angehen. Aber haben Sie im Anschluss darüber sehr viel gehört? Ein koordinierter Plan, um das große Sterben zu beenden, ja – was dringend notwendig wäre – es rückgängig zu machen, steht bis heute aus.

»Es gibt wichtigere Dinge«

Es gibt wichtigere Dinge. Die Installation von immer mehr Überwachungskameras zum Beispiel. Die Verhinderung von Familienzusammenführungen bei Flüchtlingen. Waffenlieferungen an Saudi-Arabien. Oder die Tatsache, dass in deutschen Schulen noch viel zu wenige Computer, Tablets und Smartphones eingesetzt werden. Auf denen können sich die Schüler ja dann Schmetterlingsfotos downloaden, denn lange werden die »draußen« nicht mehr zu sehen sein. Die meisten werden die farbenfrohen Falter ohnehin nicht vermissen.

Es gibt wichtigere Dinge, als dass auf unseren Windschutzscheiben kaum mehr tote Mücken und Fliegen kleben. Fühlt sich ohnehin besser an. Man muss sich nicht mehr als Mückenmörder fühlen, wenn diese ohnehin schon tot waren, bevor sie vom eigenen Pkw erfasst werden konnten.

Die letzten Glühwürmchen sah ich in Italien 2008. An mein letztes Dompfaff-Pärchen kann ich mich noch genau erinnern, eben weil es eine solch seltene »Erscheinung« war – obwohl ich im Bayerischen Oberland wohne, in einer wenig bebauten Region. Das letzte Rotkehlchen, das ich sah, war tot: Die Nachbarskatze legte uns die Beute stolz auf unsere Terrasse. Andere schöne Vögel, wie den Bienenfresser, den Fichtenkreuzschnabel oder den Pirol, kenne ich ohnehin nur aus meinem Buch *»Vögel der Heimat«*. Da ist auch eine Vogelstimmen-CD drin – die kann ich auflegen, wenn ich mag, als schöne Erinnerung.

Auch computeranimierte BBC-Filme über ausgestorbene Tierarten sehe ich gern. Sie zeugen von der unglaublichen Vielfalt und Phantasie des Lebens – und von Vergänglichkeit. Riesenfaultier, Mastodon oder Säbelzahntiger ... Es ist traurig, dass diese schönen – gelegentlich auch hässlichen – Arten vom Erdboden verschwunden sind. Jedes Lebewesen ist das Zentrum einer ganz eigenen Welt. Mit jeder Spezies stirbt eine spezifische Form der Weltwahrnehmung unwiederbringlich aus – eine Art, sich auf die Welt zu beziehen, sich in ihr zu bewegen, sie zu gestalten, zu erleiden und zu genießen.

Wir zertreten ganze Arten

Erste Übung: Werfen Sie ein Ikea-Regal um, sodass Bücher und Zwischenfächer herausfallen und sich auf dem Boden verteilen. Und dann bauen Sie das Ganze wieder auf.

Zweite Übung: Zertreten Sie eine Ameise unter Ihren Füßen. Und dann setzen Sie sie wieder zusammen und hauchen ihr neues Leben ein.

Das ist kein ernst gemeinter Vorschlag. Bitte lassen sie alles leben. Magnus Schwantje, Pazifist, Antirassist und Vorreiter der Tierrechtsbewegung in Deutschland (1877–1959), nannte als eines der Motive für sein Engagement »die heilige Scheu vor der Vernichtung irgendeines Lebewesens (...) die Scheu davor, etwas zu zerstören, was wir nicht neu schaffen können, einem Wesen etwas zu nehmen, was wir ihm nicht wiedergeben und nicht ersetzen können und eine Tat auszuführen, von deren Folgen wir Menschen nur sehr wenig erkennen können.« Die Ameisenzertreter können sich damit trösten, dass es von den Tierchen ja noch – noch! – genügend andere gibt. Was aber, wenn wir ganze Arten zertreten?

Als ich ein Kind war, fand sich in der von mir geliebten Tierbuchreihe »*Bunter Kinderkosmos*« zwischen Kängurus und Koalas noch der Beutelwolf – ein etwa schakalgroßes, schlankes, am Rücken gestreiftes Tier. Der Beutelwolf ist heute ausgestorben. Offiziell starb das letzte Tier seiner Art, ein Weibchen, 1936 im Zoo von Hobart auf Tasmanien. Als »Endlinge« bezeichnet man diese traurigen letzten Exemplare. Es gab viele dieser Endlinge in jüngerer Zeit: den Endling des Westlichen Spitzmaulnashorns, des Panamastummelfußfrosches und des chinesischen Flussdelfins.

Alle Vöglein sind schon weg

Bienen gibt es immerhin noch, wenn auch in dramatisch schwindender Zahl. Der Tierrechtler und Buchautor V.C. Herz schreibt hierzu: »In China müssen Bäume teilweise per Hand bestäubt werden. Menschen klettern auf Leitern die Bäume hoch und bestäuben die Apfelbäume – extrem umständlich, aber alternativlos, wenn man auch weiterhin Essen haben möchte.« Ohne Bienen muss niemand mehr Angst haben, am Badesee von einem schnöden Insekt gestochen zu werden. Ohne Bienen steht aber noch weit mehr auf dem Spiel als unser tägliches Honigbrot, das notfalls durch ein Nutellabrot ersetzt werden kann.

»Es gibt mittlerweile weniger als 2.000 Pandas auf der Erde«, zählt V.C. Herz auf. »Von 100.000 Tigern, die im Jahr 1920 noch die Erde bewohnten, sind keine 4.000 mehr übrig. Mehrere Nashorn-Arten sind vom Aussterben bedroht. Auch Menschenaffen, Löwen, Elefanten, Seeadler, Wale und Bären sind gefährdet – neben unzähligen anderen, weniger spektakulären Arten. (...) Von 1970 bis 2010 sind auf der Welt die Hälfte aller Säugetier-, Vogel-, Reptilien- und Fischspezies ausgestorben.«

Bei der Kleinfauna, die unter den Stichworten »Insektensterben« und »Vogelsterben« in jüngster Zeit mehr Aufmerksamkeit auf sich zog, sieht es nicht besser aus. Laut einer aktuellen Studie des Naturschutzbunds Deutschland (NABU) hat Deutschland in nur zwölf Jahren 12,7 Millionen Vogelbrutpaare verloren. 2009 waren das um 15 Prozent weniger als 1998. Von »dramatischen Zahlen« und von einem großen »Sterben« spricht deshalb NABU-Chef Olaf Tschimpke. Amsel, Drossel, Fink und ... äh, der Star gehört zu den Vogelarten, die es am schlimmsten getroffen hat. Und selbst die scheinbar unverwüstlichen Spatzen fallen nicht mehr in so großen Horden in die Hecken und Biergärten ein wie früher. Am stärksten betroffen: Vögel in Agrarlandschaften, die durch Monokulturen und künstliche Bedüngung geprägt sind.

Vor allem dort geht den Vögeln ihre Hauptnahrungsquelle verloren. Eine im Oktober in der wissenschaftlichen Fachzeitschrift *PLOS ONE* veröffentlichte Studie zum Insektenrückgang in Nordwestdeutschland bestätigte ähnlich dramatische Befunde aus anderen Quellen vollständig. Demnach hat die Biomasse der Fluginsekten in den 90er-Jahren zwischen 76 bis 81 Prozent abgenommen. Die Studie kann mit gewissen Abweichungen als repräsentativ für ganz Deutschland angesehen werden. »Ein direkter Zusammenhang mit dem Vogelrückgang ist sehr wahrscheinlich, denn fast alle betroffenen Arten füttern zumindest ihre Jungen mit Insekten«, sagte der NABU-Vogelexperte Lars Lachmann.

Warum starb das Diprotodon?

Als aggressive Spezies traten »wir« nicht erst in jüngster Zeit in Erscheinung. Das Diprotodon war ein knuffiges, etwa pferdegroßes Riesenbeuteltier, behaart wie ein Bär, ein harmloser Pflanzenfresser. Das Diprotodon hatte seit 1,5 Millionen Jahren in Australien gelebt. Es verschwand jedoch, wie Knochenfunde beziehungsweise deren Fehlen ab einem gewissen Zeitpunkt zeigen, vor 45.000 Jahren urplötzlich von der Bildfläche. Mehr als 90 Prozent der australischen Megafauna verschwanden damals quasi auf einen Schlag. Nur die Meerestiere blieben verschont – vielleicht auch weil der Mensch in die Tiefen des Ozeans nicht vordringen konnte. Genau aus dieser Zeit nämlich stammen die ersten Knochenfunde und Artefakte menschlicher Herkunft – eine Speerspitze hier, eine Scherbe dort.

Der großartige Sachbuchautor Yuval Noa Harari (*»Eine kurze Geschichte der Menschheit«*) beschrieb diesen Vorgang eindrücklich. Seine Analysen zeigen: Der Mensch war ein ökologischer Massenmörder: lange vor der Erfindung von Handfeuerwaffen, lange vor Beginn der industrialisierten Landwirtschaft und der Umweltzerstörung durch Chemikalien. Ein Grund für das Sterben des Diprotodon und vieler seiner Mitbewohner im Lebensraum Australien war wohl, dass Menschen zu plötzlich über das Biotop hereinbrachen. Die Tiere waren keine Menschen gewöhnt und hatten daher keine Scheu, sich ihnen zu nähern. So wurden sie von den Menschen gnadenlos und ohne Rücksicht auf die Nachhaltigkeit der Tierbestände bejagt.

Ein weiterer Grund für die ökologische Katastrophe dürfte die damals schon gängige Praxis der Brandrodungen gewesen sein. Auf unsere Vorfahren wirkten Wälder vielfach »bedrohlich«. Und auf freien Flächen konnte man sein Wild besser jagen. Deshalb wurden riesige Areale abgefackelt. Nahrungsketten rissen ab. Mit den Pflanzen starben Insekten, Vögel, Kleintiere, schließlich die »Megafauna«, die zusätzlich fleißig abgeschossen wurde. Das Urteil Hararis über unsere Spezies ist vernichtend: »Wenn wir die massiven Artensterben in Australien und Amerika zusammennehmen und die Arten hinzuzählen, die der Homo sapiens auf seinem Weg durch Afrika, Europa und Asien ausgerottet hat (...), dann stellen wir fest, dass der weise Mensch die größte Katastrophe war, von der die Tier- und Pflanzenwelt der Erde je heimgesucht wurde.«

Zu Beginn der »kognitiven Revolution«, also der Herausbildung erkenntnisfähiger Gehirne beim Menschen, gab es auf unserem Planeten rund 200 Säugetiergattungen, deren Angehörige über 50 Kilo wogen. Zu Beginn der landwirtschaftlichen Revolution waren es nur noch etwa 100. Hararis Fazit: »Die romantische Vorstellung, dass die moderne Industrie die Natur zerstört, während unsere Vorfahren im Einklang mit ihr lebten, ist nichts als eine Illusion. Schon lange vor der industriellen Revolution hielt der Homo sapiens den traurigen Rekord als dasjenige Lebewesen, das die meisten Tier- und Pflanzenarten auf dem Gewissen hat.«

Untertan, Sklave oder Gaumenschmaus?

Ich schreibe dies hier vor allem, um darzulegen, dass das Problem mit der menschlichen Spezies nicht allein darin liegt, was wir (technologisch) können; vielmehr drängt sich der Eindruck auf, dass eine ganz bestimmte Einstellung verantwortlich ist für die Verwüstungen, die wir anrichten. Charakteristisch war und ist ein Selbstbild, das durch Überheblichkeit und Achtlosigkeit gegenüber Mitgeschöpfen geprägt ist – verbunden mit einer guten Portion Dummheit, der Unfähigkeit, die Risiken des eigenen Handelns einzuschätzen. Das Mitgefühl, so scheint es, wuchs nicht mit der Gehirnmasse. Lediglich was das Wissen um ökologische Zusammenhänge betrifft, ist die Menschheit heute weiter als in Zeiten des Diprotodon. Wir wissen heute, was wir tun, und wir können die Folgen einschätzen. Weitgehend bleiben diese Erkenntnisse jedoch »Elitewissen«, das in Fachkreisen und unter gut informierten Bürgern zirkuliert. Und auch denen, die »wissen«, ist ihr Hemd (das Eigeninteresse) meist näher als der Rock (die Umwelt).

Einzigartig im »Anthropozän«, dem Zeitalter des Menschen, ist der Anspruch einer Spezies, über das Gesicht unserer Erde allein und ohne jede Rücksicht auf andere zu entscheiden. Das Recht des Mächtigeren wird ohne Scheu und Selbstbeschränkung gegenüber Schwächeren ausagiert. Trifft ein Mensch auf ein Tier, so gebärdet sich der Mensch mit größter Selbstverständlichkeit sogleich als der »Vorgesetzte« der anderen Spezies. Und er stellt die Frage: »Wie könnte das Tier für mich nützlich sein?« Kann ich es wie eine Zucchini in Scheiben schneiden und mir in den Mund stecken? Kann es mir als Lasttier, Milch- und Eierlieferant, als Wachhund, Schlachtross, Lastesel oder Trüffelschwein dienen? Oder ist das Tier nutzlos, ein Schädling gar? Im letzteren Fall treiben heutige Menschen bewusst voran, was ihren Vorfahren durch Überjagung nur »versehentlich« gelang: die Ausrottung einer Spezies.

Und dann gibt es natürlich noch »Schoßtiere«. Auch ihnen gegenüber paart sich die Tierliebe jedoch oft mit einer Kosten-Nutzen-Kalkulation. »Viele Schäfer und Bauern behandelten ihre Tiere mit Zuneigung und Fürsorge, genau wie einige Sklavenhalter ihre menschlichen Sklaven mit Zuneigung und Fürsorge behandelten.« (Harari) Im Anthropozän wollen Menschen die restlichen Tier- und Pflanzenarten nicht nur dominieren; sie streben eine Welt an, in der praktisch nur noch sie selbst und die ihren Interessen radikal unterworfenen Spezies existieren dürfen. So gibt es in vielen Gegenden praktisch nur noch Flächen, die als Wohnraum und zur Nahrungsproduktion für Menschen dienen. Oder um Wohnung und Nahrung für Tiere bereitzustellen, die dann wiederum von Menschen aufgegessen werden.

Wer ist hier eigentlich der Schädling?

Weltweit wird die Biomasse großer Landsäuger (einschließlich der Menschen) wie folgt angegeben:

- Menschen: 300 Millionen Tonnen
- Große Wildtiere: 100 Millionen Tonnen
- Domestizierte Tiere: 700 Millionen Tonnen

Das Verhältnis zwischen Menschen und »ihren« Tieren einerseits und den »sonstigen Tieren« andererseits beträgt also 10:1. (Wobei auch die Rehe und Hasen im Wald Sorge haben müssen, dass sie nicht in menschlichen Mägen landen.) Und wenn sich einmal eine andere Spezies nicht unauffällig im Hintergrund hält, wenn sie es wagt, an der Gestaltung einer Landschaft mitzuwirken, reagiert die »Krone der Schöpfung« äußerst ungnädig. Biber, die größten Nager Europas, gelten mancherorts als Schädlinge, wenn sie zum Beispiel Obstbäume fällen und Wiesen überfluten. Für den Einzelnen, der Bäume nach ihrem ökonomischen Wert bemisst, mag das so scheinen. Für das Ökosystem als Ganzes ist der geniale Baumeister im Tierreich aber allemal ein Gewinn. Gerhard Schwab und Jens Schlüter sind bayerische Bibermanager. Sie wissen: Ein Generalverdacht gegen ihre Schützlinge ist unberechtigt. »Millionen von Bäumen werden jährlich zum Beispiel für Straßen und Gewerbegebiete gefällt – beim Biber reicht bereits ein angenagter Uferbaum für ein Zeitungsfoto.« Mancher Anlieger, dessen Fischteich von den Nagern in Mitleidenschaft gezogen wurde, fordert nun schon deren Ausrottung.

Der »Schädlingsvorwurf« muss, wenn er ausgerechnet von Menschen erhoben wird, wohl als eine besonders plumpe Form der Projektion zurückgewiesen werden. Tiere »schaden« ja auch vor allem deshalb, weil sie der Mensch Stück für Stück aus ihrem Lebensraum verdrängt hat. Anfang November ging das erschütternde Bild eines brennenden Elefantenjungen durch die Presse, für das der Fotograf Biplab Hazra mit dem Preis »Sanctuary Wildlife Photographer of the Year« ausgezeichnet wurde. In Indien hatte ein aufgebrachter Mob das Tier angezündet, weil es offenbar in eine menschliche Siedlung eingedrungen war. »In Westbengalen ist diese Art der Misshandlung von Elefanten Alltag«, erklärte eine Vertreterin der Tierschutzorganisation Sanctuary Wildlife, die den Foto-Wettbewerb organisiert hatte. Tiere können schon einmal »schaden«, etwas zertrampeln oder gar aggressiv werden. Aber wie bitte sollen sie sich in dieser komplett den menschlichen Bedürfnissen unterworfenen Welt bewegen, ohne irgendwo zu »stören«.

Futterneid auf ein paar Wölfe

Deutschland erlebte im Oktober 2017 wieder eine Demonstration von Landwirten gegen die Wiederansiedlung von Wölfen. »Auf den Weiden und Almen werden immer mehr Kühe oder Schafe vom Wolf getötet«, klagte der Vizepräsident des Bayerischen Bauernverbandes Günter Felßner. Die Weidehaltung in den Alpen sei gefährdet. »Doch was die Alpen lebens- und liebenswert macht, sind doch nicht Wolfsreviere, sondern unsere Weidetiere.« Lebenswert ist das Dasein natürlich weniger für die meist unter schlimmen Bedingungen eingesperrten Nutztiere, lebenswert ist es eher für die Menschen, die von einer »verzehrenden« Leidenschaft für die Vierbeiner ergriffen werden. Demonstrierende hielten sogar ein Plakat mit dem Foto eines Lämmchens hoch: »Ich bin kein Wolfsfutter« stand darauf. Liebenswert, aber es ist nicht ausgeschlossen, dass sich dieselben Bauern abends nach der Demo im Wirtshaus ein Lammkotelett genehmigt haben.

In Niedersachsen legten 2016 bei einer ähnlichen Aktion Weidetierhalter von Wölfen gerissene Schafe vor den Landtag. Die Tiere trugen Aufkleber mit niedlich klingenden Namen wie »Tinka Bell« oder »Lillifee«. Ein Schild fragte entrüstet: »Ist der Wolf wichtiger als der Mensch?« Da muss sich der Menschenrechtsaktivist wohl keine Sorgen machen. Niemand ist dem Menschen wichtiger als – der Mensch. Ich verstehe die Trauer um ein Schaf, wenn für jemanden jedes Leben kostbar ist. Wertvoll ist Leben aber im Kontext der Tierhaltung vor allem dann, wenn das Tier später profitträchtig zu Tode gebracht und der »Fleischproduktion« zur Verfügung gestellt werden kann. Also bitte keine Krokodilstränen, wenn das Lammkotelett ausnahmsweise einmal einer anderen Spezies – dem Wolf – als Nahrung diente.

Plötzliche Anfälle von Rührseligkeit angesichts hingemordeter Lämmer stehen im auffälligen Kontrast zu der erschreckenden emotionalen Kälte, mit denen unsere Landwirtschaft das Millionenfache Leid und den Tod empfindungsfähiger Tiere tagtäglich verwaltet. V.C. Herz sieht im Fleischkonsum einen, wenn nicht den Hauptgrund für das grassierende Artensterben. Auf sein Konto gehen unter anderem der horrende Flächen- und Wasserverbrauch durch die Tierzucht, ein großer Anteil am globalen Problem der Klimaerwärmung, die abermillionen Tonnen an Gülle, die auf die Felder gekippt werden und in denen Regenwürmer buchstäblich ersticken oder ertrinken. Nicht zuletzt auch die Rodung von Wäldern, zum Beispiel im gefährlich schrumpfenden Amazonas-Regenwald.

»Aber warum roden wir eigentlich Wälder? Um Platz für den Anbau von Lebensmitteln zu schaffen. Diese benötigen wir, um den großen Hunger nach Fleisch zu stillen. Der Klimawandel wird hauptsächlich durch den Fleischkonsum vorangetrieben, und auch das Leerfischen der Meere hat seinen Hauptgrund darin, dass wir die Fische essen wollen.« (V.C. Herz)

Kein Wohlleben für Waldbewohner

Zusammengefasst: Das Schwinden der Wildtiere steht in einem direkten Zusammenhang mit der überbordenden Anzahl der Nutztiere in »zivilisierten« Regionen. Wenn einmal ein winziger Bruchteil dieses Nutztierbestandes von einer anderen Spezies erbeutet wird, zeigt sich menschlicherseits sogleich peinlicher Futterneid. Um einen Teil der heimischen Tierarten in großem Umfang ausbeuten zu können, schränken Menschen den Lebensraum der restlichen Spezies empfindlich ein. Ein dichtes Straßen- und Wegenetz unterteilt die Reviere in winzige Parzellen. Sichtschutz, Brut- und Schlafstätten und Zugang zu unvergifteter Nahrung werden rar. »Wildwechsel« wird für Hirsche, Füchse und andere Waldbewohner jedes Mal zum lebensgefährlichen Abenteuer. »Verirrt« sich ein größeres Säugetier aus diesem Gefühl der Beengung heraus doch einmal in menschliches Siedlungsgebiet – und es gibt fast nur noch menschliches Siedlungsgebiet –, fordern tief beleidigte Angehörige der Herrenspezies sogleich den Abschuss. Ein Kompromiss oder irgendeine Form fairer »Tierkommunikation« scheint unmöglich. Ergebnis des Inter-Spezies-Dialogs ist die Auslöschung der schwächeren Spezies durch die stärkere.

Einzigartig einfühlsam beschreibt der Bestsellerautor Peter Wohlleben in »Das Seelenleben der Tiere«, wie viel Stress der Mensch dem »Wild« durch sein Auftauchen in dessen Lebensraum verursacht. Das beginnt mit der schieren Anzahl der Menschen. »Während in Wolfsgebieten etwa ein vierbeiniger Jäger auf fünfzig Quadratkilometer kommt, so drängeln sich bei uns auf der gleichen Fläche mittlerweile über zehntausend zweibeinige Raubtiere. Dass diese nicht alle bewaffnet sind, kann das Wild nicht so ohne weiteres feststellen. Also weicht es im Zweifelsfall vor jedem möglichen Angreifer zurück.« (Wohlleben) Das »scheue Reh« – es war nicht immer so scheu. Vielleicht war es einst so zutraulich wie im Märchen »Brüderchen und Schwesterchen«.

Aber das Leben über viele Generationen in nächster Nähe der »Krone der Schöpfung« hat die Tiere vorsichtig werden lassen. Rehe und Hirsche, so der Autor und passionierte Förster Wohlleben, erleben oft aus nächster Nähe den Abschuss eines Artengenossen. »Stellen Sie sich einmal umgekehrt vor, durch Mitteleuropa streiften pro Quadratkilometer zwei bis dreitausend Löwen. Das wäre in etwa die Übermacht, die pro menschlichem Einwohner dem entspricht, was gejagten

Wildtieren an Zweibeinern gegenübersteht. (...) Ich würde mich nicht mehr vor die Haustür trauen.« Tiere, die der Mensch ausnahmsweise einmal nicht aufisst, versklavt oder »domestiziert«, schüchtert er massiv ein.

Es gibt bald keine Käfer mehr

Zudem reißt die Nahrungskette gerade an ihrer empfindlichsten Stelle, an der Basis, ab: Die Insekten sterben – es gibt nicht nur keine Maikäfer, sondern bald überhaupt keine Käfer, Schmetterlinge, Fliegen, Mücken, Larven und Würmer mehr. Ausgemerzt, vertilgt zum Beispiel durch das von Monsanto profitträchtig vertriebene Christian-Schmidt-Gedenkgift Glyphosat, das auch für Menschen hochgiftig ist (und wohl hauptsächlich deshalb derzeit in der Kritik). »Es gibt wichtigere Dinge«? Nicht unbedingt, so sehr ich auch den heroischen Kampf mancher Politiker gegen Vollverschleierung, den Doppelpass, linke Gewalt und das beklagenswerte Hinterherhinken Deutschlands in der Digitalisierungsfrage verstehe. Ohne Regenwürmer gibt es keinen Humus mehr, auf dem Nahrungspflanzen wachsen können. Ohne Ameisen und andere Kleinlebewesen gibt es keinen Abbau von Kadavern, welche sonst in Wald und Feld zum Himmel stinken würden. Ohne »lästige« Mücken und »eklige« Raupen oder Maden fehlt es Vögeln, Igeln und Spitzmäusen schlicht an geeigneter Nahrung. Was uns dann droht – und was jetzt schon teilweise Realität ist – wurde poetisch »der stumme Frühling« genannt.

Möchten wir uns eine Welt vorstellen, aus der der Tiger und das Nashorn verschwunden sind – keine Geschöpfe, mit denen wir viele persönliche Begegnungen hatten, aber doch Ikonen der irdischen Fauna, Planetengefährten, deren Bild uns von Kindesbeinen an vertraut ist? Für viele sind selbst die Tiere der Heimat – Eichhörnchen oder Blaumeisen etwa – entbehrliche Dreingaben zu unserem Leben, in dem vor allem das Starren auf Bildschirme dominiert. Warum müssen all diese Tierarten unbedingt überleben? Notfalls kann man ja einen Tierfilm mit computeranimierten Altspezies streamen! Gleichgültigkeit dominiert die Reaktion von Politik und Öffentlichkeit gegenüber dieser höchst gefährlichen und tieftraurigen Entwicklung. Wir vergessen dabei leicht: Die »Krone der Schöpfung« wird ohne den Rest der Schöpfung nicht überleben können.

Bevor aber der letzte Mensch, der »Endling« unserer Art, sein Leben aushaucht, werden wir das betrübliche Sterben einer liebgewonnenen Erlebniswelt mitansehen müssen, mit der wir groß geworden sind. Die Liedermacherin Annett Kuhr besingt diese Welt in ihrem schönen und biophilen Lied »Sommerland«:

»Doch sucht man vergebens das Bienengesumme,
die Blumen, die Schmetterlingspracht,
das Grillengezirpe, das Hummelgebrumme,
das Glühwürmchenflimmern bei Nacht.
Das Land meiner Kindheit stirbt klaglos in Stille,
und, habt ihr's auch nicht mehr gekannt:
Hier war mein Mohn-Margeriten-Salbei-Kamillen-
Kornblumen-Sommerland.«

Bekanntlich ging Kuhrs Kollege Reinhard Mey seinerzeit noch einen Schritt weiter und sagte den Untergang der Menschheit in der Folge des Käfersterbens voraus:

»Vielleicht ängstigt mich ihr Fortgeh'n, denn vielleicht schließ' ich daraus,
Vielleicht geh'n uns nur die Maikäfer ein kleines Stück voraus.«

Ullrich Mies
Planetarer Supergau

Der Homo sapiens sapiens erweist sich als evolutionäre Fehlentwicklung.

Wie so vieles läuft auch die klimapolitische Debatte in diesem Lande vollkommen aus dem Ruder. Dem Urteil, ob der Klimawandel anthropogen bedingt ist beziehungsweise in welchem Maße er vom Menschen gemacht sein könnte, liegt in der öffentlichen Auseinandersetzung zumeist kein profundes Wissen zugrunde. Man hat ganz einfach eine Meinung, man liebt oder hasst Greta, man hat sich einer Führungsfigur, einer Gruppe oder Sekte angeschlossen. Danach wird wohlfeil gepöbelt, ausgelacht, verächtlich gemacht und aus selbst geschaufelten Schützengräben das Feuer eröffnet: Der Vernunfttod geht dem Demokratietod voraus. Und in Deutschland sind »wir« da schon sehr weit gekommen. Vor allem jedoch ist das grenzenlose Wachstumsdenken in Zeiten des weltumspannenden marktradikalen Kapitalismus die Folge des eigenen Hirntodes im Wachkoma.

Der Schimpanse steht dem homo sapiens sapiens genetisch am nächsten. Beide gehören zur Ordnung der Primaten, Unterordnung Trockennasenaffen. Unsere nahen Verwandten scheißen sich zwar jede Nacht das in den Bäumen gemachte Nest voll, bauen sich jedoch dann klugerweise für die kommende ein neues.

Homo sapiens sapiens ist da wesentlich gründlicher. Im Laufe des sogenannten Zivilisationsprozesses ist er dazu übergegangen, nicht nur die Äste abzusägen, auf denen er ehemals saß, sondern sogleich die Bäume und mit ihnen ganze Wälder. Auch hat er bereits vor Jahrtausenden zahllose Arten als pure Fleischlieferanten angesehen und ausgerottet.

All dies ist dem grotesken Aberglauben geschuldet, der Mensch als »Krone der Schöpfung« stünde außerhalb der Natur, könne sie dank seiner ausgefeilten Technologien beherrschen und dürfe sich selbst zum

Schöpfer erheben. Nur zu dumm, dass homo sapiens sapiens auf dem Weg seiner Verwandlung zum homo oeconomicus den eigenen Planeten zugemüllt, vergiftet, die Mitwelt malträtiert oder gleich ganz vernichtet hat und damit noch weiter fortfährt.

Vor allem glaubt er in seiner Hybris, er könne diese Handlungsweise endlos fortsetzen, ohne die verdiente Rechnung präsentiert zu bekommen. Sie ist jedoch unausweichlich, kommt mit zeitlichem Verzug, dafür aber umso »nachhaltiger«.

Eines ist zudem absolut sicher: Diese Rechnung wird gnadenlos, immens hoch und vor allem irreversibel ausfallen. Viele Menschen zahlen diese bereits heute jenseits schuldhafter Verstrickung unverdienterweise mit ihrem Tod.

Der selbsternannte »Edelprimat« auf der Höhe seiner »Schaffenskraft«...

- vermehrt sich im Übermaß,
- plündert die Weltmeere und gibt ihnen als Dankeschön Plastik-Müllstrudel von kontinentalen Ausmaßen zurück, die, als Mikro- und Nanoplastik zermalen, Eingang in die Nahrungskette – nicht nur der Meeresbewohner – finden,
- plündert und vergiftet Seen, Flüsse und Süßwasserreservoire,
- verpestet die landwirtschaftlichen Flächen und ist für deren Erosion verantwortlich,
- »produziert« in Tier-KZs Folter-Fleisch und verbraucht gigantische Anbauflächen zur Produktion des erforderlichen pflanzlichen Futtermaterials,
- vernichtet Regenwälder im Rekordtempo,
- beraubt die Mitwelt rücksichtslos ihrer Lebensräume und
- dezimiert die Artenvielfalt in atemberaubender Schnelligkeit.

Werfen wir nun einen sehr bruchstückhaften Blick auf den aktuellen Zustand der Ökosysteme als Grundlage des Lebens auf diesem Planeten und damit auch der menschlichen Existenz. Aus den folgenden Daten geht hervor, dass die aktuelle Klimadebatte zu weiten Teilen eine Gespensterdebatte ist, denn sie ist die Sub-Debatte einer sehr viel umfassenderen Thematik, nämlich der der Ökosysteme insgesamt. Die Leugner des Klimawandels trennen die Klimadebatte aus Unkenntnis oder bösartigem Kalkül von der erforderlichen Gesamtschau ab. Dies gilt insbesondere für Organisationen der Energiewirtschaft, beispielsweise der Lobbyorganisation Global Climate Coalition, die aus brutalem Profitinteresse heraus Zweifel am menschengemachten Klimawandel streuen und deren Gründung man wohl als großes Wirtschaftsverbrechen bezeichnen muss.

Sie versuchen, den Klimawandel als losgelöste, eigenständige Problematik darzustellen, behaupten, er sei nicht ausreichend erforscht. Genau das ist aber nicht der Fall. Der Klimawandel gliedert sich voll ein in die katastrophalen Trends kollabierender Ökosysteme, und alle zusammen ergeben erst ein Gesamtbild. Und darum stiften die, die den Klimawandel aus dem Ensemble aller Degradations-Trends der Ökosysteme herauslösen, maximale Verwirrung.

Bei einer Gesamtschau aller Trends ist die anthropogene Verursachung absolut eindeutig. So schreiben die Wissenschaftler Will Steffen, Wendy Broadgate, Lisa Deutsch, Owen Gaffney and Cornelia Ludwig in der Zusammenfassung ihres Beitrags »The Trajectory of the Anthropocene: The Great Acceleration«:

> *»(...)Das dominante Merkmal der sozioökonomischen Trends ist, dass die menschliche Wirtschaftstätigkeit weiterhin rasant wächst. Die differenzierten Grafiken zeigen jedoch deutlich, dass ausgeprägte Gerechtigkeitsfragen verdeckt werden, wenn man nur globale Aggregate betrachtet. Der größte Teil des Bevölkerungswachstums seit 1950 entfällt auf die Nicht-OECD-Welt, aber die Weltwirtschaft (BIP) und damit der Konsum werden immer noch stark von der OECD-Welt dominiert. Die Indikatoren des Erdsystems setzten ihren langfristigen, postindustriellen Aufstieg im Allgemeinen fort, obwohl einige wenige, wie die atmosphärische Methankonzentration und der stratosphärische Ozonverlust, einen verlangsamten Anstieg oder scheinbare Stabilisierung in den letzten zehn Jahren erfuhren. Die Beschleunigung der Indikatoren für das Erdsystem nach 1950 bleibt deutlich. Erst über die Mitte des 20. Jahrhunderts hinaus gibt es deutliche Hinweise auf grundlegende Veränderungen des Zustands und in der Funktion des Erdsystems, die außerhalb des Variabilitätsbereichs des Holozäns liegen und von menschlichen Aktivitäten getrieben werden.«*

Die »Große Beschleunigung«, das heißt, der enorme Druck, den die Bevölkerungsexplosion in Verbindung mit der ökonomischen Entwicklung auf den Planeten ausübt, ist in der 4,5 Milliarden Jahre alten Erdgeschichte beispiellos. Alle mit diesem gigantischen Druck auf die Ökosysteme verbundenen Entwicklungen stehen miteinander in Verbindung, und die weitere menschliche Entwicklung hängt vom guten Zustand der Ökosysteme ab. Die auf den drei Tabellen gezeigten Entwicklungen seit dem Beginn der industriellen Revolution im Jahr 1750 zeigen bis 2010 für ausgewählte Sektoren eine Steigerungsexplosion. Dies gilt insbesondere für die Zeit ab 1950. Wegen der enormen Einflüsse des Menschen auf den Planeten für die Zeit ab 1750 sprechen viele Wissenschaftler vom Anthropozän, hier ein Zitat aus dem Living Planet Report von 2018:»Am Ende der letzten Eiszeit trat die Erde in eine neue geologische Epoche ein – das Holozän. Diese bemerkenswert stabile Wärmeperiode hat etwa 11.700 Jahre gedauert und wir könnten erwarten, dass sie weitere 50.000 Jahre andauert – aber die Große Beschleunigung ändert das alles. Der vom Menschen verursachte Wandel ist so groß, dass viele Wissenschaftler davon überzeugt sind, dass wir in eine neue geologische Epoche eintreten: das Anthropozän. Es ist nicht bekannt, ob ein stabiler anthropozäner Zustand eintreten wird. Aktuell ist er sicher nicht mehr stabil. (...)

Die Versauerung der Ozeane könnte in einer Rate erfolgen, die seit mindestens 300 Millionen Jahren beispiellos ist. Die Erde verliert ihre Biodiversität in einer Geschwindigkeit, wie sie nur von Auslöschungsperioden bekannt ist. Und ein noch größerer Wandel könnte uns bevorstehen, weil die Menschen dafür verantwortlich sind, alle 10 Jahre 100 Milliarden Tonnen Kohlenstoff in das Erdsystem freizusetzen.«Rahmendaten und Umwelt-Degradation am Beispiel ausgewählter Sektoren

Das wichtigste Kriterium für das Leben und Überleben auf diesem Planeten ist der Erhalt der biologischen Vielfalt, der Biodiversität. Diese hängt von intakten Ökosystemen ab. Der große Naturforscher Edward O. Wilson schrieb dazu in seinem Buch *»Die Zukunft des Lebens«*:

> *»Wenn wir Ökosysteme vernichten und Arten ausrotten, zerstören wir für alle Zukunft das größte Vermächtnis, das uns dieser Planet zu bieten hat. Und wir gefährden dadurch unsere eigene Existenz. Wir Menschen sind weder Engel, die auf die Erde herabgestiegen sind, noch sind wir Außerirdische, die die Welt besiedelten. Wir haben uns hier als eine von vielen Arten über Jahrmillionen entwickelt – ein biologisches Wunder, das mit den anderen verknüpft ist. Die natürliche Umwelt, die wir mit so unnötiger Ignoranz und Rücksichtslosigkeit behandeln, war unsere Wiege und unsere Schule. Sie ist und bleibt unsere einzige Heimat. An ihre besonderen Lebensbedingungen haben wir uns mit jeder Faser und bis in die letzten biochemischen Vorgänge unseres Körpers angepasst.«*

Neben den verfügbaren Informationen über den Klimawandel und seine absehbar massiven Folgen für die Biodiversität und das menschliche Leben ist die neueste Datenlage zum Zustand der Ökosysteme absolut erschreckend. Dabei sind die Habitatverluste (Lebensraumverluste) als Folgen von Agrarwirtschaft und Überausbeutung die größte Bedrohung für Biodiversität und Ökosysteme. Für das Leben der Meeresbewohner sind Überfischung und Plastikverschmutzung wichtige Ursachen der Degradation.

Für den enormen Artenverlust der Ökosysteme sind die folgenden Faktoren als wesentliche Triebkräfte, Druckfaktoren und Bedrohungen verantwortlich: Im Folgenden kann ich nur eine *sehr reduzierte* und damit nicht einmal ansatzweise vollständige Übersicht der Ökosystembedrohungen aufführen. Eine viel umfangreichere wäre erforderlich, um die fatale Lage des Planeten und damit des Lebens auf der Erde angemessen darzustellen. Wer sich intensiv mit Ökosystemfragen beschäftigen möchte – und dazu ist insbesondere die junge Generation aufgerufen –, sei auf das gigantische, mehrere tausend Seiten umfassende Werk verwiesen, das die Vereinten Nationen initiiert hatten, an dem über 1.900 Wissenschaftler auf der ganzen Welt mitarbeiteten und dessen Ergebnisse bereits 2005 publiziert wurden: »Millennium Ecosystem Assessment«.

Nachfolgend beziehe ich mich unter anderem auf einen Teil der Publikationen des WWF und dessen aktualisierte Daten. Diese Veröffentlichungen geben einen guten Überblick über den Zustand der Erde.

Explosion der Weltbevölkerung und beanspruchter Lebensraum

Die Anzahl der Menschen, das voraussichtliche Bevölkerungswachstum und die damit verbundenen Veränderungen auf dem Planeten sind die entscheidenden Faktoren für den Druck auf Ökosysteme und Biodiversität. Laut dem im Juni 2019 vorgestellten Bericht »World Population Prospects 2019« der Vereinten Nationen wird die Weltbevölkerung in den nächsten 30 Jahren voraussichtlich um 2 Milliarden Menschen zunehmen, von derzeit 7,7 Milliarden auf 9,7 Milliarden im Jahr 2050. Der Bericht gibt einen umfassenden Überblick über die globalen demographischen Strukturen und Perspektiven. Die Autoren der Studie kamen zu dem Schluss, dass die Weltbevölkerung gegen Ende des laufenden Jahrhunderts ihren Höhepunkt erreichen könnte, und zwar auf einem Niveau von fast 11 Milliarden.

»Die neuen Bevölkerungsprognosen deuten darauf hin, dass neun Länder bis 2050 mehr als die Hälfte des prognostizierten Wachstums der Weltbevölkerung ausmachen werden: Indien, Nigeria, Pakistan, die Demokratische Republik Kongo, Äthiopien, die Vereinigte Republik Tansania, Indonesien, Ägypten und die Vereinigten Staaten von Amerika (in absteigender Reihenfolge der erwarteten Zunahme). Um 2027 wird Indien voraussichtlich China als bevölkerungsreichstes Land der Welt überholen. Die Bevölkerung Afrikas südlich der Sahara wird sich bis 2050 voraussichtlich verdoppeln (99% Wachstum). Zu den Regionen, die zwischen 2019 und 2050 ein geringeres Bevölkerungswachstum verzeichnen können, gehören Ozeanien ohne Australien/Neuseeland (56%), Nordafrika und Westasien (46%), Australien/Neuseeland (28%), Mittel- und Südasien (25%), Lateinamerika und die Karibik (18%), Ost- und Südostasien (3%) sowie Europa und Nordamerika (2%) (Kanada, Alaska U.M.).«

2018 war nur noch 25 Prozent der weltweiten Landmasse frei von menschlichen Eingriffen und Aktivitäten. Für 2050 wird ein Wert von 10 Prozent erwartet. Seit etwa 1750 sind die Feuchtgebiete auf der Erde um 87 Prozent zurückgegangen:

»Landdegradation ist ein allgegenwärtiges, systemisches Phänomen: Sie tritt in allen Teilen der terrestrischen Welt auf und kann viele Formen annehmen. Die Bekämpfung der Bodendegradation und die Wiederherstellung degradierter Böden ist eine dringende Priorität, um die für das gesamte Leben auf der Erde lebenswichtige biologische Vielfalt und die Ökosystemdienstleistungen zu schützen und das Wohlergehen der Menschen zu gewährleisten.«

Biodiversität des Bodens

Ein Viertel aller Lebewesen befindet sich in der Erde. Die Biodiversität der zahlreichen Mikroorganismen wie der Bakterien und Pilze, der Mikro-, Meso-, Makro- bis hin zur Megafauna wie Maulwürfen ist von einer guten Bodenbeschaffenheit abhängig. Die Biodiversität der Böden ist im Nordgürtel der Erde, in Alaska, Kanada, Skandinavien, Russland/Sibirien in aller Regel am wenigsten bedroht, in den Gebieten mit hohem Bevölkerungsdruck, landwirtschaftlicher Intensivwirtschaft, Verstädterung und hohem Schadstoffeintrag schlecht bis sehr schlecht.

Der Wald als Lebensraum

Zu den bedeutsamsten Trägern der Biodiversität gehören die Wälder in tropischen, temperierten und borealen Zonen. Die borealen Zonen erstrecken sich von Skandinavien über Sibirien bis hin nach Kamtschatka und von Alaska über Kanada bis nach Neufundland. Diese Wälder bedecken etwa 30 Prozent der terrestrischen Erdoberfläche und sind der Lebensraum von 80 Prozent der erdgebundenen Tier-Spezies, von Pflanzen und Insekten. 60 bis 70 Prozent der *verbliebenen* ursprünglichen Wälder sind von negativen menschlichen Eingriffen bedroht.

Die absehbare Bevölkerungsentwicklung wird den Druck auf die Waldgebiete, insbesondere der tropischen Zonen, erhöhen und die Bemühungen zur Bewahrung der Biodiversität unterminieren, wenn nicht ein völlig neues Waldmanagement an die Stelle des jetzigen tritt. Die absehbar bedrohtesten tropischen Wald-Regionen für den Zeitraum 2010 bis 2030 liegen in Südamerika, Sub-Sahara-Afrika und Ost-Asien.

Hauptursachen für die Zerstörung der tropischen Regenwälder sind nicht nachhaltiger Holzeinschlag, Bergbau, Infrastrukturprojekte sowie vermehrte und zerstörerische Brände. Neue Straßen können geringe direkte, aber hohe indirekte Auswirkungen haben, indem sie Wälder für Siedler und die Landwirtschaft öffnen. Schlechte Forstwirtschaft und nicht nachhaltige Brennholzsammlung verschlechtern die Qualität der Wälder und initiieren oft eine zunehmende Spirale der Degradation.

Traditionelle Bedrohungen

Aber auch »alte Bedrohungen sind immer noch bedeutsame Treiber für den aktuellen Artenverlust«, so Sean Maxwell und Kollegen in einem wissenschaftlichen Beitrag für die Fachzeitschrift *Nature*. Damit meinen die Wissenschaftler die Natur-Verheerungen durch Waffen, Netze und Bulldozer. Sie weisen auf der Basis von Erhebungen zu über 8.000 Spezies nach, dass Überausbeutung, Bejagung (Buschfleisch), Wilderei, Waldbrände, Tierhandel und Agrarwirtschaft die wichtigsten Treiber des Artenverlustes sind.

Seit 2001 fanden nahezu 83.000 Spezies Eingang in die Rote Liste der Weltnaturschutzunion, IUCN, bedrohter Arten, wobei die Gutachter die Arten nach Populationsgröße, nach vergangener, aktueller und prognostizierter Populationsentwicklung den Kategorien »nahezu bedroht«, »anfällig«, »gefährdet« oder »stark gefährdet« zuordnen. Von unmittelbarer Ausrottung bedroht sind nach Angaben der Roten Liste 28.000, also 27 Prozent aller erfassten Arten.

Degradation der Insekten und Wirbeltiere

Das große Insektensterben, insbesondere der Bestäuber, hat sogar die Mainstream-Medien erreicht. Die meisten Blütenpflanzen werden von Insekten und anderen Tieren bestäubt. Nach Schätzungen liegt der Anteil der tierbestäubten wildlebenden Pflanzenarten in den gemäßigten Zonen bei durchschnittlich 78 Prozent und in den Tropen bei 94 Prozent. Wenn die Bestäuber ausfallen, stirbt auch das pflanzliche Leben, und weite Teile der Nahrungsmittelproduktion kommen zum Erliegen: Mehr als 75 Prozent der weltweit wichtigsten Nahrungsmittelpflanzen sind von der Bestäubung abhängig.

Der durchschnittliche Bestand von 16.704 Wirbeltier-Populationen ging zwischen 1970 und 2014 um circa 60 Prozent zurück. Von diesen stehen weltweit 4.005 Arten unter Beobachtung. Der Durchschnittswert verwischt die Dramatik in spezifischen Lebensräumen. Den massivsten Populationsrückgang hatte der Tropengürtel zu verkraften: der mittel- und südamerikanische 89 Prozent, der afro-tropische 56 Prozent und der indo-pazifische 64 Prozent.

Bedrohte Mangroven und Überfischung der Weltmeere

Zwischen 30 und 50 Prozent der küstennahen Mangrovenwälder wurden in einem Zeitraum von nur 50 Jahren vernichtet. Mangroven sind ein wichtiger Schatz der Natur, sie schützen viele tropische und subtropische Küstenlinien vor Erosion, bieten vielen Millionen Küstenfamilien eine Lebensgrundlage und bewahren sie vor heftigen Stürmen.

Hunderttausende Fischerboote – von kleinen Subsistenzfischern bis hin zu riesigen Industrieschiffen – durchpflügen täglich die Weltmeere auf der Suche nach Fisch. Wurden 1950 weltweit etwa 28 Millionen Tonnen Fisch gefangen, so ist es heute jährlich ein Vielfaches davon, wobei der zusätzliche Anteil des illegal gefangenen Fisches enorm ist. Für die Fischerei »wertloser Beifang« von bis zu 20 Prozent wird achtlos tot ins Meer zurückgeworfen. Die Dunkelziffer ist auch hier enorm. Der Living Planet Report berichtet dazu:

»Zu den Schätzungen der nicht gemeldeten Fänge gehören die toten Fische und wirbellosen Tiere, die vor der Landung ins Meer zurückgeführt werden, so genannte Rückwürfe. Obwohl diese nur einen geringen wirtschaftlichen Wert haben, haben sie definitiv einen hohen ökologischen Einfluss. Seit 2000 stammen 73% der weltweiten Fangmenge von Fischereifahrzeugen innerhalb ihrer exklusiven ökonomischen Zonen, während Fernwasserflotten den Rest (entweder legal oder illegal) in den exklusiven Zonen der Entwicklungsländer oder auf hoher See gefangen haben.
Etwa 77% der seit 2000 kumulierten Fangmengen wurden von Industrieflotten erzielt, hauptsächlich von den 10 wichtigsten Fischereiländern – China, gefolgt von Peru, Thailand, der Russischen Föderation, den USA, Indonesien, Japan, Chile, Indien und Vietnam. Die Menge der von diesen Flotten gefangenen Fische liegt zwischen 114.000 und 774.000 Tonnen pro Jahr. Im Gegensatz dazu werden etwa 20% von handwerklichen Flotten, etwa 3% von Subsistenzfischern und weniger als 1% von Freizeitfischern gefangen.«

Lebensraum Korallenriffe

25 Prozent des Lebens der Meeresbewohner wird von Korallenriffen unterstützt. Die Erde hat allein innerhalb der letzten 30 Jahre die Hälfte der Korallenriffe in Flachwassergebieten eingebüßt. Wenn die Vernichtungsrate im aktuellen Tempo weitergeht, dann werden um 2050 etwa 90 Prozent vernichtet sein. Weitere Gefahren für Korallenriffe gehen von der Überfischung, selektiver Fischerei und destruktiven Fangmethoden sowie der Verschmutzung der Riffe aus. Der Meeresbiologe T.P. Hughes schreibt im Magazin *Nature*:

»Durch den Klimawandel überhitzte tropische Meere haben die Korallen in noch nie da gewesenem Ausmaß ausgebleicht, beschädigt und vernichtet. (…) Satellitenbilder haben die Verteilung von Bleichereignissen am Great Barrier Reef in den Jahren 1998, 2002 und 2016 mit erhöhten Oberflächenwassertemperaturen in Zusammenhang gebracht.«

Plastik in den Weltmeeren

Eine große Bedrohung für das Leben der Meeresbewohner geht von der Verschmutzung der Meere mit Plastik aus. Aufgrund der hohen Dunkelziffer ist eine präzise Angabe der eingebrachten Mengen nicht möglich. Auf der Basis der lückenhaft verfügbaren weltweiten Daten wurden 2010 zwischen 4,8 und 12,7 Millionen Tonnen Plastik von den Kontinenten und Schiffen in die Ozeane gespült. Die Plastikverschmutzung wurde in allen Weltmeeren und Küstenregionen gefunden, von den Küstenlinien und dem Oberflächenwasser bis hinunter zum Marianengraben.

Die Lage ist dermaßen dramatisch, dass im Jahr 2050 voraussichtlich 99 Prozent aller Seevögel Plastikbestandteile jedweder Art und Größe in ihrem Verdauungstrakt haben werden. Diese Überbleibsel unserer Wegwerfgesellschaft kosten jedes Jahr bis zu 135.000 Meeressäuger und eine Million Meeresvögel das Leben.

Daten der Versicherungskonzerne

Was die globale Erwärmung anbelangt, sollten sich diejenigen, die immer noch am Klimawandel zweifeln oder sich darüber zerfleischen, ob er menschengemacht ist oder nicht, einmal die Daten der Versicherungskonzerne anschauen, die wetterbedingte Schäden versichern. Die Münchener Rück (MR) unterhält zu diesem Komplex eine eigene Abteilung mit Spezialisten. Ein kapitalistisches Unternehmen muss zu einer – soweit möglich – adäquaten Einschätzung absehbarer Schäden, vor allem auch über kurze zeitliche Horizonte hinaus, gelangen und diese in einen größeren Gesamtzusammenhang stellen, um entscheiden zu können, wie hoch die geforderten Versicherungsprämien ausfallen müssen und ob bestimmte Risiken überhaupt noch zu versichern sind. Ein profitorientiertes Unternehmen hat kein Interesse daran, den menschengemachten Faktor herauszustellen, wenn nicht plausible Analysen dafür sprechen.

Die größten Schadensereignisse gehen gemäß *MR* von Gewittern, Bränden, Hagel, erhöhten Niederschlagsmengen, zum Beispiel während des Monsuns, Hitzewellen, Überschwemmungen, tropischen Wirbelstürmen und Frösten aus. Bei den Frösten besteht nur ein scheinbarer Widerspruch zum Klimawandel. Alle diese Ereignisse nehmen in ihrer Schwere und auch Häufigkeit – *klimabedingt* – zu.

»Das Jahr 2018 war das viertwärmste bisher und setzt eine Serie fort: Die 18 Jahre seit 2001 zählen zu den 20 wärmsten Jahren seit Beginn der Aufzeichnungen. (...) Die Erderwärmung insbesondere seit Mitte des 20. Jahrhunderts ist nahezu sicher zum allergrößten Teil durch Menschen verursacht. (...) Der Klimawandel bringt mehr Energie in die Atmosphäre: Aus wärmeren Meeren verdunstet mehr Wasser. Eine wärmere Atmosphäre kann auch mehr Wasser aufnehmen. Beides erhöht unter anderem das Potenzial für Starkniederschläge.«

Schlussbetrachtung

Der Natur ist es völlig egal, wer sie zerstört: der Produktivitätsfortschritt, eine Ideologie, der Klassenantagonismus, Kolonialismus, Imperialismus oder welches Kriegsgeschehen auch immer. Die Folgen schlagen voll auf die Menschheit zurück – wenngleich mit sehr unterschiedlichen Auswirkungen, jeweils abhängig von der geographischen Lage und dem sozioökonomischen Status des Einzelnen.

In der Umwelt- wie der Klimadebatte brauchen wir vor allem dann Experten so nötig wie einen Kropf, wenn diese lobbyfinanziert mit schwachsinnigen Pseudo-Lösungsansätzen wie der E-Mobilität und »grünem Wachstum« einer durch und durch verantwortungslosen marktradikalen Politik weitere Handlungszeiträume eröffnen.

Das Ziel dieser »Experten« im Kombipack mit degenerierter, zynischer und verbrecherischer Politik ist, den Wahnsinn des »alternativlosen« Wachstumsfetischismus noch etwas weiter laufen zu lassen, bevor definitiv alles kollabiert. Die Folge ist jedoch, dass der ehemals blaue Planet als aufgeheizte und vom Leben weitgehend bereinigte Kugel seine Kreise weiter um die Sonne ziehen wird. Wenn es so weitergeht wie aktuell, dann sieht es ab 2050 sehr schlecht und ab 2100 gänzlich düster für die gesamte Biosphäre aus.

Und wenn die Menschheit nicht zur Besinnung kommt, könnte ihr aufgrund weltumspannender Umweltprobleme kollektiv das Schicksal zufallen, das Jared Diamond in seinem monumentalen Buch *»Kollaps – Warum Gesellschaften überleben oder untergehen«* am Beispiel vergangener Kulturen untersuchte. Er führt für den Niedergang und schließlichen Zerfall von Gesellschaften acht Kriterien von jeweils unterschiedlicher Bedeutung ins Feld: Entwaldung und Lebensraumzerstörung, nachlassende

Fruchtbarkeit der Böden durch Bodenerosionen und Versalzen, Probleme mit der Wasserbewirtschaftung, übermäßige Jagd, Überfischung, Auswirkungen eingeschleppter Tiere und Pflanzen auf die einheimischen Arten, Bevölkerungswachstum und steigende Pro-Kopf-Effekte für jeden Einzelnen. Dieser bislang auf einzelne Kulturen beschränkte Untergang könnte der Menschheit insgesamt bevorstehen.

All diese Fragen spielen im öffentlichen Diskurs keine oder kaum eine Rolle, weil die herrschenden Eliten als maßgebliche Treiber des fehlgesteuerten marktradikalen Kapitalismus genau dies nicht wollen. Diese Aussage trifft auch auf die parteikommunistischen Eliten Chinas zu, die einen unter der Kontrolle der Partei stehenden Kapitalismus betreiben, der die Umwelt genauso wenig schont. Sie wollen sich ihrer Verantwortung als Mit-Initiatoren der Umweltzerstörungen und des planetaren Niedergangs nicht stellen. Daher ist es die entscheidende Zukunftsaufgabe der jungen Generation, mit Unterstützung verantwortungsbewusster Älterer die Macht der Herrschenden in Frage zu stellen und schließlich zu brechen.

Bezogen auf Deutschland stellt sich die Frage: Wer hat eigentlich die letzten 30 Jahre regiert und das Land und zum Teil die gesamte EU in die verheerende Lage gebracht, in der wir uns befinden? Auch wenn die globalen Umwelt- und Ökologieprobleme nur global zu lösen sind, stellt sich die Frage: Warum hat die deutsche Elite so total versagt, für das eigene Land sinnvolle Problemlösungen anzugehen, geschweige denn durchzusetzen? Wollte sie nicht? Konnte sie nicht? Oder ist sie nicht vielmehr Teil des Problems?

Chris Hedges schreibt zu dem von den neoliberalen Eliten angerichteten Desaster folgerichtig:

> *»Trotz der immer sicht- und spürbarer werdenden Auswirkungen des Klimawandels und den anhaltenden Demonstrationen von Schülern und Aktivisten weltweit, bleiben die Eliten weiter unbeweglich. Sie sind zu Hütern eines kapitalistischen Systems der Ausbeutung ausgebildet – nicht, um eine sterbende Zivilisation zu retten. Das Altbewährte funktioniert nicht länger – es müssen neue Formen des Protestes und der Problembewältigung gefunden werden. Gewaltfreier, ziviler Ungehorsam ist nötig, um die tödliche Maschinerie des herrschenden Systems zu stoppen. (...) Die herrschenden Eliten und die Konzerne, denen sie dienen, sind die wesentlichen Hindernisse für Veränderung. Sie können nicht reformiert werden.«*

Nafeez Ahmed
Das Ende der menschlichen Zivilisation

Um als Spezies zu überleben, muss die Menschheit eine neue Form der Zivilisation erschaffen.

Nafeez Ahmed, Gründer der investigativen Journalismusplattform INSURGE intelligence, stellt in einer ausführlichen Analyse dar, wie das derzeit vorherrschende, inhärent selbstzerstörerische Paradigma unseres Zivilisationssystems den Charakter des Zeitalters prägt, in dem wir leben. Der Autor stellt auf schlüssige Weise eine direkte Verbindung zwischen dem Klimawandel und dem System der Ausbeutung von Ressourcen und Arbeitskraft dar. Um als Spezies zu überleben, so Ahmed, müssen wir uns für eine neue Form der Zivilisation entscheiden.

Das Anthropozän: Forscher schlugen vor, den Begriff in die geologische Zeitskala aufzunehmen. Er bezeichnet den Übergang in ein Zeitalter, das vom Einfluss des Menschen auf die geologischen Prozesse der Erde geprägt ist. Die zeitliche Einordnung, Relevanz und Notwendigkeit des Konzepts werden unter Geologen noch diskutiert. Dennoch wird der Begriff in der Wissenschaft immer häufiger verwendet. Dies liegt daran, dass Experten aus verschiedensten Disziplinen erkennen, dass die Zukunft der gesamten Erde zum ersten Mal in der Geschichte des Planeten grundlegend von den Handlungen der menschlichen Spezies bestimmt wird und die Auswirkungen des menschlichen Handelns noch für Generationen, wenn nicht sogar Jahrtausende nachwirken werden.

Doch wenn man vom Anthropozän spricht, geht es nicht nur um den Klimawandel. Das Konzept impliziert ein System des Seins, das auf der maximalen Ausbeutung von Ressourcen auf Kosten von entbehrlichen »Anderen« beruht. Es hängt eng mit einem globalen System des Rassismus, einem Erbe des jahrhundertelang andauernden Kolonialismus, zusammen. Und ist es untrennbar mit einer nicht endenden Abfolge industrieller Kriege verbunden, die ihren vorläufigen Kulminationspunkt mit dem endlosen »Krieg gegen den Terror« erreichte.

Die Erde wird bis zur Unkenntlichkeit terraformiert

Das wichtigste Argument für die Bemühungen, das Anthropozän als eigenes Zeitalter in der Geschichte der Erde zu definieren, sind vermutlich die beispiellosen Folgen des vom Menschen verursachten Klimawandels. In den letzten Jahrzehnten entstand unter Klimawissenschaftlern weltweit der Konsens, dass die Menschheit durch ihren rasant ansteigenden Verbrauch fossiler Brennstoffe – also die Verbrennung von Öl, Gas und Kohle – den natürlichen Kohlenstoffkreislauf der Erde destabilisiert. Die Experten warnten wiederholt vor den Auswirkungen dieser Aktivitäten.

Hunderttausende von Jahren hielt die Erde ein Gleichgewicht aufrecht, eine Art »sicheren Funktionsraum«, der eine optimale Umgebung für Menschen und andere Lebewesen bot und in dem die Menge an Kohlenstoff, die vom planetaren Ökosystem emittiert und absorbiert wurde, stabil blieb.

Doch seit der industriellen Revolution, die zu einer unaufhaltsamen Expansion der menschlichen Zivilisation und einem steigenden Verbrauch fossiler Energiequellen führte, sind die damit zusammenhängenden Kohlendioxidemissionen so stark gestiegen, dass der Planet sie nicht mehr absorbieren kann. Das Resultat ist ein stetiger Anstieg der globalen Durchschnittstemperaturen.

Wissenschaftler warnen davor, dass die vermehrte Freisetzung von CO_2 in die Erdatmosphäre und die dadurch zusätzlich aufgenommene Sonnenwärme das Klima-, Wetter- und Ökosystem der Erde zerstören. Während die menschliche Zivilisation ihre Expansion fortsetzt und immer größere Mengen an fossilen Energieträgern verbrennt, belegen Studien, dass das Ökosystem des Planeten ab einem bestimmten CO_2-Gehalt und einer bestimmten globalen Erwärmung einen Wendepunkt überschreiten und in eine neue, gefährliche Ära eintreten wird – eine Ära, die nicht mit den vorigen Hunderttausenden von Jahren vergleichbar ist, mit Bedingungen, unter denen der Mensch noch nie gelebt hat.

Konservative Prognosewerte weisen darauf hin, dass wir uns auf einen globalen durchschnittlichen Temperaturanstieg zwischen 3 und 6 Grad Celsius zubewegen, wenn wir einfach so weitermachen wie bisher.

Anderen Schätzungen zufolge steuern wir auf eine Erderwärmung von 8 Grad Celsius zu. Dies ermittelte beispielsweise die globale Investmentfirma Schroders anhand des derzeitigen Verbrauchs fossiler Brennstoffe. In einer von der Climate Change Research Division des Energieministeriums der USA finanzierten Studie kamen Forscher zu demselben Ergebnis. Sie hoben die potentiellen Auswirkungen »vervielfältigender Rückkopplungsschleifen« hervor, die durch die sich verändernden Prozesse der Erdsysteme ausgelöst werden und den Treibhausgaseffekt noch verstärken könnten.

Die meisten Klimawissenschaftler sind sich darüber einig, dass bei einer Erwärmung zwischen 4 und 6 Grad Celsius ein solches Ausmaß an Chaos entstehen würde, dass der Planet größtenteils unbewohnbar würde. Welche Veränderungen resultieren, ist kompliziert, sie hängen vom Konzept der »Erdsystemsensibilität« ab – also davon, wie empfindlich die Ökosysteme des Planeten auf die sich verändernden CO_2-Werte reagieren. Aber selbst bei einer konservativen Schätzung dieser Sensibilität sollte bereits eine Erwärmung von 3 Grad – das Minimum, auf das wir uns im Moment zubewegen – als »extrem gefährlich« eingestuft werden. Ein durchschnittlicher globaler Temperaturanstieg zwischen der Drei-bis-vier-Grad-Schwelle würde wahrscheinlich Bedingungen schaffen, in denen die Kerninfrastrukturen der menschlichen Zivilisation nicht mehr aufrechterhalten werden könnten.

Die Regierungen, die die Bedrohung ernst nehmen, tun das nur insoweit, als dass sie vor allem deren Auswirkungen auf ihr eigenes System bewerten und überlegen, wie sie im Umfeld einer zunehmenden Instabilität alles so weiterlaufen lassen können wie bisher.

Studien, die in diesem Kontext durchgeführt wurden, kamen zu dem Ergebnis, dass unser derzeitiger Klimawandelkurs die Wahrscheinlichkeit von Konflikten erhöhen wird.

Die nationalen Sicherheitsbehörden der westlichen Welt, die Untersuchungen zu dem Thema durchgeführt haben, sind sich weitgehend darüber einig, dass durch den Klimawandel zwar nicht automatisch

Krieg erzeugt wird, er aber als eine Art »Verstärker« für die Wahrscheinlichkeit von Kriegen fungiert, da er zu Wasserknappheit, zum Verfall überlebenswichtiger Nahrungsmittelsysteme, dem Zusammenbruch der konventionellen Energieversorgung sowie zu extremen Wetterereignissen mit unvorhersehbaren Auswirkungen führt. Diese Folgen des Klimawandels können Infrastrukturen zerstören und zum Zusammenbruch öffentlicher Institutionen führen. Es herrscht ein breiter Konsens darüber, dass die zunehmenden Ausbrüche von Kriegen und Konflikten wahrscheinliche Symptome des Klimawandels auf einem Business-as-usual-Pfad sind.

Problematischerweise wird dennoch kaum darüber gesprochen, dass das *menschliche System* geändert werden muss, das uns in diesen Zustand gebracht hat. Stattdessen wird uns meistens erzählt, es bedürfe eines Ausbaus der Sicherheitskräfte, um dem klimawandelbedingten Chaos unserer Welt entgegenwirken zu können. *Es soll also genau jenes System gestärkt werden, das das Problem überhaupt erst verursacht hat.*

Am anderen Ende des Spektrums lässt sich ein absoluter staatlicher Verleugnungsgedanke erkennen. Dieser beruht auf dem Bestreben, das Prinzip der endlosen Ausbeutung fossiler Brennstoffe um jeden erdenklichen Preis zu schützen. Im März 2019 erwog die Trump-Regierung, einen Ausschuss des Weißen Hauses zu gründen, um die Ergebnisse Dutzender vom Militär und den Geheimdiensten durchgeführter Gutachten über die schwerwiegenden klimawandelbedingten Sicherheitsrisiken anzufechten. Dies ist überaus aufschlussreich, verursacht das Pentagon doch mehr Treibstoffemissionen als 140 Staaten auf der Welt.

Das Argument der »nationalen Sicherheit« erzeugt eine Scheuklappenperspektive, die dazu führt, dass der Blick der Menschen vorwiegend auf die physischen Bedrohungen von Nationalstaatsinteressen gerichtet ist.

Die daraus resultierende Kriegsbesessenheit ist letzten Endes kontraproduktiv und symptomatisch für den fragmentarischen kognitiven Rahmen, in dem menschliche Institutionen derzeit denken und handeln. Sie fokussiert auf kurzsichtige Art die Frage, wie das Überleben bestehender staatlicher Funktionsweisen und dahinterstehender Interessensgruppen gewährleistet werden kann, anstatt die Krise als das anzusehen, was sie ist: eine weltweite existenzielle Bedrohung für unsere gesamte Spezies.

Falls der schlimmste Fall eintritt, wäre Krieg unser geringstes Problem, denn dann verwandelt sich die Erde in ein Treibhaus. Eine Studie der

Proceedings of the National Academy of Sciences ergab, dass die Unbewohnbarkeit des Planeten nicht nur eine in ferner Zukunft liegende Möglichkeit ist, die durch einen Temperaturanstieg von mehreren Grad Celsius ausgelöst werden könnte. Nein, *möglicherweise steht dieser Moment kurz bevor* oder er ist bereits eingetreten, bezeichnete der ehemalige leitende Klimawissenschaftler der NASA, James Hansen, den derzeit erreichten Temperaturanstieg von ungefähr einem Grad Celsius im Vergleich zum vorindustriellen Durchschnittswert doch als die Obergrenze für ein sicheres Leben auf der Erde. Oberhalb dieses Wertes, so argumentiert Hansen, bewegen wir uns in einem gefährlichen und unberechenbaren Klima, wobei einige der daraus resultierenden Folgen unumkehrbar sein könnten.

Doch der Klimawandel ist nicht die einzige Komponente der Krise. Unser Zivilisationsmodell, dessen Motor ein exponentiell steigender Energie- und Ressourcenverbrauch ist, hat weltweit zu einem rasanten Anstieg der Ressourcenausbeutung und Müllproduktion geführt. Die dadurch entstandene Krise der biologischen Vielfalt spitzt sich immer mehr zu. Die Folge sind potenziell unumkehrbare Veränderungen in Böden und Ozeanen, die ein Massensterben vieler Arten mit sich bringen.

Die menschliche Zivilisation und der Krieg gegen das Leben

Vor ungefähr 15 Jahren bot die Studie *Millenium Ecosystem Assessment* der UNO als eine der ersten einen vernichtenden Einblick in die vom Menschen herbeigeführte Zerstörung, von der das Anthropozän geprägt ist. Die Studie legte die Mitte des 20. Jahrhunderts als einen markanten Wendepunkt in ein neues Zeitalter fest, da ab diesem Zeitpunkt die schnell wachsende industrielle Landwirtschaft mit einem zunehmenden Schwinden der biologischen Vielfalt einherging.

Der Konsum von Nahrung, Wasser und Kraftstoff ist seither nicht nur exponentiell gestiegen, sondern hat auch immer mehr in Lebensräume eingegriffen: allein in den letzten 50 Jahren mehr als in der gesamten Geschichte der Menschheit. Die UN-Studie berichtete, dass die Rate der aussterbenden Arten in den 1950ern bis zu tausend Mal höher war als die größte Aussterberate, die anhand von Fossilien ermittelt wurde. Diese betrug, gemessen an 1.000 Säugetierarten, weniger als eine Spezies pro Jahrtausend. Die UN-Einschätzung geht davon aus, dass die Rate aktuell noch steigt und in naher Zukunft »zehnmal höher« liegen wird.

Die Situation ist inzwischen viel schlimmer als ursprünglich angenommen. Dieses Jahr wurde der globale Untersuchungsbericht der UN-Organisation *Intergovernmental Science-Policy Platform on Biodiversity and Ecosystem Services* veröffentlicht. Darin heißt es, dass 1 Million von insgesamt 8 Millionen Tier- und Pflanzenarten des Planeten in naher Zukunft vom Aussterben bedroht sind. Die Hauptursachen seien die durch die Expansion der menschlichen Zivilisation vorangetriebenen klimatischen Veränderungen, der Verlust von Lebensräumen, Überfischung, Verschmutzung und das Eindringen nicht heimischer Arten.

Zahlreiche Studien warnen davor, dass unser derzeitiger Kurs auf den Zusammenbruch unserer heutigen Form der Zivilisation zusteuert. Ein mithilfe von Mitteln der NASA entwickeltes Modell zeigte, dass das gegenwärtige Modell des endlosen Wachstums der menschlichen Zivilisation wahrscheinlich zu einem Rückgang von Erträgen und einer stärkeren wirtschaftlichen Schichtenbildung führen wird und letztendlich zusammenbricht. Das Modell zeigte, dass Zivilisationen dazu neigen, einen Wachstumskurs zu verfolgen, der auf einer ständigen Zunahme an Komplexität beruht, wobei zur Problemlösung immer neue Komplexitätsebenen hinzugefügt werden.

Mit jeder neuen Ebene werden komplexere Probleme geschaffen, die noch komplexere Ebenen der Problemlösung erfordern, wodurch wiederum weitere Probleme geschaffen werden. Dieses Kreislaufkonzept stützt sich auf die Arbeit des Archäologen Joseph Tainter, der Dutzende von früheren Zivilisationen untersuchte. Es lässt darauf schließen, dass jede Zivilisation letztendlich unter dem unhaltbaren Gewicht ihrer eigenen Komplexität, hervorgerufen durch einen exzessiven Ressourcenverbrauch und eine ungleiche Verteilung von Reichtum, zusammenbrechen wird – *außer man fängt rechtzeitig damit an, den Konsum und die Verteilung anzupassen*.

Dieses spezielle Modell war relativ simpel und beschränkte sich auf eine geringe Zahl von Variablen, um die allgemeine Plausibilität der Kernhypothese zu untersuchen. Einige Jahre später wurde vom *Global Sustainability Institute* der *Anglia Ruskin University* mit finanziellen Mitteln des britischen Außenministeriums ein weitaus komplexeres wissenschaftliches Modell mit Tausenden von Dateneinträgen entwickelt. Falls der Alles-wie-bisher-Kurs auch in Zukunft gehalten wird, bricht die menschliche Zivilisation nach diesem Modell ungefähr im Jahr 2040 zusammen. Zu diesem Zeitpunkt werden die Klima-, Energie-, Nahrungsmittel- und Wasserkrise gleichzeitig eskalieren und die großen Volkswirtschaften inmitten epidemischer Nahrungsmittelkonflikte zusammenbrechen. Möglicherweise werden auch konventionelle Kriege stattfinden, doch unabhängig davon wird es auf dem ganzen Planeten zu zivilen Unruhen kommen – sowohl innerhalb von Grenzen als auch darüber hinaus.

Dieses Jahr wurde unter Berücksichtigung der einschlägigen wissenschaftlichen Literatur und mit Unterstützung des ehemaligen Chefs des australischen Militärs eine Szenarioanalyse durchgeführt. Ziel war es, ein plausibles Zukunftsszenario für den Alles-wie-bisher-Kurs zu skizzieren, basierend auf dem Wissen darüber, wie die Ökosysteme unseres Planeten auf vom Menschen verursachte CO_2-Emissionen möglicherweise reagieren. Für die Analyse wurden die wissenschaftlichen Beweise für ein mögliches Treibhausszenario berücksichtigt, sie zeigte, dass die menschlichen Gesellschaften aufgrund der fatalen Auswirkungen des Klimawandels auf wichtige Ökosysteme spätestens im Jahr 2050 einem Zustand »völligen Chaos« gegenüberstehen werden.

Zwei Milliarden Menschen werden an Wasserknappheit leiden, eine weitere Milliarde wird zur Emigration gezwungen sein, um zu überleben. Dies würde die Funktionsfähigkeit der menschlichen Zivilisation stark beeinträchtigen und die Wahrscheinlichkeit eines völligen Zusammenbruchs erhöhen.

In der Szenarioanalyse wird der australische Sicherheitssektor – jene für Krieg zuständigen Behörden – dazu aufgefordert, angemessener auf diese Risiken zu reagieren – und zwar durch die Initiierung einer Notfallmobilisierung in der Größenordnung des Zweiten Weltkrieges, um den Übergang zu einer Zivilisation nach dem Zeitalter der fossilen Brennstoffe zu gewährleisten.

Obwohl der Aufruf vielleicht gut gemeint war, berücksichtigte der Bericht nicht, dass diese Kriegsbehörden strukturell wahrscheinlich nicht in der Lage sind, eine solche Maßnahme zu ergreifen – weil sie Teil der Institutionen sind, auf der das derzeitige System der fossilen Brennstoffe beruht. Eine Transformation des aktuellen Systems würde diese Behörden ihrer eigenen Daseinsberechtigung berauben.

Eine weitere Analyse in Form eines wissenschaftlichen Briefings, die in den *Sustainable Development Goals Report* der UN einfloss, ergab, dass einer der Hauptgründe für das steigende Risiko eines Zusammenbruchs in der Natur des endlosen Wachstumsmodells der derzeitigen Struktur des Kapitalismus liegt. Je mehr wir unseren Verbrauch an Ressourcen, Rohstoffen, Mineralien und Energie erhöhen, desto schneller brauchen wir die billigen und reichhaltigen Ressourcen auf. Aus diesem Grund steigen die Kosten für die weitere Produktion. Basierend auf der wegweisenden Arbeit des Umweltschützers Professor Charles Hall wird in der Studie dafür plädiert, in Hinblick auf die nationalen und globalen Energiesysteme die Methode des *Energy Return on Investment* anzuwenden, um ihre tatsächliche Effizienz zu messen – mit dem EROI wird die Menge der Energie gemessen, die zur Energiegewinnung benötigt wird.

Das Ergebnis? Die Energieeffizienz sinkt vor allem aus geologischen Gründen. Die Kosten der Produktion steigen aufgrund eines größeren Energieverbrauchs und komplizierterer Mechanismen der Nutzbarmachung. Dadurch sinkt der Ertrag für die Gesellschaft. Da wir immer mehr Energie und Ressourcen dafür verwenden, mehr Energie und Ressourcen zu gewinnen, wird der Überschuss, den wir zur Finanzierung der für den Erhalt einer Zivilisation notwendigen öffentlichen Güter und Dienstleistungen benötigen, immer geringer. Das bedeutet nicht, dass uns die Energieressourcen ausgehen – aber es bedeutet, dass die Reserven für die Investition in wichtige soziale Güter durch die steigenden Energie- und Umweltkosten immer weiter zurückgehen.

Die französischen Ökonomen Victor Court und Florian Fizaine belegten in einer aktuellen globalen EROI-Studie, dass wir den Höchstwert des Effizienzniveaus schon lange überschritten haben. Die Menge der nutzbaren Energie aus fossilen Brennstoffen im Vergleich zur investierten Energie war einst lukrativ hoch: In den 1960er Jahren betrug das Verhältnis etwa 44:1. Seither ist der Erntefaktor global gemessen unaufhaltsam auf etwas mehr als 30:1 zurückgegangen. Begleitet wurde diese Entwicklung von einer langfristigen Verlangsamung der Wachstumsrate der Weltwirtschaft, einem Rückgang der Produktivität und einem Anstieg der Verschuldung.

Die Ökonomen prognostizierten, dass wir bei dem derzeitigen Rückgang der Energieeffizienz im Jahr 2100 den gleichen Erntefaktor aus fossilen Brennstoffen haben werden wie im Jahr 1800. Auch wenn der Gesamtwert der produzierten Energie bis zum Ende des Jahrhunderts wahrscheinlich höher sein wird als im 19. Jahrhundert, könnte der verfügbare Energieüberschuss auf dem gleichen Niveau liegen, wenn wir unsere Abhängigkeit von fossilen Brennstoffen einfach wie bisher beibehalten.

Durch diese missliche Lage entstehen bereits jetzt soziale Unruhen und eine gesellschaftliche Polarisierung. Auch der Populismus lebt wieder auf in dieser Situation, in der weder die Regierungen noch die breitere

Öffentlichkeit zu verstehen scheinen, warum die Volkswirtschaften unter chronischer Dysfunktionalität, Instabilität und geringem Wachstum leiden.

Der Bericht an die UN prognostiziert, dass das derzeitige Wirtschaftssystem, das für sein Überleben von einem endlosen Wachstum abhängt, einfach nicht aufrechterhalten werden kann. Er deutet daher hin auf eine Zukunft, geprägt von zunehmenden Unruhen ohne einen Kurswechsel. Wir werden früher oder später zu einer neuen Wirtschaftsform übergehen müssen – wenn wir es nicht tun, steigt das Risiko sozialer Spannungen, die in Konflikte umschlagen könnten und im schlimmsten Fall sogar zu einem Zusammenbruch führen.

Krieg als Spiegelbild der Zivilisation

Das Risiko des Zusammenbruchs ist untrennbar mit Krieg verbunden, denn der Wachstumskurs der industrialisierten Zivilisationen ermöglichte einerseits die Entwicklung von Kriegstechnologien, andererseits ermöglichen diese den Wachstumskurs.

In diesem Jahr bestätigte die wissenschaftliche Arbeitsgruppe, die zur Bestimmung der Anthropozän-Definition etabliert worden war, den Startpunkt für den Beginn der neuen geologischen Epoche wie ursprünglich vorgeschlagen auf das Jahr 1950 zu legen.

Diese Bestätigung ist die erste Stufe in einem längeren wissenschaftlichen Prozess, in dem diese Hypothese – denn mehr ist die vorgeschlagene Epoche in wissenschaftlicher Hinsicht noch nicht – auf ihre Gültigkeit hin überprüft wird. Die vorläufige Einschätzung, dass der Startpunkt des neuen Zeitalters in der Mitte des 20. Jahrhunderts anzusetzen ist, basiert auf der Annahme, dass dieser Zeitpunkt durch industrielle Expansion, die Ausbreitung landwirtschaftlicher Chemikalien und insbesondere die Erfindung und den Einsatz der Atombombe einen Wendepunkt hin zu einer neuen Epoche der menschlichen Eingriffe in die Geologie der Erde darstellte. Die radioaktiven Trümmer von Atombomben lagerten sich beispielsweise in Sedimenten und Gletschereis ab und wurden Teil der geologischen Aufzeichnungen. Die genannten Entwicklungen hinterlassen überall auf dem Planeten einen beispiellosen und unverwechselbaren menschlichen Fußabdruck, der noch für Jahrzehnte, Jahrhunderte und Jahrtausende zu sehen sein wird.

Demzufolge ist der Krieg in den Stoff des Anthropozäns eingewoben. Sowohl das 20. als auch das 21. Jahrhundert sind beispielhaft für die inhärent ökozidiale Dynamik des exponentiellen Wachstums der menschlichen Zivilisation. Sie teilen ein weiteres typisches Merkmal, nämlich die systematische Verbreitung von Krieg, massiver Gewalt und vielfältiger Formen des Genozids.

Diese parallelen Merkmale – Ökozid und Genozid, die Zerstörung unseres überlebensnotwendigen Ökosystems und die Zerstörung des Lebens von Mitgliedern unserer eigenen Spezies – treten nicht zufällig gemeinsam auf. Vielmehr sind sie inhärente Bestandteile des menschlichen Lebens in seiner jetzigen Form.

Seit 1945 befindet sich die menschliche Zivilisation im Spannungsfeld zwischen zwei pseudowissenschaftlichen Ideologien des endlosen Wachstums: dem Kapitalismus und dem Kommunismus. Erstere basiert auf der Grundlage extremer Privatisierung und Individualisierung und letztere auf extremer Verstaatlichung und Kollektivierung. Beide Paradigmen sahen die Erde kaum als mehr an als ein externes Ressourcenlager, das für den endlosen Konsum der Spezies Mensch *ad infinitum* ausgenutzt werden sollte – einer Spezies, die sich heute durch ihre Fähigkeit zu einer technologisierten Industrie definiert. Beide Ideologien versprachen, dass ihre Paradigmen utopische Oasen des industriellen Wohlstands für ihre jeweiligen Gesellschaften hervorbringen würden.

Tatsächlich aber konstruierten sie die Erde als etwas »Anderes«, als eine bloße Ressource, die dem Konsum des Raubtiers Mensch dient. Auf ähnliche Weise wurde mit großen Teilen der arbeitenden Bevölkerung in- und außerhalb ihrer abgegrenzten Gebiete verfahren: Sie wurde als reines Instrument zur endlosen Beschleunigung der industriellen Produktivität gesehen. Und als ob das noch nicht genug wäre, haben sich die beiden Ideologien bei jedem Aufeinandertreffen – und auch dann, wenn sie nicht aufeinandertrafen – stupide als »Andere« konstruiert.

Das Ergebnis war, dass im Zuge der sehr unterschiedlichen Expansionsbemühungen der beiden Systeme Millionen von Menschen starben.

Die Sowjetunion und das maoistische China wandten auf ihrem Weg zur Produktivitätssteigerung brutale Kollektivierungsmethoden an, was – nicht überraschend – zu massenhaften Opfern führte. Zu den Methoden gehörte unter anderen die Erzeugung verheerender künstlicher Hungersnöte: Durch Stalins Politik wurden zwischen 20 und 60 Millionen Menschen eliminiert, in China verhungerten 27 Millionen Menschen im Zuge von Maos Industrialisierungskampagne des »Großen Sprungs nach vorn«.

Aber auch die liberalen westlichen Regierungen haben im Rahmen einer ersten großen Gewaltwelle seit dem vorläufig definierten Beginn des Anthropozäns eine sehr deutliche Blutspur hinterlassen.

Seit 1945 haben westliche Regierungen – angeführt von den USA, euphemistisch bezeichnet als der Anführer der »freien kapitalistischen Welt« – ununterbrochen in der ganzen Welt offene und verdeckte militärische Interventionen durchgeführt. Dies führte in über 70 Entwicklungsländern in Asien, Afrika, Südamerika und dem Nahen Osten zu anhaltenden Unruhen und Gewalt.

Der britische Historiker Mark Curtis schätzt die Gesamtzahl der direkten und indirekten aus diesen Interventionen resultierenden Todeszahlen auf ungefähr 8,6 bis 13,5 Millionen Menschen – eine konservative Schätzung, wie er klarstellt. Die Interventionen zielten häufig gegen aufkommende nationale Bewegungen zu mehr Selbstbestimmung. Sie wurden offiziell mit dem Argument der Bekämpfung kommunistischer Subversion legitimiert.

Curtis' Auswertung von US-amerikanischen und britischen Regierungsarchiven offenbarte jedoch, dass die kommunistische Bedrohung von politischen Entscheidungsträgern zur Rechtfertigung eines Militarismus, der auf die Verteidigung westlicher Geschäftsinteressen und die

Kontrolle wichtiger Ressourcen und Rohstoffe ausgerichtet war, bewusst aufgebläht wurde. Die größte Beute im Nahen Osten war beispielsweise die Kontrolle über strategische fossile Energiequellen, das Lebenselixier des wirtschaftlichen Wachstums.

Der Entwicklungsökonom J. W. Smith setzte die Zahl der direkt durch militärische Inventionen verursachten Todesopfer höher an, nämlich zwischen 12 und 15 Millionen. Zusätzlich seien weitere »Hunderte von Millionen« an den Folgen der Zerstörung und der anschließenden wirtschaftlichen Umstrukturierungen gestorben. Smith stellte dar, wie westliche Interventionen den Weg für die Implementierung neuer kapitalistischer Verhältnisse ebneten, die auf die Beseitigung des inneren Widerstands und die gewaltsame Einbindung der Entwicklungsländer in die globale kapitalistische Wirtschaft abzielten.

Statt abzuflauen, ist dieser Kriegskurs im 21. Jahrhundert eskaliert. Die dahinterstehende Logik ist nach wie vor die Gewährleistung des Zugriffs auf Ressourcen und Arbeitskräfte unter Anwendung von Gewalt, um die sich ständig erweiternden Netzwerke des globalen Kapitals zu füttern. Verkauft wird dieser Prozess jedoch unter dem Deckmantel von Schlagwörtern wie Humanitarismus, Entwicklungshilfe und »nationaler Sicherheit«.

So handelt es sich bei den Interventionen in Irak und Afghanistan im Rahmen des »Krieges gegen den Terrorismus« im Grunde genommen um Ressourcenkriege.

Dokumente des britischen Außenministeriums belegen eindeutig, dass die britischen und US-amerikanischen politischen Entscheidungsträger die Invasion und Besetzung des Irak als Möglichkeit sahen, den Zugang zu einem der größten Ölvorkommen der Welt sowie einen kontinuierlichen Ölnachschub für die Weltmärkte sicherzustellen und so zur Stabilisierung der Weltwirtschaft beizutragen. In Afghanistan enthüllten Aufzeichnungen der Nationalversammlung, dass westliche Kräfte seit Langem versuchen, eine transafghanische Pipeline für den Transport von Öl und Gas aus Zentralasien zu westlichen Märkten zu bauen und so die US-Rivalen Iran und Russland zu umgehen. In dem letztendlich gescheiterten Versuch, die für das Vorhaben notwendige »Sicherheit« zu etablieren, hatten die USA und Großbritannien in den 1990er Jahren sogar die Taliban finanziert.

Sowohl die Regierung Obama als auch die Regierung Trump unterstützten fortlaufend das Pipelineprojekt, an dem weiter gebaut wird.

In den Ressourcenkriegen des Anthropozäns geht es immer um die Durchsetzung verschiedener Interessen.

Die Konflikte in Irak und Afghanistan erzeugten ein ungeheures Ausmaß an Gewalt. Allgemein anerkannte Schätzungen liegen bei Hunderttausenden Opfern. Dies wäre bereits schlimm genug. Es gibt jedoch höher angesetzte, plausiblere Schätzungen, denen zufolge den Konflikten seit 1990 auf direkte oder indirekte Weise weit mehr Menschen zum Opfer fielen: insgesamt wahrscheinlich etwa 4 Millionen.

Seitdem vermehrte und intensivierte sich die Kriegsführung im Anthropozän auf eine neue, auffallende Art und Weise. Grund dafür ist die stetige Beschleunigung der konvergierenden Klima-, Energie-, Nahrungsmittel- und Wasserkrisen, in deren Rahmen die schwächeren Knotenpunkte der menschlichen Zivilisation mit sich einander überschneidenden Ebenen des Zusammenbruchs konfrontiert werden. So uferte der Arabische Frühling 2011 zu einer verzögerten, langfristigen Verschmelzung von Aufständen, Bürgerkriegen und bewaffneten Konflikten aus, die sich in Ägypten, Syrien, Libyen, dem Jemen und darüber hinaus ausbreitete.

Der arabische Frühling wurde durch einen Schock der Nahrungsmittelpreise ausgelöst. Dieser wiederum wurde verursacht durch ein Zusammenwirken von Energie- und Wirtschaftsschocks und einer Reihe von Klimaschocks, die zu Dürren und extremen Wetterkrisen in den großen Kornkammern der Welt geführt hatten.

In den Jahren vor dem Arabischen Frühling hatten viele Regierungen, von Syrien über Ägypten bis hin zum Jemen, die Subventionen für Nahrungsmittel und Kraftstoff gekürzt. Dies war vor allem durch einen Zusammenbruch der Staatseinnahmen bedingt gewesen, denn viele dieser Länder waren ehemals große Ölexporteure, hatten jedoch Mitte der 1990er Jahre den Zenit ihrer konventionellen Ölressourcen überschritten. Als die Produktion zu sinken begann, gingen auch die Exporterlöse zurück. Da in den Jahren vor 2011 also Subventionen wegfielen, es aufgrund zügelloser Marktspekulationen globale Preisanstiege auf Rohstoffe gab und eine weltweite Nahrungsmittelknappheit herrschte, schossen die Preise für Grundnahrungsmittel in den weitgehend importabhängigen arabischen Ländern in die Höhe. Als die Menschen sich kein Brot mehr leisten konnten, gingen sie in der gesamten Region auf die Straße.

Die Krise im Nahen Osten wurde durch die globale Krise des anthropozänen Erdsystems entscheidend in die Länge gezogen und verstärkt.

Dies wiederum führte in den Jahren 2011 bis 2015 zu einem noch nie dagewesenen Ausmaß an Migrationsbewegungen und Asylgesuchen. Allein in Syrien starben etwa 11,5 Prozent der Bevölkerung in dem an den Arabischen Frühling anschließenden Krieg.

Der Westen, Russland, der Iran, die Türkei, Saudi-Arabien, Katar und die Vereinigten Arabischen Emirate hatten geopolitisch begründet bereits seit längerem um die Kontrolle über Syrien gerungen, nicht zuletzt wegen seiner strategischen Lage als potenzieller Umschlagsort für Öl und Gas für die Weltmärkte. Die Anhänger dieser verschiedenen Parteien neigen eigentlich dazu, ihre jeweiligen Komplizen zu entlasten. Deswegen ist es erwähnenswert, dass sich das US-Außenministerium vor dem Aufstand 2011 in aktiven Verhandlungen mit Syrien und EU-Beamten befand, um für den Transport von irakischem Öl den Bau einer Pipeline auf syrischem Gebiet voranzutreiben.

Gleichzeitig betrachtete Putin Assads Bemühungen, die strategische Position Syriens bezüglich der Energiekorridore der Region zu nutzen, als fundamentale Bedrohung für seine eigenen Pläne zum Gasexport. Der Krieg lieferte einen idealen Spoiler. Alle interessierten Parteien versuchten, ihn für ihre eigenen Pläne zu nutzen – ohne jegliche Rücksicht auf das syrische Volk.

Im Anthropozän haben sogenannte Anti-Imperialisten keine Skrupel, aufgrund persönlicher Interessen Ressourcenkriege zu führen.

Die Flucht von Millionen von Menschen nach Europa war eine direkte Folge dieser Kriege. Sie flohen vor verheerenden geopolitischen Konflikten, die einerseits durch die Eigeninteressen verschiedener Parteien und andererseits durch schwere vom Klimawandel verursachte Dürren hervorgerufen oder verstärkt worden waren.

Dr. Raya Muttarak ist Koautor einer Schlüsselstudie über den Zusammenhang zwischen Klima und Migration und Dozent für Geographie und internationale Entwicklung an der *University of East Anglia*. Er verdeutlicht, dass die klimatischen Entwicklungen im Zeitraum von 2010 bis 2012, als viele westasiatische Länder im Rahmen des Arabischen Frühlings politische Transformationen durchliefen, einen starken Einfluss auf das Entstehen von Konflikten in diesen Ländern hatte. Muttarak und sein Team stellten fest, dass der Klimawandel durch die Entstehung von Dürren und die daraus resultierende Massenmigration die Grundlage für die gärenden Spannungen schuf, die schließlich zum Ausbruch des Krieges in Syrien und anderen Teilen der Region führten.

Die durch diese Prozesse ausgelöste Massenmigration wiederum hat die Politik der gesamten westlichen Hemisphäre verändert und radikalisiert. Sie bot ein gefundenes Fressen für radikale nationalistische Narrative, finanziert durch riesige Mengen an »dunklem Geld« aus einem Querschnitt der transatlantischen rechtsgerichteten Elite, die größtenteils ein persönliches Interesse daran haben, die Nichtregulierung von Öl- und Gasriesen sowie anderer Großkonzerne beizubehalten.

Die Massenmigration schürte also nativistische Ängste, die dazu beitrugen, den Aufstieg radikaler nationalistischer Bewegungen voranzutreiben. Diese fanden plötzlich eine neue Anhängerschaft für ihre Ansichten und ihre Politik: Die wachsende Zahl desillusionierter einfacher Bürger, die mit der herrschenden Ordnung unzufrieden waren, aber den Grund dafür nicht verstanden. Sie spürten und wussten, dass etwas nicht stimmt, dass die alte Ordnung kurz vor dem Zusammenbruch steht, aber ihre Diagnose ist unvollständig, narzisstisch, fragmentiert und symptom-orientiert. Dies hat wiederum zu einem unvollständigen, narzisstischen, fragmentierten und symptom-orientierten politischen Reaktionismus geführt.

Der Siegeszug des Rechtsextremismus nach dem Ausbruch der Erdsystemkrise im Nahen Osten zwischen 2011 und 2015 kann daher als direkte Folge einer inkohärenten kognitiven Reaktion auf das Hauptsymptom der Krise – die verzweifelte Massenwanderung schutzloser Menschen – betrachtet werden.

Wir wurden also Zeugen davon, wie sich die westlichen politischen Systeme im Zuge von seismischen Verschiebungen rekonfigurierten, wie sich Machtverhältnisse verhärteten und zentralisierten, wie sich Werte zentrierten, wie eine defensive Ablehnung der Wissenschaft wuchs und wie sich Identitäten polarisierten, was sich an der zunehmenden Akzeptanz von extrem nationalistischen Ansichten zeigt. So erhielten rechtsextreme Parteien 2014 knapp ein Viertel der Sitze im Europäischen Parlament. 2015 wurde David Cameron mit parlamentarischer Mehrheit zum Premierminister Großbritanniens wiedergewählt. Dieser Sieg ist unter anderem auf sein Versprechen zurückzuführen, ein Referendum über den Austritt Großbritanniens aus der EU abzuhalten. Was die meisten Briten nicht wissen, ist, dass Camerons Partei in aller Stille weitreichende Beziehungen zu vielen der rechtsextremen Parteien aufgebaut hatte, die Sitze im EU-Parlament erobert hatten.

Ein Jahr später schockierte das Ergebnis des Brexit-Referendums die ganze Welt: Die Mehrheit der Abstimmenden votierte für den Austritt aus der EU. Sechs Monate später wurde der milliardenreiche Immobilien-Guru Donald Trump Präsident des mächtigsten Landes der Welt. Genau wie die Konservative Partei im Vereinigten Königreich hatten auch die Republikaner transatlantische Beziehungen zu rechtsextremen europäischen Parteien und Bewegungen aufgebaut. Seitdem haben rechtsextreme Parteien überall in Europa Wahlerfolge erzielt, sei es in Italien, Schweden, Deutschland, Frankreich, Polen oder Ungarn. Diese Parteien halten inzwischen fast ein Drittel der Sitze im Europäischen Parlament. Auch in anderen Teilen der Welt, unter anderem in Brasilien, Indien, Myanmar und auf den Philippinen erstarken sie in rasantem Tempo.

Der Ärger und die Widrigkeiten der zeitgenössischen Politik, die zunehmende Polarisierung zwischen links und rechts sowie die chronische Unfähigkeit, sich auch über ideologische Grenzen hinweg konstruktiv miteinander zu vernetzen, sind zu einer pantomimischen Hyperrealität geworden, die unser Bewusstsein mithilfe von Fernsehbildschirmen, Computern, Laptops, Smartphones und anderen tragbaren Geräten kontrolliert. Die fehlende Verbindung zur Realität ist der globale Kontext – denn die Krisen der gegenwärtigen Politik sind zwar in der Tat Flutwellen, aber da wir uns nur auf die Oberfläche konzentrieren, sind wir praktisch blind gegenüber dem darunterliegenden Ozean, der sich in Aufruhr befindet.

Die politischen Krisen sind ein Symptom der sich zuspitzenden Erdsystemkrise. Und wie bereits Clausewitz erkannte, ist Krieg die Fortsetzung von Politik, nur mit anderen Mitteln.

Kolonisation und Globalisierung im Anthropozän

Nicht alle Wissenschaftler sind damit einverstanden, den Beginn des Anthropozäns auf die Mitte des 20. Jahrhunderts zu legen. Einige argumentieren, dass es klare geologische Beweise dafür gibt, dass das Zeitalter mit dem Aufkommen des modernen globalen Imperiums begann.

Die britischen Geographen Simon Lewis und Mark Maslin beispielsweise schlugen ein viel früheres Datum als Startpunkt für das neue Zeitalter vor, eins, das sich »an die geologischen Kriterien für die Definition einer Epoche hält: 1610. Dieses Datum kennzeichnet den Beginn eines unumkehrbaren Artenaustausches im Zuge der Kollision der Alten und

Neuen Welt« und traf laut den Forschern mit einem ungewöhnlichen Einbruch der atmosphärischen CO_2-Konzentration in antarktischen Eiskernen zusammen.

Diese alternative Datierung für das Anthropozän basiert auf den messbaren Auswirkungen einer veränderten Landwirtschaft im Rahmen der Kolonisierung der Amerikas durch die Spanier. Viele Historiker betrachten dieses zentrale Ereignis als Beginn eines neuen, charakteristischen Zeitalters des Imperialismus, das die Geburt des globalen Kapitalismus ermöglichte. Der damalige CO_2-Rückgang, heute in den antarktischen Eiskernen sichtbar, war laut Lewis und Maslin das Resultat der nachwachsenden Vegetation auf stillgelegten Ackerflächen nach dem Tod von 50 Millionen indigenen Amerikanern, vorwiegend verursacht durch von Kolonisatoren importierte Pocken. Die Eingliederung Amerikas in das europäische System war außerdem der entscheidende Wegbereiter für die industrielle Revolution und umfasst somit die dadurch verursachten späteren Phasen des Klimawandels.

Der Vorschlag der britischen Wissenschaftler bietet einen neuen, überzeugenden Blick auf das Anthropozän und bringt es direkt mit der durch das Imperium ausgeübten Gewalt in Verbindung. Das Datum 1610 stellt dabei die Brücke her zwischen der historischen Gewalt während der kolonialen »Entdeckung« und dem anschließenden durch biologische Eroberung betriebenen Expansionismus.

Dazu gehörten die massiven, durch den »freien Markt« hervorgerufenen Hungersnöte in Irland und Indien, bei denen eine Million beziehungsweise bis zu 12 Millionen Menschen starben sowie der transatlantische Sklavenhandel, durch den im Laufe von fünf Jahrhunderten etwa 65 Millionen Afrikaner starben und der ein blutiges internationales Regime darstellte. Dieses war untrennbar mit der Herausbildung eines kapitalistischen Weltsystems verbunden und ermöglichte die industrielle Revolution in Großbritannien.

Nach diesem Verständnis steht das Anthropozän – das Zeitalter, in dem die menschliche Spezies begann, tiefgreifende und möglicherweise dauerhafte Veränderungen an der Geologie der Erde vorzunehmen – gleichzeitig für die rasche Expansion des Imperialismus und somit für die Konstruktion neuer Rassenkategorien, die der Legitimierung des entstehenden Systems der globalen Apartheid dienten.

Genau in dieser Zeit begann die Entwicklung eines wissenschaftlichen Rassismus, dieses offiziellen und wissenschaftlich begründeten Konzepts von der Existenz verschiedener menschlicher Rassen, mit dessen groteskem Erbe wir noch heute kämpfen. Die Idee, dass es verschiedene »Rassen" gibt, geht auf die politische Aneignung und Verzerrung der neodarwinistischen Evolutionstheorien zurück. In diesem Rahmen wurde der weiße Europäer an die Spitze des zivilisierten menschlichen Fortschritts positioniert und so die Rassenhierarchie in dem Moloch der globalen industriellen Expansion festgelegt.

Folglich ist Rassismus nicht die Diskriminierung anderer »Rassen«, sondern das Erschaffen eines Konzepts von sich grundsätzlich unterscheidenden menschlichen »Rassen« und der Idee, dass die Mitglieder einer »Rasse« alle die gleichen charakteristischen Merkmale teilen. Die Erschaffung des Rassismus ist demnach untrennbar mit der Entstehung des Anthropozäns verbunden, in dem sich eine menschliche Zivilisation herausbildete, die sich durch ihr unstillbares Verlangen nach Ressourcen und Arbeitskräften auszeichnet.

Polarisierte Konstruktionen des »Anderen« haben während des gesamten Anthropozäns eine entscheidende ideologische Rolle gespielt. Sie dienten dazu, Menschen aus ihrer Umgebung herauszureißen und sie getrennt voneinander in ausbeuterische Machtfraktionen zu spalten. So ist es nicht verwunderlich, dass sich die Formalisierung des Rassismus als globales System während der industriellen Revolution vollzog, als sich die Herrschaft der menschlichen Spezies über die Erde exponentiell zu beschleunigen begann.

Im frühen 19. Jahrhundert manifestierte sich der Rassismus vor allem als religiöse Ideologie. Angelehnt an Interpretationen der Bibel wurden nicht-europäische menschliche Gruppen aufgrund ihrer Abstammung und ihres heidnischen Glaubens als von Natur aus minderwertig eingestuft. Dieser Rassismus richtete sich häufig gegen Juden. Ab Mitte des 19. Jahrhunderts bis ins frühe 20. Jahrhundert wurde anhand von wissenschaftlich begründeten biologischen Theorien ein Konzept des Rassismus entwickelt, das bestimmten Gruppen von Menschen aufgrund ihrer angeblich charakteristischen biologischen Eigenschaften feste Merkmale, Verhaltensweisen, Fähigkeiten und Einschränkungen zuschrieb.

Seitdem hat sich das Konzept weiterentwickelt und wird vor allem durch eine Kulturtheorie gestützt, die nach wie vor auf einer homogenisierenden Konstruktion verschiedener sozialer Gruppen mit scheinbar gemeinsamen Eigenschaften und Merkmalen basiert, mit dem Unterschied, dass diese aus der Zugehörigkeit zu einer Kultur, Ethnie, Nation, Sprache oder einem Glauben abgeleitet werden. Oft bedient sich der Rassismus bestimmter Aspekte dieser subliminalen, unterschwelligen Theorien, ohne dass die Befürworter sich bewusst sind, was sie tun.

Der berühmte Soziologe Stuart Hall definierte den Begriff »Rasse« als »gleitenden Signifikanten«. Laut ihm handelt es sich also nicht um ein festes Konzept, sondern um ein inhärent politisches Konstrukt, das von dominanten Gruppen zur Legitimierung von ungleichen Machtverhältnissen gegenüber anderen Gruppen verwendet wird. Als solches ist es veränderbar und passt sich historischen Gegebenheiten an. Hall zeigte auf, dass Rassismus nicht biologisch begründbar ist und die neue Form des kulturalistischen Rassismus über die Diskriminierung aufgrund der Hautfarbe hinausgeht. Sie erzeugt anhand der imaginierten Hautfarbe von Menschen – verallgemeinernde Abstraktionen ihrer Praktiken und Glaubensvorstellungen – eine Hierarchie der Kulturen.

Rassistische Vorurteile und Argumentationsmuster werden also nicht mehr unbedingt an Hautfarben festgemacht, sondern es sind andere, nicht den Rassebegriff aufgreifende Kategorien wie Glaube, Kultur und Zivilisation, die zu einem rassistischen Code für ähnlich diskriminierende Praktiken werden. Ein Ergebnis davon ist die Konstruktion einer scheinbar unüberwindbaren Kluft zwischen dem »Westen« und »dem Rest«. Dabei werden die Bewohner des »Westens« als »zivilisiert«, »sicher« und »bekannt« eingestuft, die »Migranten«, »Muslime«, »Flüchtlinge«, »Ausländer« et cetera hingegen als »unzivilisiert«, »gefährlich« und »anders«.

Die Verschärfung der Identitätspolitik ist ein wesentliches Merkmal der letzten Etappe des Anthropozäns, denn das Projekt des endlosen Wachstums – ausgerichtet auf maximale Extraktion, Ausbeutung und die Zentralisierung von Ressourcen – erfindet und festigt auf seiner Suche nach Selbstlegitimierung eine Vielzahl von Trennlinien zwischen Menschen. Und so verlaufen auch die verheerenden Auswirkungen der Erdsystemkrise anhand rassifizierter Trennlinien, denn es sind die ärmeren und von Menschen mit »dunkler« Hautfarbe bewohnten Nationen, die unverhältnismäßig stark von den schlimmsten Folgen betroffen sind.

Krieg ist vielleicht das sichtbarste Symptom der Dinge, die das Anthropozän gestalten.

Im Anthropozän werden wir alle zu Anderen.

Doch es ist noch nicht zu spät, damit anzufangen, das aktiv neu zu gestalten, was das Anthropozän ausmacht.

Denn letztendlich ist der derzeitige Charakter des Anthropozäns ein Spiegelbild des vorherrschenden Paradigmas des menschlichen Zivilisationssystems. Es ist ein jedes Leben zerstörendes Paradigma, eine Todesmaschine, deren innere Logik ihren Höhepunkt im eigenen Ende findet. Es ist eine Matrix aus ineinander verschränkten Glaubens- und Wertevorstellungen, Verhaltensweisen und Organisationsstrukturen, die nicht etwa als Zugangspunkt zum Leben, der Natur und der Realität fungiert, sondern eine Barriere dazu herstellt.

In diesem Sinne ist das Ende dieses Paradigmas absolut unvermeidbar. Doch das beraubt uns nicht der Möglichkeit, uns zu entscheiden, ob die Menschheit gemeinsam damit untergehen wird oder stattdessen die Saat eines neuen, lebensbejahenden Paradigmas ausstreut, indem sie ein neues System aufbaut, das das Aufblühen einer neuen ökologischen Zivilisation ermöglicht.

Sollte die menschliche Zivilisation überleben, dann wird sie das nicht im Rahmen dessen tun, was wir momentan erleben: eine Zivilisation – errichtet auf dem Blut von Millionen Menschen, basierend auf der Erschöpfung der weltweiten Ressourcen – in der auf den Armen, Verwundbaren und Schwachen herumgetrampelt wird und die alles daran setzt, sich selbst zu vernichten. Dieses Paradigma wird von der Techno-Hyperrealität seiner eigenen Projektion getäuscht: ein utopisches Scheinbild des endlosen Wachstums, das mit allen Mitteln versucht, seinen eigenen dystopischen Kern vor der Selbsterkenntnis zu verbergen.

Und so haben wir die Aufgabe, darüber nachzudenken, was wir tatsächlich unseren Mitmenschen und unserem Planeten angetan haben. Nur so können wir erkennen, dass diese zwei Phänomene Teile ein- und desselben selbstzerstörerischen Paradigmas sind. Ein Paradigma, das unaufhörlich eine Hyperrealität der Trennlinien, Grenzen und Klüfte um einen externalisierten »Anderen« konstruiert, wodurch ausbeuterische und parasitäre Verhaltensweisen vermeintlich notwendig werden. Wenn wir das erkennen, können wir uns von den binären Wahnvorstellungen, die jahrhundertelang den Pfad der Zivilisation markierten, lösen und so eine neue Perspektive einnehmen: darauf, was Menschsein bedeutet. Wir können die Essenz unserer Existenz wiedererlangen, denn im Grunde genommen sind wir Wesen, die gemeinsam aus der Erde selbst entstanden sind und unweigerlich wieder zu ihr zurückkehren werden.

Susan Bonath
Systemwechsel für den Wandel!

Eine systemkritische globale Jugendbewegung entwickelt sich, die den Kapitalismus infrage stellt und die Herrschenden in Aufruhr versetzt.

Von Afghanistan über Indien bis zur Mongolei, von Südafrika über Kenia bis Marokko, von Griechenland bis Norwegen, in Australien, der arktischen Kälte und auf den pazifischen Inseln, in Süd- und Nordamerika: In 169 Ländern protestierten am 20. September 2019 Klima- und Umweltaktivisten gemeinsam mit Gewerkschaftern, sozialen Bewegungen und Friedensinitiativen. Fridays for Future (F4F) ist eine globale Bewegung. Die Herrschenden sind unruhig: Wird die Jugend womöglich die Systemfrage stellen? Nur das würde ihre Macht bedrohen. Sie versuchen, das zu verhindern und fahren eine Mehrfachstrategie: Anbiedern, warnen, verdammen.

Die Herrschenden haben Grund zur Besorgnis. »Kapitalismus tötet«, hieß es auf einem Banner von F4F in Hannover. Vor der Internationalen Automobilausstellung (IAA) in Frankfurt am Main forderte die Bewegung: »Verbrennt den Kapitalismus, nicht die Kohle«. Die Systemfrage wird nicht nur in Deutschland laut.

Bei den Protesten in Deutschland am 20. September blieb erstmals ziviler Ungehorsam nicht aus. Zum Beispiel in Berlin, Gießen und Hamburg blockierten junge Leute Straßen und Plätze. Ihre Aktionen blieben friedlich, aber der Polizei in der Hansestadt waren die Jugendlichen wohl zu stur. Die Beamten räumten die sich hartnäckig immer wieder Hinsetzenden schließlich mit Gewalt weg. Dafür erntete die Polizei nicht nur Kritik. In sozialen Netzwerken wurde sie vom autoritären Spektrum dafür geradezu gefeiert.

Marktradikale machen mobil

Entsprechend reagieren die Markt-Fetischisten und ihre medialen Propaganda-Organe. »Radikalisiert sich F4F?«, titelte die zum Madsack-Verlag gehörende Zeitung *Die Neue Presse* zwei Tage vor dem globalen Klimastreik. Aufgeregt warnte sie: In Hannover mische die vom Verfassungsschutz beobachtete »Interventionistische Linke« mit. Denn diese wolle schließlich »das System« stürzen.

Diverse Springer-Blätter verfielen in ähnliche Hysterie. In Hamburg und Schleswig-Holstein wollten im Rahmen von F4F »Linksextreme den Verkehr lahmlegen«, schrieb am 18. September *Die Welt*. Die Aktivisten hielten es »nicht nur für legitim, sondern sogar für notwendig, Aktionen des zivilen Ungehorsams durchzuführen«, wetterte das Blatt. Und das *Hamburger Abendblatt* trommelte: Der Verfassungsschutz warne bereits ausdrücklich vor Linksextremisten bei der Klimademo.

Auch Politiker verteidigen eifrig den »heiligen Markt«, der dem Kapital doch Profit in die Taschen spülen muss. So zeterte der CDU-Mann und BlackRock-Millionär Friedrich Merz in den Zeitungen, die vom *Redaktionsnetzwerk Deutschland* (RND) mit Artikeln beliefert werden: Bei F4F gehe es »gegen unsere freiheitliche Lebensweise, um die Zerstörung der marktwirtschaftlichen Ordnung«.

Die gleiche Panik schiebt der stellvertretende FDP-Vorsitzende Wolfgang Kubicki. Laut *Handelsblatt* warf der Großaktionär F4F eine »starre Haltung« vor. »Der Rigorismus der Klima-Bewegung wird irgendwann dazu führen, dass Konflikte nicht mehr friedlich ausgetragen werden, sondern im Zweifel gewalttätig«, so Kubicki.

Die rechts- und marktradikale AfD bläst in das gleiche Horn. Deren Bundestagsabgeordneter Götz Frömming jammerte am Tag der Proteste: »Wenn Greta Thunberg dazu aufruft, sich nicht mehr an die Spielregeln zu halten und fordert, dass alles sich ändern müsse, dann sollten bei Eltern und Lehrern die Alarmglocken angehen.« Der AfD-Mann wittert zudem »radikale Hintermänner« bei F4F, welche die Systemfrage stellten. Die seien aber »kein Vorbild für die Jugend, sondern ein Fall für den Verfassungsschutz«, so Frömming.

Aggressiver Sexismus

Auch mit Bildern spielte die Presse. Denn solche triggern bekanntlich eher Emotionen als ein schnöder Text. Zum Beispiel lief ein Foto von Greta Thunberg quer durch die Presselandschaft, auf dem sie mit wütender Mine auf dem UN-Klimagipfel am 23. September in New York zu sehen war. Von »ohnmächtiger Wut«, »Kampf mit den Tränen« und »dünner Stimme« war etwa in Springers BILD zu lesen. Und nein, sie sprach nicht, sondern sie »fauchte«.

In Springers »Blöd für Hochschulabsolventen« namens *Die Welt* durfte der bekannte Rechtspopulist Henryk M. Broder über die 16-Jährige hämisch herziehen, auch durch andere Medien flatterte das Foto, verpackt unter dem augenscheinlich gutwilligen Ansinnen, jemand müsse »das arme Kind« doch endlich mal zurückhalten. Es wisse schließlich nicht, was es tue.

Doch dahinter steht die patriarchale, autoritäre und frauenfeindliche Botschaft des Kapitals und seiner Handlanger: Frauen sollten einfach die Klappe halten. Sie könnten sowieso nicht richtig denken und würden nur hässlich.

Das ist aggressiver Sexismus. Und der hat wohl seine Ursache im Charakter der Bewegung: Sie ist nicht nur jung, sondern vor allem weiblich. Selbst im afghanischen Kabul protestierten junge Frauen unter gefährlichen Bedingungen an der Spitze. Die Bewegung stellt damit auch die kapitalistische patriarchale Ordnung infrage – und zwar international. Sie ist nicht anschlussfähig für Autoritäre, Rassisten und Nationalisten aller Couleur. Das erzeugt Wut.

Hassen und schleimen

Kurzum: Der politische Propaganda-Apparat des Kapitals läuft auf Hochtouren. Doch ganz dumm sind diese Kreise dann auch wieder nicht. Man schleimt sich ein, um die Situation unter Kontrolle zu halten. Ganz vorne dabei grün angemalte Kapitalismusversteher oder solche, die sich neuerdings als solche ausgeben. So gab, nur zum Beispiel, ausgerechnet der Springer-Verlag seinen Angestellten am 20. September für die Demo frei. Andere Konzerne schlossen sich dem an. Unzählige Politiker heuchelten Verständnis.

Das Kapital und seine kleinbürgerlichen Stützen sind nicht ohne Grund auf den Beinen: Man will um jeden Preis die Systemfrage verhindern. Die kapitalistische Profitmaschine als Ursache der Umwelt- und Klimakrise darf auf keinen Fall auf den Tisch. Das ist verständlich aus deren Sicht, denn damit wird unweigerlich die Machtfrage gestellt. Wer die Macht der Kapitalistenklasse infrage stellt, braucht ein schnelles Pferd.

Um das zu verhindern, vermittelt die Presse immerfort die Botschaft, die Umweltkrise sei ja ganz banal kapitalistisch zu lösen, also unter bestehenden Machtverhältnissen. So häufen sich in letzter Zeit die Artikel, in denen das Märchen vom grünen Kapitalismus verbreitet wird, wie zum Beispiel in der *Welt* oder der *taz*. Ihre Botschaft darin: Wir Herrschenden machen das schon. Haltet die Füße still.

Gülle von rechts, Gülle von »links«

Man kann sich vorstellen, wie die »Schönen und Reichen« sich die Bäuche vor Lachen reiben, wenn sie die verbale Gülle, die in sozialen Netzwerken über Greta Thunberg und F4F ausgeschüttet wird, verfolgen. Doch nicht nur die Anhängerschaft von AFD, CDU, FDP und Co pöbelt dort herum. Auch einige angeblich »Linke«, sogar selbsterklärte »Kommunisten« verbreiten ihren Hass. Die Jugendlichen seien dumm und ferngesteuert, allesamt nützliche Büttel des Kapitals, brüllt man dort in trauter Gemeinschaft mit Rechtsaußen. Die Herren Merz, Kubicki und deren reiche Kumpels in Nadelstreifen haben sie dabei ganz sicher auf ihrer Seite.

Während die einen vor »linksextremer Unterwanderung« warnen, geißeln die anderen einen »bürgerlichen Charakter« der Bewegung. Dass nicht massenhaft Revolutionäre vom Himmel fallen und man in der Schule auch nichts vom Klassenkampf lernt, dürfte jedem halbwegs Denkenden indes bewusst sein.

Genauso, wie jedem Umweltaktivisten auffallen sollte, dass die Wirtschaft im Profitrausch die größte Zerstörerin ist und die Politik nichts wirklich Sinnvolles dagegen unternimmt. Um dabei auf die Idee zu kommen, dass Kapitalismus nicht das Gelbe vom Ei ist, braucht es überhaupt keine Linksradikalen.

Ein beliebtes »Argument« »linker Kritiker« ist, dass F4F in Wahrheit jenen Kapitalisten in die Hände spiele, die nun mit Erneuerbaren Energien oder CO2-Zertifikaten Profite machen wollen. Nun, erstens ist es nichts Neues, dass Kapitalisten im Kapitalismus genau das tun, und das wird sich auch nicht ändern, solange das System existiert. Zweitens ist es reichlich merkwürdig, aus diesem Grund nun die ökologische Katastrophe zu ignorieren und der kriegslüsternen Öl- und Kohleindustrie hinterherzulaufen.

Ökologische Grenzen

Vor sehr langer Zeit hörte ich einmal diesen Spruch: »Der Kapitalismus hält seinen Lauf am End' durch Selbstzerstörung auf.« In der Tat muss jedem, der den Kapitalismus halbwegs verstanden hat, klar sein: Er muss an seine ökologischen Grenzen stoßen.

Das resultiert aus seiner Struktur: Die herrschende Klasse der Kapitalisten kann ihre Macht nur erhalten, wenn sie stetig Profite auf Kosten der Lohnabhängigen maximiert und endlos Kapital akkumuliert. Das geht mit dem Zwang zu ständigem quantitativen Wirtschaftswachstum einher: Immer mehr Waren – ob Autos, Handys, Öl, Waffen oder Solarzellen – müssen auf den Markt gebracht und rentabel umgesetzt werden, um den Profit nicht einbrechen zu lassen. Geplante Obsoleszenz soll für immer neuen Bedarf sorgen und lässt die Müllberge wachsen. Übrigens: Auch Müll sorgt für Emissionen von Treibhausgasen.

Das geht zwangsläufig mit exponentiell steigendem Energie- und Rohstoffverbrauch einher. Dazu nur ein Beispiel, um beim Klima zu bleiben: Die messbaren, vom Menschen verursachten Emissionen von Treibhausgasen, wie CO_2 oder Methan, haben sich nach dem Zweiten Weltkrieg mehr als verdoppelt. Im Jahr 2017 blies der Mensch gut 36 Gigatonnen – also 36 Milliarden Tonnen – CO_2 in die Atmosphäre. Das sind zwar nur gut 5 Prozent der natürlichen Emissionen. Allerdings kann das empfindliche Ökosystem diese zusätzliche Menge, die trotz Pariser Klima-Abkommen immer weiter steigt, nicht komplett »verdauen«.

Umweltzerstörung stoppen

Eine derartig endlos steigende Warenproduktion, von der Politik tagein, tagaus als Wettbewerb und Wirtschaftswachstum bejubelt, ist auf einem begrenzten Planeten schlechterdings nicht möglich. Eine solche

Profitmaschine muss in den ökologischen Kollaps führen. An diesem Punkt ist der globale Kapitalismus nunmehr angekommen. Es wird brenzlig, denn am ökologischen Gleichgewicht hängt das Leben.

Wenn die Menschen es nicht bald schaffen, die zerstörerische Profitmaschine als Ursache zu stoppen, wird sie unweigerlich Massen mit in den Abgrund reißen. Durch die steigende Erdmitteltemperatur werden sich die Wüsten immer schneller ausbreiten. Dürren und Unwetter werden immer mehr Ernten vernichten. Hungerkatastrophen werden Millionen, wenn nicht Milliarden Opfer fordern. Und immer größere Gebiete auf dem Planeten werden für Menschen unbewohnbar werden. Diese Entwicklung hat längst begonnen.

Kurzum: Die ökonomischen Eigentums- und Machtverhältnisse müssen auf den Tisch. Sie müssen beseitigt werden. Niemand kann eine profitgetriebene Wirtschaft auf bedarfsorientiert umstellen, wenn ihm diese nicht gehört.

Um das Ruder dergestalt herumzureißen, muss die ökonomische Lebensgrundlage vergesellschaftet werden. Selbstverständlich lassen solche Gedanken die Herrschenden zittern, zumal dann, wenn sie global aufkeimen, in einer jungen Bewegung.

Der Widerspruch

Das Problem an diesem Kampf ist nicht nur das ungleiche Kräfteverhältnis der Klassen. So verfügt das Kapital über territoriale Manager, also Staatsapparate, deren einzige Aufgabe es ist, die Profitmaschine im Sinne ihrer Auftraggeber zu managen. Das tun sie mittels Gesetzen,

Behörden und bewaffneten Organen. Dafür lässt sich der Staat am Gesamtprofit beteiligen – sowohl über Unternehmens- als auch über Lohnsteuern.

Zu schaffen macht vor allem der Grundwiderspruch im Kapitalismus zwischen Kapital und Arbeit. Dieser unterwirft die pure Existenz aller Lohnabhängigen dem Kapital und seinen Machtinstrumenten: Der Besitzlose muss die einzige Ware, die er hat, auf dem Markt veräußern – seine Arbeitskraft. Allein aus dieser ziehen die Konzernherren und Großaktionäre ihren Profit.

Der Verkauf seiner Arbeitskraft als Ware an die Kapitaleigentümer trennt den Beschäftigten von dem Produkt, das er herstellt. Es gehört ihm nicht, er hat damit nichts weiter zu tun, er muss es nur mit fremden Produktionsmitteln fertigen. Er schuftet ausschließlich für seinen Lohn, den er zum Überleben braucht.

Wie derart von sich selbst entfremdete, einer globalen Profitmaschine um ihrer Existenz Willen unterworfene Menschen an dem Widerspruch zwischen Kapital und Arbeit scheitern, zeigt ein Beispiel besonders gut: Im Spätsommer 2018 hatten die jahrelangen Proteste von Umweltaktivisten gegen die anvisierte Rodung des Hambacher Waldes durch den Energieriesen RWE einen neuen Höhepunkt erreicht. Doch anstatt sich mit den Aktivisten zu solidarisieren, rief die Industriegewerkschaft Bergbau, Chemie, Energie (IG BCE) zu Gegenprotesten im Sinne des Großkonzerns auf. Es ging natürlich um Arbeitsplätze.

Das Spiel mit Existenzängsten

Es ist paradox, denn so konkurriert die Zerstörung der Lebensgrundlagen aller durch den größten deutschen Treibhausgas-Emittierer RWE, die sichtbar und messbar ist, gegen die Zerstörung der lohnabhängigen Existenzgrundlage der Beschäftigten. Anders ausgedrückt: Der Arbeiter soll sich entscheiden: Soll ich mich der Umwelt zuliebe der existenz-bedrohenden Erwerbslosigkeit und am Ende vermutlich dem repressiven Hartz-IV-Regime unterwerfen? Oder soll ich besser für meine persönliche Existenz kämpfen?

Es steht also konkret Zerstörung gegen Zerstörung, nur steht die persönliche, private Existenzbedrohung dem einzelnen Menschen natürlich näher. Die Sache mit der Umwelt kommt indes abstrakt daher. Solange es noch gut geht, der Lohn stimmt und die Supermärkte voller Waren sind, ist das leichter zu verdrängen.

Hier treffen zwei existenzielle Ängste aufeinander: Die Waldbesetzer eint die reale Panik vor der Zerstörung des Lebensraums Erde. Das betrifft selbstverständlich die Arbeiter. Denn auf einem toten Planeten braucht es keine Jobs mehr. Das Problem erscheint den Arbeitern jedoch in ihrer Welt in weiterer Ferne, als das des möglichen Jobverlustes. Dies lässt sich wunderbar gegeneinander ausspielen.

Zerstörung oder Zerstörung?

Die Ursache sind die materiellen Bedingungen: Innerhalb seiner Existenz ist der Arbeiter im System Kapitalismus gefangen. Selbst ein gedanklicher Ausbruch ist für ihn schwierig. Ein solcher erfordert zunächst seine Einsicht, dass er einer ausgebeuteten Klasse angehört, die der Macht des Kapitals unterworfen ist.

Nötig für diese Einsicht ist ein grundlegendes Bewusstsein über die kapitalistischen Herrschaftsverhältnisse.

Dieses ist nicht von heute auf morgen erarbeitet. Über Jahrhunderte ist die lohnabhängige Klasse in ihre vollständige Entfremdung von der Produktion hineingewachsen. Der Sinn der Arbeit ist für sie primär auf den Lohnerwerb im Existenzkampf reduziert. Die Masse hat den Bezug zu ihrer materiellen Lebensgrundlage schlichtweg verloren. Alles Denken ist so abstrakt und reduziert, wie es die entfremdete Lohnarbeit ist.

Nimmt man sich zurück, versetzt sich in die Rolle eines unbeteiligten Beobachters, wird der Wahnsinn deutlich: Der Dienst an der Profitmaschine, die die Kapitalherren immer reicher und reicher macht, sichert das Überleben des Einzelnen. Aber zugleich sorgt selbiger für die Zerstörung der Lebensgrundlagen.

In der Bewegung lernen

Dieser Widerspruch ist im globalen Kapitalismus nur mit einer globalen Massenbewegung, die von unbedingter Klassensolidarität getragen ist, zu überwinden. Eine Bewegung, der die Ursache der ökologischen und sozialen Probleme bewusst wird: die Eigentums- und Machtverhältnisse. Letzteres geschieht nicht von heute auf morgen, sondern ist ein Lernprozess innerhalb jeder Bewegung.

Als internationale, antirassistische, antipatriarchale und durch moderne Kommunikationsmittel vernetzte Jugendbewegung hat F4F großes Potential, die kapitalistischen, auf Profit und Zerstörung beruhenden Eigentums- und Machtverhältnisse derart ins Wanken zu bringen, dass sie am Ende fallen. Vorausgesetzt ist, dass sie sich der Ursache der Probleme bewusst wird, ein tatsächliches Klassenbewusstsein entwickelt, also nicht auf die Propaganda vom umweltfreundlichen Kapitalismus hereinfällt und sich auf den erwartbaren Widerstand der Herrschenden vorbereitet.

Das heißt im Klartext: F4F und wir alle müssen weg vom Denken und Handeln innerhalb der und für die Profitmaschine. Es reicht nicht aus, für höhere Löhne zu streiken, wenn durch die einer Profitmaschine dienenden Arbeitsplätze das Leben unserer Kinder und Enkel in akute Gefahr gerät. Es muss klarwerden, dass uns die Klasse der Kapitalisten in jeder Hinsicht existenziell bedroht.

Wir müssen aufhören, die Konzerne verniedlichend »Arbeitgeber« zu nennen, so als wären sie Wohltäter. Wir dürfen nicht länger den Staat anbetteln und so tun, als wäre es seine Aufgabe, die tödliche Profitmaschine zu stoppen. Das Gegenteil ist der Fall: Der Staat als territorialer Manager hat einzig die Aufgabe, das Profitinteresse der widerstreitenden Kapitalfraktionen in Einklang zu bringen und zu befriedigen. Wir müssen begreifen, dass die Existenzbedrohung durch den Kapitalismus alles dominiert; ist er besiegt, ist auch die Angst um Lohnarbeit Geschichte.

Radikal und international

Wenn wir diesen Bewusstseinssprung nicht hinbekommen, können wir einpacken. Um es mit den Worten des Physikers Harald Lesch zu sagen: »Dann könnten wir uns nur noch mit Spirituosen eindecken, um den Abgang erträglicher zu gestalten.«

Insofern ist eine vom Kapital und seinen Parteien, von der FDP über die CDU bis hin zur AfD, gefürchtete »Radikalisierung« der Jugendbewegung F4F geradezu unabdingbar, wenn sie etwas erreichen will. Das Klimakabinett der Bundesregierung hat bereits am 20. September bewiesen, dass es nicht fähig ist, der Klima- und Umweltzerstörung Einhalt zu gebieten, und dies schon mal gar nicht sozial.

Zurecht hat der untaugliche, kapitalfreundliche und die Ärmsten verhöhnende Beschluss des Klimakabinetts der Bundesregierung F4F, Wissenschaftler, Linke und Sozialverbände in Rage versetzt. Es war jedoch nicht anders zu erwarten. Eine Lösung der akuten Probleme wird es im Kapitalismus nicht geben. Das System selbst liefert dazu den besten Anschauungsunterricht.

Die logische Konsequenz kann nur ein internationaler System-Change for Future sein. Davor zittern die Herrschenden wie Espenlaub. Sie werden alles, wirklich alles tun, das zu verhindern. Einfach wird es nicht.

Chris Hedges
Die letzte Wahl

Pulitzer-Preisträger Chris Hedges stellt klar, dass sich die Menschheit entweder gegen die herrschenden Eliten erhebt – oder untergehen wird.

Trotz der immer sicht- und spürbarer werdenden Auswirkungen des Klimawandels und der anhaltenden Demonstrationen von Schülern und Aktivisten weltweit bleiben die Eliten weiter unbeweglich. Sie sind zu Hütern eines kapitalistischen Systems der Ausbeutung ausgebildet – nicht, um eine sterbende Zivilisation zu retten. Das Altbewährte funktioniert nicht länger – es müssen neue Formen des Protestes und der Problembewältigung gefunden werden. Gewaltfreier, ziviler Ungehorsam ist nötig, um die tödliche Maschinerie des herrschenden Systems zu stoppen.

Der weltweite Schülerstreik für das Klima am Freitag, dem 20. September 2019, wird ebenso wenige Auswirkungen haben wie die Massenmobilisierungen von Frauen nach der Wahl Donald Trumps und die Hunderttausenden Demonstranten, die den Irakkrieg anprangerten. Das heißt nicht, dass diese Proteste nicht hätten stattfinden sollen. Im Gegenteil. Doch solche Demonstrationen müssen auf dem Boden der bitteren Realität stehen, dass wir in den Etagen der Macht nicht zählen.

Würden wir in einer Demokratie leben – was wir nicht tun –, dann hätten unsere Bestrebungen, Rechte und Forderungen, insbesondere die Forderung, dem Klimanotstand ins Auge zu sehen, ihre Auswirkungen. Dann könnten wir Repräsentanten an die Regierungsmacht wählen, damit sie Veränderungen durchführen. Dann könnten wir Umweltgerechtigkeit von den Gerichten einfordern. Dann könnten wir Ressourcen in die Beseitigung von CO2-Emissionen umverteilen.

Wahlen, Lobbyarbeit, Petitionen und Proteste, die die herrschenden Eliten dazu bewegen wollen, rational auf die Klimakatastrophe zu reagieren, haben sich als ebenso wenig effektiv erwiesen wie die Bitten von Skrofulose-Opfern an Henry VIII., sie durch königliche Berührung zu heilen. Die vertrauten Taktiken, die während der letzten Jahrzehnte von Umweltaktivisten eingesetzt worden sind, waren spektakuläre Misserfolge.

Im Jahr 1900 verursachte die Verbrennung fossiler Energieträger – hauptsächlich Kohle – etwa 2 Milliarden Tonnen Kohlenstoffdioxid pro Jahr. Diese Zahl hatte sich bis zum Jahr 1950 verdreifacht. Heute ist dieser Wert 20-mal so hoch wie 1900. Innerhalb des letzten Jahrzehnts verlief der Anstieg von CO2 100- bis 200-mal schneller, als es während der Übergangsphase nach der letzten Eiszeit auf der Erde geschah.

Am 11. Mai 2019 verzeichnete das Mauna Loa Observatory auf Hawaii 415,26 ppm CO2 in der Luft. Es wird angenommen, dass es sich dabei um die höchste Konzentration seit Entstehung der Menschheit handelt.

Wir werden uns ein neues Paradigma des Widerstands zu eigen machen müssen oder zugrunde gehen. Die herrschenden Eliten und die Konzerne, denen sie dienen, sind die Haupthindernisse für Veränderung. Sie können nicht reformiert werden.

Und das bedeutet Revolution, also das, was *Extinction Rebellion* meinen, wenn sie für den 7. Oktober 2019 zu einer »internationalen Rebellion« aufrufen, bei der sie versuchen werden, Stadtzentren weltweit durch Akte anhaltenden, massenhaften zivilen Ungehorsams lahm zu legen.

Wir müssen die Macht übernehmen. Und da die Eliten ihre Macht nicht freiwillig abgeben werden, müssen wir sie uns durch gewaltfreie Aktionen nehmen.

Proteste können den Anfang politischen Bewusstseins bilden. Doch ebenso können sie leeres politisches Theater sein. Sie können dazu benutzt werden, unsere moralische Integrität zu feiern – Werbung für uns selbst, besonders im Zeitalter der sozialen Medien.

Sie können Mode-Aktivismus sein, bei dem sich Demonstranten durch Polizeibarrikaden schleusen lassen und Verhaftungen höflich choreographiert sind, zu ein paar Stunden im Gefängnis führen und die Demonstranten schließlich als Radikale qualifizieren. Sie können dazu benutzt werden, uns selbst von einer abstoßenden politischen Figur wie Donald Trump zu distanzieren, während wir stumm und mitschuldig bleiben, wenn scheinbar Progressive wie Barack Obama dieselbe Politik anwenden.

Dies ist ein Spiel, das der Staat zu seinem Vorteil zu spielen gelernt hat. So lange wir die Maschinerie nicht stören, so lange wir entsprechend ihrer Regeln protestieren, werden die Eliten uns mit rosa »Pussy«-Hüten durch die Straßen von Washington marschieren oder einen Tag lang die Schule schwänzen lassen.

Wenn ihre Macht gefährdet ist, beispielsweise durch anhaltende Proteste während der Occupy-Besetzungen und in »Standing Rock« (Reservat in North und South Dakota, dort wurde seit 2016 gegen den inzwischen bewilligten Bau der »Dakota Access Pipeline« demonstriert; Anmerkung der Übersetzerin), reagieren die herrschenden Eliten ganz anders:

Sie wenden das ganze Gewicht des Überwachungsstaates an, um die Demonstranten zu dämonisieren, die Führungsriege zu verhaften und festzusetzen und Agents Provocateurs einzuschleusen, die gewalttätige Angriffe ausführen, um den Einsatz von Polizei und Sicherheitskräften zur Niederschlagung der Proteste zu rechtfertigen.

Präventive Anstrengungen von Sicherheitskräften, die für Oktober geplante Besetzung von Stadtzentren der *Extinction Rebellions* zu torpedieren – eine Aktion, die entworfen wurde, um den Handel zu beeinträchtigen und Teile großer Städte zum Stillstand zu bringen –, haben bereits begonnen.

Roger Hallam, Mitbegründer von *Extinction Rebellion*, wurde am 14. September 2019 verhaftet und beschuldigt, mit einer Drohne versucht zu haben, den Flughafenbetrieb in Heathrow zu stören. Hallam hatte Heathrow »ein Verbrechen gegen die Menschheit« genannt – von dem Klimaaktivisten sagen, er stoße 18 Millionen Tonnen CO2 pro Jahr aus, mehr als die Emissionen von 118 Ländern zusammengenommen.

Er und andere Aktivsten haben dafür plädiert, die Pläne des Flughafens zum Bau einer dritten Landebahn zu stoppen. Hallams Anhörung wird am 14. Oktober 2019 vor dem Isleworth Crown Court in London stattfinden, was bedeutet, dass er nicht vor den Protesten vom 7. Oktober 2019 freigelassen wird. Darüber hinaus wurden in England weitere Organisatoren von *Extinction Rebellion*, darunter Andrew Medhurst, festgenommen sowie ihre Telefone und Computer von der Polizei beschlagnahmt.

Es spielt keine Rolle, wer das öffentliche Gesicht des Corporate State ist. Es geht hierbei nicht um politische Persönlichkeiten. Schließlich war es Obama, der die organisierten nationalen Anstrengungen zur Beseitigung der Occupy-Camps überwachte und die Wasserschützer in Standing Rock belagern ließ.

Obamas Umweltpolitik war erschreckend, trotz seiner Lippenbekenntnisse zur Eindämmung der Klimaerwärmung und seiner Unterstützung des unverbindlichen Pariser Klimaabkommens – welches der Klimawissenschaftler James Hansen als heuchlerische Mogelpackung bezeichnete.

Die Ölproduktion der USA stieg während seiner Amtsjahre um 88 Prozent. Es war der höchste Anstieg einheimischer Ölproduktion in der amerikanischen Geschichte. Obama ermöglichte US-Ölfirmen Offshore-Bohrungen, als sei er Sarah Palin.

»Die amerikanische Energieproduktion, auch wenn es Ihnen nicht immer bewusst war, stieg mit jedem Jahr, das ich Präsident war«, erzählte Obama letztes Jahr einem Publikum in der Rice University. »Und Sie sehen… plötzlich ist Amerika der größte Ölproduzent … das war mein Werk, Leute.«

Demokraten dienen, ebenso wie Republikaner, der Macht der Konzerne. Sie werden die Regierungssubventionen für die Industrien der Fossilenergie und Mineralgewinnung nicht einstellen.

Sie werden keine CO2-Steuern einführen, um fossile Energieträger im Boden zu halten. Sie werden übermäßigen Konsum nicht beschränken. Die Technologien, in die sie investieren – Fracking, Hybridautos, gentechnisch veränderte Nahrungsmittel – sind dazu gedacht, das Konsumlevel zu halten oder zu erhöhen, nicht um es zu verringern.

Sie werden die Billionen an Dollar sowie die wissenschaftliche und technische Expertise des militärisch-industriellen Komplexes nicht umlenken, um uns vor der Umweltkatastrophe zu bewahren. Die Rhetorik und die Gimmicks, die sie einsetzen, um die Öffentlichkeit zu besänftigen – von

Kohlenstoffkrediten bis zu Windturbinen und Solarpanels –, sind, wie der Wissenschaftler James Lovelock sagt, das Äquivalent zu den Methoden von Ärzten im 18. Jahrhundert, die versuchten, schwerwiegende Krankheiten mit Blutegeln und Quecksilber zu heilen.

Die Schaffung immer komplexerer bürokratischer und technokratischer Systeme in einem Zeitalter schwindender Ressourcen ist ein Merkmal sterbender Zivilisationen. Zivilisationen, die sich in ihrer finalen Phase befinden, suchen krampfhaft nach neuen Ausbeutungsmethoden, statt sich an eine sich verändernde Umwelt anzupassen. Sie unterdrücken und berauben die Unterschichten auf immer rücksichtlosere Weise, um den unersättlichen Appetit der Eliten nach Macht, Luxus und Hedonismus weiter zu befriedigen.

Je schlimmer die Dinge werden, desto weiter ziehen sich die Eliten in ihre privaten Enklaven zurück. Je mehr die Eliten den Bezug zur Wirklichkeit verlieren, desto größer ist die garantierte Katastrophe. Dieser Prozess der Selbstzerstörung degradiert das Ökosystem, bis das desaströse System schließlich zusammenbricht.

Die herrschenden Eliten, ausgebildet in Wirtschaftsschulen und Managerlehrgängen, sind nicht dafür gerüstet, sich den existentiellen Problemen zu stellen, die durch die Klimakatastrophe ausgelöst werden. Sie sind dafür ausgebildet, die Systeme des globalen Kapitalismus aufrecht zu halten, koste es, was es wolle.

Sie sind Systemmanager. Es mangelt ihnen an den intellektuellen Fähigkeiten und der Vorstellungskraft, um nach Lösungen außerhalb der beschränkten Parameter des globalen Kapitalismus zu suchen.

Jene, die im globalen Süden leben, leiden und sterben bereits jetzt an den Effekten der weltweiten Erwärmung, für die die reichen Industrienationen des globalen Nordens die größte Verantwortung tragen.

Die reichsten 0,54 Prozent der Weltbevölkerung, das heißt 42 Millionen Menschen sind für mehr Emissionen verantwortlich als die ärmste Hälfte der Weltbevölkerung, das heißt 3,8 Milliarden Menschen. Diese Eliten opfern die Ärmsten des Planeten, während sie sich selbst in der sozialen und wirtschaftlichen Hierarchie emporarbeiten, um uns alle auszulöschen.

Wir müssen unseren unbeirrten Positivismus aufgeben, unseren absurden Hoffnungswahn, unseren naiven Glauben daran, mit Charakterstärke und Durchhaltevermögen könnten wir alle Probleme lösen. Wir müssen der Trostlosigkeit, die vor uns liegt, ins Auge blicken.

Wir leben in einer Welt, die durch die globale Erwärmung bereits massiv geschädigt ist, was sich unvermeidlich noch verstärken wird. Die Weigerung, sich an der weiteren Zerstörung des Planeten zu beteiligen, bedeutet einen Bruch mit traditioneller Politik.

Sie bedeutet Nicht-Kooperation mit den Autoritäten. Sie bedeutet, sich Konsumkapitalismus, Militarismus und Imperialismus auf jede mögliche gewaltfreie Weise zu widersetzen. Sie bedeutet, unseren Lebensstil anzupassen, inklusive des Wechsels zu einer veganen Ernährung, um die Kräfte auszubremsen, die auf unsere Auslöschung hinwirken. Und sie bedeutet Wellen anhaltenden zivilen Ungehorsams, bis die Maschinerie zusammenbricht.

Der Zustand der Biosphäre, darunter des Amazonasregenwalds, der Ozeane und der polaren Eiskappen, verschlechtert sich sichtbar. Hitzewellen lähmen Europa, Australien und den Südwesten der USA. Überflutungen verwüsten den amerikanischen Mittleren Westen.

Mitte September 2019 erlebte das südöstliche Texas schwere Überschwemmungen mit zahlreichen Toten, als es vom siebt-regenreichsten tropischen Zyklon der US-Geschichte getroffen wurde, bei dem manche Regionen innerhalb von drei Tagen mehr als einen Meter Regen abbekamen.

Monströse Hurrikans verwüsten die Karibik und die US-Küsten. Brände verschlingen die Wälder an der Westküste. Doch trotz der spürbaren

Symptome des Klimanotstandes versichern die Eliten uns fortwährend, wir könnten weiter leben wie bisher.

Die mathematischen Modelle für die Zukunft des Planeten ergeben drei verheerende Verläufe: das massive Aussterben von etwa 70 Prozent der menschlichen Population und eine darauf folgende unsichere Stabilisierung; das Aussterben des Menschen und der meisten anderen Spezies; eine sofortige und radikale Umgestaltung der menschlichen Gesellschaft, um die Biosphäre zu schützen und sie vielfältiger und produktiver zu machen.

Dieses dritte Szenario, von dem die meisten Wissenschaftler glauben, dass es unwahrscheinlich ist, hängt von mehreren Faktoren ab: einem Stopp der Produktion und des Verbrauchs fossiler Brennstoffe, dem Wechsel zu einer pflanzenbasierten Ernährung, um die Industrie der Nutztierhaltung zu zerstören – die fast ebenso viele Treibhausgase wie die fossile Brennstoffindustrie verursacht – sowie der Begrünung von Wüsten und der Wiederherstellung der Regenwälder.

Wir wissen, was wir tun müssen, wenn unsere Kinder eine Zukunft haben sollen. Die einzig ausstehende Frage ist, wie wir Führungskräfte ermächtigen, die uns retten werden.

Klimaforscher warnen, dass wir bald einen Kipppunkt erreichen werden, an dem die Biosphäre so viel Schaden erlitten haben wird, dass keine der Anstrengungen, das Ökosystem zu retten, den unkontrollierbaren Klimawandel wird aufhalten können. Möglicherweise sind wir bereits an diesem Punkt.

Viele glauben, es handele sich dabei um eine weitere Zunahme der weltweiten Temperaturen um 2 Grad Celsius. Ab dann werden Rückkopplungsschleifen, sogenannte »feedback loops«, entstehen, in denen sich Umweltkatastrophen gegenseitig verschärfen.

Wir müssen uns einem neuen Radikalismus zuwenden. Wir müssen anhaltend zivilen Ungehorsam leisten, um die Maschinerie der Ausbeutung zu zerstören, selbst während wir uns auf die bevorstehenden unvermeidlichen Umsiedlungen und Katastrophen vorbereiten.

Wir müssen unsere Lebensweise und unseren Konsum verändern, um unseren persönlichen CO_2-Fußabdruck zu reduzieren. Und wir müssen uns organisieren, um bestehende Machtstrukturen durch solche zu ersetzen, die zu einer Bewältigung des nahenden Notstandes fähig sind.

HOFFNUNG

Kapitel 6

Charles Eisenstein
Der größere Zusammenhang

Wenn wir einzig den Klimawandel als akutes Problem definieren, verlieren wir andere existentielle Bedrohungen aus dem Blick.

Bedenken sind nicht überall beliebt. Und differenziertes Denken wird häufig nach dem Motto »Wer nicht für mich ist, ist gegen mich« abgekanzelt. Der Universalgelehrte Charles Eisenstein wagt es dennoch, in der aktuellen Klimadebatte unbequeme Fragen zu stellen: Könnte das Heraufbeschwören einer Apokalypse dazu führen, dass wir uns um andere brennende Probleme – etwa Krieg, Menschenhandel und Obdachlosigkeit – nicht mehr kümmern? Gehen wir fehl, wenn wir alles, was gegenwärtig und menschlich ist, dem fernen Ziel der »Klimarettung« opfern? Verkennen wir womöglich, dass die Katastrophe im Außen nur der Spiegel eines fatalen Ungleichgewichts in unserem eigenen Inneren ist?

Ich habe einige Parallelen zwischen drei maßgeblichen Institutionen unserer Zivilisation festgestellt: Geld, Krieg und den etablierten Religionen. Alle drei fordern, auf die eine oder andere Weise, die Aufgabe des Augenblicklichen, Menschlichen oder Persönlichen zugunsten eines übergeordneten, hintergründigen Ziels, das alles übertrifft.

Durch wirtschaftliche Erfordernisse beherrscht, opfern Millionen von Menschen Zeit, Energie, Familie und was ihnen wirklich am Herzen liegt, um dem Geld hinterherzujagen. Durch eine existenzielle Bedrohung beherrscht, wendet sich eine Nation, die sich im Krieg befindet, ab von Kultur, Freizeit, bürgerlichen Freiheiten und all dem, was für die Kriegsanstrengungen nicht von Nutzen ist. Durch das Versprechen von himmlischen Belohnungen oder höllischen Strafen kontrolliert, distanziert sich der Gläubige von unwichtigen weltlichen Dingen.

Jeder, der diesen Institutionen gegenüber skeptisch ist, ist möglicherweise auch skeptisch gegenüber dem üblichen Bericht bezüglich des Klimawandels, welcher sich für die gleiche Opfermentalität auf ein übergeordnetes Ziel eignet.

Wenn wir darin übereinstimmen, dass das Überleben der Menschheit auf dem Spiel steht, ist jedes Mittel gerechtfertigt, und alle anderen Anliegen – etwa die Reform der Gefängnisse, die Unterbringung von Obdachlosen, die Betreuung von Autisten, die Rettung misshandelter Tiere oder der Besuch ihrer Großmutter – wird zu einer ungerechtfertigten Ablenkung vom einzig wichtigen Ziel.

Auf die Spitze getrieben, bedeutet das, dass wir unser Herz für das, was sich gerade vor unseren Augen abspielt, verschließen müssen. Es ist keine Zeit zu verlieren! Alles steht auf dem Spiel! Es geht ums Ganze! Wie das der Logik des Geldes und der Logik des Krieges ähnelt.

Dass dieser Schrecken des Klimawandels so gut zu unserer gewohnten Denkweise passt, sollte uns zum Innehalten veranlassen. Es bedeutet nicht, dass der Klimawandel nicht alarmierend ist oder dass der Mensch ihn nicht verursacht hat, aber es deutet darauf hin, dass unsere Herangehensweise an das Problem den psychischen und ideologischen Unterbau des Systems zu stärken vermag, das den Planeten verschlingt.

Dies ist besonders wichtig, da sich die Aktivisten nahezu uneingeschränkt darüber einig sind, dass die Bemühungen zur Begrenzung der Kohlenstoffemissionen kläglich gescheitert sind.

Dieser Misserfolg ist jedoch nicht darauf zurückzuführen, dass die Bewegung zu radikal ist und »enger mit der Wirtschaft zusammenarbeiten« oder das Oxymoron des »nachhaltigen Wachstums« annehmen muss. Es ist eher so, dass sie nicht radikal genug ist – noch nicht bereit, die zentralen, unsichtbaren Narrative infrage zu stellen, die unsere Zivilisation lenken. Im Gegenteil, die Bewegung selbst verkörpert sie.

Eines, das sowohl Krieg, Geld als auch Religion bieten, ist die Vereinfachung komplexer Probleme. Bei einem Krieg gibt es einen identifizierbaren Feind – die Quelle allen Übels –, und die Lösung ist einfach: diesen Feind mit allen erforderlichen Mitteln zu überwinden.

Beim Geld erlaubt es die Unterordnung einer Vielzahl von Werten zu einem einzigen Wertmaßstab; Geld wird zur universellen Quelle aller schönen Dinge, und daher wird das Streben danach zum universellen

Selbstzweck – wenn wir nur genug Geld hätten, wären alle unsere Probleme gelöst. Auch in der Religion wird eines zum Schlüssel für alles.

Folgt man diesem Muster, dann sind Treibhausgase der Feind, und die Lösung, der Weg, um den »Klimawandel zu bekämpfen« oder gegen die »globale Erwärmung zu kämpfen« (beides gebräuchliche Formulierungen), besteht darin, Emissionen zu reduzieren (oder die CO_2-Sequestrierung zu erhöhen).

Um die Geldmetapher zu verwenden, werden CO_2-Emissionen zum Wertmaßstab, zu einer Zahl, die es zu minimieren gilt und zu einer Kennzahl, auf der man die Richtlinien stützen kann.

Dieser Ansatz passt auch gut in unsere Kultur: Es ist der Inbegriff von Rationalität, Entscheidungen anhand von Zahlen zu treffen. Um eine wissenschaftliche Entscheidung zu treffen, werden Daten gesammelt, Projektionen erstellt und die wahrscheinlichen Ergebnisse den Messwerten gemäß ausgewertet.

Das zu tun verursacht drei Probleme:

- das Unmessbare und das Qualitative werden zwangsläufig abgewertet;
- das angewandte Meßsystem beinhaltet und erhält bestehende Vorurteile und Machtverhältnisse, die ihrerseits einen Ökozid zur Folge haben;
- hierdurch wird die Illusion von Vorhersehbarkeit und Kontrolle gefördert, die die Wahrscheinlichkeit widernatürlicher, unbeabsichtigter Konsequenzen verschleiert.

Um das Problem zu erkennen, betrachten wir das Projekt der Tehri-Talsperre am indischen Fluss Bhilangna, das ursprüngliche Ökosysteme und alte Bauernhöfe überschwemmte und Hunderttausende Dorfbewohner vertrieb. Es wurde für seinen Beitrag zur Reduzierung von Treibhausgasen angepriesen und war eine von vielen Talsperren, die Emissionshandelszertifikate generierten.

Zumindest oberflächlich hat es seinen messbaren Zweck erreicht. Aber was ist mit den vertriebenen Dorfbewohnern? Nach den Angaben, die gemessen werden können, hat sich ihr Leben verbessert: Jeder von ihnen erhielt eine Unterkunft, die in Bezug auf Quadratmeterzahl, Sanitärinstallation und Elektrifizierung der angestammten Behausung überlegen war.

In Bezug auf die verlorenen Traditionen jedoch, die abgebrochenen sozialen Beziehungen, die verlorenen Erinnerungen, das verlorene Wissen und die Einzigartigkeit jedes überschwemmten Ortes – kurz gesagt, in

Bezug auf das, was *nicht* gemessen werden konnte (Problem 1), als auch das, was als *nicht messenswert* angesehen wurde (Problem 2) – haben Mensch und Natur einen schwerwiegenden Verlust erlitten.

Was Problem 3 betrifft, ist es auf lange Sicht zweifelhaft, ob die Talsperre den CO_2-Gehalt überhaupt gesenkt hat: Man sollte bedenken, dass traditionelle landwirtschaftliche Praktiken den Kohlenstoff im Boden binden können und dass die neu urbanisierten Dorfbewohner wahrscheinlich bald einen Lebensstil angenommen haben werden, der mehr Kohlenstoff verbraucht.

Darüber hinaus trägt die hydroelektrische Talsperre zur Entwicklung der Industrialisierung bei. Jedes Kraftwerk verstärkt eine Infrastruktur, die nach immer mehr verlangt. Die Talsperre kommt nicht anstelle von Kohlekraftwerken. Sie kommt zusätzlich zu ihnen hinzu.

Ähnlich verdrehte Ergebnisse plagen Biokraftstoffe und andere Strategien zur CO_2-Reduktion. Es ist verlockend, anzunehmen, dass wir lediglich eine falsche Herangehensweise zur Bekämpfung der CO_2-Emissionen verwenden: Vielleicht sollten wir, anstatt auf finanzielle Anreize, auf eine Regulierung bauen.

Tatsächlich jedoch könnte das Scheitern etwas Allgemeineres veranschaulichen: Es liegt nicht daran, dass wir eine falsche Methode gewählt haben, um eine Zahl zu minimieren. Es liegt daran, dass wir von Anfang an versucht haben, eine Zahl zu minimieren.

Bitte verstehen Sie mich richtig. Mein Argument hier ist *nicht*: »Verschiedene Programme zur Reduzierung von Treibhausgasen sind gescheitert, deshalb sollten wir Weiteres erst gar nicht erst versuchen.«

Ich möchte vielmehr anmerken, dass diese Misserfolge etwas gemeinsam haben – sie betonen das Globale gegenüber dem Regionalen, das Entfernte gegenüber dem Augenblicklichen, das Messbare gegenüber dem Qualitativen – und dass genau diese Überbetonung Teil derselben Mentalität ist, die der Krise von Anfang an zugrunde liegt.

Es ist die Mentalität, die alles für ein entferntes Ziel opfert, was kostbar, heilig und gegenwärtig ist; es ist die Mentalität des Instrumentalismus, der andere Wesen und die Erde selbst hinsichtlich ihres Nutzens für uns bewertet. Es ist Selbstüberschätzung, zu glauben, dass wir die Konsequenzen unseres Handelns sicher vorhersagen und kontrollieren können.

Es ist das Vertrauen in mathematische Modelle, das es uns ermöglicht, Entscheidungen anhand von Zahlen zu treffen. Es ist die Überzeugung, dass wir eine »Ursache« identifizieren können – eine Ursache, die eines, aber eben nicht alles beinhaltet – und dass wir die Realität dadurch verstehen können, indem wir sie zerlegen und in Variablen isolieren.

Meistens bedeutet das allerdings, dass Entscheidungen »anhand von Zahlen« aus finanziellen Gesichtspunkten getroffen werden. Ist es wirklich eine tiefgreifende Veränderung, dieselben Methoden und Denkweisen zu verwenden und diese dann auf eine andere Zahl anzuwenden?

Wir befinden uns auf bekanntem Terrain, wenn es darum geht, Probleme zu lösen, indem wir ihre isolierbaren, direkten Ursachen angreifen. Das ist wieder die Mentalität des Krieges – Verbrechen beenden, indem man die Täter abschreckt; Böses beenden, indem man die Übeltäter dominiert; Drogenmissbrauch beenden, indem man Drogen verbietet; Terrorismus beenden, indem man die Terroristen tötet. Aber die Welt ist komplizierter als das.

Was uns der Krieg gegen die Kriminalität, der Krieg gegen die Drogen, der Krieg gegen das Unkraut, der Krieg gegen den Terrorismus und der Krieg gegen die Keime zeigt, ist, dass die Ursache in der Regel keine lineare ist.

Verbrechen, Drogen, Unkraut, Terrorismus und Keime können Symptome einer tieferen, systemischen Disharmonie sein. Schlechter Boden zieht Unkraut an. Ein ausgelaugter Körper bietet eine zuträgliche Umgebung für Keime. Armut erzeugt Verbrechen. Imperialismus erzeugt gewaltsamen Widerstand. Entfremdung, Hoffnungslosigkeit, Sinnverlust und die Auflösung der Gemeinschaft fördern die Drogensucht.

Mit dem Klimawandel ist es ebenso.

Die Erde ist ein komplexes, lebendes System, dessen Aufrechterhaltung der Homöostase von der widerstandsfähigen Wechselwirkung jedes lebenden und nicht lebenden Teilsystems abhängt. Ich vermute, dass die größte Bedrohung nicht von den Treibhausgase als solchen, sondern vom Verlust von Wäldern, Feuchtgebieten und marinen Ökosystemen ausgeht.

Leben erhält Leben. Wenn diese homöostatischen Beziehungen zusammenbrechen, sind die Folgen unvorhersehbar: möglicherweise eine globale Erwärmung oder auch eine globale Abkühlung. Oder die zunehmend instabilen Rotationen eines Systems, das außer Kontrolle gerät.

Dies ist die Bedrohung, mit der wir konfrontiert sind und da es sich um eine multifaktorielle und nichtlineare Bedrohung handelt, können keine linearen Strategien zur Reduzierung der CO_2-Emissionen eingesetzt werden.

Ja, wir sollten den direkten CO_2-Ausstoß reduzieren – der Verlust des homöostatischen Gleichgewichts wird durch die Erhöhung des Energiedurchsatzes in einem dissipativen System noch verstärkt –, aber das Hauptaugenmerk muss auf der Gesundheit der menschlichen und natürlichen Systeme auf allen Ebenen liegen, bis hin zur lokalen und persönlichen Ebene.

Wie bei Terrorismus, Drogen oder Keimen kehren die Symptome in einer neuen und virulenteren Form zurück, wenn wir gegen die unmittelbare Ursache vorgehen, ohne die zugrunde liegenden Zustände zu beheben. In ähnlicher Weise wird, wenn wir Entscheidungen anhand von Zahlen treffen, das, was nicht gemessen wird, das ausgeschlossene andere, zurückkehren, um uns heimzusuchen.

Was würde passieren, wenn wir das Lokale, das Unmittelbare, das Qualitative, das Lebendige und das Schöne neu bewerten würden? Wir würden immer noch das meiste von dem ablehnen, was auch die Klimaschutzaktivisten ablehnen, allerdings aus verschiedenen Gründen:

- die Ölförderung aus Teersand, weil sie die Wälder zerstört und die Landschaft verunstaltet;
- die Gipfelabsprengung, weil sie heilige Berge vernichtet;
- Fracking, weil mit dem Wasser Schindluder getrieben wird und sich die Wasserqualität verschlechtert;
- Offshore-Ölbohrungen, weil auslaufendes Öl die Tierwelt vergiftet;
- Straßenbau, weil er das Land zerstückelt, totgefahrene Tiere verursacht, zur Suburbanisierung und zur Zerstörung von Lebensräumen beiträgt und den Verlust der Gemeinschaft beschleunigt.

Andererseits könnten viele der Technologien, die ich für wunderbar halte, auch aus Gründen des Klimawandels gerechtfertigt sein:

- landwirtschaftliche Praktiken, die den Boden regenerieren;
- Wiederherstellung von Wäldern und Feuchtgebieten;
- kleinere Häuser in dichter besiedelten Gemeinden;
- Wirtschaftssysteme, die auf Wiederverwendung, Upcycling und Schenkung beruhen;
- Fahrradkultur;
- Anlegen von Hausgärten.

Von daher habe ich es mir angewöhnt, die Argumente zum Klimawandel als nützlichen Verbündeten zu betrachten, als Legitimierer von Dingen, von denen ich mir wünsche, dass die Menschen sie von sich aus annehmen würden.

Wie das Beispiel der Tehri-Talsperre zeigt, handelt es sich jedoch um ein zweischneidiges Schwert. Es gibt viele Gründe, hierbei vorsichtig zu sein: Indem wir auf die Argumente des Klimawandels zurückgreifen, um Fracking, die Absprengung von Berggipfeln und den Aushub von Teersand zu verhindern, begeben wir uns in eine angreifbare Position, sollte die globale Erwärmung in Zweifel gezogen werden. Dies könnte aufgrund einer Änderung der wissenschaftlichen Meinung oder durch den Missbrauch der Wissenschaft für eigennützige Interessen geschehen. Es ist wahrscheinlicher, dass wir nicht einer gleichbleibenden Erwärmung entgegensehen, sondern eher mit zunehmend instabilen Erdrotationen zu rechnen haben, die sich nicht überzeugend einer einzigen Ursache zuordnen lassen.

Wenn Verfechter von Fracking oder Kernenergie plausibel argumentieren können, dass ihre Technologie die Emission von Treibhausgasen senkt, müssen wir diese, nach unserer eigenen Logik, ebenfalls unterstützen. Das geschieht bereits: Sehen Sie sich die »Think about it«-Kampagne (zu Deutsch etwa: »Denk darüber nach«-Kampagne) an, in der die Vorteile von Erdgas in Bezug auf den Klimawandel angepriesen werden. Ich glaube nicht, dass die Argumente der Gasindustrie einer sorgfältigen Prüfung standhalten können. Dennoch scheinen sie plausibel genug, um Erdgas einen umweltfreundlichen Glanz zu verleihen. »Es ist billiger. Es ist patriotischer. Es ist noch besser für das Klima als die vorhandenen Energiequellen.« Beachten Sie die übliche Ausrichtung dieser instrumentellen Argumente: eines beruht auf Geld, eines auf Wettbewerb zwischen den Nationen und eines auf Kohlenstoffemissionen.

Indem wir uns auf CO_2 konzentrieren, fördern wir potenziell katastrophale Geoengineering-Programme, wie das Einbringen von Eisenoxid in die Ozeane oder Schwefelsäure in die Atmosphäre. Wir gehen davon aus, dass ein technologisches Herumdoktern an den CO_2-Werten das Problem lösen wird, ohne dass sich unser Verhältnis zum Planeten grundlegend ändert, und befördern die Idee, dass wir uns endlos aus den Konsequenzen unseres Handelns herausmanipulieren können. Das geht in die gleiche Richtung wie die Anwendung von Gewalt, um »Terroristen« zu stoppen und sich dann gegen die daraus resultierende Feindseligkeit mit noch mehr Gewalt zu schützen. Auch hier besteht eine Parallele zur Mentalität des Krieges.

Das verbreitete Argument, der Klimawandel sei schlimm, weil er unsere Zukunft bedroht, stärkt die Mentalität des instrumentellen Utilitarismus: Die Natur ist wertvoll, weil sie für uns von Nutzen ist.

Haben nicht der Planet und alle seine Wesen einen eigenständigen Wert? Oder ist die Welt letztlich nichts weiter als ein Haufen von nützlichem Kram? Natürlich liegt es in unserem eigenen Interesse, CO_2 zu begrenzen, aber gewöhnlich liegt es auch im eigenen Interesse eines Landes, eines Unternehmens oder einer Einzelperson, es weniger stark als seine Konkurrenten zu begrenzen. Indem wir auf Eigennutz und Angst abzielen, stärken wir diese Gepflogenheiten von Eigennutz und Angst, die sich, seien wir ehrlich, normalerweise zusammentun, um den Planeten zu zerstören, nicht um ihn zu retten. Wir werden niemals das Maß an Fürsorge in der Welt erhöhen, wenn wir nach Eigeninteressen trachten. Wir müssen Fürsorge, Respekt und Liebe anstreben.

Mit Heraufbeschwörung einer Klimaapokalypse wird diejenige Arbeit abgewertet, die kaum erkennbare Bedeutung für den Klimawandel hat. Angelegenheiten, wie die Reform des Strafvollzugssystems, die Unterbringung von Obdachlosen, die Beendigung des Menschenhandels, Abschaffung von Belohnungen oder Drohungen in der Schulausbildung und die Legitimation der ganzheitlichen Medizin, haben bestenfalls einen unbedeutenden, indirekten Bezug zur atmosphärischen Gesundheit. In der Tat könnte ein Zyniker, der Ebenezer Scrooge (der hartherzige Geizkragen aus »Eine Weihnachtsgeschichte« von Charles Dickens, Anmerkung des Übersetzers) channelt, argumentieren, dass die Rehabilitation von Obdachlosen den Klimawandel verschlimmert, da sie zu konsumierenden Mitgliedern der Gesellschaft werden.

Vielleicht sollten wir all diese Angelegenheiten auf Eis legen – was werden sie schließlich ausmachen, wenn der Planet unbewohnbar wird? – solange, bis wir das Problem des Klimawandels gelöst haben. Auch hier sehen wir wieder die Mentalität von Geld und Krieg. Lebe nicht jetzt dein Leben, sondern warte, bis du finanzielle Sicherheit erreicht hast. Opfere alles für die Kriegsanstrengungen.

Diese Denkweise ist falsch. Die oben aufgeführten Probleme haben alles mit dem Klima zu tun, denn die Ursache für die Klimainstabilität beinhaltet alles: das ganze Ausmaß unserer Trennung von Erde, Natur, Herz, Wahrheit, Liebe, Gemeinschaft und Mitgefühl.

Wir bewegen uns hin zu einem tieferen Verständnis bezüglich unserer Wechselbeziehung mit der Natur und darüber hinaus für unser »gegenseitiges Verbundensein«.

Wenn sich tatsächlich das Selbst und die Welt, die Menschheit und die Natur wechselseitig spiegeln und Teil voneinander sind, dann sollte es naheliegen, dass eine Instabilität des Klimas mit einer Instabilität des sozialen und politischen Klimas einhergeht und dass Ungleichgewichte im Bereich der Natur Ungleichgewichte im menschlichen Bereich widerspiegeln.

Treibhausgase sind nur ein Medium – wahrscheinlich eines von vielen, deren wir uns nicht einmal bewusst sind –, nach dem dieses Prinzip funktioniert.

Wenn wir dieses Prinzip ignorieren, wird sich das symptomatische Fieber des Klimawandels nur weiter verschlechtern, unabhängig davon, welche makroskopischen Maßnahmen wir ergreifen, um die unmittelbaren Ursachen anzugehen.

Diese Maßnahmen werden unwirksam sein oder sogar nach hinten losgehen, wie sie es jetzt schon tun, wenn wir nicht aus einem Narrativ heraus agieren, das jede Art, jeden Menschen, jeden Wald, jeden Fluss für sich wertschätzt und nicht nach ihrem instrumentellen Nutzen bewertet.

Lasst uns den Krieg gegen den Klimawandel aufgeben und die Dinge neu bewerten, die von der Mentalität des Krieges ausgeschlossen werden. Paradoxerweise kann dann, und nur dann, das Fieber abklingen und der CO_2-Gehalt sinken.

Roland Rottenfußer
Die Tiefen-Ökologie

Um die Umwelt wirksam zu schützen, müssen wir zuerst einmal erkennen, dass wir selbst ein Teil der Natur sind.

Öko- und Klimadebatten bleiben oft in hohem Maße abstrakt. Sie sprechen die Gefühle der Menschen nicht an, ihre Liebe zu Tieren, Pflanzen, Erde und Wasser und die Trauer über ihr absehbares Sterben. Ökologisches Denken und Fühlen verändert sich grundlegend, wenn wir zu erkennen beginnen, dass wir von den Naturphänomenen »da draußen« nicht getrennt sind. Dass die Natur vielmehr etwas wie unser erweitertes Selbst ist. Uns selbst würden wir nicht willentlich verletzen, würden wir vielmehr als schützenswert betrachten. Eine mystische Welthaltung könnte so auf direktem Weg zum Widerstand gegen jene Kräfte führen, die die Harmonie des Ganzen aufgrund einer verqueren Profitlogik zerstören wollen. Eine solche Philosophie vertrat Ende des 20. Jahrhunderts die Tiefen-Ökologie. Sie betrachtet – mit ihrer Pionierin Joanna Macy – »die Welt als Geliebte«. Eine liebevolle Rückbesinnung auf die grundlegende Einheit allen Lebens könnte der Ökobewegung neuen Schwung verleihen.

»Es geht eigentlich um das Leben an sich!«, sagte Andrea Schaupp vom Bund für Umwelt und Naturschutz Deutschland, BUND, anlässlich der Proteste rund um den Hambacher Forst. »Accept existence of expect resistance«, plakatierten Baumbesetzer im Hambi. Bei Occupy Wallstreet, 2011 in San Francisco, breiteten Demonstranten vor hochgerüsteten Polizisten plötzlich ihre Teppiche aus und gingen in Meditationshaltung. Die Ordnungshüter schienen zunächst ratlos, dann trugen sie die Meditierenden mit viel Mühe davon. Die Sympathie und der moralische Sieg waren aufseiten der absolut friedlich Protestierenden. Andere religiöse Menschen sagten es noch deutlicher. Sie wollen »das Heilige verteidigen«.

Der Slogan »Defend the Sacred« war erstmals 2016 durch die friedlichen Proteste der Indigenen gegen eine Ölpipeline in Nord-Dakota bekannt geworden. Seither führen immer mehr politische Aktivisten für ihr Tun auch spirituelle und tiefenökologische Gründe an. Am Strand von Odeceixe (Portugal) formten Aktivisten mit ihren Körpern einen riesigen Delfin. Und die Sätze: »Nein zur Bohrung, ja zur Zukunft. Das Heilige verteidigen.« Die Aktion erfolgte aus Protest dagegen, dass die portugiesische Regierung dieses Naturkleinod an internationale Ölfirmen verkauft hatte.

Spiritualität – keine Weltfluchthilfe

Spiritualität wird von politischen Aktivisten oft als Weltfluchthilfe diffamiert, gleichsam als Verrat an der Erde mit Blick auf einen imaginären Himmel. Immer wieder aber haben sich Menschen aus spirituellen Motiven in die Politik eingemischt – etwa Mahatma Gandhi, Dietrich Bonhoeffer oder Sophie Scholl. Oder auch der Zenmeister Bernard Glassman, der mit Obdachlosen zusammen eine Bäckerei eröffnete und sie so von der Straße holte. Die schnellste Brücke zwischen den Welten des politischen Aktivismus und der Spiritualität ist derzeit wohl die Ökologie. An ihr lässt sich am besten die wechselseitige Abhängigkeit allen Lebens demonstrieren. Sacred Activism – das heißt: Schützen, was einem heilig ist vor denen, denen nichts heilig ist als ihr Profit.

Man muss nicht das Wort »heilig« verwenden und sich ebenso wenig auf »Gott« berufen, wenn man Natur als schützenswertes, von Leben und Geist durchdrungenes, auch mit uns selbst auf das engste verbundene Netzwerk betrachten will. Spirituell inspirierte Politik generell berücksichtigt in allen ideologischen und praktischen Fragen die geistig-energetische Innenseite der Dinge, sozusagen ihre Seele.

Tiefenökologie im Speziellen unterscheidet sich vom herkömmlichen Umweltschutz darin, dass sie in der Natur eine tiefere Dimension aufzuspüren vermag. Die Natur besitzt somit eine Würde jenseits ihres Nutzwerts und ist mehr als nur eine hübsche Kulisse für menschliches Handeln.

Vor allem ist sie nichts, was vom Menschen grundsätzlich verschieden ist. Was schützt denn der Umweltschützer? – Sich selbst, denn er *ist* die Natur. Und beide – die Natur wie der Mensch – sind Teile eines Ganzen, dem Bewusstsein Leben und Sinn verleiht. Tiefenökologie ist Ökologie aus einem mystischen Weltbild und mystischen Erleben heraus. In ähnlicher Weise kann es auch Tiefenpolitik und Tiefenökonomie geben.

Zwei Beispiele: Von einem mystischen Standpunkt aus gesehen, kann ich nicht Krieg gegen ein anderes Land führen, weil der »Andere«, den ich angreife oder töte, nicht von mir getrennt ist. *Das bin ich selbst.* Analog dazu werde ich keinen meiner Mitmenschen ausbeuten wollen, denn als Ausbeuter bin ich mit dem Ausgebeuteten energetisch verbunden. Es wird also deutlich, dass ernst gemeinte Spiritualität oder Mystik enorme politische Konsequenzen hätte. Das gegenwärtige auf Wachstum und Verschuldung basierende Wirtschaftssystem ist zum Beispiel aus einem spirituellen Blickwinkel heraus nicht tragbar.

Soziale Mystik

Es ist nicht pauschal zu beantworten, ob »die Spiritualität« ein eher hilfreiches oder schädliches Phänomen ist. Schon die Frage ist falsch gestellt. Es kommt ganz darauf an, welche spirituelle Weltanschauung und Praxis gemeint ist. Wird ein Schritt in Richtung Befreiung gegangen oder in Richtung »selbstverschuldete Unmündigkeit«, wie Immanuel Kant es ausdrückte. Fördert Spiritualität einen mitfühlenden und unterstützenden Umgang mit anderen Wesen oder verhärtet sie uns. Bestärkt sie uns in einem vielleicht egozentrischen Erleuchtungsstreben? Mit den Worten des spirituellen Kultautors Carlos Castaneda könnte man all diese Fragen so zusammenfassen: »Hat der Weg ein Herz?« Geseko von Lüpke, einer der Hauptvertreter der Tiefenökologie in Deutschland, schrieb in einem Aufsatz für das mittlerweile eingestellte spirituelle Magazin *connection*:

> *»Spiritualität kann Politik befruchten, und Politik kann zur spirituellen Praxis werden. Die alten Trennungen sind aufgehoben, die Grabenkämpfe können eingestellt werden. In Zukunft wird es darum gehen, den spirituell Suchenden dabei zu helfen, die inneren Reformen ins Außen zu tragen und die Aktivisten dabei zu unterstützen, die Reform der Welt im Innen zu verankern.«*

Für den Benediktinerpater und Zenmeister Willigis Jäger ist Spiritualität eine der ganz wesentlichen Grundlagen des sozial- und umweltverträglichen Handelns:

»Erkennen und erfahren, dass wir eins sind – daraus kommt eigentlich alle Ethik. Die Ethik kommt nicht aus ›du sollt, du musst oder du darfst nicht‹. Sie kommt aus dieser Erfahrung der Einheit heraus. Wenn ich die Not des Anderen als meine Not erfahre, dann tue ich gleichsam etwas für mich, wenn ich dem Anderen helfe.«

Mystik, so könnte man schlussfolgern, ist ihrem Wesen nach sozial; religiöse Institutionen sind es dagegen nicht unbedingt, weil sie häufig auch mit einer Rhetorik der Ausgrenzung gegenüber den »Nicht-Dazugehörigen« oder »Nicht-Linientreuen« arbeiten. Da Mystik der innere, dem unmittelbaren Erleben entspringende Kern aller Religionen ist, soll hier auch kein bestimmtes religiöses Bekenntnis auf Kosten eines anderen hervorgehoben werden. Soziale und nicht-soziale Strömungen können sich vielmehr vor jedem kulturellen und religiösen Hintergrund entfalten.

Die Erde in uns weinen hören

Der vietnamesische Zen-Mönch Thích Nhất Hạnh entwickelte eine moderne Spielart des engagierten Buddhismus, die das Gegenteil von Weltabgewandtheit repräsentiert. Seine Argumente lehnen sich eng an die Schriften des Religionsgründers und dessen Lehre vom »Nicht-Selbst« an.

Was der Mensch sein »Selbst« nennt, ist nach Buddha durchdrungen von Elementen des »Nicht-Selbst« – etwa Wasser, Luft, pflanzliche und mineralische Strukturen – sowie von Bewusstseinsströmungen, die aus ihm selbst kommen. Thích Nhất Hạnh nennt diese Erkenntnis »die Lehre des gegenseitigen Sich-Durchdringens, des Zusammenseins (interbeing). Man kann nicht einfach nur sein, man muss mit sein, von allem durchdrungen«.

Von Thích Nhất Hạnh stammt auch der schöne Satz: »Wir müssen beginnen, die Erde in uns weinen zu hören.« Er entwirft ein überraschend aktives Bild von einem religiösen Menschen:

»Wenn die Erde dein Körper wäre, könntest du viele Bereiche wahrnehmen, an denen sie leidet. Viele Menschen sind sich des Leidens der Welt bewusst, und ihre Herzen sind voller Mitgefühl. Sie wissen, was getan werden muss. Sie setzen sich auch politischer, sozialer und ökologischer Ebene ein, um die Zustände zu verändern.«

Den Begriff der »sozialen Mystik« benutzt ganz explizit auch die inzwischen 90-jährige US-Amerikanerin Joanna Macy, bekannt als die große alte Dame der Tiefenökologie. Joanna Macy spricht vom Modell eines »Ökologischen Selbst«, wodurch das herkömmliche Bild vom »hautverkapselten Ego« aus den Angeln gehoben werde. Dadurch werde auch der Begriff des »Eigennutzes« um eine entscheidende Dimension erweitert.

Man kann nicht einen Baum fällen, ein Tier quälen oder einen Moorsee verseuchen, ohne dadurch zugleich seinem erweiterten Selbst zu schaden, seinen eigenen erweiterten »Körper« zu verletzen.

Die Empfindung, dass die Erde unser Körper ist, entspricht der hinduistischen Erkenntnis »Tat tvam asi.« Wörtlich bedeutet der Satz: »Das bist Du.« Er stammt aus den Upanishaden, den heiligen Schriften der Hindus. Was immer du vor dir siehst, meint dieser Satz, ist nicht von dir getrennt, du bist es selbst.

Die Welt als Liebesobjekt

In ihrem Buch *»World as Lover, World as Self«* (deutscher Titel: »Geliebte Erde, gereiftes Selbst – Mut zu Wandel und Erneuerung«) breitet Macy eine Weltsicht aus, die aufregend und inspirierend wirkt – nicht wirklich neu allerdings, bedenkt man ihre Wurzeln in den Naturreligionen, etwa in den schamanischen Traditionen. Die Welt wurde von vielen Menschen zu lange als »Schlachtfeld« oder als »Falle« interpretiert – also als ein Ort, von dem man mittels spiritueller Übungen zu entfliehen sucht. Stattdessen sollte die Welt für das geöffnete Herz zum »Liebesobjekt« werden, was die Autorin mit durchaus auch erotischem Vokabular beschreibt:

»Denn wer die Welt als Geliebten sieht und einen klugen aufmerksamen Blick dafür hat, dem kann jedes Wesen, das ihr oder ihm begegnet, Ausdruck sein für diesen immer noch anhaltenden erotischen Impuls.«

Liebe beziehungsweise Erotik meint hier das Zueinanderstreben von nur scheinbar voneinander getrennten Lebensformen, die ihren gemeinsamen Ursprung erkennen.

Das zweite Denkmodell Joanna Macys betrachtet die Welt als unser erweitertes Selbst.

> *»Wir sind unsere Welt, die gerade lernt, sich selbst zu begreifen. Wir dürfen unsere Isolation aufgeben. Wir können wieder heimisch werden in einer Welt, die wir erleben als Selbst und als Geliebte.«*

Verbunden ist dies mit dem Bild einer gänzlich von Bewusstsein durchdrungenen Realität.

> *»Alle Welten und Ebenen des Daseins sind angefüllt mit Bewusstsein. Unser Geist kann Verbindung mit sämtlichen Formen des Lebens wahrnehmen und direkt von ihnen lernen.«*

Gerade der Dharma, die buddhistische Lehre, dient Macy als Wegweiser zu tiefenökologischem Denken und Empfinden: »Als erstes zeigt sie uns, dass wir zutiefst eingebunden sind in das Gewebe des Lebens und befreit uns so von menschlicher Überheblichkeit und Einsamkeit.« Dharma und Tiefenökologie entfalten so einen geradezu therapeutischen Nutzen, denn speziell Überheblichkeit und Einsamkeit sind Wurzeln vieler (Zeit-)Krankheiten.

Aussöhnung mit Mutter Erde

In Anlehnung an C.G. Jung beschreibt Joanna Macy das Verhältnis des Menschen zur Erde auch als Hassliebe des »Sohnes« zu seiner »Mutter«. Diese äußert sich auch in der Ablehnung alles Materiellen (»materiell« von lateinisch »mater« = Mutter):

> *»Wenn man die archetypische Mutter mit dem Begriff ›Erde‹ verbindet und ihr den Begriff ›Seele‹ gegenüberstellt, so führt das auf der Seite des Sohnes – oder des Geistes – zu zweierlei Reaktionsweisen: Rebellion oder Inbesitznahme. Der Geist rebelliert, indem er die Materie geringschätzt. Das kann durch Selbstkasteiung des Fleisches geschehen, aber auch durch die Zerstörung*

der natürlichen Welt. Oder er strebt danach, die Mutter zu besitzen, indem er sich ihre Güter und Rohstoffe aneignet und sie für seine Zwecke nutzt.«

Eine Menschheit, die im gegenwärtigen Zustand wohl eher in Behandlung gehören würde als an die Schalthebel der Macht, könnte gesunden: durch die Aussöhnung mit dem »Mütterlichen«, also gleichermaßen mit ihrem eigenen Körper und mit der nährenden Erde.

Auch in Europa hat eine vergleichbare Philosophie Tradition. Sie ist dort am ehesten unter den Begriffen »Romantik« und »Idealismus« bekannt. Der Urgrund romantischer Kunst ist das intuitive Wissen um die Einheit. Damit verbunden ist die Sehnsucht des scheinbar isolierten Einzelnen nach Wiederverschmelzung mit dem göttlichen Urgrund. Romantische Philosophie, die Anfang des 19. Jahrhunderts in Deutschland ihre Blütezeit erlebte (Johann Gottlieb Fichte, Friedrich Wilhelm Schelling und andere), betrachtete die Natur als Außenseite der Seele, die Seele als Innenseite der Schöpfung, beide eigentlich nicht voneinander getrennt, sondern ein und dasselbe, nur aus zwei unterschiedlichen Perspektiven gesehen.

In Momenten der Inspiration, so die Romantiker, kann der Dichter diese ursprüngliche Einheit erleben. Sprache, in ihrer wunderbaren Zweideutigkeit, ist das ideale Medium, um beide Seiten der Schöpfung – das Innen und das Außen – in Eines zu fassen. Kunst kann – in einer schönen Formulierung des griechischen Philosophen Plotin gesprochen – beschreiben, »wie die Seele von allen Seiten in die ruhende Welt einströmt, sich in sie ergießt, sie durchdringt und in sie hineinleuchtet«. Friedrich Hölderlin, der auch ein großer Naturphilosoph war, drückte es so aus: »Eines zu sein mit allem, das ist das Leben der Gottheit, das ist der Himmel des Menschen.«

Comeback der Tiefenökologie

Die Philosophie des 19. Jahrhunderts scheint weit weg von uns zu sein. Und noch weiter die vermeintlich spekulative Philosophie. Die wesentlichen Vordenkerinnen und Vordenker der Tiefenökologie scheinen aus der Mode gekommen, ihre Konzepte überwiegend ein Phänomen der 90er und Nullerjahre gewesen zu sein, als Tiefenökologie ein viel diskutiertes Thema in spirituellen Magazinen war. Man kannte etwa

James Lovelock, den Begründer der Gaia-Hypothese, der behauptete, die Erde selbst sei ein Lebewesen, sowie Arne Naess und Joanna Macy, die Pioniere der »Deep Ecology«. Heute ist wenig davon die Rede. Dieses Desinteresse der Öffentlichkeit ist aber nur ein scheinbares. Die Namen und Konzepte sind vielleicht aus dem Blickfeld geraten, das – worum es im Kern geht – ist es nicht.

Wir leben in einer Zeit, in der die eskalierende Klimakatastrophe, das Insekten- und Artensterben, die Dürresommer und der »stumme Frühling« (das Ausbleiben von Vogelgesang) Millionen von Menschen alarmiert hat, die sich lange um dergleichen nicht gekümmert hatten. Die Bücher von Peter Wohlleben wie »Das geheime Leben der Bäume« erreichen Millionen-Auflagen. Der professionelle Förster ist kein spiritueller Schwärmer, jedoch jemand, der uns die enge Vernetzung der Naturphänomene untereinander, die Würde der Tiere und Pflanzenwesen und ihre besonderen, teilweise ans Phantastische grenzenden Fähigkeiten immer wieder vor Augen führt. Wir leben in einer Zeit, in der Land- und Gartenmagazine boomen und Bienenweiden in vielen Städten jeden verfügbaren Streifen Brachland, jede Verkehrsinsel bedecken.

Im Film »Avatar« (2009) wird die Verbundenheit in einem lebendigen Ökosystem sehr anschaulich dargestellt. Unter dem Schutz einer großen und gütigen Muttergöttin, Eywa genannt, sind die verschiedenen Lebensformen des fiktiven Planeten Pandora zu einem einheitlichen Netz des Lebens verwoben, das auch eine übergreifende Intelligenz besitzt – ähnlich einem großen Gehirn, in dem die Einzelwesen nur Nervenzellen sind. Die blauhäutigen Ureinwohner, die Na'vi, können sich über ihre Zöpfe mit jeder Lebensform wie mit einem Kabel verbinden, sodass ein telepathischer Austausch von Gedanken und Gefühlen möglich ist. »Ich versuche, diese tiefe Verbindung zu verstehen, die dieses Volk mit dem Wald hat«, sagt der Held der Geschichte, Jake Sully, und über die Stammesschamanin der Na'vi:

> *»Sie spricht von einem Netzwerk von Energie, die durch alles fließt, was lebt. Sie sagt, alle Energie ist nur geborgt, und eines Tages müssen wir sie zurückgeben!«*

»Avatar« wird in den kommenden Jahren mit gleich vier Filmen fortgesetzt werden – eine Hoffnung in der Ära Trump/Bolsenaro. Der Erfolg des Films zeigt, dass Tiefenökologie kein Nischenphänomen mehr ist. Was unzählige Menschen bewegt, wird nur normalerweise nicht so genannt.

Brücke zwischen politischem Aktivismus und Spiritualität

Tiefenökologie ist die derzeit am leichtesten begehbare Brücke zwischen politischem Aktivismus und Spiritualität. Sie kommt sogar ohne das Wort oder einen Begriff von »Spiritualität« aus. Für Christen mag hier der Begriff »Schöpfung« ins Spiel kommen. Atheisten erkennen zumindest eine umfassende Vernetzung, ein systemisches Zusammenspiel zwischen den Naturphänomenen an.

Wichtig ist dabei, dass Tiefenökologie nicht nur Gegenstand naturphilosophischer Studien bleibt – so bereichernd die Lektüre von Titeln wie »World as Lover, World as Self« von Joanna Macy auch sein mag –, sondern, dass sie als gelebte Naturliebe in den Alltag einfließt.

Man kann sich schlecht für den Schutz von Kindern engagieren, ohne auch nur einmal bereit zu sein, sich mit diesen kleinen Menschen zu unterhalten, mit ihnen zu spielen, zu essen, zu lachen, Musik zu hören oder notfalls zu streiten. Ebenso macht es wenig Sinn, theoretisch und überfliegerhaft »die Umwelt« schützen zu wollen, jedoch mit einem einzelnen Tier oder einer Pflanze keinerlei Beziehung aufbauen zu können.

Ohne einmal fünf Minuten innezuhalten, um das Herumturnen eines Eichhörnchens zu beobachten, die Fortschritte der Cosmeenblüte im eigenen Garten zu bestaunen oder einen vor dem Ansturm der Bienen brummenden blühenden Lindenbaum, bleibt ökologisches, selbst tiefenökologisches Denken abstrakt.

Die Natur als »Du«

Wirkliche »Tiefe« erwächst dort, wo wir lernen, unser Gegenüber als Subjekt, anstatt nur als Objekt zu betrachten, wo wir in den Dialog mit den Naturwesen treten, mag sich dieser auch nonverbal abspielen. Dorothee Sölle schreibt in ihrem Buch *»Mystik und Widerstand«*: »Auf eine einfache Formel gebracht, ist die Natur kein Es, kein zu benutzendes Material, das in der patriarchal gedachten Hierarchie ganz unten steht, sondern ein lebendiges Du.« Auch Sölle greift das Bild von der »Welt als Geliebter« auf:

> *»Statt die Welt und alles, was in ihr ist, zu benutzen, fangen gewöhnliche Mystikerinnen an, sie stammelnd zu loben, aus der Betrachterin wird immer wieder eine verschmelzende Liebhaberin.«*

Eine der wesentlichen Formen der Natur, auf uns zu reagieren, ist ihr Wachstum. Findhorn in Nordschottland war eine karge Region. Der Wind von der Nordsee fegte ungemütlich über das Land und ließ die Neuansiedler – Peter und Eileen Caddy sowie Dorothy Maclean – frösteln. Die spirituellen Sucher und Begründer einer Lebensgemeinschaft taten sich schwer, zwischen Stechginster und Dünensand auch nur die einfachsten Gemüsesorten für den Eigenverzehr anzubauen. Die Rettung kam dann auf ungewöhnlichem Weg während einer von Dorothys Meditationen. Sie meinte nämlich, auf einmal die Botschaft einer »inneren Stimme« zu vernehmen, wie sie in ihrem Buch *»Du kannst mit Engeln sprechen«* beschrieb. »Stimmt euch auf die Naturgeister ein«, sagte die Stimme. Und: »Die Naturkräfte freuen sich, wenn freundliche Mächte sie empfinden.«

Die ersten Menschen, denen die Pflanzenflüsterin von ihren Erlebnissen berichtete, lachten – wie jetzt wahrscheinlich viele Leser. Aber der Erfolg gab Dorothy Macleans exzentrischer »Methode« Recht. Die Nahrungspflanzen fühlten sich wertgeschätzt, und sie kooperierten. Aus Findhorn wurde ein legendärer Paradiesgarten mit Pflanzen, die ihre übliche Wuchshöhe teilweise dramatisch überstiegen, Pflanzen von unvergleichlich gesunder Ausstrahlung und aromatischem Geschmack. Gerade spirituell interessierte Menschen reisen bis heute aus ganz Europa nach Findhorn, um das Wunder zu bestaunen.

Pflanzen sind in unserer Kultur oft zu seelenlose »Dingen« abgewertet worden, »dumm wie Brot« und nur begabt mit unbewussten vegetativen Wachstumskräften. In der kosmischen Hierarchie, in der Menschen den Oberbefehl, Tiere bestenfalls Unteroffiziersränge beanspruchen können, sind Pflanzen gleichsam die Mannschaftsdienstgrade: unbewegt, passiv und unbegrenzt für uns verfügbar.

Wer Pflanzen für dumm und primitiv hält, ist aber vielleicht nur nicht gut informiert – und selbst schuld, wenn ihm eine faszinierende, atemberaubend schöne Welt verschlossen bleibt.

Wer Blumen und Bäume noch immer unterschätzt, sollte sich einmal Naturaufnahmen im Zeitraffer anschauen. Sie zeigen ungeheuer bewegliche Lebewesen in ihren Wachstums- und Zerfallszyklen, in Wach- und Schlafphasen, im Daseinskampf und in Wechselwirkung mit Tieren – etwa mit Fressfeinden oder bestäubenden Insekten.

Die wunderbare Welt der Pflanzen

Der Naturfilmer David Attenborough sagte in seiner großartigen Dokumentation »The Private Life of Plants«: »Pflanzen können sehen. Sie können zählen und miteinander kommunizieren. Sie haben die Fähigkeit, auf die leichteste Berührung zu reagieren und die Zeit mit geradezu unglaublicher Präzision zu registrieren. Der Hauptgrund, warum wir diese Fähigkeiten nicht wahrnehmen, ist, dass Pflanzen sich größtenteils in einer anderen Zeitdimension bewegen als wir.«

Diese »Zeitlupen-Wesen« schaffen es zum Beispiel, wenn sich Schädlinge nähern, mit Hilfe bestimmter Duftstoffe deren Fressfeinde herbeizurufen. Sie haben es mithilfe genialer Tricks geschafft, die scheinbar höherrangigen Tiere für sich dienstbar zu machen. Indem sie Bienen zum Beispiel in enge Blütenkelche locken, aus denen sie nur mit pollenübersätem Pelz wieder entkommen können. Oder indem sie aus ihren Blüten perfekte Kopien bestimmter Fliegen formen und diese zur »Kopulation« anregen. Eichhörnchen »dienen« den Bäumen, indem sie deren Früchte (etwa Bucheckern) überall vergraben, und Affen, indem sie gefressene Feigenkerne über ihren Kot wieder abgeben, woraus neue Feigenbäume sprießen können.

Der »Pflanzenschamane« und Bestsellerautor Wolf-Dieter Storl behauptet aufgrund meditativer Kontaktaufnahme mit den Pflanzengeistern: »Sie wollen bewundert, verehrt und geliebt werden. Sie wollen an unseren Gedanken und Imaginationen teilhaben. Denn unsere Gedanken und Gefühle sind für sie (...) Nahrung.« Mögen wir besonders religiöse Menschen sein oder nicht, es sollte nicht allzu schwer sein, zumindest ein bisschen Liebe und Bewunderung aufzubringen. Und ein wenig Respekt. Es genügt dafür eigentlich schon, mit offenen Augen durch die Welt zu gehen.

Natur als Weg in die Stille

Eckhart Tolle, der spirituelle Lehrer und Autor des Bestsellers »Jetzt!« erlebt Natur als einen für alle begehbaren Weg in die Stille, die auf dem Grund aller Dinge auf uns wartet.

»Sobald du deine Aufmerksamkeit auf etwas Natürliches richtest, auf irgendetwas, dessen Existenz sich ohne menschliches Zutun entfaltet, trittst du aus dem Gefängnis des begrifflichen Denkens heraus und hast bis zu einem gewissen Grad Anteil am Zustand der Verbundenheit mit dem Sein, in dem sich alles Natürliche noch befindet.«

Tolle gibt auf diese Weise eine liebevolle Einführung in die Naturmeditation:

»Einem Stein, Baum oder Tier Aufmerksamkeit zuzuwenden heißt nicht, an sie zu denken, sondern sie einfach wahrzunehmen und im Bewusstsein zu halten. Dann teilt sich dir etwas von ihrem Wesen mit. Du spürst, wie still sie sind, und dabei entsteht dieselbe Stille auch in dir. Du spürst, wie tief sie im Sein ruhen – wie sie vollkommen eins sind mit dem, was sie sind und wo sie sind. Indem du das wahrnimmst, findest auch du tief in dir selbst einen Ruheplatz.«

Liebe zur Natur – zu »allem«, von dem wir nicht getrennt sind – kann nun angesichts der derzeitigen Zustände zu emotionalen Reaktionen der Traurigkeit, ja der Verzweiflung führen. »Apathie« (wörtlich »Nicht-Leiden«) ist die weitaus bequemere Haltung, weshalb viele Menschen sie unbewusst der liebevollen Für-Sorge für die Mitwelt vorziehen. Gleichgültigkeit und Verdrängung tun einfach nicht so weh.

Joanna Macy empfiehlt dennoch, emotional aufzutauen.

»Kein Mensch ist in seinem Herzen frei von Kummer über das Leiden anderer. Es wird kaum jemanden geben, der völlig gleichgültig ist gegenüber den Gefahren, die die Erde und ihre Bewohner bedrohen. Niemand ist gänzlich ohne Sorge um die Lebensaussichten nachfolgender Generationen. Aber in einer Gesellschaft, die uns mit Botschaften wie ›Immer schön locker bleiben‹, ›Keep smiling‹ und ›Geiz ist geil‹ bei der Stange hält, ist es gar nicht so leicht, solchem Leid Glauben zu schenken.«

Raus aus der emotionalen Erstarrung!

Insofern ist auch eine wütende, eine vor Traurigkeit den Tränen nahe Greta Thunberg eine gute Symbolfigur für das, was jetzt kollektiv ansteht: ein Aufwachen aus gefährlicher Erstarrung. Zynismus – die Neigung, selbst über die schlimmsten Dinge mit witzelnder Leichtigkeit hinwegzugehen – ist im Grunde eine »Tugend« von gestern. Es wird dem Zynismus nicht gelingen, eine epochale Krise zu bewältigen, die er selbst mit herbeizuführen half. Was Not tut, ist vielmehr eine neue Ernsthaftigkeit, die aus dem Bewusstsein der Dringlichkeit entspringt. In den Statements gerade der jüngeren Generation finden wir diese Ernsthaftigkeit zum Glück wieder.

> *»Schmerz um die Welt zu empfinden ist deshalb ein lebendiges Zeugnis dessen, wie eingebunden wir in dieses Netz sind. (...)*
> *Leugnen wir den Schmerz, verhalten wir uns wie blockierte und verkümmerte Nervenzellen: Abgeschnitten vom Strom des Lebens schwächen wir das größere Ganze, dessen Teil wir sind. Wenn wir aber zulassen, dass der Schmerz seinen Weg durch uns nimmt, bekräftigen wir unsere Zugehörigkeit und stärken zugleich das kollektive Bewusstsein des größeren Ganzen.« (Joanna Macy)*

Sich abzukapseln, um den Schmerz zu vermeiden, schneidet uns also zugleich von jenem Verbundenheitsgefühl ab, das notwendig ist, um die wirklich heilsamen Schritte zu unternehmen. Der Weg zur Heilung führt durch den Schmerz hindurch, nicht an ihm vorbei.

Oder wie es der buddhistische Meister Shantideva sagte: *»Möge aller Kummer reifen in mir.«* Joanna Macy kommentiert das so:

> *»Wir helfen ihm reifen, wenn wir ihn durch unser Herz gehen lassen und guten, nahrhaften Kompost aus all dem Kummer machen.«*

Franz Ruppert

Das innere Ökosystem

Die Sorge um »die Welt da draußen« offenbart einen schweren Denkfehler, da das »Außen« bei uns Menschen regelhaft ein Spiegelbild des »Inneren« ist.

Über verschiedene Wege zum Umweltschutz wird gestritten, der Begriff »Umwelt« selbst wird jedoch nur in den seltensten Fällen angezweifelt. Er verortet das, was es zu schützen gilt, außerhalb von uns selbst, stellt den Menschen willkürlich in den Mittelpunkt des Ökoystems und ist somit ein ideologischer Begriff. »Mitwelt« wäre treffender. Vor allem aber müssen wir unseren Blick zurück richten auf uns selbst: auf unsere Innenwelt. Denn auch sie ist, wenn man so will, verseucht – durch Traumata, mit denen wir uns und andere belasten. Innenweltheilung wäre eine unbedingte Voraussetzung für wirksamen Mitweltschutz. Andernfalls stellt der Einsatz für die »Umwelt« nicht mehr als Symptombekämpfung dar, die nur darauf abzielt, das Überleben traumatisierter, weil konkurrenzfixierter Gesellschaften in die nächste Runde zu retten, um das grundsätzliche Zerstörungswerk fortsetzen zu können. Hilfreich und zutreffend zugleich ist vielmehr, was Albert Schweitzer auf den Punkt brachte, als er formulierte: »Ich bin Leben, das leben will, inmitten von Leben, das leben will.« Erst aus dieser Einsicht heraus vermögen wir uns als auch unserer Mitwelt Gutes zu tun.

Ob eine Diskussion in die richtige Richtung geht, zur Klärung von Sachverhalten und Interessen beiträgt oder von vornherein in die Irre läuft und von Ideologien beherrscht wird, hängt meines Erachtens von den verwendeten Grundbegriffen ab.

»Um-Welt« – bereits dieser Begriff enthält meiner Ansicht nach eine Anmaßung, weil ich mich als Mensch in den Mittelpunkt der »Welt« setze. Um mich soll diese sich dann drehen. Wobei auch der Begriff »Welt« schon so umfassend ist, dass er alles und nichts bedeuten kann. Er ist viel zu unkonkret, und auch hier täte Bescheidenheit not.

Als Mensch kann ich vielleicht noch über die Erde und die Erdkugel sprechen, aber auch das hat schon eine Dimension, welche für die meisten von uns jenseits aller Vorstellungskraft liegt und von der wir nur Millionstel Bruchteile an gesichertem Wissen zur Verfügung haben.

Wenn ich hingegen von mir und meiner Mit-Welt spreche, wechsle ich immerhin die Perspektive und sehe mich als Teil einer »Welt«, die mir das Leben ermöglicht und in der ich umgeben bin von Lebendigem, mit dem ich im Zusammenhang lebe.

Mein Leben ist dann gleichwertig zu anderem Leben, das ebenso die zur Verfügung stehenden Elemente dieser Erde verwendet, um zu entstehen, zu wachsen, sich zu vermehren und wieder zu vergehen. Mein Leben steht dann nicht grundsätzlich über diesem anderen Leben, auch nicht darunter. Das Wort Symbiose setzt sich zusammen aus »sym« (zusammen) und »biose« (leben).

Symbiose ist das Urprinzip des Lebendigen. Leben bringt Leben hervor. Mir ist dann als einzelner Mensch auch bewusst, dass ich wie jedes andere Lebewesen nur dieses eine Leben habe.

Wenn ich für mein eigenes Leben anderes Leben zerstören muss, mache ich das mit Respekt vor diesem. Ich bin mir bewusst, dass auch anderes Leben mich zerstören kann und wird, um selbst zu leben.

Um-Welt ist auch der nach außen gerichtete Blick, entweder indem ich voller Angst auf die Natur und die Mitlebewesen blicke, oder voller Begehrlichkeit abscanne, was ich davon brauchen könnte an Nahrungsmitteln, Bodenschätzen und Lebensräumen.

Wie ein Mensch allerdings nach außen blickt, ob gestresst, mit Angst und Wut, oder gelassen, voller Liebe und Mitgefühl, ist nur zu verstehen, wenn wir seine Innen-Welt mit in Betracht ziehen.

Und nach meinen Erfahrungen behandeln Menschen ihre Mit-Welt gut und mit Achtung, wenn auch ihre Innen-Welt, ihre »Psyche« in Ordnung ist.

Das ist in der Regel dann der Fall, wenn sie als Kinder von ihren Eltern gut behandelt wurden. Werden Menschen jedoch von früh an schlecht behandelt, sind sie nicht gewollt, werden abgelehnt, vernachlässigt, nicht geliebt, alleine gelassen, geschlagen oder gedemütigt, dann wird ihre Innen-Welt in Chaos versetzt, werden ihre Wahrnehmungen, Gefühle, Gedanken, Erinnerungen fragmentiert, und sie sind nicht mehr in der Lage, sich ein stimmiges Bild von ihrer Mit-Welt zu machen.

Sie konstruieren sich dann Schein-Welten in ihrem Kopf und verwenden Begriffe, die mit der Realität nur noch wenig zu tun haben und die sie der Realität mit Gewalt überstülpen. Ihre eigene Psyche befindet sich außerhalb ihrer bewussten Kontrolle. Statt ihr eigenes Leben zu leben, überleben sie nur. Sie zerstören dabei anderes Leben und die eigenen Lebensgrundlagen in einem Ausmaß, das jenseits des für ein gutes Leben Notwendigen ist.

Daher traumatisieren vorwiegend solche Menschen ihre Mit-Welt, deren Innen-Welt traumatisiert ist.

Sie stellen wie taub und blind das Chaos in ihrem Inneren in ihrer Außenwelt her. Sie haben den gefühlten Bezug zu ihrem Körper und seinen Lebensbedürfnissen, vor allem zu ihrem Ich verloren. Sie leben in einem grundsätzlichen emotionalen Kontakt- und Liebesmangel.

Sie versuchen, mit ihren Trauma-Überlebensstrategien ihren emotionalen Mangel, ihre emotionalen Blockaden und Sackgassen mit materiellen Dingen und abstrakten Vorstellungen wie Geld, Gewinn, Profit und Erfolg zu kompensieren.

Und auch die Schäden, die sie damit in ihrer Mit-Welt anrichten, versuchen sie mit den gleichen untauglichen Mitteln – Geld, Steuern, rein technische Lösungen – abzuwenden.

Das eine Symptom zieht das andere nach sich, und alle sind dann in der Symptombekämpfung gefangen und unendlich beschäftigt. Auch wieder eine gute Ablenkung vom Chaos der eigenen Innen-Welt.

Weil sich traumatisierte Menschen ihrer Innen-Welt gegenüber machtlos fühlen, versuchen sie, über ihre Außen-Welt mit viel Gewalt Macht und Kontrolle zu bekommen.

Weil sie sich selbst innerlich wie tot fühlen und oft Anteile in sich haben, die gar nicht wirklich leben wollen, die das Leben ohnehin nur als Last und Zumutung erleben, haben sie auch wenig bis kein Mitgefühl für die Zerstörung, die sie ihrer Mit-Welt antun.

»Umweltzerstörung« ist daher Ausdruck ihrer Destruktivität auch sich selbst gegenüber infolge der Täter-Opfer-Dynamiken, die in ihrem eigenen Innern toben.

Die Sorge um »die Um-Welt« hat ihre Wurzeln oft auch in kindlichen Erfahrungen, sich um seine traumatisierten Eltern kümmern zu müssen. Ich muss etwas für die Um-Welt, also meine Eltern tun, damit ich ihr Leiden lindere und sie mir nicht böse sind und mir nichts antun. Ich muss um der Um-Welt, also meiner Eltern willen auf meine Bedürfnisse und mein eigenes Leben verzichten. Die Denk- und Sprachlogik ist identisch.

Der Ausstieg aus der Mit-Welt-Zerstörung kann meines Erachtens daher nur durch den Einstieg in die Innen-Welt-Heilung geschehen.

Wir müssen als Menschen damit aufhören, uns selbst gegenseitig zu traumatisieren, auf allen Ebenen:

- in der Politik (Nationenkonkurrenz, Natur- und Menschenzerstörung durch Krieg),
- in der Ökonomie (Konkurrenzwirtschaft, Ausbeutung, Naturzerstörung wegen des Profits),
- in der Mann-Frau-Beziehung (Gewalt in nahen Beziehungen, Ideologie der Überlegenheit eines Geschlechts) und
- in den Eltern-Kind-Beziehungen (systematische Traumatisierung der heranwachsenden Generation durch traumatisierte Eltern, Gewalt bei Geburtsprozessen, Kinderkrippen, konkurrenzfixierte Schulen und Bildungssysteme).

Jeder Mensch, der sich jedoch selbst findet und inneren Frieden schließt, ist ein Segen für seine Mit-Welt. Er muss sie nicht mehr zerstören oder sich übermäßig Sorgen um sie machen.

Zu seinen inneren Kraftquellen findet, wem es gelingt, seinen kindlichen Ur-Schmerz in Mitgefühl für sich selbst und andere zu verwandeln.

Dann leben wir nicht mehr im Mangel, das Dasein ist kein täglicher Überlebenskampf mehr. Wir werden zu Überfluss-Wesen, die sich gegenseitig in ihrem Wachstum fördern. Wir zerstören Leben nicht mehr, sondern bringen es zum Blühen.

Steffen Pichler
Abriss statt Fassadenreparatur

Wenn die Jugend eine Zukunft will, muss sie das vergiftete Weltbild unserer Zivilisation niederreißen und sich ein neues erschaffen.

Während sich die Zivilisation in eine aus Dutzenden von Komponenten bestehende ökologische Katastrophe hineinbewegt, spalten sich die Erwachsenen auf in orientierungslose Optimisten und Pessimisten. Mittels hilfloser Diskussionen tanzen sie um sich selbst und bewegen sich handlungsunfähig auf die finale Apokalypse zu. Die letzte Chance liegt in einem fundamentalen Reset: Eine neue Jugendbewegung müsste das bisherige Weltbild der Zivilisation abreißen, so wie ein altes, vergiftetes Fabrikgebäude, und es durch einen radikalen Realismus ersetzen. Das Material dafür liegt vielfältig bereit: In den Regalen der Naturwissenschaften sowie der Natur selbst.

Im Internet, auf dem Buchmarkt und in den Massenmedien werden im Angesicht wachsender Verunsicherung der Öffentlichkeit viele bizarre Phänomene sichtbar. Neben allerlei Verflachungen und bis zur Debilität reichenden Albernheiten gehört dazu eine starke Polarisierung rund um eine drastische Frage: Jene nämlich, ob sich das System der Zivilisation auf dem großartigen Weg in eine goldene Zukunft befindet oder ob es kurz vor einer nicht mehr zu verhindernden, selbstverursachten Apokalypse steht. Auf der intellektuellen Ebene werden diese zwei gegensätzlichen Lager überwiegend von Leuten fortgeschrittenen Alters mit starkem Sendungsbewusstsein angeführt, welche um die Aufmerksamkeit der verunsicherten Massen buhlen. Dabei sind sie beide nur noch sich gegenseitig antreibende Kräfte einer fatalen Spirale aus Naivität und Handlungsunfähigkeit.

Zu den exponiertesten Vertretern der Optimisten und jeden Tag tausendfach zitiert, gehören der 64-jährige Harvard-Professor Steven Pinker und der 2017 im Alter von 68 Jahren verstorbene Professor für internationale Gesundheit Hans Rosling. Ihre im Jahr 2018 erschienenen Weltbestseller »Neue Aufklärung« und »Factfulness« werden von vielen einflussreichen Prominenten wie etwa Bill Gates gepriesen.

Unter Darlegung zahlreicher Quellen und Statistiken erklären die beiden Autoren, dass sich die Situation der Menschheit trotz enormer Vergrößerung der Population besonders in den letzten Jahrzehnten stetig verbessert habe. In der Gegenwart sei daher alles so gut wie nie zuvor: Der materielle Wohlstand einschließlich der Verfügbarkeit von Nahrung breche alle Rekorde, die Kindersterblichkeit sei ebenso auf einem historischen Tiefstand wie die Zahl der Toten durch Hunger, Infektionskrankheiten und Kriege.

Bildung und Demokratisierung erreichten jedes Jahr neue Höchstwerte, die Menschen würden älter und gesünder, während ein stetig wachsender Anteil der Weltbevölkerung Zugang zu den Segnungen von immer vielfältiger werdenden modernen Technologien habe. Und die Zivilisation werde es schaffen, alle künftig aufkommenden Probleme zu lösen, vor allem durch neue Technologien sowie Fortschritte in Wissenschaft und Forschung.

Der Blick in die Werke von Pinker und Rosling macht allerdings eine frappierende Naivität sichtbar. So nehmen die beiden Autoren die sich weit abseits jeglicher regulärer ökologischer Prozesse bewegenden Geschwindigkeiten und Dynamiken der gefeierten Entwicklung offenbar nicht wahr, wodurch auch ihre Zukunftsprognosen zur windigen Spekulation verkommen. Vor allem aber bezieht sich fast alles, was in ihren Thesen vorkommt, auf Verbesserungen, die ausschließlich dem Menschen zugute kommen.

Währenddessen hat sich – ebenfalls innerhalb nur weniger Jahrzehnte – auf der anderen, von den beiden Professoren weitestgehend ausgeblendeten Seite der Medaille, also dort, wo es nicht um die Menschen selbst geht, sondern um die anderen Lebensformen und die gesamte nichtmenschliche Natur des Planeten, ein Zerstörungsprozess vollzogen, der schon jetzt ohne Übertreibung als rasend schnell beschleunigende Katastrophe definiert werden kann. Er besteht aus vielen verschiedenen, ineinander verflochtenen Komponenten, die allesamt teure Preise der rasanten Erhöhungen des materiellen Lebensstandards der Menschen sind.

Die mit großem Abstand bekannteste, tatsächlich aber nur eine unter den vielen Komponenten der Katastrophe, liegt in den vom Menschen durch Gasemissionen sowie durch Eingriffe in die irdische Vegetationsdecke ausgelösten Veränderungen des globalen Klimas. Viele Experten sehen bereits den Beginn einer Spirale der Selbstverstärkung, vor allem weil die bisherige Aufheizung die nördlichen Permafrostböden zum Schmelzen gebracht habe und dadurch sehr große Mengen CO_2 und Methan freigesetzt würden.

Ebenfalls mit rasanter Beschleunigung vollzieht sich die Vernichtung der artenreichsten Naturflächen in den gemäßigten und tropischen Zonen. So wurde zum Beispiel innerhalb von 30 Jahren weit mehr als die Hälfte des über Millionen Jahre gewachsenen Urwaldes auf der 1.700 Kilometer langen Insel Sumatra vernichtet, und die Zerstörung der Reste schreitet zügig voran. Derweil erreichen auch die Abholzungen im Amazonasbecken, dem größten zusammenhängenden Regenwaldgebiet der Erde, stetig neue Rekorde.

Weitere direkte Folgen des eskalierten Konsumwohlstandes sind stark zunehmende Kontaminationen der Erdoberfläche einschließlich der Gewässer etwa mit Pestiziden, Mikroplastik, Salzen und Medikamenten sowie massive Reduzierungen des Oberflächen- und Grundwassers. In der Gesamtheit sind nach einer Veröffentlichung der Europäischen Kommission aus dem Jahr 2018 über 75 Prozent der globalen Landfläche geschädigt, und bis 2050 könne die Degradation auf 90 Prozent der Böden ansteigen.

Und dann gibt es als kausale Folge all dessen eine drastische Dezimierung freilebender Tiere und Pflanzen, deren Dimensionen allerdings mangels Datenmaterials gar nicht überschaut werden können. Die 2019 erschienene und erste weithin anerkannte empirische Erhebung zur Entwicklung der globalen Biomasse der Insekten kam auf einen gegenwärtigen jährlichen Schwund von 2,5 Prozent – womit sich der größte und im ökologischen Gefüge wichtigste Teil des Tierreiches bereits in einer echten Kollapssituation befinden würde.

Neben den hier aufgezählten, noch recht bekannten Komponenten der Katastrophe gibt es viele weitere, darunter solche, die in der breiteren Öffentlichkeit kaum oder gar nicht wahrgenommen werden. Dazu gehören die Zerstörungen der tieferen Strukturen des globalen ökologischen Gefüges durch die Landwirtschaft – einschließlich eines absehbaren Zusammenbruches der zivilisatorischen Nahrungsgrundlage.

Weil sich mit der Nahrungsmittelproduktion große Geldmengen generieren lassen, führte ein Geflecht aus Konzernen weite Teile des Sektors in die Intensivlandwirtschaft. Und was dort seit wenigen Jahrzehnten geschieht, könnte man mit dem zügigen Ausquetschen einer Zitronenhälfte vergleichen.

Die Parameter bestehen etwa in der drastischen genetischen Erosion praktisch aller wichtigen »Nutzpflanzen« und der steigenden Abhängigkeit sämtlicher hochgezüchteter »Nutzorganismen« von Pestiziden und Medikamenten, was sich unter anderem an deren globalen Absatzmengen erkennen lässt.

Für den Zeitraum einiger Jahrzehnte sorgte dieses Ausquetschen tatsächlich für einen enormen Anstieg der global generierten Nahrungsmenge. Mittlerweile werden allerdings – trotz zunehmender Intensivierung – Abflachungen der Produktionsmengen beobachtet. Nach den Statistiken des Internationalen Getreiderates IGCS wird 2019 das fünfte Jahr in Folge sein, in dem die globale Gesamternte der Getreide stagniert. Den von Pinker und Rosling ins Feld geführten Rückgang des Hungers gibt es schon jetzt nicht mehr – in den letzten vier Jahren sind die globalen Hungerwerte wieder angestiegen, wobei auch klimatische Verwerfungen, Bodendegradation und andere Komponenten zusammenspielen.

Und während die ausgequetschten »Nutzorganismen« ihre genetische Vielfältigkeit und Stabilität verlieren, drängen auch noch ihre uralten parasitären Gegner mit immer neuen Extremformen in die so ganz neu entstandenen Nischen hinein. Dabei entwickeln sie immer schneller Resistenzen sowohl gegen die verbliebenen Widerstandskräfte der »Nutzorganismen« als auch gegen die zu deren Unterstützung eingesetzten Chemikalien. Die aktuellen Beschreibungen erstrecken sich bei den »Nutzpflanzen« etwa von ungewöhnlich starken Rostpilzen über ebensolche Bodenpilze und bei »Nutztieren« von den Influenzaviren über zahlreiche multiresistente Bakterien, die ihre neuen Eigenschaften über Artgrenzen hinweg austauschen.

Diese Zeitrafferevolution der Parasiten, welche bisher fast nur in Fachkreisen thematisiert wird, könnte sich sehr bald als das meistunterschätzte Thema überhaupt erweisen – mit Folgen, die jene des Klimawandels weit überholen.

Die Feststellung der laufenden ökologischen Katastrophe hat nichts mit Pessimismus zu tun. Ein solcher würde so aussehen, wie es im Internet das Lager der tatsächlichen Pessimisten massenhaft an den Tag legt: nämlich zu propagieren, dass es keine Chance mehr gebe, den finalen Kollaps abzuwenden.

Eine Situation also, die sich mit einer solchen gleichsetzen ließe, bei der man plötzlich einen bisher übersehenen, riesigen Kometen entdeckt, welcher genau auf die Erde zuschießt und schon in Kürze das hiesige Ökosystem mitsamt allen Menschen vernichten wird, ohne dass irgendeine noch so kleine Chance besteht, dies zu verhindern.

In einem solchen Szenario wäre die Feststellung der Unabwendbarkeit der finalen Apokalypse kein Pessimismus. Der Komet wird einschlagen und alles zerstören, die Chance, dies abzuwenden, liegt bei Null. In der tatsächlichen Situation hingegen geht es aber nicht um einen riesigen Kometen. Sondern es geht um die kausalen Folgen unserer eigenen Entscheidungen und Handlungen. Und trotz der enormen Dynamik und des weit fortgeschrittenen Stadiums des Geschehens lässt sich solide darlegen, dass es sogar jetzt noch Chancen zur Verhinderung der finalen Apokalypse geben muss.

Der Grund ist einfach: Die Bahn des Kometen könnte tatsächlich überhaupt nicht mehr beeinflusst und verändert werden. Der Geist der Menschen hingegen ist unzweifelhaft in der Lage, eine graduelle Änderung seiner Handlungen und somit quasi der Bahn des »künstlichen Kometen« herbeizuführen. Und weil rein theoretisch sogar alle Menschen die Entscheidung zu solch weitreichenden Verzichten etwa in Bezug auf Konsum und Fortpflanzung treffen könnten, dass der Einschlag nicht oder zumindest stark verzögert und abgeschwächt stattfindet, muss es eben auch die entsprechenden theoretischen Chancen geben.

Nun ist es in der Gegenwart so, dass die Nachfrage in sämtlichen Bereichen des schädlichen Massenkonsums immer schneller ansteigt, während die Gesamtpopulation weiter anwächst. Der Großteil der Menschheit strebt mit zunehmender Kraft nach jenem Luxus oder zumindest jenem materiellen Standard, der seit Jahrzehnten besonders von den »hochentwickelten« Ländern Europas und den USA als sonnenartiges Ziel der menschlichen Existenz vorgegeben wurde. Und dort, bei den materiell wohlhabendsten Beispielgebern des zivilisatorischen Lebensstils, fallen jedes Jahr weitere Grenzen des Konsums. Während die letzten intellektuellen Ressourcen im naiven Tanz der Optimisten und Pessimisten sinnlos umherwirbeln, platzen die riesigen Supermärkte aus allen Nähten, Flüge, Schuhe, Fleisch und Pflanzenöl werden spottbillig, die Flachbildfernseher immer größer, man braucht jedes Jahr ein neues Smartphone und so weiter und so fort.

Es lässt sich also zusammenfassen, dass es einerseits die letzten Chancen im physischen Sinne zwar tatsächlich geben muss, dass sich die Menschheit aber andererseits mit sehr hoher Geschwindigkeit von der möglichen Ergreifung derselben weg und sogar immer weiter beschleunigend in die entgegensetzte Richtung bewegt.

Somit kann gefolgert werden, dass, falls es jetzt noch praktisch umsetzbare Chancen auf eine Wende gibt, diese in den Köpfen der Menschen liegen müssen und dass sie jetzt nur noch im Sinne einer sehr radikalen geistigen Notbremsung bestehen können. Außerdem lässt sich die wahrscheinlichste Position des wirksamsten Bremshebels ausmachen: Dort nämlich, wo der kausale Kern der Katastrophe liegt, also in Europa und den USA.

Dies ist in keiner Weise so gemeint, dass in diesen Ländern die größten geistigen Ressourcen lägen oder die Menschen in den anderen Regionen unfähiger seien. Sondern die Prägungen des aus Europa und den USA erfolgten gewaltsamen und ökonomischen Kolonialismus halten bis zum heutigen Tag die meisten anderen Regionen des Planeten fest im Griff. Das betrifft etwa den Bildungssektor. Die Schulen und Hochschulen aller Kontinente haben sich faktisch der Dominanz des nach der alles zermahlenden Geldmühle ausgerichteten westlichen Wissens unterworfen. Das alte traditionelle und oft sehr viel größere und tiefere Wissen anderer Kulturen über die Zusammenhänge der Natur hingegen ist dabei meist stark erodiert oder gar ausgelöscht worden. Und ähnlich ist es auch mit den weiteren physischen und psychischen Wirkungen des modernen Kolonialismus der letzten Jahrzehnte.

Die pflanzliche Intensivlandwirtschaft, die industrielle Massentierhaltung, die überbordenden Ernährungsgewohnheiten, die Abwendung der jungen Menschen vom naturnahen, materiell bescheidenen Landleben und das Streben hinein in den chaotischen Konsumrausch – all das hat seine Ursprünge in den USA und Europa. Das ändert sich auch nicht dadurch, dass aktuell etwa in China viele Kopien dieser Prozesse größere Dimensionen annehmen als in den Ursprungsländern.

Aber wie sollte denn so eine radikale geistige Notbremsung funktionieren? Die Anstrengung des kollektiven Geistes hin zur Hervorbringung revolutionärer technischer Antworten kann es nicht sein. Zwar gibt es Projekte, die nützlich sind, um einzelnen Komponenten der Katastrophe entgegenzuwirken. Aber das kann nur symptomatische Wirkungen in

Teilbereichen betreffen, die im Gesamtprozess von den anderen Komponenten überrollt würden wie von einer riesigen Tsunamiwelle. Dies würde zum Beispiel sogar für revolutionäre Erfindungen zur Erlangung sauberer Energie gelten. Und vor allem war und ist der Technikglaube ja sogar ein Hauptteil des destruktiven Gesamtprozesses.

Eine echte geistige Notbremsung kann nur auf einem einzigen, ganz anderen Weg funktionieren: Zunächst müsste das gesamte alte Weltbild der zivilisatorischen Menschheit abgerissen werden, so wie man es mit einem von Giften durchseuchten, alten Fabrikgebäude tut.

Und unmittelbar danach müsste auf dem gesäuberten Grundstück ein ganz neues, diesmal aber mit der Realität übereinstimmendes Weltbild aufgebaut werden. Die zur Umsetzung notwendwendigen Schritte sind so drastisch und weitreichend, dass die meisten der heutigen – fest in den Schienen des alten Weltbildes fahrenden – Entscheidungsträger etwa in den Massenmedien und der Politik damit weit überfordert wären.

Aus kognitiven, ja sogar neurologischen Gründen können nur ganz junge Menschen zu einer solchen radikalen geistigen Zäsur in der Lage sein. Deswegen sowie aufgrund eines in ihnen noch besonders stark brennenden Überlebenswillens liegen die letzten Chancen der Menschheit und auch der anderen Lebensformen in einer neuen Jugendbewegung, die alles in den Schatten stellen müsste, was es bisher an geistigen Revolutionen gab.

Zur Verdeutlichung der Notwenigkeit des Abreißens des alten, vergifteten Weltbildes schaut man sich am besten mal dessen Eckpunkte an. Diese wurden während den vergangenen Jahrhunderten auf noch älteren zivilisatorischen Fundamenten errichtet und dann hauptsächlich in Europa und den USA ausgebaut. Die verschiedenen Teile lassen sich durch den immer gleichen gemeinsamen Nenner identifizieren: Es geht stets um eine abgrundtiefe, schwerkranke Arroganz des zivilisierten Menschen gegenüber allen anderen Lebewesen und der gesamten Natur – also der realen Welt. Diese psychopathische Arroganz äußert sich in einer weitläufigen Struktur aus bizarren Verdrehungen der Realität, um sich selbst als etwas über allen anderen Dingen Stehendes darzustellen.

Er, der zivilisierte Mensch, ist also ganz großartig, ja sogar von einem genau zurechtgebogenen Gott auserwählt, die gesamte dingliche Welt zu unterwerfen und zu beherrschen. Nur er hat ein »Ich-Bewusstsein«, »freien Willen« und »Vernunft«, und nur er kann wirklich frei sein. Er ist edel und ethisch weit über allen anderen Lebewesen stehend, was ja auch als »human« bezeichnet wird. Das andere »Getier« ist nur für ihn geschaffen und besteht aus einer Versammlung von bewusstlosen, instinktgetriebenen Kreaturen, die in der »grausamen Natur« im bloßen »Fressen und Gefressenwerden« ums nackte Überleben kämpfen.

Diese extreme Arroganz und Erniedrigung allen nichtmenschlichen Lebens ist das eigentliche Gift und der Kernmechanismus einer sehr schweren psychischen Erkrankung, die sich bis heute krebsartig in den gesamten kollektiven Geist der Menschheit ausgewachsen hat und von dort aus jede physische Überlebensfähigkeit abwürgt.

Die oben aufgezählten, eskalierenden Komponenten der laufenden Katastrophe hingegen, egal ob etwa Klimawandel, Bodendegradation oder Artensterben, sind nur Symptome des Endstadiums dieser Krankheit. Das ist vergleichbar mit einem ebenso schwer kranken Individuum, das nur noch um sich selbst drehend die realistische Wahrnehmung seiner Situation und damit seine Überlebensfähigkeit vollständig verloren hat. Es kann sich nicht mehr selbst ernähren, betreibt keine Körperpflege, zerstört sich blindlings mit allen greifbaren Stoffen zur Stimulanz seines neuronalen Belohnungssystems, achtet nicht mehr auf die Gefahren seiner Umgebung und geht schließlich an einer multikausalen Kombination dieser Komponenten zugrunde.

Um nun das alte, vergiftete Weltbild komplett abzureißen und durch ein realistisches Bild zu ersetzen, müsste sich die neue Jugendbewegung so tiefgehend wie möglich mit Feldern des Wissens ausstatten, die ihr in den Schulen nicht gelehrt wird, obwohl das Material im Fundus der Naturwissenschaften abrufbereit liegt.

Sie bestehen in Erkenntnissen etwa der Paläontologie, der biologischen Ökologie, der Evolutionsbiologie, den Kognitionswissenschaften sowie aus Dokumentationen zu dem alten Wissen der früheren jagenden und sammelnden Kulturen, die im Zuge des europäischen Kolonialismus mit Waffengewalt ausgelöscht wurden. In den ungenutzten Teilen des potenziellen Wissens, welche vielfach größer sind als die mickrigen Lerninhalte der gegenwärtigen Schulen und Hochschulen, liegt alles bereit, was es zum Neuaufbau eines wirklich stabilen und gesunden Weltbildes braucht – einschließlich einer natürlichen Ethik, die sämtliche zivilisatorischen Religionen, Philosophien und Ideologien sinnlos werden lässt.

Ein ganz zentraler und auf der psychischen Ebene sehr wichtiger Bereich des Abrissprozesses läge in dem Entlarven der Falschheit angeblicher kognitiver Exklusivitäten des Menschen, die rund um solche Begriffe wie »Vernunft« und »Ich-Bewusstsein« konstruiert wurden. In dem oft über viele Jahrtausende gesammelten Wissen der von der Zivilisation vernichteten Jäger- und Sammlerkulturen gab es so etwas nicht. Sondern dort kristallisierte sich über die Kontinente hinweg stets die grundsätzliche Gleichheit des eigenen Geistes zu jenem der anderen Tiere heraus. Und man achtete sehr genau darauf, dass gerade die jungen Menschen ob ihrer oberflächlichen menschlichen Stärken nicht in den gefährlichen Trugschluss der eigenen Erhabenheit geraten. Solche Arroganz führt in der realen Natur zügig zum Tod.

Reflektiert man nun die Konstrukte der Zivilisation gegen den aktuellen Stand der Neurowissenschaften, so fallen sie tatsächlich in sich zusammen wie angestochene Luftballons – während sich das Bild der Jäger und Sammler als korrekt erweist. Es ist empirisch vielfach und stabil rekonstruiert worden, dass alle Wirbeltiere seit fast einer halben Milliarde Jahre die grundsätzlich gleichen Endhirne, Zwischenhirne, Mittelhirne, Hinterhirne und Nachhirne besaßen wie wir heutigen Menschen, womit die bekannten organischen Grundlagen dessen umfasst sind, was allgemein als Bewusstsein gilt. Und die Gleichheit betrifft besonders weitreichend auch das mesolimbische Belohnungssystem, welches die Glücksgefühle hervorbringt.

Die meisten Spezies besaßen und besitzen überdies wesentlich feinere Sinne und viel höhere Anteile jener Gehirnregionen, die für die bewusste Wahrnehmung und Verarbeitung der Sinnesreize zuständig sind. Der Mensch verfügt zwar über eine relativ hohe Ausprägung des Abstraktionsvermögens, welches auf der organischen Ebene – mit der relativ stark ausgeprägten Hirnrinde – wie eine größere Festplatte verantwortlich ist für unsere Schriften und Technologien. Ansonsten aber weist alles auf eine im Vergleich zu vielen anderen Tierarten nur relativ schwache Bewusstseinsintensität und somit geringes Erlebnisbewusstsein hin.

Mit dem Abriss der künstlichen Konstruktionen rund um die vermeintlichen kognitiven Exklusivitäten käme die neue Jugendbewegung nun schon mal in die Position zur Anerkennung der Gleichheit der anderen Tiere. Und als nächstes käme ein sehr harter Brocken, der sich in der Mitte des arroganten Weltbildes befindet und sogleich weite Teile der Kernursache bildet: Nämlich die Tatsache, dass die gesamte Landwirtschaft und somit das Fundament der Zivilisation auf einer grundsätzlichen Widernatürlichkeit beruht.

Schon Charles Darwin hatte sehr klar und deutlich dargelegt, dass es so etwas wie die Zucht im Sinne der Lenkung der Evolution zum vorrangigen Nutzen des Manipulators in der Natur nicht geben kann. Da diese zentralen Teile seiner Aussagen zu unbequem waren, wurden sie genauso aus dem Kanon des zivilisatorischen Bildungssystems ausgeklammert, wie man es mit dem sehr vielfältigen Wissen der Jäger und Sammler und auch jenem früherer Agrarkulturen tat. Dieses Wissen drehte sich im Grunde um eine ganze Struktur aus Naturgesetzen, die von der Zivilisation ignoriert und somit nicht in die Lehrpläne aufgenommen wurden. Erst wenn man es will, findet man ihre Mechanismen auch in Erkenntnissen der ökologischen Wissenschaften zu Symbiose und Parasitismus. Das Wissen ist also auch jetzt noch nachholbar.

Mit dem Abriss der ausgedachten kognitiven Exklusivitäten des zivilisierten Menschen, dem Erkennen der bisher unbeachteten Gesetzmäßigkeiten der belebten Natur und dem offenen Anerkennen der eigenen Widernatürlichkeit fallen sogleich auch die wirren Konstrukte der »grausamen Natur« in sich zusammen. Und dann kommt die Realität zum Vorschein: Die Erde war seit jeher ein Ort der freien Entfaltung, des großen Abenteuers und des bewussten Genusses all dessen. Die Zivilisation hingegen war von Beginn an auf der Grundlage der lebenslangen Versklavung anderer Tiere und Pflanzen aufgebaut. Um diese quasi zutiefst unehrenhafte Tatsache ausblenden oder kompensieren zu können, wurden all die psychopathischen Ideen der eigenen Großartigkeit und Gutheit hervorgebracht und zu einem immer wirreren und giftigeren Weltbild zusammengebastelt.

Junge Menschen, die diese Zusammenhänge nach einer echten Aufklärung begriffen haben, die also nun wissen, dass der Planet Erde seit Hunderten Millionen Jahren ein Ort der freien Entfaltung von Lebewesen war, die genauso ein Bewusstsein hatten, wie sie selbst eines haben, und die sich entsprechend ihren evolutionären Merkmalen frei entfalteten, müssen nicht mehr über den Sinn des Lebens sinnieren. Ihr neues Weltbild ist nicht nur um Dimensionen größer als jenes ihrer Eltern, in welchem neben arrogantem Scheinwissen aus Religion und Philosophie nur noch die Mathematik eine wichtige Rolle spielte. Sondern es ist auch stabil und unerschütterlich positiv.

Die neue Leitlinie wird in einer tiefen Bescheidenheit liegen, weil die innerste Bestrebung darin besteht, die nun erkennbare, großartige und schöne Natur als eigene Existenzgrundlage so gering wie irgend möglich zu stören und sich an ihre Gesetzmäßigkeiten anzupassen.

Alle der oben aufgezählten Komponenten der Katastrophe werden sich durch diese gesunde Haltung genauso zügig zurückbilden und schließlich austrocknen wie die Symptome des einst schwer erkrankten Individuums, wenn es durch Entfernung der Kernursache der Psychose seine Lebensfähigkeit zurückerhält.

Wie rasant dieser Heilungsprozess verlaufen könnte, lässt sich am Beispiel der sofort als oberste Priorität erkennbaren Abschaffung der extremen Perversion der industriellen Massentierhaltung erkennen. Diese hat nicht nur den Geist der Menschen zerstört, sondern auch die physische Katastrophe maßgeblich angeheizt. Ein Drittel der globalen Ackerflächen werden zur Produktion von Futtermitteln für die Intensivtierhaltung verwendet und oft mit besonders hohen Dosen an Pestiziden und Dünger kontaminiert.

Auch die aktuellen Abbrennungen im Amazonasbecken geschehen zum größten Teil durch Spekulation auf einen erwarteten Anstieg des Bedarfes an solchen Futtermitteln. Insgesamt lassen sich mindestens 15 Prozent der klimaschädlichen Emissionen auf industrielle Massentierhaltung zurückführen. Mit diesem Beispiel schließt sich also der Kreis zwischen der echten geistigen Aufklärung und der aus ihr entwachsenden physischen Überlebensfähigkeit.

Jetzt ist allerdings doch noch eine Frage offengeblieben: Wie soll denn so etwas überhaupt praktisch, also konkret möglich sein, dass plötzlich die Jugend innert kürzester Zeit eine geistige Revolution und eine ganz neue Aufklärung entfacht, welche das alte, von tödlicher Arroganz vergiftete

Weltbild abreißt? Sollen sie vielleicht zu Terroristen werden, Bomben legen, das System mit Gewalt zerstören?

Der beste und wirklich realistische Ansatz liegt woanders. Sucht man ihn quasi mittels eines systematischen Ausschlussverfahrens, dann kristallisiert er sich genau dort heraus, wo man auch landet, wenn man die Wurzeln der Begriffe verfolgt.

Das vergiftete Weltbild wurde ja in der Zivilisationsgeschichte systematisch »gebildet«, und so etwas braucht ein »Bildungssystem«. In diesem wurden über Jahrhunderte die toxischen Einzelteile in die Köpfe der Kinder gepresst, während man sie vom Begreifen der wichtigen Teile der Realität abhielt. Man ließ sie also stundenlang das dümmliche Geschwätz über den erfundenen Gott pauken und das sinnlose Geschwurbel der hochverehrten Philosophen auswendig lernen. Und um sie zu willfährigen Sklaven der alles zermahlenden Geldmühle zu dressieren, lenkte man die übrig gebliebenen Reste ihrer geistigen Ressourcen möglichst tief in die für das eigentliche Überleben nutzlose Mathematik hinein.

Der Hebel zum Überleben versteckt sich also im Bildungssystem. Das ist aber nicht so gemeint, dass man da jetzt mal darüber diskutieren sollte, wie man dieses System verbessern könnte. Sondern die letzte Chance liegt in einem radikalen Boykott und im Aufbau einer Alternative innerhalb kürzester Zeit. Das, was gerade in der momentan noch sehr braven und thematisch stark beschränkten *Fridays for Future*-Bewegung bereits leicht aufblitzt, müsste sich so ausweiten, dass mindestens ein kleiner zweistelliger Prozentteil der Schüler und Studierenden für zunächst ein Jahr jeglichen Unterricht verweigert. Ab dieser Größenordnung wäre es den politischen Handlangern der Geldmühle nicht mehr möglich, die Bewegung mit Repressalien zu unterdrücken – auch wenn sie es sicher mit aller Kraft versuchen würden.

Und in dieser Zeit müsste ein alternatives Bildungsprogramm aufgebaut werden, das sich genau auf die Vermittlung und Umsetzung der vom vergifteten Bildungssystem verweigerten Anteile der Realität konzentriert. Die Lehr- und Projektfächer lägen dann also in dem Abriss des alten Weltbildes, der Entlarvung der vermeintlichen kognitiven Exklusivitäten, der Anerkennung der Gleichheit der anderen Tiere und ihre praktische Befreiung aus der perversen Versklavung, der Nachholung des verlorenen Wissens über die Naturgesetze, dem Brechen der Macht der Konzerne, der radikalen Extensivierung der Landwirtschaft, dem

Erlernen der Bescheidenheit und schließlich dem Wiederentdecken der Schönheit und Großartigkeit der Natur.

An Inhalten würde es dem alternativen Bildungssystem also ganz sicher nicht mangeln. Wenn es mitten in Europa losbricht, dann wäre seine Außenwirkung so enorm, dass es sicher bald die Nachrichten in den globalen Massenmedien beherrscht – und zwar samt seinen Inhalten. Und solange diese Bewegung nicht – was die größte innere Gefahr wäre – von irgendwelchen Ideologien gekapert würde, sondern sich strikt an die Realität hielte, ist es nicht unwahrscheinlich, dass sich schon innerhalb des ersten Jahres ein rasant anwachsender geistiger Schneeball entwickelt, der um den ganzen Planeten rollt. Da sich die meisten der jetzigen Eliten in Politik und Massenmedien ohnehin wie willenlose Fähnchen im Wind verhalten, werden sie bald merken, dass ihre bisherige devote Unterwerfung unter die Befehle der Geldmühle nachteilig wird. Dann werden sie sich schnell anpassen und sogar zügig zu Hilfskräften der neuen Aufklärung mutieren.

Dieser gesamte Prozess des Sturzes des alten und Aufbaues des neuen Bildungssystems wäre zunächst illegal und für die Pioniere mit einigen Risiken verbunden. Es bräuchte dazu auch nicht nur die streikenden Schüler und Studierenden als eigentliche treibende Kräfte in der Mitte des Schneeballes, sondern auch die treue sowie ebenfalls risikobereite Unterstützung durch dazu gewillte Professoren, Lehrer, Naturwissenschaftler und weiterer erwachsener Menschen. Aber wenn ein solches Projekt gelänge, dann könnte die Verhinderung der finalen Apokalypse – trotz des sehr weit fortgeschrittenen Stadiums der Krankheit – wahrscheinlich sogar jetzt tatsächlich noch möglich sein.

Felix Feistel
Die letzte Chance

Angesichts der Klimakatastrophe gerät der Kapitalismus in Erklärungsnot – wir sollten die Gelegenheit nutzen, ihn loszuwerden.

Die Menschheit steht vor ihrer größten Herausforderung. Wie sie ihr begegnet, entscheidet über den Fortbestand jeder menschlichen Zivilisation. Doch noch scheint sie unfähig, die notwendigen Maßnahmen zu ergreifen. In ihrem Buch *»Die Entscheidung, Klima vs. Kapitalismus«* erklärt Naomi Klein, weshalb ein Handeln unvermeidlich ist, welche Chancen in der bereits stattfindenden Katastrophe stecken und welche Ideologie es ist, die sich aktiv gegen den Wandel stellt.

Der Klimawandel ist real. Er trifft mittlerweile nicht nur südliche Entwicklungsländer, sondern ist auch in den entwickelten Staaten spürbar. Dürren, Überschwemmungen, Waldbrände, die Anzahl dieser Art von Naturkatastrophen hat sich seit den 70er Jahren verfünffacht. Zudem haben sie an Intensität und Dauer zugenommen, erklärt Naomi Klein. Dennoch wird die Gefahr noch immer von einer Mehrheit der Menschen geleugnet.

Leugnen bedeutet dabei nicht nur das aktive Abstreiten eines menschengemachten Klimawandels, wie es Lobbyorganisationen wie das Cato Institute, das Heartland Institute, CFACT oder hier in Deutschland EIKE betreiben. Leugnen kann auch bedeuten, den menschengemachten Klimawandel anzuerkennen, die Lösung dieses Problems aber den Umweltschützern zu überlassen oder sich einzureden, dass es so schlimm schon nicht werden wird. Dies geht meistens einher mit einem Festhalten am eigenen, verschwenderischen Lebensstil und dem Konsum, der den Klimawandel maßgeblich mit verursacht.

Ungünstiger Zeitpunkt

Der Klimawandel und die Notwendigkeit einschneidender Maßnahmen trifft die Menschheit aber zu einem historisch schlechten Zeitpunkt. Denn seit etwa vierzig Jahren hat die Ideologie des sogenannten freien Marktes, des ungezügelten Welthandels, des Konsums und der Austerität, kurz, der Neoliberalismus einen beispiellosen Siegeszug erlebt, der die Gesellschaften grundlegend verändert hat. Maßgeblich mitgestaltet und verbreitet wurde diese Ideologie auch von den oben genannten, sich selbst als Institute bezeichnenden Lobbyorganisationen, von denen viele in den 1960er und 70er Jahren genau zu diesem Zweck gegründet wurden. Auch heute noch stehen sie vollkommen im Lager des Neoliberalismus. Dies ist der Grund, warum sie den menschengemachten Klimawandel so vehement zu leugnen versuchen.

Denn die Akteure in diesen Instituten haben keineswegs wissenschaftliche Fakten oder klare Erkenntnisse, die den Klimawandel widerlegen. Im Gegenteil, auch innerhalb dieser Organisationen widersprechen sich die Meinungen. Während die einen behaupten, der Klimawandele existiere nicht, widersprechen andere und geben zu, dass es wärmer werde, lehnen es nur ab, etwas dagegen zu unternehmen. Was all diese Menschen jedoch eint, ist eine zentrale Erkenntnis: Wenn man den menschengemachten Klimawandel als solchen akzeptiert, widerspricht das allem, wofür der Neoliberalismus steht.

All diejenigen, die in den letzten Jahrzehnten versucht haben, den Kapitalismus moralisch reinzuwaschen, indem sie den Egoismus zu etwas Gutem und reich werden zum zentralen Ziel der Menschheit erklärt haben, sind dank des Klimawandels dabei, die zentrale ideologische Schlacht zu verlieren. Denn es ist zugleich dieses System, das den Klimawandel verursacht und dazu führen kann, die Erde in einen unbewohnbaren Planeten zu verwandeln.

Klimawandel und Kapitalismus gehen somit Hand in Hand. Wohingegen ein stabiles Klimasystem sowie eine lebendige Ökosphäre dem Kapitalismus vollkommen konträr gegenübersteht, oder, wie Naomi Klein es formuliert:

> *»Was unser Klima braucht, um nicht zu kollabieren, ist ein Rückgang des Ressourcenverbrauchs durch den Menschen, was unser Wirtschaftsmodell fordert, um nicht zu kollabieren, ist ungehinderte Expansion.«*

Das ist den Propagandisten vom Heartland Institute, CFACT, EIKE und Co. bewusst, weswegen sie den wissenschaftlichen Konsens vom menschengemachten Klimawandel immer wieder anzweifeln. Hinter diesen sogenannten Instituten steht aber die Industrie, die ihr Vermögen auf fossile Brennstoffe stützt. Namhafte Geldgeber sind zum Beispiel Exxon mobil oder die Koch-Brüder.

System der Ungerechtigkeit

Der neoliberale Kapitalismus steht dem notwendigen Wandel nicht nur entgegen, er nutzt die Katastrophen, die der Klimawandel auslöst verstärkt auch dazu, Gewinne zu generieren. So werden beispielsweise ganze Küstenlandstriche günstig aufgekauft, nachdem die dortigen Dörfer dank Fluten zerstört wurden und die Menschen weggezogen sind, um dort große Häfen und Industrieanlagen zu errichten. Und während die Metropolen durch umfassende Schutzmaßnahmen wie Deiche die schlimmsten Folgen des Klimawandels aussitzen können, werden ärmere Länder oder indigene Völker alleingelassen.

Doch wie der Hurrikan Sandy gezeigt hat, werden auch ärmere Schichten innerhalb westlicher Städte nach einer Katastrophe sich selbst überlassen. Staatliche Hilfe beschränkt sich zumeist auf die Viertel der Mittel- und Oberschicht. Die sozial Ausgegrenzten werden von den Behörden ignoriert und müssen, wenn nicht gerade private Organisationen wie »Occupy Sandy« vor Ort sind, alleine mit den Folgen wie Krankheiten, Versorgungsengpässen und Unsicherheit zurechtkommen. Somit sind vor allem Minderheiten wie Afroamerikaner sowie arme Menschen von Katastrophen stärker betroffen. Der Klimawandel verstärkt also soziale Ungerechtigkeiten weiter.

Dazu beigetragen hat auch die Ideologie des schlanken Staates, die über Jahrzehnte dafür gesorgt hat, dass öffentliche Gelder aus den Katastrophendiensten abgezogen werden. Auf diese Weise verfügen viele Staaten – auch westliche – nicht mehr über die notwendigen Mittel, um Waldbrände oder Überflutungen zu bekämpfen oder die Menschen vor den Auswirkungen zu schützen. So hat beispielsweise die griechische Feuerwehr nicht einmal mehr das Geld für die Ersatzreifen ihrer Einsatzfahrzeuge, mit denen sie in die brennenden Wälder fährt.

Große Unternehmen hingegen bereiten sich schon längst auf zukünftige Katastrophen vor. So bauen die einen eigene Dämme und Deiche, während große Versicherungsunternehmen sogar eigene Feuerwehren beschäftigen, die sie im Falle eines Falles zu ihren größten Kunden schicken. Rettungsdienste werden also zunehmend privatisiert, und kommen nur noch jenen zur Hilfe, die sie sich leisten können. Konzerne und reiche Menschen können sich somit vor den Folgen des Klimawandels schützen, während sie zugleich ärmere Menschen und Länder bereitwillig ihrem Profitstreben opfern. Es ist ein zutiefst menschenfeindliches System, dem wir es überlassen, unser Zusammenleben und unsere Versorgung zu organisieren.

Verrechtlichte Ideologie

Um dem Klimawandel wirksame Maßnahmen entgegenzusetzen, wären drastische Einschnitte notwendig. Einschnitte, wie sie die Menschheit zuvor noch nie erlebt hat. Dies beinhaltet zum Beispiel eine Rückbesinnung auf lokale Wertschöpfung. Dies aber wird durch globale Handelsbestimmungen zumeist verboten. Schuld ist hier das Prinzip der Inländergleichbehandlung, das es verbietet, ausländische Unternehmen und Investoren anders zu behandeln als inländische. Nationale Vorschriften, die lokale Wertschöpfung festschreiben, verstoßen damit gegen das Handelsrecht. Wenn ein Land also solche Gesetze erlässt, muss es damit rechnen, vor einem Schiedsgericht auf Schadenersatz verklagt zu werden, da diese Maßnahmen die Gewinnerwartungen von Investoren schmälern könnten. Die Ideologie des globalen Welthandels, wie sie in zahlreichen Verträgen festgeschrieben ist, steht damit dem notwendigen Wandel im Weg.

Diese Entwicklung war jedoch von Anfang an vermeidbar. Denn als sich das heutige, globale Handelssystem im Rahmen der Welthandelsorganisation WTO entwickelte, waren die Erkenntnisse rund um den Klimawandel bereits bekannt. So fanden in den 90er Jahren zwei Entwicklungen parallel statt, die sich eigentlich vollkommen widersprachen. Auf der einen Seite wurden mit der Konferenz von Rio sowie dem Kyoto-Protokoll erstmals Ziele und Maßnahmen zur Bekämpfung des Klimawandels festgeschrieben.

Auf der anderen Seite entwickelten sich jedoch die WTO sowie die ersten sogenannten Freihandelsabkommen wie NAFTA, welche den Zielen zum Schutze der Umwelt konträr entgegenstehen, erhöht doch der exportorientierte, globale Handel die Emissionen und die einschneidenden

Veränderungen in die Umwelt, nicht zuletzt durch den steigenden Rohstoffbedarf. Dank der bereits seit über einem Jahrzehnt vorherrschenden Ideologie des freien Marktes sahen sich die Umweltschützer jedoch zu Zugeständnissen gezwungen, und so ordneten die Regierungen den Klima- und Umweltschutz dem freien Handel unter.

Die vorherrschende Ideologie des Westens ist also der Materialismus. Dieser steht aber vollkommen im Widerspruch zu einer intakten Umwelt. Der Psychologe Tim Kasser des Knox College formulierte es zusammen mit dem britischen Umweltstrategen Tom Crompton in ihrem 2009 erschienenen Buch *»Meeting Environmental Challenges: The Role of Human Identity«* so:

> *»Je wichtiger den Menschen Werte und Ziele wie Leistung, Geld, Macht, Status und Image sind, desto negativer ist ihre Einstellung zur Umwelt, desto weniger umweltfreundlich verhalten sie sich, und desto eher verschwenden sie natürliche Ressourcen.«*

Die derzeitigen Probleme der Umwelt und des Klimas sind also eng mit der Einstellung der Gesellschaft insgesamt verwoben. Der Egoismus sowie der Materialismus sind fest in den Menschen verankert dank der jahrzehntelangen neoliberalen Propaganda durch Heartland, CFACT oder Cato Institute und so weiter. Diese haben damit den ideologischen Kampf gewonnen, nicht aber jenen auf der Ebene der Fakten, denn auch den Propagandisten des Neoliberalismus ist klar, dass der Klimawandel schwerwiegende Veränderungen mit sich bringen wird. Tatsächlich gehören sie damit zu den Wenigen, welche die gesellschaftlichen Implikationen des Klimawandels vollkommen verstanden haben. Denn würde man dem Klimawandel, und damit einhergehend der ökologischen Zerstörung effektiv begegnen, stünde am Ende eine Gesellschaft, die mit der derzeitigen absoult nichts mehr gemeinsam hat. Die Propagandisten des Neoliberalismus versuchen nur, ihre Profite zu verteidigen, kämpfen dabei aber mit dem Rücken zu Wand.

Die Uhr tickt

Je länger die Gesellschaften die notwendigen Veränderungen aufschieben, desto einschneidender müssen sie sein. Maßnahmen, die schon vor Jahrzehnten ohne großen Aufwand hätten ergriffen werden können, haben nun ungleich stärkere Auswirkungen auf die Gesellschaft insgesamt. Und die Zeit rennt uns davon. Denn die Tür zur Erreichung des 2-Grad-Celsius-Ziels hat sich gemäß der Internationalen Energieagentur bereits 2017 geschlossen. Im Pariser Abkommen haben sich die Staaten jedoch auf eine Begrenzung der Erderwärmung auf 1,5 Grad Celsius geeinigt, und schon die darin festgeschriebenen Maßnahmen genügen laut Weltklimarat (IPCC) nicht, um dieses Ziel zu erreichen, ganz davon abgesehen, dass die Staaten ihre Zusagen nur unzureichend umsetzen.

Wenn wir weiterhin untätig bleiben, wachen wir bald in einer Welt auf, deren Ungleichheiten und Ungerechtigkeiten sich durch den Klimawandel noch verschärft haben, denn wohlhabende Menschen tragen zwar massiv zum Klimawandel bei, können sich gegen seine Folgen aber wesentlich besser absichern als ärmere. Letztere hingegen werden um ihr Überleben kämpfen müssen und auch nicht davor zurückschrecken, sich auf den Weg zu machen zu Regionen, die von den Verheerungen des Klimawandels noch nicht so sehr betroffen sind.

Chance auf Gerechtigkeit

Eine effektive Bekämpfung des Klimawandels jedoch bietet die Chance auf eine gerechtere und gleichere Gesellschaft. Nicht nur ließen sich die Maßnahmen zur Umgestaltung des Verkehrssektors, der Energie und der Landwirtschaft aus Vermögens-, Unternehmens- und Erbschaftssteuern finanzieren, das Geld könnte auch dazu genutzt werden, den Menschen kostenlosen öffentlichen Personennahverkehr sowie eine Rationierung der von den Menschen benötigten Ressourcen – wie in Zeiten des Krieges – zur Verfügung zu stellen.

Rationierungen bedeuten dabei keineswegs Mangel und stundenlanges Anstehen für einen Laib Brot. Es bedeutet, dass alle erzeugten Güter zusammengelegt und dann nach Bedarf verteilt werden. Dies führt zu einer Welt mit gerechterer Verteilung, als es heute der Fall ist. So haben zum Beispiel durch die Rationierungen im Zweiten Weltkrieg in den USA die Ärmsten im Schnitt 18 Prozent mehr Kalorien aufgenommen als vor dem Krieg, wohingegen Reichere Vermögenseinbußen hinnehmen mussten. Dies ist ein Vorgang, der auch vom überwiegenden Teil der Gesellschaft als gerecht empfunden wird. Und das ist es, was uns der Klimawandel bringen könnte: Eine gerechtere Gesellschaft.

Auch wäre es notwendig, die Versorgung von Energie und Trinkwasser wieder zurück in die öffentliche Hand zu legen. Dies widerspricht dem Trend der letzten Jahrzehnte, alles zu privatisieren und damit der Allgemeinheit zu entziehen, wobei die Profite nur wenigen zugutekommen. Wie die Volksabstimmung zu genau diesem Thema in Hamburg zeigte, stößt diese Rekommunalisierung aber auf die Zustimmung der Menschen.

Ebenso sind momentan weltweit Kommunen dabei, die Versorgung wieder in die eigene Hand zu nehmen, weil die Menschen gemerkt haben, dass im Falle einer Privatisierung die Preise zwar steigen, die Qualität aber abnimmt und das Geld am Ende nur in die Taschen einiger Aktionäre wandert, nicht jedoch der Kommune zugutekommt. In diesem Zuge bietet die notwendige Umgestaltung der Gesellschaft auch die Möglichkeit einer Demokratisierung, wenn man den Menschen ein Mitbestimmungsrecht einräumt.

Weiterhin eröffnet eine Umgestaltung auch die Chance der Arbeitszeitverkürzung. Niemand muss mehr dazu gezwungen sein, die meiste Zeit seines Lebens in Arbeit zu investieren, die ihm nicht entspricht, ihn unter Stress setzt sowie Unglück und Krankheiten fördert. Heutzutage ist es die materielle Not, welche die Menschen dazu bringt, sich auf solche Art und Weise für die Profitinteressen einiger weniger zu opfern. Diese Not jedoch kann im Zuge der Transformation beseitigt werden. Notwendig ist dafür eine lokale Wertschöpfung unter Einbeziehung einer lokalen, ökologisch nachhaltigen Landwirtschaft und einer Stärkung des Handwerks. Ein Nebeneffekt wäre zudem, dass der ausufernde Pendelverkehr nicht mehr notwendig und somit die Verkehrswende mit geringerem Aufwand verbunden wäre.

Was zu dieser Umstellung auch gehört, ist eine Veränderung des Lebensstils. Der ausufernde Konsum hat Klimawandel und ökologische Desaster maßgeblich befördert, ein Konsum freilich, der von Unternehmen und den mit ihnen verbundenen Werbeagenturen überhaupt erst stimuliert wurde, jedoch unabdingbar für das gegenwärtige System ist.

Man müsste aber keineswegs, wie Kritiker monieren, in die Steinzeit zurückkehren.

Laut Naomi Klein genügt es, zurück zum Lebensstandard der 1960er und 70er Jahre zurückzukehren. Dies bezieht sich zumindest auf die Emissionen, die den Klimawandel anheizen. Was Naomi Klein übersieht ist, dass gerade in jenen Jahrzehnten der private Kunststoffkonsum erst richtig angerollt ist und Umweltgifte in großen Mengen zu dieser Zeit etwas ganz Normales waren. Eine zukunftsfähige Gesellschaft müsste dies jedoch überwinden.

Dazu ist es unabdingbar, die industrielle Produktion auf ein notwendiges Minimum zu reduzieren. Auch muss das Geld als Mittel der Verteilung der Vergangenheit angehören. So fällt ein Großteil der überflüssigen und keinerlei nützliche Dinge hervorbringenden Arbeit weg. Das führt auch dazu, dass die heute vorherrschende exorbitante Mobilität nicht mehr benötigt wird, denn der Hauptgrund, aus dem Menschen sich tagtäglich durch die Blechlawinen auf den Straßen quälen ist, dass sie zu ihrer Arbeitsstelle pendeln müssen. Stattdessen wäre es nun möglich, die frei gewordenen Arbeitskräfte in einer deindustrialisierten Landwirtschaft, im Handwerk oder in der Wasser- und Energieversorgung zu beschäftigen.

Wie man sieht, würde sich eine Gesellschaft, welche die Ursachen des Klimawandels abgestellt und an dessen Folgen angepasst hat, von der heutigen grundlegend unterscheiden. Sie wäre gerechter, gleicher und freier als unser momentanes System der Ausbeutung, der Konkurrenz und des materialistischen Konsums.

Der Klimawandel birgt in sich also die Chance auf einen Wandel, der allen Menschen einen zufriedenstellenden Lebensstandard bescheren und sie von Alltagssorgen, Depressionen, Ängsten und Ausbeutung befreien könnte.

Diesen Wandel sollten wir allerdings nicht dem sogenannten freien Markt sowie den in ihm tätigen Akteuren überlassen. Energiekonzerne, die schon 2.795 Gigatonnen von CO_2 in ihren Büchern für den zukünftigen Abbau notiert haben und damit wirtschaften und ihre Aktionäre befriedigen müssen, haben kein Interesse daran, dass all diese fossilen Brennstoffe im Boden bleiben. Dort müsste der größte Teil aber verbleiben, denn laut Wissenschaftlern steht der Menschheit von 2015 an gerechnet nur noch ein Budget von 565 Gigatonnen bis zum Jahr 2050 zu, und das auch nur, wenn wir statt des 1,5-Grad-Celsius-Ziels lediglich das 2-Grad-Celsius-Ziel anpeilen, das aber bereits verheerende Folgen auf die ganze Welt hätte.

Notwendig wären hingegen staatliche Eingriffe, die übergeordnete politische Ziele und mutige Entscheidungen fordern würden. Dies stünde jedoch im Widerspruch zu der herrschenden Ideologie, die sich jeden Eingriff in den sogenannten freien Markt verbittet. Eine Ideologie, welche die Gesellschaft so geprägt hat, dass Barack Obama 2009 die sich ihm bietende historische Chance, schwächelnde Banken und Automobilkonzerne für die Transformation zu nutzen, hat verstreichen lassen.

Diese ideologischen Barrieren halten Entscheidungsträger davon ab, wirkungsvolle Maßnahmen zu ergreifen, die mehr als nur Profitinteressen Einzelner im Blick haben. Hinzu kommt, dass in vielen Staaten Regierung und Privatwirtschaft kaum noch voneinander zu trennen sind. So standen zum Beispiel der Regierung in Großbritannien über viele Jahre hinweg bis zu 50 Berater aus der fossilen Energiebranche in Energiefragen unentgeltlich zur Verfügung. In Staaten wie Deutschland und den USA sieht es dank saftiger Spenden an die Parteien, der Finanzierung von Wahlkämpfen oder dem Drehtüreffekt zwischen Politik und Privatwirtschaft nicht anders aus.

So überlassen wir unsere Zukunft einer Bande von skrupellosen Halsabschneidern, welche die Zukunft der Mehrheit den Profitinteressen der Minderheit opfern. Dagegen müssen wir uns als leidtragende Zivilgesellschaft zur Wehr setzen.

Dabei müssen wir uns nicht alle in Umweltbewegungen organisieren. Jeder Kampf gegen die Ungerechtigkeiten des Systems ist ein Beitrag zum Klima- und Umweltschutz. Denn wie soll jemand, der kaum weiß, wie er bis zum Ende des Monats überleben soll, sich Sorgen um das Klima machen? Wie soll jemand, der sich vierzig Stunden pro Woche oder mehr für fremde Kapitalinteressen abmüht, an die Umwelt denken oder an die Folgen, die seine Arbeit eventuell für diese hat? Wie sollen alleingelassene Mütter oder Väter, die sich um ihre Kinder sorgen müssen, sich engagieren? Was nützt uns inmitten des Wahns der Aufrüstung und der Kriegstreiberei eine intakte Umwelt vor Ort, wenn es Menschen gibt, die nicht zögern würden, den roten Knopf zu drücken, der dazu führt, dass innerhalb weniger Minuten ganze Landstriche zu unbewohnbaren Wüsten werden?

Der wichtigste Faktor könnte aber der Kampf gegen die Korruption innerhalb der Politik sein. Denn viele Politiker schielen auf lauschige Plätzchen im Aufsichtsrat zerstörerischer Konzerne, und tragen während ihrer Zeit in der Politik erheblich dazu bei, diesen Konzernen den Weg frei zu machen. Beispiele dafür gibt es zu Genüge.

Alle sozialen Kämpfe, ebenso wie jene für die Umwelt, eint die Idee einer besseren, gerechteren, freieren Welt. Jede Bewegung, jeder Kampf trägt einen Bruchteil zu dieser bei. Daher müssen diese Bewegungen sich vereinen, ohne jedoch monothematisch zu werden, denn jeder Kampf ist einer für die Umwelt, für das Klima und für den Menschen. Wir müssen einander unterstützen, uns gegenseitig solidarisieren, egal, welche Mittel wir zur Erreichung unserer Ziele als notwendig erachten.

Denn eins ist klar: Wir können das Wohlergehen von Mensch und Natur nicht in die Hände derjenigen legen, die seit Jahrhunderten ihre Vermögen durch Ausbeutung und Unterdrückung generieren.

Auch grüne Milliardäre wie Elon Musk werden uns nicht retten. Sie werden uns nur Scheinlösungen präsentieren, durch die sich ihre Profitinteressen bedienen lassen.

Nehmen wir es also selbst in die Hand, nicht nur freitags, sondern jeden Tag, nicht nur auf den Straßen, sondern auch im gesellschaftlichen, solidarischen Handeln. Bauen wir uns die Welt von morgen auf und ignorieren wir diejenigen, die sich Macht anmaßen und uns mit Scheinlösungen Beruhigungspillen vorwerfen wollen.

Nicolas Riedl
Rebellion mit Empathie

»Extinction Rebellion« ist wegweisend für einen innovativen, wirksamen und vor allem friedlichen Widerstand gegen das System.

Die friedliche Blockade der Berliner Innenstadt durch Aktivisten der Umweltbewegung *Extinction Rebellion* wühlt Politik und Medien auf. Manche Stimmen halten XR für zu radikal – doch wie zukunftsfähig ist diese Geisteshaltung jetzt, wo der Menschheit nur noch wenige und entscheidende Jahre bleiben, um die großen Klima- und Umweltkatastrophen effektiv einzudämmen? Jugendredakteur Nicolas Riedl berichtet aus dem Herzen der Bewegung.

»Until we win!«, lautet der Ausruf, mit dem die Plenumssitzungen der *Extinction Rebellion* (kurz: XR) weltweit enden. Diese unterscheiden sich von jenen zahlreichen Plenarsitzungen, die jeder politisch mehr oder weniger aktive Mensch meist total ermüdend und nervenzerrend schon erlebt hat. Nicht so bei XR! Bei *Extinction Rebellion* sind die Plenarsitzungen von einer angenehmen, zügigen und vor allem empathischen Gesprächskultur geprägt. Ein ausgeklügeltes Handzeichen-System gibt jedem Teilnehmer einen unsichtbaren Konsolencontroller in die Hand, durch den er die Sitzung zielführend beeinflussen kann.

Dieser Aspekt steht sinnbildlich für die XR-Bewegung. Wer von Bewegungen enttäuscht wurde, die an dem Narzissmus, der Dickköpfigkeit und der Sturheit einzelner Protagonisten gescheitert sind – wie beispielsweise »Aufstehen« –, dem dürfte bei XR regelrecht das Herz aufgehen. Das Miteinander ist von einer Empathie und einer Herzlichkeit geprägt, die man in vielen linken, von intellektuellem Narzissmus durchtränkten Bewegungen schmerzlich vermisst.

XR – das iPhone unter den Widerstandsbewegungen

XR ist eine taufrische Graswurzelbewegung – im Herbst 2018 in London gegründet –, die sich in Windeseile über die gesamte Erdkugel verbreitete und von vornherein auf teilweise äußerst spektakulären zivilen Ungehorsam setzte. XR veranstaltet keine »Latschdemos« (Florian Kirner), bei denen man ein bisschen mitläuft, sich Reden anhört und anschließend wieder nach Hause geht. Nein, XR initiiert kreativen, wirksamen Protest, der es vermag, die Öffentlichkeit zu irritieren sowie die Passanten und die Berufstätigen auf die drohende Klimakrise aufmerksam zu machen. Gemäß der jeweiligen Risikobereitschaft kann jedes Mitglied selber entscheiden, in welchem Grad es sich an den Formen des zivilen Ungehorsams beteiligt. Der Fokus liegt klar und deutlich auf der Selbstermächtigung des Einzelnen.

So heißt es auf der Internetseite von XR:

> *»Wir können nicht mehr warten! Regierungen werden unsere Welt nicht retten. Wir müssen selbst handeln und die Verantwortung übernehmen – für unsere Umwelt, aber auch für den achtsamen Umgang untereinander.«*

Zur Erlangung dieses Ziels besitzt XR eine innovative Organisationsstruktur, die auf dem Studium sämtlicher sozialer, emanzipatorischer Bewegungen basiert. Diese wurden daraufhin geprüft, welche ihrer Methoden zum Erfolg führten und welche nicht. So agiert XR absolut gewaltfrei und friedlich und kommt ohne individuelle Schuldzuweisungen aus. Die Schuld wird im System als Ganzem verortet. Die Kommunikation innerhalb der Bewegung verläuft im physischen Beisammensein, wie oben bereits beschrieben, durch ein Handzeichensystem schnell, effizient sowie empathisch, und im Online-Austausch verschlüsselt.

Menschen, mit denen man die Welt verändern kann

XR ist die erste Bewegung in dieser Größenordnung und Effizienz, die neben dem Ökozid den zweiten großen Elefanten im Raum anspricht, auch wenn sie das so nicht direkt sagt oder es anders formuliert:

Wir leben in einer traumatisierten Gesellschaft! Im Vorwort des XR-Handbuches finden wir diese Passagen:

»Wir alle sind in einer Gesellschaft groß geworden, die durchzogen ist von Angst, Dominanz, Misstrauen. (...) Jede/r ist auf sich allein gestellt. Natürlich bringen wir all das mit in die Bewegung. Vor allem die Ängste, nicht wertvoll zu sein, nicht gehört zu werden, nicht berücksichtigt zu werden und damit keinen Einfluss zu haben, können in unseren Entscheidungsprozessen sehr laut werden. Daraus können sich schnell Stimmen entwickeln, wer was richtig oder falsch macht, schuld ist oder nicht schuld ist, ein/e echte/r XR*-Rebell/in ist oder nicht.«*

»Doch wir bei XR *wollen diese Muster nicht reproduzieren. Wir wollen ein neues Paradigma des Miteinanders und des In-der-Welt-Seins einläuten.«*

Könnte man sich diese Zeilen in einem Manifest marxistisch-leninistischer Gruppierungen, einem Posting von ver.di oder in einem Arbeitspapier von »Aufstehen« vorstellen? Wohl kaum! »Psycho-Scheiß« würde man das dort nennen. Oder »esoterische Spinnerei« würde manch ein Altlinker keifen, während er in linker Manier ein Schnitzel verzehrt.

XR hat die Zeichen der Zeit erkannt und versteht, dass Anschuldigungen und Besserwisserei die Welt um keinen Deut besser machen. Nur Empathie und gewaltfreies Agieren in Worten und Taten kann die Welt in eine bessere Richtung lenken. Weiter auf der Seite heißt es:

»Wir spüren unsere Verbundenheit, wir akzeptieren uns mit unserer Liebe, unserer Trauer, unserer Verzweiflung und unserer Wut. Alle unsere Gefühle gehören zu uns und fließen ein in unser gemeinschaftliches Handeln. Gerade aus diesem Grund wächst die Rebellion: weil unsere Gefühle in ihr Platz finden und die Rebellion ihnen Ausdruck verleiht. Unsere Bereitschaft, unsere Emotionen angesichts der drohenden Katastrophe wahrzunehmen und anzuerkennen, ist ein entscheidender Aspekt von Extinction Rebellion.«

Die XR-Mitglieder sind also keineswegs naiv, sondern sehen die sich anbahnende Katastrophe ganz klar vor Augen. In ihren Plenarsitzungen wird stets dazu geraten, in den Medien die jüngsten Katastrophen, die neuesten wissenschaftlichen Studien zum Thema Klimawandel und Mitweltzerstörung nur in verdaulichen Dosen zu sich zu nehmen, da die gesamte Wahrheit nicht mehr zumutbar (Dirk Fleck) sei. Man agiert nach Antonio Gramscis Pessimismus des Verstandes und dem Optimismus des Willens.

Eine weitere Stärke von XR ist die Außendarstellung. Das »Corporate Design« ist ein absoluter Eyecatcher und hat trotz der schillernden Vielfalt stets einen Wiedererkennungseffekt. Das gesamte Design sieht nicht wie ein recyceltes Produkt der 80er-Jahre-Umwelt-Bewegung aus, sondern glänzt durch ästhetische Verspieltheit und ansprechende Typographie.

XR geheimdienstlich infiltrieren? Viel Spaß!

Da XR äußerst inklusiv ist und jede/n, die/der sich mit den zehn Forderungen (siehe unten) identifizieren kann, unabhängig von Geschlecht, Alter, Berufsstand etc. willkommen heißt, ist es im ersten Moment für Geheimdienste oder Agents Provocateurs ein Leichtes, diese Bewegung zu infiltrieren. Nach der Infiltration dürfte es aber äußerst schwer sein, die Bewegung zu spalten oder unfähig zu machen. Warum? Im Handbuch lesen wir:

»Die Strukturen & Prozesse bei SOS (Selbst-Organisierendes System – Anmerkung des Verfassers) sind deshalb so gewählt, dass (...) wir nichts in Stein meißeln, sondern den XR-Organismus stets den sich verändernden Bedingungen anpassen können (Prinzip der fortwährenden Veränderung).«

Anders als Bewegungen, an deren hierarchischer Spitze – auch so etwas gibt es bei XR nicht – Betonköpfe sitzen, die die ganze Bewegung in einen gelähmten Zustand versetzen, sodass sie der Bezeichnung »Bewegung« gar nicht mehr gerecht werden kann, ist XR ein flexibler Organismus. Ein Organismus mit einem Immunsystem, welches es vermag, (feindliche) Fremdkörper zu erkennen, diese entweder zu absorbieren oder aber liebevoll zu integrieren und damit unschädlich zu machen. Alles und jede/r in der Bewegung wird stets kollektiv reflektiert. In sogenannten Feedbackschleifen wird – mit Empathie! – daran gearbeitet, was man besser machen könnte. Sollten sich wirklich Saboteure von Geheimdiensten in XR einschleichen, würden diese relativ schnell auffliegen und freundlich zur Ausgangstür begleitet werden. Und selbst wenn einzelne Ortsgruppen gekapert werden sollten, liegt die Bewegung aufgrund ihrer globalen Verbreitung nicht gleich brach.

Wann, wenn nicht wir*

»Wann, wenn nicht wir«* ... so lautet der Titel des *Extinction Rebellion*-Handbuches, der es wunderbar auf den Punkt bringt. Die Zeit des Verdrängens, des Event-Hoppings von einem freudlosen Vergnügen zum nächsten ist vorbei! Die Zeit, aufzustehen und wirklich etwas zu riskieren, ist jetzt! Ob wir als Menschheit für eine lebenswerte Zukunft noch die Kurve kriegen, entscheidet sich in den nächsten zwei bis drei Jahren!

Ich kann nur jedem raten, sich an sein Herz zu fassen und sich der nächsten *Extinction Rebellion*-Gruppe in der eigenen oder nächstliegenden Stadt anzuschließen. Es sei noch angemerkt, dass XR auch immer sogenannte »Regenerationstreffen« organisiert, bei denen man gemeinsamen, wohltuenden Freizeitbeschäftigungen nachgeht, die nichts mit Rebellion zu tun haben, sondern schlicht dazu dienen, wieder zu Kräften und Glückshormonen zu kommen.

Auf die Gefahr hin, dass dieser Appell ein bisschen wie eine Tom-Cruise-Lobeshymne auf Scientology klingt (»It is just Wow!«) – der Beitritt zu XR kann auf lange Sicht wirklich life-changing sein. Auch wenn die am Anfang zunächst etwas skurril anmutenden Handzeichen im Plenum, das zu Beginn stattfindende »Onboarding«, bei dem jeder sagt, wie es ihm gerade geht, und der im Chor vorgetragene Ausruf »Until we win!« vielleicht etwas sektiererisch wirken: XR ist keine Sekte! Dazu bräuchte sie ja einen Guru, den es aber nicht gibt! Diese Bewegung ist die Summe ihrer selbstermächtigten Mitglieder, die in ihrer individuellen Vielfalt im Kollektiv ein Mosaik bilden.

Wer immer noch unschlüssig sein sollte, ob er sich XR anschließen möchte, den verweise ich abschließend auf die zehn Forderungen der RebellInnen.

1. Wir haben eine gemeinsame Vision der Veränderung: Eine Welt zu schaffen, die auch für zukünftige Generationen lebenswert ist.
2. Unser Fokus liegt auf dem Erreichen des Notwendigen: Die 3,5 Prozent der Bevölkerung zu mobilisieren, die nötig sind, um Systemveränderungen zu erreichen.
3. Wir brauchen eine Kultur der Regeneration: Wir schaffen eine Kultur die gesund, anpassungsfähig und belastbar ist.
4. Wir stellen uns selbst und unser toxisches System offen in Frage: Dabei verlassen wir unsere Komfortzonen, um uns aktiv für Veränderungen einzusetzen.

5. Reflexion und Lernen sind uns wichtig: Wir folgen einem Kreislauf aus Aktion, Reflexion, Lernen und dem Planen weiterer Aktionen. Wir entwickeln uns weiter, indem wir von anderen und aus eigenen Erfahrungen lernen.
6. Alle sind willkommen – so wie sie sind: Wir arbeiten aktiv daran, ein geschütztes und für alle zugängliches Umfeld zu schaffen.
7. Wir überwinden hierarchische Machtstrukturen: Wir gleichen das Gefälle von Macht und Einfluss aktiv aus, um eine gerechte Teilhabe zu ermöglichen.
8. Wir vermeiden Schuldzuweisungen und Beleidigungen: Wir leben in einem toxischen System, doch daran trägt kein Mensch allein die Schuld.
9. Wir sind ein gewaltfreies Netzwerk: Wir nutzen gewaltfreie Strategien und Methoden als effektivstes Mittel, um Veränderungen herbeizuführen.
10. Wir stützen uns auf Selbstbestimmung und Dezentralität: Gemeinschaftlich schaffen wir die notwendigen Strukturen, um bestehende Machtverhältnisse zu verändern.

Alle, die diesen Prinzipien und Werten folgen, können im Namen von *Extinction Rebellion* in Aktion treten.

Chris Hedges
Der letzte Akt

Will die Menschheit nicht gemeinsam mit ihrem Lebensraum zugrundegehen, muss sie sich aus dem Bann der neoliberalen Narren und Betrüger befreien.

Geschichte wiederholt sich. Seit Anbeginn der Menschheit sind Zivilisationen entstanden und wieder untergegangen. Doch dieses Mal ist es anders: In kürzester Zeit haben wir es geschafft, nicht nur uns selbst, sondern das Ökosystem unseren ganzen Planeten an den Rand des Abgrundes zu treiben. Und in Anbetracht des drohenden Untergangs verschließen wir die Augen vor der schmerzhaften Wahrheit und glauben den eklatanten Lügen der Mächtigen, dass am Ende doch alles gut werde. Pulitzer-Preisträger Chris Hedges appelliert dafür, sich von den Verkündern falscher Hoffnungsbotschaften nicht länger blenden zu lassen und für eine andere, eine gerechtere und »natürlichere« Welt zu kämpfen.

Unsere Geschichte ist nicht neu. Die eklatanten Lügen und Dummheiten der unfähigen und korrupten Eliten. Die Unfähigkeit, die kostspieligen, endlosen Kriege aufzuhalten und die gigantischen Ausgaben für das Militär zu senken. Die Plünderung einer belagerten Bevölkerung durch die Reichen. Die Zerstörung des Ökosystems. Der Zerfall und die Aufgabe einer einst effizienten Infrastruktur. Der Zusammenbruch der Institutionen, die einen funktionierenden Staat aufrechterhalten, von der Bildung bis zur Diplomatie. Die Welt hat all das schon gesehen. Es ist die altbekannte Krankheit des Endes einer Zivilisation. Zunächst ist es auf eine düstere Art unterhaltsam, sogar inmitten des zunehmenden Leids. Doch am Ende wird jedem das Lachen vergehen.

Die Natur des Menschen ändert sich nicht. Sie folgt ihren bekannten und zyklischen Mustern. Der Unterschied ist, dass diesmal der ganze Planet mit uns untergehen wird. Bis zum Ende werden wir unter dem Bann von Narren und Betrügern gehalten. Denn was sind Demagogen wie Donald Trump und Boris Johnson oder Vertreter der Positiven Psychologie und Prognostiker der »besten aller möglichen Welten« wie Steven Pinker anderes als Scharlatane, die darauf bestehen, dass die Tragödie, der wir gegenüberstehen, nicht real ist?

Was sind die Technokraten und Wissenschaftler, die uns erzählen wollen, dass Bildung und westliche Zivilisation uns in rationale Wesen verwandeln können, anderes als Schamanen? Und was sind die Konzern-Titanen, die ein Vermögen mit ihren Waffen, Chemikalien, fossilen Brennstoffen oder umweltzerstörerischer Tierzuchtindustrie machen, anderes als Menschenopfer fordernde Hohepriester?

Die menschliche Geschichte ist immer die gleiche. Gekleidet in neue Kostüme und unter Verwendung neuer Hilfsmittel erleben wir sie immer und immer wieder. Würden wir uns nach wie vor mit Philosophie, Literatur, Geschichte, Poesie und Theologie beschäftigen, käme es für uns nicht überraschend, dass Gier, Hedonismus und Hybris mühelos die Empathie und Vernunft zunichtemachen.

Aber weil wir das nicht tun, weil wir lieber jeden Tag mehrere Stunden damit verbringen, durch das Anstarren elektronischer Bildschirme kleine Mengen an Dopamin auszuschütten, denken wir, dass es seit Beginn der Menschheit nichts uns Vergleichbares gegeben hat. Wir sind blind gegenüber der Tatsache, dass die Klimabedingungen, die in den vergangenen 10.000 Jahren die Entfaltung von Zivilisationen ermöglichten, bald durch einen brutalen Überlebenskampf ersetzt werden.

Der Mensch lebt seit ungefähr 200.000 Jahren auf einem Planeten, der schon seit 4,5 Milliarden Jahren existiert. Den Großteil dieser 200.000 Jahre hat der Mensch nicht radikal in das Ökosystem dieses Planeten eingegriffen. Aber die industrielle Revolution, die vor etwa 250 Jahren begann, brachte ihn dazu, fossile Brennstoffe zu gewinnen und so – in Form von Kohle und Erdöl – das seit hundert Millionen Jahren gespeicherte Sonnenlicht anzuzapfen.

Die aus fossilen Brennstoffen gewonnene Energie verschaffte dem industrialisierten Norden des Planeten beispiellosen Reichtum und militärische Überlegenheit. Diese Machtposition wurde dazu genutzt, den Großteil des restlichen Planeten zu unterwerfen sowie natürliche Ressourcen und Arbeitskräfte auszubeuten.

Die menschliche Bevölkerung stieg rasch auf mehr als 7 Milliarden an. Die Luft, das Wasser und die Eisdecke unseres Planeten haben unter diesem Ansturm stark gelitten, das Klima wandelt sich. In diesem neuen Klima wird menschliches Leben nicht mehr möglich sein.

Die einzige wirklich existenzielle Frage ist, auf welche Art und Weise wir das Finale abwarten wollen. Aber sich diese Frage zu stellen bedeutet, dem kulturellen Hoffnungswahn und der Sehnsucht nach kollektiver Selbsttäuschung zu trotzen. Wenn die Realität düster ist, blendet man sie aus. Man erfindet absolut unrealistische Szenarien einer bevorstehenden Erlösung – was erklärt, wie wir in dem Schlamassel landen konnten, in dem wir jetzt stecken.

Die meisten Klimaaktivisten und Demokratieagenten verstehen sich – wie die allgemeine Konsumkultur – als Verkäufer des Produkts Hoffnung. Ohne Hoffnung, so argumentieren sie, würden die Menschen der Verzweiflung anheimfallen. Sie könnten die drohende Katastrophe nicht ertragen.

Natürlich ist genau das Gegenteil der Fall. Hoffnung oder, genau genommen, falsche Hoffnung verstärkt das Gefühl von Verzweiflung und Lethargie. Es erlaubt eine Bevormundung der Bevölkerung.

Nach wie vor steigen die Kohlenstoffemissionen, schmelzen die polaren Eiskappen, gehen die Ernteerträge zurück, brennen die Wälder der Erde, versinken Küstenstädte durch den steigenden Meeresspiegel und werden fruchtbare Ackerflächen durch Dürren vernichtet.

Aber die Heilsbringer der Hoffnung versichern uns, dass am Ende alles gut werde. Nur, das wird es nicht! Wir werden uns nicht anpassen können. Diejenigen, die uns die falsche Hoffnung verkaufen, der Mensch könne sich an die neuen Bedingungen anpassen, sind genauso von Selbsttäuschung geblendet wie diejenigen, die die Erderwärmung als Schwindel abtun. Und viele Menschen wissen das, zumindest unterbewusst.

Je länger wir die sich vor unseren Augen befindende traurige Wahrheit leugnen und versuchen, im Privaten mit unserer existenziellen Angst und unserem Schmerz fertig zu werden, desto lähmender wird die Verzweiflung.

Diese schizophrene Existenz ist eine Form des emotionalen Missbrauchs. Sie wird uns von einer dominanten Kultur aufgezwungen, die es uns nicht erlaubt, eine tragische Wahrheit auszusprechen. Gefangen in einer Zensur, sind wir gezwungen, in der Einsamkeit mit der Realität zu hadern. Das untergräbt unser Vertrauen in die eigene Wahrnehmung und das eigene Urteilsvermögen.

In ihrem Essay »Eine missbrauchte Frau überlebt« schrieb Andrea Dworkin über die Auswirkungen von anhaltendem Missbrauch auf die Psyche:

> *»Der Geist wird im Laufe der Zeit langsam zerrüttet, in tausend Teile zersplittert. Er versinkt langsam in Chaos und Verzweiflung, gebrochen und kaum lebendig in einem undurchdringlichen Schoß der Isolation. Diese Isolation ist so allumfassend, tödlich, morbid, bösartig und alles verschlingend, dass außer ihr nichts mehr existiert. Man ist vollständig von einer Einsamkeit umschlossen, die nicht einmal durch ein Erdbeben erschüttert werden könnte.«*

Des Weiteren stellte Dworkin die Frage, was Realität sei und definiert sie wie folgt:

> *»Eine Frau, die missbraucht wurde und entkommen ist, kennt die Antwort: Realität ist, wenn einem etwas widerfährt, von dem man weiß, dass es geschieht und dass man es aussprechen kann, und wenn andere Leute einen verstehen und einem Glauben schenken, wenn man es ausspricht. Das ist Realität. Eine missbrauchte Ehefrau, die völlig allein in ihrem Albtraum gefangen ist, hat die Realität verloren und kann sie nirgendwo finden.«*

Verglichen mit der Erde lebt niemand von uns besonders lange. Für den Kosmos sind wir nichts als Eintagsfliegen. Einen Wimpernschlag lang leuchtet unser kleines Leben auf, um dann zu verlöschen. In einem einzigen Leben kann nichts wirklich Wichtiges erreicht werden. Deshalb müssen wir auf etwas Größeres hinarbeiten als uns selbst.

Indem wir den Mut aufbringen, uns mit den Übeln des menschlichen Daseins auseinanderzusetzen und Gerechtigkeit verlangen – nicht deshalb, weil sie tatsächlich erreicht werden kann, denn in ihrer utopischen Form ist das unmöglich, sondern weil wir uns so als einzigartige und fühlende Individuen auszeichnen –, können wir, wie Dworkin es getan hat, voll und ganz leben. Man kann nicht auf einer abstrakten Ebene für Gerechtigkeit kämpfen.

Der Kampf muss zugunsten der Unterdrückten auf einer konkreten Konfrontation mit der meist im weißen, männlichen Patriarchat verankerten Macht beruhen. Er äußert sich in Akten des zivilen Ungehorsams, in dessen Rahmen Straßen, Flughäfen und Pipelines besetzt werden. Entweder zerstören wir den korporativen Kapitalismus und Imperialismus als Verursacher des ökologischen Debakels, oder diese Kräfte werden uns alle in einem noch nie dagewesenen globalen Genozid auslöschen.

»Der Kampf für Klimagerechtigkeit ist ein Kampf am Scheideweg historischer und gegenwärtiger Ungerechtigkeiten und einer drohenden Katastrophe, die sich als Mutter aller Ungerechtigkeiten erweisen wird, wenn sie sich ungehindert ausbreiten darf«, schreibt Wen Stephenson.

> *»Die Katastrophe, die sich derzeit abzeichnet, wird nicht nur die Lebensbedingungen der bereits Unterdrückten verschlimmern (tatsächlich tut sie das bereits), sondern sehr wahrscheinlich jegliche Aussicht auf wirtschaftliche Stabilität und soziale Gerechtigkeit für gegenwärtige und zukünftige Generationen unmöglich machen. Wieso also taucht der Begriff Klimagerechtigkeit in den in den USA geführten Debatten über den Klimawandel kaum auf? Weil in dieser Frage eine dem Kampf gegen den Klimawandel innewohnende Spannung lauert: Eine Spannung zwischen der ›Mainstream‹-Klimabewegung – größtenteils bestehend aus weißen, gut finanzierten und auf Washington ausgerichteten grünen NGOs – und denjenigen – meist Menschen anderer Hautfarbe –, die bereits seit Jahrzehnten für soziale und ökologische Gerechtigkeit kämpfen.«*

Ein auf Handeln basierender Widerstand hat seine eigene Daseinsberechtigung. Er ist Katharsis. Er schafft eine Gemeinschaft zwischen uns und anderen, die mit der Dunkelheit klarkommen, indem sie sie beim Namen nennen, sich aber nicht von ihr unterwerfen lassen. In diesem Akt des Widerstandes können wir emotionale Ganzheit, wahre Hoffnung und Euphorie finden – wenn nicht sogar letztendlich einen Sieg.

»Die Gewissheit, dass es keine Erlösung gibt, ist in Wirklichkeit eine Form der Erlösung. Tatsächlich *ist* es Erlösung«, schrieb Emil M. Cioran. »Ausgehend von dieser Erkenntnis kann man sein eigenes Leben gestalten und eine Philosophie der Geschichte entwickeln: das Unlösbare als Lösung, als einzigen Ausweg.«

Wie der Großinquisitor im Roman »Die Brüder Karamasow« betonte, werden diejenigen Personen mit der emotionalen und intellektuellen

Stärke, sich dem zu stellen, was auf sie zukommt, immer in der Minderheit sein. Denn es ist auf eine betäubende Art tröstlich, die eigene moralische Autonomie gegen demütige Unterwürfigkeit und Gehorsam einzutauschen, besonders in Zeiten der Krise.

»Zweifellos wird es wie in der Vergangenheit auch in Zukunft freie Gesellschaften geben«, so der Philosoph John Gray in »Straw Dogs: Thoughts on Humans and Other Animals« (deutscher Titel: »Von Menschen und anderen Tieren – Abschied vom Humanismus«, Anmerkung der Übersetzerin). »Aber sie werden selten sein, verschiedene Formen der Anarchie und Tyrannei hingegen die Norm. Diejenigen Bedürfnisse, die von Tyrannen befriedigt werden können, sind genauso real wie diejenigen, auf die die Freiheit antwortet; manchmal sind sie dringender. Tyrannen versprechen ihren Untertanen Sicherheit – und die Befreiung aus der Langeweile des Alltags. Natürlich ist das nur eine verworrene Illusion. Die triste Wahrheit der Tyrannei ist die eines lebenslangen Wartens. Doch die ewige Romantik der Tyrannei währt daher, dass sie ihren Untertanen ein Leben verspricht, das aufregender ist als ein solches, das jeder für sich selbst gestalten könnte. Egal was letztendlich daraus wird, Gewaltherrschaften beginnen für die Deprimierten mit einem Fest. Diktatoren mögen auf dem Rücken des Chaos an die Macht kommen, aber ihr unausgesprochenes Versprechen ist es, die Langeweile ihrer Untertanen zu vertreiben.«

Trotz allem braucht es nur ungefähr 3 bis 5 Prozent der Weltbevölkerung, um die Willkürherrschaft der Mächtigen herauszufordern. Hierfür muss die Realität zunächst benannt und akzeptiert werden.

Das wird nicht einfach sein. Es bedeutet, um das zu trauern, was uns unausweichlich bevorsteht: ein Massensterben. Es bedeutet, angesichts einer sicheren Niederlage trotzdem zu handeln, um den Plan derjenigen zu durchkreuzen, die uns auslöschen wollen.

Die Umweltbewegung *Extinction Rebellion* plant für die nächsten Wochen und Monate die Besetzung von wichtigen Stadtzentren rund um den Globus. Damit können wir anfangen. Indem wir uns den Kräften des Todes widersetzen, sagen wir ja zum Leben.

ANHANG

Verzeichnis der Autorinnen und Autoren

Nafeez Ahmed arbeitet seit 16 Jahren als investigativer Journalist und gründete *INSURGE intelligence*. Er ist *»Systemwechsel«*-Kolumnist bei Motherboard von *VICE*. Seine Recherchen über die eigentlichen Ursachen und verdeckten Operationen bezüglich des internationalen Terrorismus waren offizielle Beiträge für zwei Kommissionen: zu 9/11 und zum 7/7 Coroner's Inquest, einer Untersuchung zu den Londoner Bombenanschlägen im Jahr 2005. Unterstützen kann man seine Aktivitäten via »Patreon«.

Stephan Bartunek, Jahrgang 1977, ist studierter Schauspieler, politischer Künstler, Autor und Friedensaktivist. Seit 2015 betreibt er die anarchistisch orientierte *Gruppe42*.

Medea Benjamin, Jahrgang 1952, ist eine US-amerikanische politische Aktivistin und Autorin. Sie hat einen Master-Abschluss im Gesundheitswesen und in Wirtschaftswissenschaften. Sie wurde mit mehreren Friedenspreisen ausgezeichnet, unter anderem 2012 mit dem Friedenspreis der US-amerikanischen *Peace Memorial Foundation*. Auf deutsch erschienen ist ihr Buch *»Drohnenkrieg – Tod aus heiterem Himmel«*.

Jens Bernert, Jahrgang 1974, ist studierter Geograph und Politikwissenschaftler mit Abschluss der Universität Mannheim und arbeitet seit zehn Jahren als Software-Entwickler im Java-Umfeld. In seiner Freizeit bloggt er unter anderem in seinem Weblog *»Blauer Bote Magazin«* meist zu aktuellen politischen und zeitgeschichtlichen Themen. Außerdem macht er als DJ Underpop Mannheim und Heidelberg unsicher.

Susan Bonath, geboren in der DDR, arbeitet seit 2004 als freie Journalistin und berichtet seit 2010 für die *junge Welt*. Ihre Arbeitsschwerpunkte sind unter anderem Kapitalismuskritik, Arbeit und Soziales. Sie lebt in Sachsen-Anhalt.

Sven Böttcher schreibt unter verschiedenen Namen Romane wie die »Prophezeiung«, Sachbücher wie *»Die ganze Wahrheit über alles«* sowie Filme und Serien, beispielsweise *»Der letzte Bulle«*.

Noam Chomsky, Jahrgang 1928, gilt als Begründer der modernen Linguistik und ist einer der meistzitierten Wissenschaftler der Moderne. Seit 1955 lehrte der US-Amerikaner als Linguistik-Professor am renommierten Massachusetts Institute of Technology. Inzwischen ist er emeritiert. Chomsky gehört zu den einflussreichsten kritischen Intellektuellen der Welt. Er hat mehr als 100 Bücher geschrieben, sein aktuelles ist *»Requiem for the American Dream: The 10 Principles of Concentration of Wealth & Power«*. Chomsky ist ein scharfer Kritiker der US-amerikanischen Außenpolitik, der US-Ambitionen auf geopolitische Vorherrschaft und des globalen Kapitalismus neoliberaler Ausprägung, den er als Klassenkampf von oben gegen die Bedürfnisse und Interessen der großen Mehrheit bezeichnet.

Jonathan Cook ist ein preisgekrönter britischer Journalist, der seit 2001 als freiberuflicher Berichterstatter in Nazareth, Israel, lebt. Er hat einen Abschluss in Philosophie und Politik von der Southampton University sowie in Journalistik von der Cardiff University. Er absolvierte ein Masterstudium in Nahoststudien an der School of Oriental and African Studies University of London. Er ist Autor von drei Büchern über den israelisch-palästinensischen Konflikt.

Charles Eisenstein, Jahrgang 1967, graduierte an der Yale University in Philosophie und Mathematik. Vertiefte Studien in Wirtschaftstheorie und Wirtschaftsgeschichte schlossen sich an. Unzufrieden mit der kompetitiven Struktur der Wirtschafts- und Arbeitswelt, arbeitete und lebte er als Dolmetscher in Taiwan. Persönliche und globale Krisensituationen führten ihn zu einer intensiven Beschäftigung mit der Body-Mind-Medizin und -Philosophie. Heute gilt er als einer der wichtigsten Vordenker für eine ökologische, vom Geld unabhängigere Lebensweise. Zuletzt erschien von ihm *»Klima – eine neue Perspektive«*.

Felix Feistel, Jahrgang 1992, schreibt in vielfältiger Weise über die Idiotie dieser Welt und auch gegen diese an. In einer auf Zahlen und Daten reduzierten Welt sucht er nach Menschlichkeit und der Bedeutung des Lebens. Er versucht, seine Kräfte und Talente für die Gestaltung einer lebenswerten Welt einzusetzen, indem er sich gegen Ungerechtigkeit und Zerstörung wendet. Trotz des überall grassierenden Wahnsinns ist er nicht bereit, den Glauben an das Gute im Menschen und sein Potenzial, den Planeten in ein Paradies zu verwandeln, aufzugeben. Er ist Mitglied der Rubikon-Jugendredaktion und schreibt für die Kolumne *»Junge Federn«*.

Peter H. Grassmann studierte Physik in München, promovierte bei Werner Heisenberg und ging ans Massachusetts Institute of Technology. Er arbeitete in Spitzenpositionen bei Siemens und Carl Zeiss Jena, ist Kritiker einer radikalen Marktwirtschaft und fordert mehr Fairness und Nachhaltigkeit. Grassmann erhielt zahlreiche Auszeichnungen und engagiert sich bei der Münchner Umwelt-Akademie, bei Mehr Demokratie e.V., der Carl-Friedrich-von-Weizsäcker-Gesellschaft sowie dem Senat der Wirtschaft. Anfang 2019 erschien sein Buch *»Zähmt die Wirtschaft«*.

Robert Hackett ist emeritierter Professor an der Simon Fraser University in der kanadischen Provinz British Columbia. Er engagiert sich für das Klima und den Küstenschutz und ist Autor des Buches *»Journalism and Climate Crisis: Public Engagement, Media Alternatives«*.

Chris Hedges ist Journalist, Pulitzer-Preisträger und Autor der *New York Times*-Bestsellerliste. Er war früher Professor an der Princeton Universität, Aktivist und ordinierter presbyterianischer Pastor. Unter seinen Büchern befinden sich Bestseller wie *»Der Lohn des Aufstands: Der moralische Imperativ der Revolte«*, *»Das Reich der Illusion: Das Ende der Bildung und der Triumph des Spektakels«* und *»Amerikanische Faschisten: Die christliche Rechte und der Krieg mit Amerika«*. Sein Buch *»Krieg ist eine Kraft, die uns Bedeutung verleiht«* wurde 40.000 Mal verkauft und war Finalist des Nationalen Preises des Buchkritiker-Verbandes für Sachliteratur. Er schreibt eine wöchentlich erscheinende Kolumne für das Internet-Magazin *Truthdig* und moderiert die Sendung *»On Contact«* bei *RT America*.

Murtaza Hussain ist Journalist mit den Schwerpunkten nationale Sicherheit, Außenpolitik und Menschenrechte. Seine Arbeiten erschienen in der *New York Times*, dem *Guardian* sowie auf *Al Jazeera English*.

Caitlin Johnstone ist eine australische Journalistin, die in Melbourne lebt. Seit 2017 arbeitet sie unabhängig nur über Crowdfunding. Diese Position nutzt sie, um Dinge zu sagen, von denen sie meint, dass sie gesagt werden müssen, auch wenn sie »politisch nicht korrekt« sind. Sie betreibt einen politischen Blog, der täglich mehrere Tausend Leser hat. Sie ist verheiratet und Mutter von zwei Kindern.

Florian Kirner ist als Sohn friedensbewegter, sozialdemokratischer Eltern seit seiner Kindheit politisch aktiv. Unter dem Namen Prinz Chaos II. ist er als Liedermacher und Kabarettist bekannt. Er lebt auf Schloss Weitersroda in Südthüringen, das er 2008 erwarb. Zuvor hat er an der Universität zu Köln Anglo-Amerikanische Geschichte, Japanologie und Neuere und Mittelalterliche Geschichte studiert sowie Internationale Beziehungen an der Sophia-Universität Tokio. 2013 verfasste er mit Konstantin Wecker das Buch *»Aufruf zur Revolte«*. Zuletzt erschien mit *»Leichter als Luft«* sein erster Roman.

Anselm Lenz ist Kulturwissenschaftler, Publizist und Karriereverweigerer. Er arbeitete als Theaterdramaturg und Redakteur. Zuletzt erschien unter seiner Ägide *»Das Kapitalismustribunal«*. Er lebt in Berlin und Hamburg und hat zwei Töchter.

Karin Leukefeld, Jahrgang 1954, studierte Ethnologie, Islam- und Politikwissenschaften und ist ausgebildete Buchhändlerin. Sie engagierte sich für die Organisations- und Öffentlichkeitsarbeit unter anderem beim Bundesverband Bürgerinitiativen Umweltschutz (BBU), Die Grünen sowie der Informationsstelle El Salvador. Seit dem Jahr 2000 ist sie als freie Korrespondentin im Mittleren Osten tätig und seit 2010 in Damaskus akkreditiert.

Rainer Mausfeld, Jahrgang 1949, studierte Psychologie, Mathematik und Philosophie in Bonn. Er ist Professor für Allgemeine Psychologie an der Christian-Albrechts-Universität zu Kiel und arbeitet im Bereich der Wahrnehmungs- und Kognitionsforschung. Zuletzt erschienen von ihm *»Warum schweigen die Lämmer?«* sowie *»Angst und Macht«*.

Ullrich Mies ist Sozial- und Politikwissenschaftler. Er studierte in Duisburg und Kingston/Jamaica. Seine Interessenschwerpunkte sind internationale politische Konflikte, organisierte Friedlosigkeit, Staatsterrorismus, Neoliberalismus, Demokratieerosion, Kapitalismus- und Militarismuskritik sowie die Erhaltung der Biodiversität. Er ist seit 1994 selbständig und lebt seit 30 Jahren in den Niederlanden. Er schreibt für Rubikon, die *Neue Rheinische Zeitung, Neue Debatte, scharf-links* und ist für *sputnik* aktiv. 2017 erschien von ihm und Jens Wernicke als Herausgeber *»Fassadendemokratie und Tiefer Staat: Auf dem Weg in ein autoritäres Zeitalter«*.

Klaus Moegling, Jahrgang 1952, ist Politikwissenschaftler und Soziologe, Autor und apl.-Professor am Fachbereich Gesellschaftswissenschaften der Universität Kassel. Von ihm stammen Publikationen, die national und international veröffentlicht wurden, zuletzt *»Kultureller Transfer und Bildungsinnovation. Wie Schulen die nächste Generation auf die Zukunft der Globalisierung vorbereiten können«*. Er engagiert sich politisch auf Parteiebene und in Bürgerinitiativen in den Bereichen Bildung, Umwelt und Friedenspolitik und verfügt über Erfahrungen mit unterschiedlichen Formen sozialen Zusammenlebens sowie solidarischer Ökonomie.

Steffen Pichler, Jahrgang 1967, sieht sich als autodidaktischer Naturforscher, der seine grundlegenden Erkenntnisse ausschließlich in der Praxis gewonnen hat. Insgesamt verbrachte er mehrere Jahre jagend und sammelnd abseits der Zivilisation, die meiste Zeit davon mit einem Seekajak entlang unbesiedelter Küstenlinien. Reflexionen und Bilder zu den Salzwasserkrokodilen gibt es auf *www.leistenkrokodil.de*. In seinem aktuellen Wissenschaftsroman *»Der Goldene Frühling«* zieht Pichler eine Linie von der Zerstörung der Jäger-und-Sammler-Kulturen Australiens durch die Zivilisation im 19. Jahrhundert bis zu deren Selbstvernichtung im Jahr 2038.

Hermann Ploppa ist Politologe und Publizist. Er hat zahlreiche Artikel über die Eliten der USA veröffentlicht, unter anderem über den einflussreichen Council on Foreign Relations. 2008 veröffentlichte er *»Hitlers Amerikanische Lehrer«*, in dem er bislang nicht beachtete Einflüsse US-amerikanischer Stiftungen und Autoren auf den Nationalsozialismus offenlegte. Sein Bestseller *»Die Macher hinter den Kulissen – Wie transatlantische Netzwerke heimlich die Demokratie unterwandern«* sorgt nach wie vor für angeregte öffentliche Diskussionen.

Dirk Pohlmann, Jahrgang 1959, studierte Publizistik, Philosophie und Jura. Er produzierte als Drehbuchautor und Filmregisseur zahlreiche Dokumentationen für arte, *ZDF*, *ARD* und *Spiegel-TV*. Heute ist er Berufspilot, schreibt für zahlreiche Blogs und betreibt den Videokanal *»Das 3. Jahrtausend«* mit über 50.000 Abonnenten. Zuletzt erschien von ihm *»Im Auftrag der Eliten: Der Fall Herrhausen und andere politische Morde«*.

Wolfgang Pomrehn ist Diplom Geophysiker, lebt als freier Journalist und Autor in Berlin und schreibt seit mehr als 20 Jahren über Klimaforschung, Energie- und Klimapolitik sowie Ostasien und weltwirtschaftliche Themen. 2007 erschien von ihm *»Heiße Zeiten – Wie der Klimawandel verhindert werden kann«*. Daneben veröffentlichte er verschiedene Broschüren für den Flüchtlingsrat Schleswig-Holstein sowie über Rohstoffpolitik und über den Strompreis für PowerShift und die Rosa-Luxemburg-Stiftung.

Nicolas Riedl, Jahrgang 1993, ist Student der Politik-, Theater- und Medienwissenschaften in Erlangen. Er lernte fast jede Schulform des deutschen Bildungssystems von innen kennen und während einer kaufmännischen Ausbildung ebenso die zwischenmenschliche Kälte der Arbeitswelt. Die Medien- und Ukrainekrise 2014 war eine Zäsur für seine Weltanschauung und -wahrnehmung. Seither beschäftigt er sich eingehend und selbstkritisch mit politischen, sozio-ökonomischen, ökologischen sowie psychologischen Themen und fand durch Rubikon zu seiner Leidenschaft des Schreibens zurück. Soweit es seine technischen Fertigkeiten zulassen, produziert er Filme und Musikvideos. Er ist Mitglied der Rubikon-Jugendredaktion und schreibt für die *»Junge Federn«*.

Roland Rottenfußer, Jahrgang 1963, war nach dem Germanistikstudium als Buchlektor und Journalist für verschiedene Verlage tätig. Von 2001 bis 2005 Redakteur beim spirituellen Magazin *connection*, später für den *Zeitpunkt*. Aktuell arbeitet er als Lektor, Buch-Werbetexter und Autorenscout für den Goldmann Verlag. Seit 2006 ist er Chefredakteur von *Hinter den Schlagzeilen*.

Franz Ruppert, Dr. phil., Diplom-Psychologe, approbierter Psychologischer Psychotherapeut, ist Professor für Psychologie an der Katholischen Stiftungshochschule München und in eigener Praxis in München tätig. Seit 1994 führte er und führt er in Deutschland, in Europa und auch darüber hinaus, unter anderem in Hongkong, Singapur, Mexiko, Brasilien, Kanada, demnächst auch in den USA, therapeutische Workshops durch und hält Vorträge zu der von ihm entwickelten Theorie der Identitätsorientierten Psychotraumatherapie sowie zu der von ihm konzipierten Methode »Aufstellung des Anliegens«. Seine zahlreichen Bücher zu seiner Theorie und seiner therapeutischen Arbeit sind bereits in elf Sprachen übersetzt.

Jens Wernicke, Jahrgang 1977, ist Diplom-Kulturwissenschaftler und arbeitete lange als wissenschaftlicher Mitarbeiter in der Politik und als Gewerkschaftssekretär. Er verantwortete mehrere Jahre das Interviewformat der *NachDenkSeiten*, Deutschlands meistgelesenem politischen Blog. Heute ist er Autor, freier Journalist und Herausgeber von Rubikon – Magazin für die kritische Masse. Zuletzt erschienen von ihm als Mitherausgeber *»Netzwerk der Macht – Bertelsmann«* und *»Fassadendemokratie und Tiefer Staat«*, als Herausgeber *»Der nächste große Krieg«* sowie als Autor *»Lügen die Medien? Propaganda, Rudeljournalismus und der Kampf um die öffentliche Meinung«*.

Alle Texte unserer Sonderausgabe »Die Öko-Katastrophe« finden Sie im Internet unter:
www.rubikon.news/artikel/die-planeten-zerstorer

Alle Texte des Rubikon zum Schwerpunkt »Natur & Umwelt« finden Sie stets aktuell unter:
www.rubikon.news/rubrik/4